◎「苏州文化丛书」向世人展示苏州文化的综合实力,用以提高苏州人的文化素养,提高人的素质,用以吸引与沟通五湖四海的朋友。

——陆文夫

◇ 苏州文化丛书

苏州山水

Suzhou Culture Series

Suzhou Landscape

王稼句 ◇ 著

苏州大学出版社
Soochow University Press

图书在版编目（CIP）数据

苏州山水 / 王稼句著. -- 苏州：苏州大学出版社，
2024.6. --（苏州文化丛书）. -- ISBN 978-7-5672
-4725-3

Ⅰ.K928.3；K928.4

中国国家版本馆CIP数据核字第2024QK2774号

书　　名	苏州山水 SUZHOU SHANSHUI	
著　　者	王稼句	
责任编辑	倪锈霞	
助理编辑	宋宏宇	
装帧设计	唐伟明	
篆　　刻	王莉鸥	
出版发行	苏州大学出版社（Soochow University Press）	
社　　址	苏州市十梓街1号　邮编　215006	
网　　址	http://www.sudapress.com	
邮　　箱	sdcbs@suda.edu.cn	
印　　装	苏州工业园区美柯乐制版印务有限责任公司	
邮购热线	0512-67480030　销售热线　0512-67481020	
网店地址	https://szdxcbs.tmall.com（天猫旗舰店）	
开　　本	890 mm×1240 mm　1/32　印张　16	
字　　数	381千	
版　　次	2024年6月第1版	
印　　次	2024年6月第1次印刷	
书　　号	ISBN 978-7-5672-4725-3	
定　　价	58.00元	

凡购本社图书发现印装错误，请与本社联系调换。服务热线：0512-67481020

总　序

　　无论是从中国还是从世界来看，苏州都可以称得上是一座杰出的城市。先天的自然禀赋，后天的人文创造，造就了这么一颗美丽耀眼的东方明珠。

　　得山川之灵秀，收天地之精华，苏州颇获大自然的厚爱与垂青。自然向历史积淀，历史向文化生成。作为一个悠久的文化承载之地，苏州积淀了丰厚的文化底蕴，两千五百多年的历史风烟在这里凝聚成无尽的文化层积。说起苏州，人们不能不想到其园林胜迹、古桥小巷，不能不谈及其诗文画卷、评弹曲艺，不能不提到其丝绸刺绣、工艺珍品，如此等等。从物的层面上去看，园林美景、丝绸工艺、路桥街巷这些文化活化石，映显了苏州人丰硕的文化创造成果，生动地展示了其千年的辉煌。翻开苏州这本大书，首先跃入眼帘的就是这些物化的文化结晶体。外地人触摸苏州，大约更多的是从这一层面上去接受。这是一个当然的视角。再从人的层面上去看，赫赫有名的苏州状元，风流倜傥的苏州才子，儒雅淳厚的苏州宰相，巧夺天工的苏州匠人……在中国文化史上亦称得上是一大文化奇观。特别是在明清时代，其耀眼的光芒照亮了东南大地的星空，总为人们所津津乐道。从人到物，由物及人，这些厚厚实实的文化存在，就是人们在凝视苏州时所注目的两大焦点。当展读苏州这本大书时，那些活泼泼的文化人物与活生生的文化创造物，就流光溢彩般地凸显在眼前。作为在中国文化史上具有重大影响力的苏州地域文化，其文化的丰厚性不仅在于其（自然）文化生态的意义上，也不仅在于其具有诸如苏州园林、苏州刺绣这种物化形态的文化产品上，更在于其文化创造主体的庞大与文化创造精神的活跃，在于其文化性格的早熟与文化心理的厚重。自古以来，苏州就是一个文化重镇，散发与辐射出浓厚的文化气息。这里产生过、活动过、寄寓过数不清的文化名人，从文人学者到书家画士，从能工巧匠到医坛圣手……这里学宫书院林立，藏书楼阁遍布，到处都呈现出生生不息的文化创造与永不停顿的文化传播。这种文化承传与延递，从未湮灭或消沉过。

接近一座城市，就像是打开一本包罗万象的书；感受她是一种享受，而要内在地理解她，则又需要拥有健全的心智。读解一座城市，既是容易的，又是困难的，特别是在读解像苏州这样一座文化古城时，其情形就更是如此了。正是为了帮助读者去充分阅读与深入理解苏州这一文化存在，于是便有了这一套"苏州文化丛书"。

感谢丛书的作者们，他们辛勤的劳动，为我们提供了一套内容丰富的文本。之中，经过他们的爬梳与整理，捧献出大量的阅读资料，并且从其自身的特定视角出发，阐释了其对于苏州文化的认识与理解。作为对苏州文化事实知之不多或知之不深的外地读者来说，这等于提供了一个让其接近苏州文化母本的间接文本；对于熟知苏州文化的读者特别是本地读者来说，则是提供了一个"奇文共欣赏，疑义相与析"而便于展开共同讨论的文本。这对于扩大苏州文化的影响，对于深化关于苏州文化内涵的理解，都是甚有益处的。

有一千个读者，就会有一千个哈姆雷特。对于每一个文本的理解，都是一个独特的视角，都是一种个性化的文化理解方式。就"苏州文化丛书"而言，重要的不在于希望读者都能同意与接受作者们对于苏州文化的这种阐释，而在于希望他们能够从这些读解中受到某种启发，从而生发出对于苏州文化进一层的深入认识。正像有人所说的那样，你从这些资料中读出一二三四五，而他人则可能从中看出六七八九十。重要的不在于从这种读解中所得出来的结论，而在于对这种读解过程的积极参与，体现出对当下苏州文化的热爱。如果能在这种不断往复的文化探寻中，达到某种程度上的视界融合，并对苏州现代化的伟大实践产生积极的推动作用，那么，这就正切合编辑出版这套"苏州文化丛书"的初衷与主旨了。

读解苏州，这是一项颇有意义的文化工作，既有其文化学上的意义，又有其重要的现实功能。读解苏州文化，并不仅仅在于发思古之幽情，更在于要在历史文化与现实发展之间寻找到一个连接点。纵观历史，苏州有着丰厚的文化底蕴；审视现实，苏州正率先进行着宏大的中国式现代化建设之实践。在这一历史与现实的衔接中，大力加强文化开发和文化建设，无论怎样评价其对于推动当下中国式现代化建设的重要意义都不会过高。而读解苏州文化，理解本地域文化的自身特点，正是建设文化大市的一项基础性的工程。文化苏州，文化兴市。文化——这是苏州的底蕴、源泉、特色和优势所在。中国早期资本主义的最初萌芽，为什么会萌发于明清时期的苏州一带？享誉中外的乡镇工业的"苏南模式"，为什么会出自苏锡常这一苏南地区？新加坡政府在反复的比较论证后，为什么会选择苏州作为其合作建立工业园区的场址？名闻遐迩的"张家港精神""昆山之路"，为什么能产生于苏州地域？在这里，人们可以寻找出许多别的什么理由，但有一点是共同的，那就是苏州有着非同寻常的文化沃土。读解苏州，就是读解苏州文化，不仅注目于其物质文化的层面，更是要从读"物"的层面进入读"人"的层面，读解其内在的文化精神，并在这种文化传承中实现文化的大发展，创立体现当代精神文明水平之"苏州文化模式"，从而推进苏州现代化建设之伟大进程。

书有其自身的命运；书比人长寿。"苏州文化丛书"首次出版时，是以二十世纪末的视角对苏州文化的一种读解，在某种程度上代表了我们这一代人对苏州文化的当下理解和集体记忆。她是一群文化研究工作者在世纪之交对苏州文化的整理和总结，当然也带有对二十一世纪苏州文化的展望与畅想。读解苏州，是读解一种文化存在，读解一种文化精神，而其"读解"之自身亦体现为一种文化创新活动。只要人们的文化创造活动没有停止，那么，这种读解工作就不会有止境。我们热切地期待着人们对她的热情关注、充分参与与积极回应。

值此"苏州文化丛书"修订出版之际，我们还要向丛书初版的组织者、主持者高福民先生和高敏女士，向支持与关怀丛书初版的梁保华先生和陆文夫先生，致以我们深深的敬意！他们所做的惠及后人的工作，为这套丛书打下了良好的基础，从而使这次进一步的修订完善成为可能。

陈长荣
（苏州大学出版社编审）
2024 年初夏

目录
contents

小　引 ········· 1

太湖三万六千顷 ········· 3
夕阳一角洞庭西 ········· 15
岩岚层叠莫鳌寒 ········· 40
蓬莱仙境三山岛 ········· 65
水东桑柘炊烟合 ········· 72
一路梅花到崦西 ········· 78
夕阳满地乱云斜 ········· 122
穹窿钟磬晚风里 ········· 129
阳山独出众山上 ········· 150
金波影里石莲花 ········· 158
城西山好是支硎 ········· 178
远上寒山石径斜 ········· 192
一峰常插白云中 ········· 205
上沙一带风景异 ········· 219
日落金山石气黄 ········· 229

钟声塔影送斜曛	236
归舟木渎犹堪记	253
西南诸峰尤蔚然	266
石湖烟波望中迷	289
峭石悬空笼细雨	328
好风将梦过横塘	335
远钟孤棹宿枫桥	347
狮子山头云漠漠	359
揽胜何山缅古情	367
大吴胜壤说虎丘	373
相城春暖锦如霞	425
水云乡在旧城东	441
甪里风月梦已残	456

后记一 …… 494

后记二 …… 496

◎ 小引 ◎

苏州向以物阜民丰、风物清嘉闻名天下。袁宏道为吴县令时,曾致书舅父龚仲敏,这样盛赞苏州:"若夫山川之秀丽,人物之色泽,歌喉之宛转,海错之珍异,百巧之川凑,高士之云集,虽京都亦难之。今吴已饶之矣,洋洋乎固大国之风哉!"孙嘉淦《南游记》也说:"姑苏控三江、跨五湖而通海,阊门内外,居货山积,行人水流,列肆招牌,灿若云锦,语其繁华,都门不逮。"故《红楼梦》开卷第一回便称苏州"最是红尘中一二等富贵风流之地"。苏州城里,有繁华的商市,幽静的深巷,秀美的园亭,而古城的四郊,土沃田腴,山温水软,风光绮丽,胜迹遍布,尤其是古城之西那碧波万顷的太湖,包孕吴越而控诸山,诸山因得太湖而独擅胜场,一山一胜,胜胜相形,故地尽东南之美。山色是那样苍翠,波光是那样澄碧,确乎让人流连。如果行于山野,楫于河流,满目都是云烟,满目都是风月,似乎每一块石头,每一株老树,都记录了历史的沧桑,都在叙述遥远的故事。

苏州山水 >>>

太湖三万六千顷

在地质历史时期，今长江三角洲一带，经历了从古生代寒武纪至新生代第四纪若干亿年的地层沉积和多次海侵、海退的沧桑变化，在最后一次海退过程中形成了太湖，先是由海湾逐渐成为潟湖，继而又由潟湖逐渐成为与海洋隔离的淡水湖。长江三角洲的其他湖泊，也是这样形成的。关于太湖的形成，除潟湖成因说外，还有构造成因说、三江堰塞成因说、陨石冲击成因说等，这些学说多角度地分析、论述了太湖的形成和演变。约距今四五千年前，太湖已基本形成目前的水域、水深及其他水文环境。

太湖一名震泽，《书·禹贡》说："三江既入，震泽底定。"震泽者，取水常震动之义，或曰震东方之泽，在东也。晋人李颙《涉湖》云："震泽为何在，今惟太湖浦。"又称具区，乃《尔雅·释地》"十薮"之一，"吴越之间有具区"。《山海经·南山经》说："浮玉之山，北望具区。"也称五湖，《周礼·职方氏》说："其泽薮曰具区，其川三江，其浸五湖。"《史记·河渠书》说："上姑苏，望五湖。"前人对五湖的解释不一，朱长文《吴郡图经续记·水》归纳说："所谓五湖者，盖所纳之湖有五也，郭景纯《江赋》云：'包五湖以漫漭。'言江水经纬五湖而包注震泽也。旧传五湖之名各不同,《图经》以谓一曰贡湖,二曰游湖,三曰胥湖,四曰梅梁湖,五曰金鼎湖,又曰菱湖。郦善长以谓长塘湖、贵湖、上湖、滆湖,与太湖而五。韦昭云:'胥湖、蠡湖、洮湖、滆湖,就太湖而五。'虞仲翔云:'太湖,东通长洲松江水,南通乌程霅溪水,西通义兴荆溪水,北通晋陵滆湖水,东连嘉兴韭溪水,凡五道,谓之五湖。'陆鲁望以谓太湖上禀咸池之气,故一水五名。"一般认为五湖是指太湖东岸的五个水湾,张守节《史记正义·夏本纪》说:"五湖者,菱湖、游湖、莫湖、贡湖、胥

太湖夕照

湖，皆太湖东岸五湾为五湖，盖古时应别，今并相连。"叶燮《五湖辨》也说："近时论者则于湖中分疆而异其名。"《左传》、《史记》等又称太湖为笠泽，绍定《吴郡志·考证》说："《史记正义》又引《吴地记》云，笠泽江，松江之别名；又云笠泽即太湖，则江湖通为笠泽矣。"

太湖属大型平原吞吐湖，因此可分上源、下委两大系统。其上源主要是荆溪水系和苕溪水系，荆溪又名南溪，收纳宜溧山地和茅山间诸水，至宜兴以东分六十多条港渎，经大浦、百渎等口入湖，荆溪连同其北侧的洮湖、滆河水系，历年入湖水量约占入湖总水量的百分之五十八；苕溪又名霅溪，由源于天目山东北的东苕溪和西苕溪汇合而成，过湖州分汊七十多条溇港，经大钱口、小梅口、夹浦口入湖，连同其东侧其他入湖河道，历年入湖水量约占入湖总水量的百分之四十二。其下委则东出沙墩口、胥口、瓜泾口、南厍口、大浦口诸港，分别经由望虞河、胥江、娄江（下游称浏河）、黄浦江等数十条河港泄入长江，其中黄浦江为最大泄水河道。太湖下委流经地区，形成塘浦纵横、良畴棋布的水系网络格局。因整个太湖下委流域地势平坦，西南略高于东北，微向黄海倾斜，故大致以由西南向东北为流向，涨落差小，流速平缓。

乐史《太平寰宇记·江南东道六·湖州》说："具区，薮，太湖也，泽纵广二百八十三里，周回三万六千顷，接连四郡界，入海，盖水之所都也。"北宋时环太湖四郡是苏州、秀州、湖州、常州。至明清时，襟带两省三府十州县，金友理《太湖备考·太湖》说："太湖跨苏、常、湖三郡，广三万六千顷，周回五百里，东南二百里，南北一百二十馀里，中有七十二山。东南之泽，此为最大。"前人咏太湖，不少都以"太湖三万六千顷"入诗,如陈基《分题赋得太湖送郑同夫》云:"朝饮太湖水,暮咏太湖秋。太湖三万六千顷,七十二峰居上头。"唐寅《烟波钓叟歌》云:"太湖三万六千顷,渺渺茫茫浸天影。东西洞庭分两山,幻出芙蓉翠翘岭。"严熊《宝带桥望震泽》云:"太湖三万六千顷,荡胸决眦无遁形。梁空洒水数百道,昼夜不舍声訇轰。"孙原湘《登六浮阁》亦云:"安得太湖三万六千顷,化为一碧葡萄浆。供我大醉三万六千场,醉死便葬梅花旁。"可见太湖的浩瀚无际,给人震撼和遐想。

太湖水域之广,仅次于青海湖、鄱阳湖和洞庭湖,属中国第四大湖、第三大淡水湖。南北最大长度六十八公里,东西平均宽度三十五点七公里,岸线全长三百九十多公里。由于自上世纪六十年代起围湖垦田约一百三十九平方公里,今太湖实际水域面积约为二千三百三十八点一平方公里。

湖中多岛屿,如点点翠螺,散落在浩渺碧波之上,向有"七十二山"、"七十二峰"之说。实则不然,其中能称为山或峰的只是少数,大都是洲渚矶浮而已。《太湖备考·集文一》录吴庄《山分三等说》:"其山有居民有官有汛有赋税者,若马迹一百二十里,居民万馀户,设千总一员,设汛六;若西洞庭八十馀里,居民一万五千馀户,设太湖营游击一员、甪头司巡检一员,设汛七;若东洞庭五十馀里,居民二万户,设太湖营副将一员、太湖同知一员、东山司巡检一员,设汛五;若三山二十七里;若长沙,若鼋山,若武山,若漫山,若余山,大不及二十里,次不及十里,其上居民或五六百家,或二三百家,或一二百家,俱设汛一;若禹期,若叶余,若横山、阴山、鸡山、冲山,若渡渚,若大贡、大岘,大不及十五里,次不过六七里,居民百十家;若大鼍居民二家,西崦居民五家,北崦居民一家,即庙祝吴绍文也。有居民之山,凡二十有一。其次,无居民而有柴薪者,若绍山、独山、瓦山、猫山、鼠山、大干、大竹、小竹、大雷、小雷、三峰、金庭、石蛇、钱堆、津里,凡十五山,为二等。又其次,为小凡、小干、小椒、小鼍、小贡、男狱、女狱、东鸭、西鸭、南乌、北乌、惊篮、笔格、玉柱、历耳、石驼、石蟹、石牌、大谢姑、小谢姑、粥山、峐山、琴山、杵山、炼墩、阴墩、雁墩,又为长浮、青浮、白浮、苎浮、箭浮、蛳浮、疃浮、唐浮、箬帽浮、黄茅浮、王舍浮、殿前浮、癞头浮、五石浮、米筛浮、石排浮,又为绍矶、雷矶、兰座矶、陶灶矶、岸崿矶、米贮矶、渔息矶、拗折矶、九星矶、东沉矶、杨公矶、姑苏矶、吴梁矶、甑盖洲、匾担洲、牛舌洲、於家洲、余洲,此六十一者,或为山脚入湖之馀气,或为来龙奔洪之过脉,乱石一丛,砂土数丈,隐现水面,乌得以山名之?"

湖中大岛,以洞庭两山、马迹山为最。洞庭两山在湖之东南,相距不远,一西一东,故分称西洞庭、东洞庭,省称西山、东山。西山孤悬湖中,今有太湖大桥连接长沙山、叶余山与内陆联通。东山约在十九世纪中叶因太湖淤积而与内陆连接,形成东山半岛。马迹山则在湖之西北隅,古称灵山,旧属阳湖,后属无锡,当年围湖造田,与内陆连接,即今马山,灵山大佛所在。

自古以来,太湖沿岸,或有涨溢,或有塌损,故岸线难定。翁澍《具区志·杂纪》说:"太湖波涛湍激,濒湖土田,有蚀于湖者,谓之坍湖;有涨沙为田者,谓之新涨。新涨易隐而难明,故民日享其利;坍湖往往有赔粮之累。此亦司民牧者之所宜知。相传古所沉处有三,一在香山数里外,《图经》云:'吴王寿梦故城在胥湖口。'今香山潘氏里有司徒墩，遗址尚在，其砂硬石硬，犹为舟患；一在南湖宝林寺外，旧传寺在湖心，徙入二十里许，所徙故地皆沉，未沉时，有童谣云：'赤乌二年徙此寺，赤乌三年太湖沉。'按赤乌，吴大帝年号也；一在白塔堰，堰在洞庭山北，三面有山，如玦涵水，一湾围可三十余里，惟西控太湖，中有塔基，亦为舟患，渔人言此中多鱼，然其下巨石嶙峋，网过之，必烂无完出者。按明开国户籍，皆因宋元，独洞庭籍中有三十都一区无征，其土地户口如故，或云此一区沉在宋元间。"

故近湖之村舍田庐，多有沦于湖中者。据《具区志·灾异》记载，"熙宁八年乙卯夏，大旱，太湖水退数里，内见古丘墓、街衢、井灶"；"正德五年庚午夏，大风从东南来，自胥口至太湖东偏，水涸三十里，群儿从湖滨拾得金珠器物及青绿古钱，大小不一制，渐行渐远，搜浮泥得砖街，阔丈许，湖心有聚砖如突者，有环砌如井者，皆历历可辨"。顾震涛《吴门表隐》卷七说："乾隆五十年，太湖涸，见井，得砖数百块，其文有'太康七年七月十七日吴贺田作'十三字。"徐翥先《香山小志·杂记》引《续吴录》："明万历间，太湖水涸，露见石桥、石台等事，《太湖备考》以为吴王南宫故址。按香山之西西华山阳嘴，故老相传道光间湖涸见有石狮及灶甑等事，未知何年沈于湖底。又光绪□□，东南风狂作，将湖水卷入西北隅，高于楼堞，自胥口至墅里十数里湖面，水尽吸干，舟搁不能动，居民争拾螺蚌鱼虾，离岸十余里如履平陆，有拾得铜锡器皿及银首饰等事。计两时许，风陡止，水平如故。"至今临湖一带，东南风来，湖水退落，仍可见砖街、石阶、屋基等。

太湖虽水面浩瀚，倘遇严寒，亦会冰封。据《具区志·灾异》记载，"天历二年己巳冬，大雨雪，太湖冰厚数尺，人履冰如平地，洞庭柑橘悉冻死";"正德八年癸酉十二月,大寒,太湖冰,行人履冰往来者十馀日";"万历八年庚辰冬,大寒,湖冰,自胥口至洞庭山,毗陵至马迹山,人皆履冰而行。九年冬复然"。康熙二十一年(1682)冬,太湖冰冻月馀,行人在冰上往来,叶方标《打冰词》云:"朔月北风吼十日,太湖一夜冰三尺。骨坚势厚棱棱高,去楫来舟空叹息。前船贾勇亦莫行,后船衔尾排似织。船头估客秦复陶,欲去势难生羽翼。买醉长年乱舞篙,白棓雨点椎难入。击玉鸣珠虽有声,断机裂帛曾无迹。仰视天地正沉冥,霜花草上如钱积。寒光日射增严威,试一把椎面深墨。龙潭纵有蛟螭蟠,轞辘冰车行亦得。"咸丰十一年(1861)十二月,夜来每见冰湖之上,燐火飘荡,秦敏树《湖冰行》云:"银涛翻起朔风紧,洞天栗烈云房冷。瑶姬侵晓试凝妆,玉镜新铺三万顷。天将一水化冰壶,芙蓉七二青模糊。夜来冰上燐火飚,渔人惊作神灯呼。千点万点荡寒焰,妖电睒睒时有无。岂有禹书发光怪,龙威秉烛纷驰驱。江心炬火怅坡老,而此籧昱弥踌躇。阴极阳战坚冰义,颇疑是物关兵气。吴楚干戈那复愁,踏冻湖心拚一醉。莫唱狂歌惊老龙,恐掀脚底琉璃碎。"《香山小志·杂记》记载了光绪十九年(1893)冬的一次冰封:"大雪严寒,太湖冰厚尺计,虽力士椎凿,不能开船。有下椗湖心者,胶固不动,粮绝,悬饭箩桅端,见者遣人赍米一二斗,乘浴盆或板门从冰上撑往济之。湖中冰山,寒日莹莹,如琼楼玉殿相望,如是者旬馀。冰将释,有小蛇驰骋冰上,蛇所至即冰释所至。先是夜间有箫管声,如天钧乐奏,傍湖人家俱闻之,以是卜明日冰释不爽。既释,冰片大逾门扉,随风冲上太湖沙滩,高若积薪,遥望如水晶假山堆列湖边,行舟不戒,被冰乘风击沉截破,往往闻此。"太湖冰冻,渔民和乡人称为"湖胶",真是十分形象。梁绍壬

《两般秋雨盦随笔》卷五"湖胶"条说:"太湖冰,土人谓之湖胶。其中洪波之凝者,如银山,如玉柱,名曰冰梗。湖冻之夜,常有红灯千百,聚散冰上,洵奇景也。"

故老传说,太湖下有牵山之沟,郦道元《水经注·沔水》说:"太湖之东,吴国西十八里,有岢岭山。俗说此山本在太湖中,禹治水,移进近吴。又东及西南有两小山,皆有石如卷笮,俗云禹所用牵山也。太湖中有浅地,长老云是笮岭山跖,自此以东差深,言是牵山之沟。此山去太湖三十馀里。"岢岭山,又称岢崿山,即今狮子山,相传本在湖中,名柯山。大禹治水,令童男童女将柯山牵引移置,欲以填水,到了鹤邑墟的地方,再不肯向前移动了,故又称鹤阜山。

相传太湖中有地脉、地肺,地脉即地中穴道。周处《风土记》说:"阳羡县东有太湖,中有包山,山下有洞穴,潜行地中,云无所不通,谓之洞庭地脉。"程俱《松江赋》咏道:"三江之凑,实为五湖;地脉四远,衍为松江。"又《善权洞》有云:"尝闻包山境,中有林屋天。旁通号地脉,岳渎潜钩连。"方殿元《登洞庭山》有云:"地脉在水底,不知谁氏辟。安得夸父步,西走巴陵出。"地肺乃地脉的入口,顾震涛《吴门表隐》卷三说:"太湖中有四岇,山甚小而不没,称地肺。"也有将地肺、地脉混为一谈的,如金之俊《登穹窿上真观漫赋》有云:"灵踪千馀载,地肺接枌榆。"叶闇《奇石歌》有云:"光开天目乍亏蔽,镂空地肺疑藏蛟。"

被称为地肺的四岇,俗称四鳌,北岇在平台山,南岇在众安洲,东岇在三洋洲,西岇在用头洲,都广不及百亩,高不逾二寻,湖水大发亦不浸没。故四岇均建禹王庙,始建亦多无考,北宋庆历七年(1047),知州事胡宿奏请列入祀典。

《太湖图》 明文伯仁绘

北崦平台山，坐落太湖之中，民国《吴县志·杂记二》说："山形坦而方，俗呼平台山。《震泽编》、《具区志》称为杜圻洲。范蠡泛湖，尝钓于此。庙之左右，自生平冈，外又起二小阜。庙后低落三四尺为平田，田外复起平冈，回抱如墉垣，结构天成。庙之右，有铁色砂，粒如菜子，亩许，不堪种植，相传神禹铸铁釜覆孽龙于此，铁气上腾，砂色乃尔。据《岳渎经》，禹获无支祈，用大索锁颈，徙淮阴龟山之足，俾淮水安流，或者亦事之所有也。其上无巨石，四址皆鹅卵石，石有光润可爱者，人不敢取，取则行舟有风涛之患，渔人恒相戒云。北崦居太湖中央，人迹不到，惟六桅渔船岁时祭献，以祈神贶。"叶承桂《太湖竹枝词》云："禹王庙壁暗龙蛇，铸釜犹存铁色砂。不信神功垂底定，只将祀典属渔家。"庙中石柱刻宋人徐雪庐题

平台山禹王庙

诗，诗云："洞庭之阴小山幽，百灵雄卫来高丘。我当十月值乱离，携家远逐湖之洲。湖光接天晚浪静，树色照野晴云浮。霜黄林头橘柚熟，日冷波底蛟龙愁。北方兵马想已到，南国城郭谁能收。我今买酒且消忧，醉舞拔剑挥斗牛。会须投笔去封侯，斩取盗贼清南州。"徐雪庐，吴兴人，宋末避乱居于西洞庭，至清乾隆时，其诗刻尚存。据《太湖备考·祠庙》记载，庙"三楹两庑，额曰'功高底定'，对联：'忘其身，忘其家，辛壬癸甲，阅四日而出，惟荒度土功，遂贻万世平成之治；注之海，注之江，疏瀹决排，历八年于外，能奋庸帝载，乃受一心人道之传。'西洞庭陈纶题"。至上世纪三十年代初，宜兴徐梦登平台山，他在《风帆沙鸟画湖天》中说："庙中除禹王外，尚有七相公、上天王、太君娘娘、萧天君诸神，木制小神船尤多，盖皆湖民所献。"

南崌众安洲，在消夏湾，俗称瓦山。徐开云《霖泉记》说："众安洲在消夏湾中，四面环水，水外环山，红菱碧莲，紫莼绿蘋，左萦右拂，俨一瀛洲也。洲之高不过一仞，大不逾数亩，虽巨浸不没。上有水平王庙，旧传后稷庶子佐禹治水有功，因祀之，其神甚灵。"蔡昇撰、王鏊重修《震泽编·寺观庵庙》称其"神像与几案皆石为之"。旧时每当朔望，庙中香火甚盛，晚近正殿有"有求必应"额，神像金装。上世纪六十年代毁，遗迹尚存。

东崌三洋洲，在漫山之北，上有塔庙，明初洲沦没于湖。相传禹王像漂浮至光福冲山，于是改祀于郁使君庙。因四崌阙一，有人就将东山、武山间的炼墩称为东崌，但向无神庙。

西崌用头洲，在用里郑泾西北，梁大同三年（537）已有重修禹庙的记载，至民国时，颓垣败栋，惟存数百年的参天大树。至上世纪六十年代，神像被毁，庙舍用作仓库。今已重修禹王殿，并增筑山门，立大禹像，建梨云亭等，成为一处旅游景点。

祭赛大禹，一年四期，分别是正月初八、清明日、七月初七、白露日，春秋两祭尤盛。渔民每年十月开捕，捕得的第一条大鱼必送平台山禹王庙祭祀，吴庄《罛船竹枝词》云："一年生计三冬好，吃食穿衣望有馀。牵得九囊多饱满，北崓山上献头鱼。"自注："北崓禹庙，渔船冬月致祭，以网中第一大鱼上献，名曰头鱼，用昭诚敬，以祈神贶。"至今惟平台山尚有香火，然无专职庙祝，由停泊岸边渔船上的渔民来料理一切。

在古地名中，称为地肺的不止一处，其中最有名的是陕西商山，又称地肺山，《太平寰宇记·关西道一·雍州》引皇甫谧《高士传》："秦有东园公、夏黄公、绮里季、甪里先生，时呼四皓，共入商洛，隐地肺山，以待天下定。及秦败，汉高帝重其节，四人乃深自匿终南山，不能屈之。"商山四皓在洞庭西山隐居的故事，就是据此而来，他们如何从陕西而来太湖，相传也经由地肺。王世贞《泛太湖游洞庭两山记》就说："山有称甪头、夏村、绮里者，四皓所匿迹地也，夫四皓入地肺，啖紫芝以终，墓今犹在大河北。"这固然是笑谈，然而古代地理学为民间传说奠定了基础。

历史上，太湖由江浙两省共同管辖。清雍正二年（1724）后，太湖在江苏分属苏州府吴县、吴江县、震泽县，常州府无锡县、阳湖县、宜兴县；太湖在浙江分属湖州府长兴县、乌程县。自上世纪五十年代初起，太湖水域均归江苏管辖，分属苏州、无锡、常州三市，苏州市分属吴县、吴江县。今太湖苏州水域分属吴中、吴江、虎丘、相城四区。习惯上以东山东菱嘴至太湖南岸的西浜、庙港一线为界，其东侧水面称东太湖，西侧水面称西太湖。

夕阳一角洞庭西

洞庭西山乃中国内湖第一大岛，面积七十九点八二平方公里（据2011年版《西山镇志》），略大于香港本岛。古称苞山、包山、夫椒山、洞庭山、西洞庭、林屋山。郦道元《水经注·沔水》引《吴记》："太湖有苞山，在国西百馀里，居者数百家，出弓弩材。"又说："湖有苞山，《春秋》谓之夫椒山，有洞室，入地潜行，北通琅邪东武县，俗谓之洞庭。"朱长文《吴郡图经续记·山》说："鲁哀公元年，夫差败越于夫椒，盖即此山也。或曰太湖中别有夫椒山，盖与此山不远，可以通称。"蔡昇撰、王鏊重修《震泽编·两洞庭》说："西洞庭，周八十馀里，上有居人数千家。汉王玮玄、韩崇、刘根，梁杨超远、叶道昌，唐周隐遥、唐若山，皆于此学道。一名林屋山，以有林屋洞，故名。一名包山，以山四外皆水包之，《真诰》云：'去洞庭，见包公，问动静。'则又以包公居此而名也。其称洞庭，则以湖中有金庭玉柱，左太冲赋云：'指包山而为期，集洞庭而淹留。'山踞太湖中，望之渺渺忽忽，意其一岛，而重冈复岭，萦洲曲溆，洞天福地，灵踪异迹，殆不可穷。语云：'不游洞庭，未见山水。'信非虚也。"至于夫椒山是否就是西山，史学界至今仍无定说。2007年，改西山镇为金庭镇。"金庭玉柱"乃林屋洞中象征道家修炼之器,取为地名,颇堪一噱。

关于西山峰峦冈岭的分布,《震泽编·两洞庭》说:"西洞庭之峰,缥缈最高。缥缈之南,其左偏坡陀为竹坞岭。岭东为上方山,又东为罗汉山,毛公坛在其阴。罗汉之南为鸡笼山、一博山。竹坞南为飞仙山,稍西为秦家山。自秦家岭折而南,逾抛壶岭,为下方山,稍东为洞山,林屋洞在焉。直金庭玉柱为天帝坛山,其南为大萧、小萧二山。却洞山西走,长而狭者为梭山,明月湾在焉。一峰斗入湖,为石公山,可盘湾在焉。其右诸峰,高者为白茆山,次为缫车山,为黄家山,稍西为陆坞山。逾支头峰,为野坞山、木壁山。又逾弹子岭,为植头山。自汤坎岭稍折而南,为冯家山,又南为圻村山,中有石屋。稍东为龙头山、梭山。龙头之间,是为消夏湾。缥缈之东,山势分为二,其一逦迤而北,为马石,为鸿鹤山,与鼋山相直为凤凰山。又逦迤而北,为七贤山,为陆村山。一稍东为天王山,为桃花坞山。逾望崦岭,为淀紫山,是为崦边。逾攒云岭,为父子山。又逾公子岭,为绿石山,为金铎山。金铎之北,为苦竹山、渡渚山,世传吴王伐越,尝于此渡军也。缥缈之西,其高者为华山。逾夏家岭,为用头山。又逾王家岭,为雷头山,为龟背山、龙舌山,用渚在焉。与王家相直,为大步山、小步山,大步之旁为张公岭,小步之旁为寿山。缥缈之北,其高者曰涵峰。涵峰之东为东湖山,西为西小湖山,又西为水月坞,水月寺在焉。东湖之东,为十里山。逾新安墩、头二岭,为金峰。又逾沙子岭,为堂里山,为瞳里山,为蛇头山、查山。与沙子岭相直,为湖漫岭。西山之境于是始穷也,其北为宜兴、无锡界矣。"

陶望龄认为,西山山水以相遇而胜,相敌而奇,《游洞庭山记》

说:"善乎,蔡昇氏之言:'是山也,以七十二峰之苍翠,矗立于三万六千顷之波涛,遍行天下,惟是有之。'信哉,遇矣,敌矣。虽然,犹未也。予两日行山间,所适各一二十馀里,皆平衍空旷,带以丛薄,林幽果香,石细泉响,径路萦绕。展策恣进,倏然放目,乃觉在巨浸中。人境四绝,始为之心悸,盖已忘其为湖也。"西山地域广袤,如世外之景,峰峦坞谷,茂林平野,闾巷井舍,仙宫梵宇,难以穷尽,即使居住在西山,也多有未曾遍历者。故只能举其要,略作介绍。

既说洞庭,就先从林屋洞说起。洞在镇夏,俗称龙洞山,乃道家第九洞天。洞内广如大厦,立石如林,顶平如屋。由此而进,洞中有洞,洞洞相连,时而狭窄,时而开阔,既幽且深,既曲而折,深幻莫

林屋洞摩崖

测,扑朔迷离,又有石室、龙床、银房、石钟、石鼓、金庭、玉柱、白芝、金沙、龙盆、隔凡、石燕、隐泉、鱼乳泉诸景。林屋洞本有雨洞、丙洞、旸谷洞三个洞口,会于一穴,因"文革"中开山采石,今存雨洞、旸谷洞两个洞口。

洞中故事悠古,《太平御览·地部十一·江东诸山》引《吴地记》:"吴王使灵威丈人入洞穴,十七日不能尽,因得玉叶,上刻《灵宝经》二卷,使示孔子,云禹之书也。"《吴郡图经续记·宫观》说:"旧传禹治水过会稽,梦人衣玄纁,告治水法并不死方在此山石函中,既得之,以藏包山石室。吴人得之,不晓,以问孔子。孔子曰:'此禹石函文。'所谓《灵宝经》三卷,盖即此也。吴先主时,使人行洞中二十餘里,上闻波浪声,有大蝙蝠拂杀火。观皮陆诗,信然也。"

自古以来,入洞探胜者不少。晚唐皮日休就有《入林屋洞》之作,自"其门才函丈,初若盘薄硎",至"却遵旧时道,半日出杳冥",描绘了洞中所见,惟诗语飘忽,难得其实。今所见最早游记,乃南宋洪迈的《游林屋》:"林屋洞天,太湖龙窟也。土民云,欲雨时,洞口出云如馔馆。其前嘉木一本,童童若幢盖,繁阴下覆,石色凝绀可爱,嵌岩如欲落。路渐暗窄,匍匐二三丈,复空阔如龛,通行无碍。大钟无崖侧,色比玉,叩之,真铜声。其右怪石擎一鼓,敲击如革。又诘曲,势稍却,四边石锋森如戈矛,不可触。下皆清泥,突过若龟背,不容着脚,俯伏扪索乃得进,谓之龙槛。跨槛迤逦,曰隔凡洞,遥见双石扉半开半阖,中屹大柱,如轮藏心,莹净圆直,若巧匠斫削而成,即《真诰》及《包山志》所载林屋玉柱也。其下神龙居之,谓玉柱,可通天下名山洞府,虽在千万里外,瞬息可到也。"(周密《澄怀录》卷下) 至洞之深处,往前遥望,仍有可观,惟不能再进，仿佛与凡尘相隔，称作隔凡。明天顺间，徐有贞秉烛深入，至此题"隔凡"两字而返。后人皆以为"隔凡"之说，起于徐有贞，其实南宋时就已有了，他不过重写两字而已，甚至只是描摹了一下。

明清时人洞探胜者很多，记咏数以百计，如潘耒《游西洞庭记》说："早餐后诣洞口，脱常服，衣短后衣，著犊鼻裈，曳草屦，秉烛而进，且预令具浴岳庙以待。初入门，高广如夏屋，屋穷处，东北有隧道，甚卑隘，上下仅三尺许，左右六七尺许，须扶服而进，下皆泥潦，沾体涂足，弗顾也。如是者百馀步，乃复得高广处，石乳倒垂，作金碧色，物类飞走之象，仙床、仙灶之属在焉。已而复卑隘者四五十步，乃复高广，则文待诏题'通仙'处也，所谓石钟、石鼓者，叩之声渊渊然，垂乳状益奇，大要与张公、善权相类，而石质莹洁胜之，有圆正如松身、如屋柱者，挺立上承，则他处未之见，斯所谓金庭玉柱者邪？度尚可前，而蝙蝠闻人声，争出扑人，前导者火灭，乃止，选白石题同游姓名而出。复入其右支洞，初仅一穴，侧身横度，乃如狭巷，止容一人，亦不能挺身行，道无积水，而中高如鲸脊，骑之以行可六七十步，巷穷见一洞口，裁二尺许，有石柱当中塞之，可窥而不可进也，洞门右高处有'隔凡'字，相传为徐武功书，书带篆体，'凡'字下转笔已漫灭矣，余复濡笔题左方而出。"

旸谷洞外多摩崖，作者有李弥大、范成大、王鏊、蔡羽、胡缵宗、王一阳、沈尧中、李柱思、俞樾、易顺鼎等。旸谷洞以东，本是李弥大道隐园所在，有齐物观、曲岩、驾浮亭、无碍庵、易老室等。所谓齐物观，乃一片奇石，宛若牛羊犀象，起伏蹲卧，各具姿态。曲岩也尽是奇石，嵌空玲珑，仰而卧者，鳞次异状。山顶也多奇石，有伏象岩等。今在山上建驾浮阁，八面三级，重檐攒尖，琉璃覆顶，凭栏旷望，每作凌空蹑虚之想。阁下山麓遍植梅树，早春时节，红葩绿萼，相间万重，攒枝布树，玲珑璀璨，合匝缤纷，弥望不绝，探梅者如潮而来。

石公山在西山东南隅，背依丛岭，斗突湖中，方圆约两里许。山上怪石奇秀，危崖绝壁，景色奇丽。沈彤《游包山记》介绍了它的概况："石公之山在包山东南隅，少土多石，周可二里，三面湖水环之。有小庵负其西壁，庵之北为归云洞，洞高广可二十尺，相传旧有石垂洞口，如云之方归，故名。又北为蟠龙洞，在水崖，洞旁石悉嵌空，多窍穴，或逶迤数丈，作龙鳞状，有名为石梁、石琴者，俱倚崖跨水上。崖折而东，为山之阴，多小松乱石，上有石，方而平如台，宜观落照。自台东下，为山之左崖，崖北有十三折，类曲屏斜围，每折异状。崖南有巨石，伛偻如老父，为石公，山受名焉，旁有石姥，稍高。石公之上有剑楼，高四五丈，广十之，中间五弄，体断势接，廉隅斗竦，望之夹楼刺天，弄壁俱锐刿，若攒剑锋，其名者曰风弄、曰穿云涧。剑楼之下有明月坡，广容数百人，月夜可啸歌其上。自坡而下，西折为山之阳，有联云嶂、云梯，双峰竞举，桀然干霄。又折而北为山之右，有夕光洞，中有石，如浮图之倒垂，日夕返照，光熊熊然。石堂、花冠洞在崖下，水方出没其中。"

石公山南有归云洞和夕光洞。归云洞口，悬有如云之石，仿佛自远天归来，洞内轩敞，可布席而坐，石壁佛像极雕斫之妙，基本出于自然，略加人工修饰，以观音大士为最大，后人以金装之。那如云之石，则早在清初已被凿去。夕光洞，一作寂光洞，顶有罅隙，每当日落西山，斜晖一缕由罅隙射入，照在洞中的倒悬石塔上，光熊熊然，蔚为奇观。

缘麓而上,一路上有步云梯、一线天、风弄、联云嶂等,皆似巨斧所斫,壁立矗削。缪彤《游洞庭西山记》说:"步云梯高数十丈,宛然一城堞,难于攀跻。从者二三人,奋勇直上,或不能上,或及半而止,无有至其巅者。联云嶂排列如阵,色如凝铁。一线天石峡中分,仰望若垂缕,出入仅容一人,至半侧肩而入,直透顶上。"叶廷琯《游石公山记》也说:"联云嶂在山之西北隅,石壁如城堞,宋时艮岳奇石半取于此。旧有碑文勒崖上,字已漫漶,拂拭苔藓,竟不能辨。维时斜晖射壁,紫翠万状,石下泉溜细鸣,声如琴筑,徘徊久之。自联云嶂迤逦行,剑楼矗峙山背,俗以一线天呼之,两崖割开,百级直上,路通猿鸟,气合风云,真奇境也。罅中窄仅容身,攀跻达顶,穴山而出,两壁丹黄青碧,绚如错采,风嘐飀度,时作异响,故又称风弄。"

明月坡在石公山前,倾斜湖中,广可容数百人,终年水濯,清莹如玉。每当月明之夜,波浪击石,波光闪耀,坐此清赏最佳。近坡有石公、石婆,黄安涛《吴下寻山记》说:"明月坡潦缩则现,平迤约六七丈,旁有二石昂出水面,俗称石公、石婆。凡此诸胜,固以石妙,亦由于全湖一碧,处处空明,令人心目开朗也。"

石公山上,面湖建筑很多,有橘香亭、漱石居、印月廊、烟雨山房、湖天一览小榭、浮玉北堂、翠屏轩、水天晚碧馆、来鹤亭、断山亭等,春夏秋冬,晴阴雨雪,看湖上风景,无处不宜。来鹤亭在翠屏轩后绝壁,建于雍正十一年(1733),沈德潜有《来鹤亭记》。清世祖御书"敬佛"两字碑,原本嵌置在印月廊中,今为之建御墨亭,又成一景。

明月湾在石公山西,湖堤环抱,状如新月之弯,且受月最早,沙洲芦花，映月发光，相传吴王尝玩月于此。湾中民居皆背山临湖，粉垣碧瓦与丹葩绿叶相错如绣。李维桢《太湖两洞庭游记》说："雨小减，呼舟过明月湾，则已霁，垂杨覆岸，见千家在白云黄叶中，爱之，舍舟徒步。"葛芝《包山游记》也说："是日放舟明月湾，由明月湾而上，舍舟从陆。居民面湖负山，铺石为阶，屋宇整好。湖滨多橘柚，人行山上，如履橘柚之杪。杂树蔽亏，从苍翠中时见湖光渺然。"

消夏湾，一作销夏湾，在明月湾西，缥缈峰南，湖水一湾，阔三里，深九里，烟萝塞望，水树涵空，湾里多荷花、菱芡、蒹葭，风动绿云，不觉炎热，相传吴王于此避暑消夏。贾朝琮《重游西洞庭记》说："西洞庭为湖中之山，而销夏又为山中之湖，菱荷菰蒲、莼丝菱

消夏湾

芡之属旁湖皆是，诸峰环绕，若翠帱之抱明镜。"潘耒《游西洞庭记》则说："积水渟蓄，自为一湖，广轮九里，蒲荷菱芡之植具焉。东西蔡圻村在湾中，鸡鸣红树，犬吠白云，仇池桃源不是过也。"湾中人家富饶，不少是商贾，陶望龄《游洞庭山记》说："及至消夏湾，高闳相比，家有程卓之资，廛市之间，盛若通邑，并忘其山，斯又域内希绝之事矣。"

缥缈峰乃西山主峰，也是太湖最高峰，海拔三百三十七米，绵延二十二里，重冈复岭，四野广袤，鸡鸣犬吠，中设井邑，仙庭佛刹，最为胜绝。登临其巅，水天相连，风帆远近，湖上诸峰宛在襟袖。前人游西山，必登其巅，以畅快游。曹学佺《泛太湖游洞庭两山记》说："由销夏湾而登缥缈峰，平地二里皆梅花，上山者五里皆可望梅花，初犹销夏湾之一村而已，次则其邻，次则其最远，又次则但见梅花而不见村，及顶则但见白色糢糊无际，固不辨其为湖水也，白云也，而为梅花也。缥缈峰之尊，不特于西山，而湖中之七十二峰，岂非以东山、马迹及西山为三大者耶？予望东与莫釐对，而莫釐以东之灵岩诸山不能蔽；西北与马迹对，而马迹以西之苍弁、北之无锡阳羡诸山不能蔽，则其余可以枚举，可以象求，而历历无遗者矣。然犹以山有云气，望远不甚晰，且风大不能久立为恨。"王思任《泛太湖游洞庭两山记》说："峰去麓十里，予短袖与澹湖、少山先登，凡数十勇，乃克之，而若水跛鳖苦甚。偶风色团天，五百里都为晶气。见两舟，如展丝之丸，定而不动良久，近山下似双莺翔空也。一草庵栖僧，分指晋陵、吴兴、檇李，俱若天际一抹者，仿佛领略之。大抵缥缈峰乃洞庭山之元首，而诸山其肢体也；诸山又似花瓣，而缥缈独占其心，高突旷朗。若气霁云敛，月孤雪壮时，不可不作此观。"

龙渚在圻村湖滨，有大小之分，也称大龙山、小龙山，山石千奇万状，不可究拟，尤其是沿湖者，为水所搜剔，万窍玲珑。葛芝《包山游记》说："舟行六七里，遂达小龙渚，遥望石已累累，近而察之，坡陀坻屿皆傍水涘，树悬莎覆，俯仰中度，类园亭中位置者。山不甚高，其上无奇石怪树，舍之不登。沿洄至大龙渚，则耳目变易，令人错愕惊视。轻舟循其麓，则石之若屋者，若屏者，若碑者，若柱者，若秉笏而立者，若介胄而侍者，自上欲下，若群兽之渴而趋水者，自下欲上，若鼋鼍之属晴而献曝者。一龙昂首，奋迅欲出，有龟左顾，蹒跚其侧，赋物肖形，殆非一状。振衣行其上，则如倚如欹，如卧如藉，如蹄股之交加，如断腭之相向，猿引而度，俯视其隙，蛇伏而行，睥睨其旁，悉足惊心动魄。吴中名山水多矣，未有振奇若此者。"在龙嘴之西有一石，作青绿色，周二十余步，芒角森起，仿佛如有七十二峰，被呼为小洞庭。

石蛇山在龙渚外湖中，如骧首若逝者，山上向无居民。蔡羽《游石蛇山记》说："泊石蛇之东，遥见大石划下，若有门阙而无人踪。顾其势尚陡，水尚急，舟不能停。缘壁里许，则山之阳也，岸始舒，水始缓，若有里墟而无人烟，鸟婴兽窟，以窜其间者，大抵皆采石之人，厥崖惟庐，厥坎惟炊，厥寝惟矶，以渍以饮，惟石之宜。始舟人与岸人见，获通语言，而沙诘潬未可卒进，投竿测之，视岸人指，指止行焉，始获登其丘。山空地虚，举足有声，蹑其巅，梯断石滑，不获前。复举帆去，则山之西麓，壁愈高，石愈奇，若芙蓉开花，鱼龙脱甲，上者屏列，下者桥卧，隐隐波底者，不可穷状。所见既异，而境复迁僻。由是锁舟壁下，环卧涯浒，客皆引满载歌，晨徂而暮返。"其石之奇秀，不及石公、龙渚，而远望甚是怪伟，如猛兽奇鬼，槎枒突兀,断崖削壁,斧劈雷轰,所谓芙蓉开花、鱼龙脱甲者,弥望皆是。虽其孤立湖中,山上奇石早在清初已开采殆尽了,惟在水际者尚存。登石蛇山,始见太湖西部水域的浩瀚雄浑。

横山、阴山都在西山之北,隔湖相望,上世纪八十年代各在湖上筑堤,与西山东村连接。

横山,金友理《太湖备考·湖中山》说:"横山,在西山北,居民三百馀家。或曰湖中山皆首尾南北,此山独横,故名。"山中有横山寺,又有吴氏醒酣亭,王鏊《醒酣亭记》说:"横山在西洞庭之西,望之甚小,而峰峦秀润,亭台高下,里巷交错,鸡犬鸣吠,殆物外之奇境也。予自内阁乞归,有山人邀予至其境,觞予于湖心亭上。是日,秋高风静而涛声自涌,自东望之,干山在其南,绍山在其北,亭山宛然如盖,适当其中,馀若阴、长、叶余诸山,出没晻霭,殆不可状。予素不能饮酒,是日饮至十觞亦不醉,因扁其亭曰醒酣。"1929年,李根源来游,《吴郡西山访古记》卷五说:"山面十二里,山民百五十户,以舟楫、花果为业,环山以居,熙熙然有世外意。"居民较清中期减少一半。

阴山,在横山之东,相距不远,《太湖备考·湖中山》说:"相传晋阴长生炼丹处,故名。或曰以其在洞庭之北也(按此说近是)。居民百馀家,以舟贩为业,与横山同。"吴庄《图绘湖山口号》有云:"长生丹灶委荒烟,太傅诗碑却未眠。舞鹤峰头无鹤语,千年古柏自参天。"自注:"志载阴长生炼丹于此,下有东岳行宫。碑刻王文恪公游阴山诗。万历辛巳吴令傅光宅题'舞鹤峰'三大字于石。"李根源《吴郡西山访古记》卷五说:"至阴山,少泊小游,山民五六十户,分山前、山后两村,人家杳霭,水树涵空,别有天地。"居民也较清中期减少一半。

万历二十三年（1595），袁宏道知吴县，来到西山，他在《西洞庭》中归纳了"七胜"："西洞庭之山，高为缥缈，怪为石公，巉为大小龙，幽为林屋，此山之胜也。石公之石，丹梯翠屏；林屋之石，怒虎伏群；龙山之石，吞波吐浪，此石之胜也。隐卜龙洞，市居消夏，此居之胜也。涵村梅，后堡樱，东村橘，天王寺橙，杨梅早熟，枇杷再接，桃有四斤之号，梨著大柄之称，此花果之胜也。杜圻传范蠡之宅，甪里有先生之村，龙洞筑易老之室，此幽隐之胜也。洞天第九，一穴三门，金庭玉柱之灵，石室银户之迹，此仙迹之胜也。山色七十二，湖光三万六，层峦叠嶂，出没翠涛，弥天放白，拔地插青，此山水相得之胜也。纪包山者，虽云灿霞铺，大约不出此七胜外。"至于游览的胜赏，袁宏道也推为天下第一，他说："余居山凡两日，篮舆行绿树中，碧萝垂幄，苍枝掩径，坐则青山列屏，立则湖水献玉，一峦一壑，可列名山，败址残石，堪入图画，天下之观止此矣。陶周望曰：'余登包山，而始知西湖之小也，六桥如房中单条画，飞来峰盆景耳。'余亦谓楚中虽多名胜，然山水不相遇。湘君、洞庭遇矣，而荒寂绝人烟，竹树空疏，石枯土頳。博观载籍，与洞庭为配者，或者圆峤、方壶乎？若方内则故居然第一矣。"

像其他地方一样，西山也有八景，品题约在乾隆前后。所谓八景，一是"甪里梨云"，甪里遍植梨树，花时如白云浮动；二是"玄阳稻浪"，鹿村玄阳洞前田畴平广，乃是西山最大的稻田平原；三是"西湖夕照"，陈巷西湖寺为观赏太湖落日最佳处；四是"缥缈晴岚"，缥缈峰为湖上最高峰，林木茂密，云雾缭绕；五是"消夏渔歌"，消夏湾为渔舟停泊之处，夜来渔火点点，渔歌互答；六是"毛公积雪"，毛公坞峰高坞深，每当雪后，积雪久久不融；七是"林屋晚烟"，林屋洞近处村落，傍晚炊烟四起，萦绕山谷，人间烟火竟与神仙世界如此接近；八是"石公秋月"，石公山斗入湖中，三面环湖，秋月明净亮澈，于此玩赏最佳。程思乐《太湖名胜记》提出的八景，略有不同："在西山，则于'缥缈晴岚'，得举头天外之概；'林屋晚烟'，得超然远引之思；'玄阳桃浪'，得武陵古洞之胜；'甪里梨雪'，得香雪满径之雅；'消夏菱棹'，得薰风解愠之意；'石公秋月'，得水天一色之观；'西湖落照'，得渔舟晚唱之乐；'毛坛积雪'，得策蹇寻梅之趣。此西山之八景也。"此外，还有"甪角风涛"、"冯王烟雨"、"鸡笼梅雪"、"金岭夕照"、"龙渚暮雨"等景观。其实西山处处有景，品题十八景，甚至三十六景，也绰绰有馀。

自道教在江南传播，西山就是第九洞天、第四十二福地所在，羽流修炼以此为首选，或藏形洞府，或栖志灵岳，烟霞缭绕，神仙著迹。唐汝南道士周隐遥，就居住神景观，令狐楚为作《送周先生住山记》。西山不但是道教的胜场，还是佛教的名山，有所谓十八招提，香烟袅袅不绝，钟磬声声悠远，苏舜钦《苏州洞庭山水月禅院记》说："浮屠氏本以清旷远物事，已出中国礼法之外，复居湖山深远胜绝之地，壤断水慑，人迹罕至，数僧宴坐，寂嘿于泉石之间，引而与语，殊无纤介世俗间气韵，其视舒舒，其行于于，岂上世之遗民者邪？"可见道释两教在西山的兴盛，与那里独特的地理环境不无关系。

第九洞天，即林屋洞，至今摩崖有王鏊题"天下第九洞天"六大字，又名右神幽虚之天。故唐开元、天宝间建道观于洞外西隅，旧名神景观或神景宫。北宋天禧五年（1021），郡守康孝基重建，易名灵祐观。范成大《灵祐观》诗云："旸谷西门锁洞宫，古苔斑驳桧蒙茸。

百廊三殿惟瞽井,万壑千岩有瘦筇。"自注:"即古神景宫也,相传旧宫廊百间绕三大殿,谓之百廊三殿,今不复有。堂前有垂丝桧三本。"垂丝桧又名缨络树,更有偃盖松,皆其古迹。观中因有东岳殿,俗称岳庙,明清时人游林屋洞,必宿观中。观西又有下宫观,俱废之久矣。

第四十二福地,即毛公坛,相传为仙人刘根得道处,因其身生绿毛而得名毛公。明万历年间,汪道昆来游,《游洞庭山记》说:"灵祐西为东岳庙,西北有驰道抵仙坛,坛负一山,形如钟釜,两山如左右手夹持之,群山拱卫,如列爪牙,距湖乃止,湖水当席,如奉盘匜。自毛公上仙聚,学道者千计,其役皆坐不法,籍除。坛右为炼丹台,台上瞽井,是为丹井,台下复有方井,井亦泥,坛既夷,其遗趾高下咸在,古称福地,居然一隩区也。"毛公坛之侧有仙坛观,唐至德二年(757)里人叶超玄舍宅建,岁久颓圮,长庆中重建。《震泽编·寺观庵庙》说:"即今之杨师殿也,殿宇虽古,梁柱各无欹侧,谚云鲁班为之。"

上真宫,旧名上真观,在龙头山西三里,梁大同四年(538)里人叶道昌舍宅建,释皎然、皮日休、陆龟蒙等皆有诗。清乾隆五十年(1785)重建,贾朝琮《重游西洞庭记》说:"循唐里转西,为缥缈峰之西坞,坞中古松拂天,野花如绣。约半里许,则上真宫在焉,前祀玉皇,后为三清殿,羽流数辈,蚕桑树果,足以自食,不藉十方供养。"

西山佛刹以包山寺规模最巨、影响最大,汪道昆《游洞庭山记》就说:"寺故有神僧,衣钵精舍,往往可居,山中十八招提,无如包山者。"寺在毛公坛东南二里,今之梅益村包山坞。据《吴郡志·郭外寺》记载,"院有旧钟,云梁大同二年置为福愿寺,天监中再葺"。唐初改名包山寺,建炎间赐额包山显庆禅寺,至元末明初,隳圮又尽,荆榛芜秽,过者咨嗟感伤。至永乐初,有呆庵道人法住者住此,逐渐修复,陈继《重建包山显庆禅寺碑记》称其"慨然而来,诛茅斫地,以苇席为一室居之,力勤苦行,宴坐之馀,礼诵不辍,遇人必以慈爱劝之,由是敬爱之者日附,委财为其用者接迹而至。遂建屋数十楹,供佛有所,栖禅有所,延宾有所,庖廪有所,又成造三石佛像,复新二石塔,其费亦不少也"。据陈作梅《重建包山显庆禅寺碑记》记载,入清以后,先后建大云堂、大殿、大悲阁、凝香塔院、天王殿、钟楼、藏经楼、香花桥、药师楼、阿閦门、嫩桂楼、香证阁、闻经山房等,并增筑护山墙垣。相传全盛时有僧房一千零四十八间,僧众千馀人,为江南一大丛林。民国时尚存规模,分静善堂、空翠阁、满月阁、拈花堂等六房,以大云堂为总。在大休、闻达、云谷住持时,已不做佛事。及至"文革",终于废圮。今已重修,改原山门面南为面东,背山临湖,占地近百亩,建筑依次有香花桥、山门殿、天王殿、大雄宝殿、藏经楼等,香火鼎盛。

孤园寺在消夏湾西五峰岭下,一名祇园寺,梁散骑常侍吴猛舍宅建精舍。南宋咸淳年间重建,凡五十馀楹,规模壮丽,栖僧半千。寺有五峰堂,赵孟頫书额,姚广孝有《题赵文敏书五峰堂墨迹》。

上方院在消夏湾西北二里,因属孤园寺,称孤园上方寺,孤园寺亦称下方寺。释淮海《上方寺置田畴记》说:"孤园寺在其下,梁将军吴猛所施,盛时众至无所容,僧有厌愦闹者,陟上方别业数椽,高明澄远,宜禅诵,唐会昌六年也。厥后岁增月建,成院乾淳间,有无证修善师出自闽,遍参访方,迁基考室,矻矻垂三十年,所当有者必具。"自无证重修后，殿宇楼阁，飞栋连甍，杂出林木烟云间，最称雄丽。明初为丛林寺，正德间废，嘉靖中重修，宋仪望有《重修上方寺记》。清乾隆五十二年（1787）又修，并增构玄武殿，蔡九龄有《重修上方寺记》。

福源寺在攒云岭下，梁大同二年（536）吴县令黄祯舍山园建，隋大业中废，唐贞观中复兴，南宋绍兴间毁。庆元初僧志宁募众修葺，殿宇巍然，东西廊庑映带，嘉定间营置寺田，累年合为八十馀亩，王公振有《福源寺田记》。明嘉靖间废，王穉登有《洞庭西山重建福源寺疏》。万历四十六年（1618）始重建，至天启二年（1622）竣工，初山门向西，至是改南向，文震孟有《重兴福源寺记》。寺以福源泉得名，又有梁代罗汉松存焉。吴伟业《福源寺》题注："去毛公坛三里，为攒云岭，有福源泉，寺以泉名，罗汉松系梁朝旧物。"福源泉久湮，今已不知其处，罗汉松则给人留下深刻印象。金之俊《游洞庭西山记》说："寺内罗汉松一株，大可四五围，高三十馀丈，应是千馀年物。"许绳武《游洞庭记》也说："松花落阴，茶香透于竹丛。殿前有罗汉松，大可数围，其寿当不减冥灵也。"至民国时，寺僧不守戒律，吸毒聚赌，盗卖产物，寺已废坠。及至"文革"，全毁。

天王寺在马税城桃花坞，唐大中初有僧惠信庵居，渐建廊庑殿堂，凿井得铜天王像，宣宗赐额护国天王禅院，北宋政和、宣和间改今名，南宋绍兴初更为十方禅院，淳熙间拓地重建。至明初归并上方寺，历兹以往，日见凋敝，栋敧梁朽，阶圮序圯，终成荆榛瓦砾之墟。宣德六年（1431），僧桂庭来住此山，重建寺宇。正统三年（1438），僧德昕增筑，金问《重建天王禅寺之记》说："首建大雄宝殿，次及僧寮之室、庖湢库庚之所，与凡法所宜有者，莫不具备，像三世佛、十八罗汉，髹彤金碧，辉映林谷，与层峦叠嶂相焕发，蔚然成一丛林矣。"清中叶后衰败，至上世纪五十年代毁。寺之四周有松林数百亩，坐落最是幽深。姚希孟《游洞庭诸刹记》说："复从包山至天王寺，松林亡际，横被数亩，其大小类水月，而近寺数十株鳞叠羽缀，殆华山雁行。"又《山中嘉树记》说："天王寺古本一株，百馀年物矣，枝枝向佛，若合十皈依者，玄奘归而松枝转，孰谓无情不说法也，爰告主林神，当为摩顶授记。"

水月寺在缥缈峰下水月坞，梁大同四年（538）建，隋大业六年（610）废。唐光化中，僧志勤复于旧址结庐，因而屋之，累至数十百楹。天祐四年（907）刺史曹珪以明月名之。北宋祥符间，真宗赐额水月禅院。庆历八年（1048），苏舜钦撰《苏州洞庭山水月禅院记》，称其"阁殿甚古，像设严焕"。至元代，罹于兵燹，佛殿僧房悉为煨烬。明宣德五年（1430）重建，正统中修葺增筑，张益《水月禅寺中兴记》说："建四天王殿，塑像供具，金书额扁，宝饰神容，次营丈室、庖湢、库庾，缭垣辟径，甃石储泉，缺者补之，圮者完之，朽腐者易而新之，由兹水月之旧观复还矣。"至清初，僧徒日见寥落，殿宇日见倾颓，过其地者，莫不有黄叶西风之叹。康熙十八年（1679）暮春，缪彤来游，《游洞庭西山记》就说："至水月禅院，院已圮，观无碍泉，泉水绕山而出，里人藉以莳艺。"乾隆中又重兴，建大殿、大悲阁等。此后间有修缮，已非复当年严丽靓深之观。及至"文革"全毁，近又重建。水月坞中有泉，洁清甘凉，极旱不枯。南宋绍兴初题名无碍泉。以无碍泉烹寺东小青坞所出之水月芽，佳茗好水，无过于此，故在水月寺吃茶成为佳话。

华山寺在慈里北，旧名华山院，一名观音院，本在胥湖之北，宋

元嘉中会稽内史张裕奏立,安禅师建,唐会昌四年(844)迁此。咸通十五年(874)赐额观音院。虽院以观音为号,却无观音之像,及至北宋崇宁五年(1106)造像并建殿,至南宋建炎元年(1127)竣工,释怀深《观音院圆通殿记》说:"乃用紫旃檀八百两造菩萨像,饰以黄金丹砂,珍珠琉璃,端严瑞相,工妙天下,并刻诸天十有六尊,庄严毕备,为大殿以居之,规模雄伟,动人心目。费钱几三百万,毫累铢积,阅二十年厥功乃就。"范成大《华山寺》题注:"在西山尽处,多泉泓,僧房数处有之,有汤岐公、胡茂老枢密、孙仲益尚书诸公题诗。"寺前有古松数百株,虬龙拿云,偃盖漱雨,行其中者,凉生襟带,微漏日华,映照幽人之影。寺中有灵泉、鉴泉、蒙泉三泉,合称华山泉。旧时寺有"三泉莲藻"、"万壑松篁"、"霄峰积翠"、"石梁化雨"、"曲涧流芳"、"堤砌长春"、"松庭处暑"、"茅屋烟霞"八景。至上世纪五十年代,寺毁。今已在胥湖北原址重建大观音寺,号称大如意圣境,规模远胜于昔,礼佛广场供十尊高九点九八米的紫铜观音像,寺后山顶立高六十六点九九米的铜观音像,面湖而耸峙,真是旃檀大士来同住,夕阳敲断讲时钟。

《西山爽气图卷》　明张宏绘

罗汉寺在消夏湾北秉场。后晋天福二年（937）僧妙道建，屡有兴废，元末复造，毁于红巾。明永乐间僧悟修重建，不久渐废，天启二年（1622）僧觉空又兴之。清顺治七年（1650），僧雪山来住，奉养其母，其徒众陆续添置寺田，凡杨梅、枇杷、松竹、茶园、花果、柴山约七十馀亩，释蒿庵有《重兴罗汉寺花果山场碑记》。寺处幽谷，四周古木林立，浓阴蔽日。李根源《吴郡西山访古记》卷五说："至罗汉寺，修篁满山，林木亏蔽。寺门紫藤一柯，夭矫拿空，较拙政园文藤尤奇古可爱。罗汉松一株，亦逾千年之物。"寺外有军坑泉，潺潺而出，终年不息。今寺已重修，新构山门、可乐堂等，并自穹窿山宁邦寺移建清代罗汉堂，供奉石刻释迦牟尼及童子开相罗汉十六尊，雕凿粗放，造型拙朴，神态各异，给人庄重淳厚之感。寺旁有年逾千年的香樟两株，茂如翠盖，古藤缠绕，藤樟交柯，蔚为奇观。

石佛寺有两，一在鼋山，一在圻村龙渚山。在鼋山者，始建无考，翁澍《具区志·寺院》说："就石壁镌成三佛像，殿宇上下傍壁，皆连山之石，盖工人取石之巧而为之也。"民国《吴县志·寺观一》说："明成化间毁于火，万历乙酉进士叶初春重建。"在龙渚山者，汪道昆《游洞庭山记》说："其西故有石佛寺，今惟小像坐洞中。"朱用纯《游西洞庭山记》也说："其南则石佛寺，创自萧梁，今几兴废，而矮屋数楹，瓜蔓满檐，尘溷喷人，不堪暂伫。独洞中石像甚古，一视即出。"今皆不存，谨录其记载如此。

盘龙寺在横山，又名横山寺，相传三国东吴太傅阚泽舍宅建，唐开成二年（837）僧志允重建。寺中有楠木大殿、观音阁、转藏殿、药师殿、潮音阁、隐云堂等，以隐云堂为最胜。1929年，李根源来游，《吴郡西山访古记》卷五说："寺虽半圮，楠木大殿柱巨两围，至可宝重。昔贤如王鏊、申时行、赵士麟、汤斌、陈鹏年、林则徐、周锷、唐仲冕诸公皆尝游之，湖中名胜也。"今尚存山门、偏殿及僧寮数椽。

旧时西山的寺庵，还有不少。如金铎山的法华寺，梁大同间永日禅师建；崦边北二里的实际寺，南宋端平二年（1235）僧智明建，明初归并上方寺；渡渚山的候王寺，南宋庆元四年（1198）建，明初归并上方寺；缥缈峰北二里的西小湖寺，梁大同间达法师开山；涵村东新安岭的东湖寺，一名东小湖寺，南宋咸淳二年（1266）建，明初归并翠峰寺；鼋山金村的普济寺，一名文化寺，相传三国东吴太傅阚泽舍宅建，一说南宋庆元二年（1196）僧性源建，明天启五年（1625）重建；龙头山涵村的柑橘院，唐大和二年（828）建，明万历三十八年（1610）重建；用头郑泾桥东的长寿寺，唐天祐二年（905）刺史曹圭奏建；堂里东北的齐星寺，梁大同四年（538）与孤园寺同建，隋大业中废；黄渎的报忠寺，梁天监间建；涵村汤坞的资庆寺，五代后唐清泰间建；攒云岭福源寺前的橘香庵，清顺治间僧大灯建；鼋山北的宝石院，唐代建，凿宝石为基，以居尼僧；以及用头寨西的用庵、林屋洞南的无碍庵、石公山上的石公庵等，惜都久废了。

西山的第宅园林建造，自宋室南渡后，开始了一个新局面。

建炎末，孙觌在西山俞家弄建别业，号曰休寓室。孙觌居西山时，与里中故老往来，记下了两处园居。一是慈里夏家湾的善庆堂，为里人夏元富所建，孙觌有诗《题善庆堂》、《洞庭善庆堂置酒小诗寄之》。一是镇下里人沈仲嘉之居，具亭榭之胜，孙觌有诗《洞庭沈氏园亭》。绍兴初，李弥大在林屋山建道隐园，自撰《道隐园记》。杨偰别业在明月湾，《具区志·第宅》引洪迈《神道碑》："公虽早婴轩裳，而栖心丘壑不少贳，买洞庭西山明月湾地，营别墅焉。"赵与蕙千株园在消夏湾龙舌山下，《具区志·第宅》称"宋淳祐初赵节斋种柑橘读书处"。晚明时陈继儒过此，为题"四声斋"额。清顺治间为禅院，园仍在，潘耒《游西洞庭记》说："又数十步，得千株园，故士大夫家别墅，以多种橘得名，今为精舍，僧圆晖主之，新构高阁出林梢，殊有幽致。"元俞琰故居在俞家弄，其子仲温建读易楼，以藏遗书。明初里人沈孟昌湖山小隐在消夏湾，姚广孝有《湖山小隐记》。里人蔡昇西村别业在消夏湾，聂大年有《西村别业记》。其孙蔡羽继承祖居，更筑西山草堂，中有玄秀楼，为其读书处。里人叶复初南园在岭东枝头岭，祝允明、唐寅均有《南园赋》，为之扬誉。此外，诗人徐庭柏兄弟的听琴轩、王子径的林西别墅、蔡旅平的天际楼等，都不知坐落何处。

西山历史上的名园，乃徐缙在崦边的薜荔园。徐缙字子容，号崦西，王鏊婿，弘治十八年（1505）进士，选庶吉士，官至吏部左侍郎，卒赠礼部尚书，谥文敏。园址为祖屋，至徐缙筑而成园。陆深《薜荔园记》说："往岁举进士，与今侍读徐先生子容为同年，先生西洞庭人也。太傅公之言曰：'西山之起甲科，实自子容始。'夫山水之胜，泄之乎人，高贤之以声光垂世也，建置经位，心目之所及，则山益高，水益深，景益清远，造化之巧所不能与者，又托之乎人。若徐氏之于洞庭，洞庭之有薜荔园是也。园之广，凡数亩，地产薜荔，因以名园云。园之景，凡十有三，曰思乐堂，曰石假山，曰荷池，曰水鉴楼，曰风竹轩，曰蕉石亭，曰观耕台，曰蔷薇洞，曰柏屏，曰留月峰，曰通冷桥，曰钓矶，曰花源。四时朝暮之变态无穷，而高下离立，足以当欣赏而游高明，可谓胜矣。洞庭既胜，而园又胜也，使人乐焉，若仙居世外，烟霞之与徒，而日月之为客也。"西山自古未出进士，徐缙为第一人，故立先桂坊于崦边。

  西山民居，向有墙砖屋瓦、脊高础坚的建筑传统。顾炎武《肇域志·江南八》就说："其屋宇因虑湖中风雨迅疾，垣必甃砖，覆必累瓦，惟窘于力者，或以石垒墙，绝无茅茨之室。"王维德《林屋民风·民风八》也说："洞庭编户为里七十有奇，民居散若村落，屋宇甚固，因湖中风雨迅疾，墙必砖，覆必瓦，高数仞，类新安，虽贫家亦无茅茨之室。"以堂里为例，西山有俗话说："太湖有七十二峰，堂里有七十二堂。"堂里即"以堂名其里"，也就形成以深宅大院为主的民居建筑风貌。就建筑外观而言，堂里很多民居被高墙封闭，既有屋顶突兀山墙之上的，也有山墙高出屋顶作梯级屏风墙的，更有两者混用，以水平形高墙相连，露出部分屋顶的，它们与简陋的平房间隔参差，高高下下，错落有致，具有起伏和节奏之美。凡外墙大都面墁石灰，或刷青煤作灰黑色，屋顶覆盖青灰色蝴蝶瓦，木料则都漆以棕色或栗色，配以柔和的轮廓线。因此，堂里民居整体给人以俭朴、雅洁、殷实的印象。另外，堂里民居在建筑处理上，具有布局规整、群体组合、功能齐全、空间变化等特点，地方风格十分明显，不但表现在砖木结构技术所创造的建筑形象上，而且表现在建筑空间的意匠上,充分体现了堂里人特殊的空间意识和审美观念。与此同时,整个村落布局合理,巷弄贯通,有东更楼、南更楼和西更楼之设,以防盗贼。西北滨湖港口有一道石堤,乡人俗称渎嘴,堤内就是一个避风港,也是出入西山的码头,董诰有《琴山石堤记》。

此外,如明月湾,沈德潜《洞庭明月湾吴氏世谱序》说:"洞庭西山明月湾,峰峦耸翠,溪流环碧,人烟鸡犬在花林中,其俗俭朴,敦礼让,愿者力田服贾,秀者勤诵经,人皆聚族而处。"村中有南北两条并行小巷,东西又有若干小巷,形成"井"字形局,人称"棋盘街",用花岗岩石板铺成,下有阴沟,两侧有浅明沟,俗话说:"明湾石板街,雨后看绣鞋。"可见它的整齐和洁净。巷陌间散置着敦伦堂、

明月湾

礼和堂、瞻瑞堂、揄耕堂、凝德堂、汉三房、瞻禄堂等，高墙深宅，鳞次栉比，大都为乾隆年间所建。如东村，老街用石板或青砖铺砌，两旁民居大都为乾隆、嘉庆间所建，有芳柱堂、慎思堂、瑞木堂、仁馀堂、延圣堂、学圃堂、留耕堂、绍衣堂、孝友堂、仁德堂、敦和堂、萃秀堂、朗润堂、敬修堂等，以敬修堂规模最大，占地面积达一千八百六十六平方米，前后六进，平面布局合理紧凑，错落有致。栖贤巷门坐落巷口，属晚明建筑，为村落的安全设施。如后埠，有蒋氏里门、介福堂、咸家老屋、承志堂等，承志堂是西山清中期大型民居建筑的代表，布局合理，体量宏大，装饰精美。又有宋元井亭，井凿于南宋淳熙间，井壁黄石砌筑，井栏一为白石，一为青石；亭覆于井，始建于元大德间，作石柱单檐歇山造。再如东西蔡，有石街长四里许，屋舍俨然，高低错落，村中有明清民居建筑三十多处，以芥舟园、春熙堂、爱日堂、畲庆堂保存相对完好。

1929年，李根源访崦边（今东河）徐缙宅，《吴郡西山访古记》卷五说："登介福堂，照壁砖镂全部《三国演义》，玲珑透漏，人物生动，不减元本《三国图志》，如此精美之作，为余之所仅见。"可惜的是，徐宅早已不存，那组砖雕自然也湮没了。如今要了解西山民居的建筑雕刻，惟堂里徐氏仁本堂保存得相对完好，特色也最鲜明，即今所谓"西山雕花楼"。仁本堂分老宅和新宅，建筑雕刻主要集中在新宅。新宅共三落五进、二十底十六楼，起建于咸丰三年（1853），正处于建筑装修精致化的最高阶段，其梁柱、檩枋、门楣、窗扇、纱槅、挂落、栏杆等，处处有精工细做的木雕花饰，在门楼、地穴、月洞、门景、墙面、裙板等清水砖作上，也有秀逸精雅的砖雕花饰。题材以山水林麓、蔬果昆虫、花鸟竹石、博古清供、人物故事为主，几乎没有"平升三级"、"金玉满堂"、"天官赐福"、"龙凤呈祥"等内容。这或许是它落成年代较早,这些题材尚未成熟地全面进入装修;也有可能是主人对装修内容提出特殊要求。这个问题,有待建筑装饰史学者去作研究。

千百年来,出入西山,全凭舟楫,若风浪骤起,或大雾弥漫,就只能望湖兴叹了。《醒世恒言》第七卷《钱秀才错占凤凰俦》说:"那东西两山在太湖中间,四面皆水,车马不通。欲游两山者,必假舟楫,往往有风波之险。"正因为如此,西山虽说是世外桃源、人间仙境,却游展罕至,甚至许多苏州人一生未曾去过,徐祯卿《洞庭西山诗序》就说:"太湖诸山多奇秀,两洞庭为之魁焉。就而准之,西洞庭形胜尤广蔚,而丹垣石屋,仙踪具在。由胥口至山麓,凡五十里行许,故涉者多抱风涛之虑,非夙有山水奇癖,不能畅然忘险一游。然则骚客墨卿,虽生于吴,有终身不识洞庭者,固亦无足怪也。"张怡《登洞庭西山缥缈峰放歌》也有"老杀姑苏城里人,何曾一识西山面"之咏,而西山人也有终身不曾进过府城的。即使丽日晴天,由苏州城里去西山,也颇费时日。在轮船开通之前,从枫桥、阊门、胥门等码头上船,当夜得在木渎歇宿,第二天才出胥口,四十馀里水程,迟迟抵岸。当轮船开通以后,从胥门接官厅码头上船,半天方能到达。交通的闭塞,虽不便行旅,但西山的自然生态和人文环境得到很好的保护,同时也给那里蒙上一层神秘的轻纱。

1994 年,太湖上架起了大桥,北起渔洋山麓,跨越长沙山、叶余山,抵达西山渡渚大庭山,全长四千三百馀米,有一百八十一孔,桥岛绵延十馀里。有了这座太湖大桥,去西山就便捷多了,以车程计算,从苏州城里出发,抵达西山,不到一小时。

岩岚层叠莫釐寒

洞庭东山古称胥毋山,《越绝书·外传记吴地传》称吴王"旦食于纽山,昼游于胥毋"。"毋"是"母"的今字,于省吾《双剑誃诸子新证·墨子》说:"金文'毋'字均作'母',此犹存古字。"故也作胥母山,然此"母"字仍当读"毋"音。俗传所谓伍子胥迎母于此,则是野话了。又相传隋莫釐将军居此,因称莫釐山,今其主峰称莫釐峰,旧时山中有莫釐舍宅所建之法海寺,灵祐庙前有莫釐墓,然莫釐其人于史无考,顾夷《吴地记》则称之为莫里山。因山在洞庭山之东,故称东洞庭,苏人省称东山。

东山本在太湖中,当隋唐时,山之东北面湖水,直逼香山、胥山下,相距三四十里不等,水面辽阔。随着太湖长年累月的淤积,东山与胥山间的湖面逐渐缩小,又在武山、渡村间形成大缺口。金友理《太湖备考·太湖》引乾隆十四年(1749)东山士民所呈《大缺口水利条陈》:"大缺口在武山、大村之间,北太湖水泄入南太湖,必由此口而出,乃湖水咽喉要道。往时口阔二三百丈,水行通畅,后被附近居民种植茭芦,泥淤滩涨,水口渐狭,仅存五十馀丈,又因张捕鱼虾,绝流设籪,泥随籪积,中流亦长芦洲,阻遏水势。此现在之情形也。"此后太湖淤积愈甚,东山与内陆的距离越来越短,约十九世纪中叶与内陆连土接壤。叶承庆《乡志类稿·方舆》说:"东北已与陆地相连,仅隔一渡,以大缺口、石社港为界。"

莫釐峰为东山最高峰,海拔二百九十四米,俗呼大尖顶,稍下为二尖顶。其山脉走向,据《太湖备考·湖中山》记载,一支自北而东,为芙蓉峰,为翠峰,历翠峰而南为金牛岭,为吟风冈,又南为九峰,为小莫釐,即俗呼箬帽峰者,其下为庙山。一支自北而西,为丰圻、小长湾、上金湾、吴湾诸岭。中一支自平岭而南,为白沙岭,为虾蟼岭,稍西而高者为荷盘顶,又南为嵩峰,虾蟼之东为拷栳墩,过东为偃月冈,折而南为屏风山,又南为干山岭,逾干山岭而南为俞坞、西坞,与坞相直孤峙于水口者为蓺山,俗呼龙头山。又南为重亨山,为塘子岭,岭之下为大戟嘴。逾岭而西,为玉笋峰,为黉家山,南出之支于是乎穷。荷盘、嵩峰之间,西出一支陂陀而下者为寒山。自嵩峰而南,为白豸岭,为碧螺峰,西为桯公墩(铁拐峰),演武墩伏而起,西峙为饭石峰,王舍山在其右,格思山在其左,迤逦而西,迄于长圻而止。莫釐为主峰,面南而背北,故南出之支为多,村坞之绕于山麓者,亦北浅而南深,浅不及半里,深不过三里。武山本在东山之东,水断桥连,今已连壤,西金山为其主峰,东为锦鸠峰,南为目青山,北为凤凰山、翔翅山,又南为射鹨山、鸡山。在这山峦间,点缀着古迹名胜、寺观祠庙、第宅园林,让人游兴盎然,流连忘返。

然而太湖烟波浩渺,翻银卷雪,一苇之航,并非易事,且旧时商船不通,驿站不设,往游西山者既不多,往游东山者也不多。文徵明《玄墓山探梅倡和诗叙》说:"洞庭诸山宛在几格,真人区绝境也。但其地僻远,居民鲜少,车马所不通。虽有古刹名蓝,岁久颓落,高僧韵士，日远日无。苟其人非有幽情真识，不能识其趣；非具高怀独往之兴，不能即其境而游。"袁宏道《东洞庭》也说："苏人好游，自其一癖，然游洞庭者绝少。虽骚人逸士，有白首未见太湖者。"但仍有往游者，虽冒风波险恶，也还是值得的。

凡游东山，两个节目不可少，一是登莫釐之峰，一是访山中诸寺，而这一路就将东山的湖光山色几乎领略尽了。

东山可游可赏之处甚多，康熙时里人翁澍归纳了东洞庭十景："丰圻探梅"、"武峰桃浪"、"白沙卢橘"、"莳山芰荷"、"翠峰松径"、"仙峤枫叶"、"化龙飞泉"、"寒山落照"、"菱湖秋月"、"釐峰积雪"。乾隆时东山司狱程思乐《太湖名胜记》则归纳了东山八景："在东山，则有'莫釐远眺'，可以豁目开怀；'西坞闲行'，可以寻幽散步；'蓼溪桑市'，可以采风问俗；'莳山荷舫'，可以消暑纳凉；'秋街玩月'，可以吟诗遣兴；'翠峰登高'，可以寻僧采菊；'长圻探梅'，可以呼朋载酒；'太湖归帆'，可以聚顺引年。此东山之八景也。"

十景或八景，概括了东山的胜概，可介绍一下与上述景观有关的几个地方。

"丰圻探梅"的丰圻，在山之北端，顶有海眼泉，冬夏不盈不竭，王鏊题额。旧时刘氏于此筑望湖亭，惜已久废。近处有大石若屏，称石壁，相传柳毅传书时所扣也，故北麓有白马庙、龙女祠。此地梅花颇盛，陈文述《洞庭揽胜画册诗·丰圻》云："此地梅花国，青山好结庐。四围香雪海，一角美人湖。昨与琴僧约，还寻古雪居。"自注："依山临湖，梅花最盛，一白数里，若香雪海。"姚元灿《洞庭东山竹枝词》云："初春香雪北山堆，石井丰圻次第开。转眼绿阴齐结子，青梅市后复杨梅。"自注:"丰圻、石井乡民多种梅树,绵延数里。其馀花果类盛于山之北面,杨梅尤佳。"清初时那里更有成片枫林,深秋时景色如画,查慎行《欲往丰圻看枫叶为雨阻》有云:"颇闻人说丰圻胜,况有丹枫照秋暮。鱼虾市远风不鲤,橘柚园深香作雾。"

"长圻探梅"的长圻,在山之西南,伸入湖中,俗呼长圻嘴。朱润生《湖山诗影录》说:"长圻嘴在东山全境之西南角,后山饭石峰,格思山之尾闾也。山瘦露石,到此而止。滨湖兀立,毫无障蔽,故人烟极少,豁然开朗,临风而立,衣袂飘然,长啸一声,豪兴勃发,万顷湖波,都如奴伏矣。故事,太湖营操演水师,常于此间施放枪炮。"长圻梅花为一山之胜,归庄《洞庭山看梅花记》说:"东藩移樽,并挈山中酒伴同至长圻,激荡其涯,远近诸峰,环拱湖外。既立高丘,则山坞湖村二十馀里,琼林银海,皆在目中。"

"武峰桃浪"的武峰,即武山,与东山仅一桥之隔。陈宗之《游武峰记》说:"武峰,湖中一孤堞,四面际水,远近山如叠浪,从山顶望莫釐诸坞,如空空下天状,又如展万幅云屏,萦青缭紫,光气炫变,亦殊观也。径多黄碧伟石,短松离离,错置其间,如万兕饮壑,蹄股支撑。"武山之南射鸭山麓湖滨,有大石,嶙峋层叠,宛然如浪,名曰石浪。武山桃花极盛,吴伟业《厩里》有云:"柳叶青丝鞚,桃花赤汗鞯。"自注:"武山桃花为东洞庭一胜。"

"寒山落照"的寒山,在东山西麓,高仅海拔四十米,蜿蜒成岭。于此西望,碧波万顷,西山如青螺翠黛,远卧于前。当日落平湖,霞光飞跃,煜然万丈,芒颖绚烂,不啻五金在镕。吴伟业《寒山晚眺》云:"骤入初疑误,沿源兴不穷。穿林人渐小,揽葛道微通。湖出千松杪,钟生万壑中。晚来山月吐,遥指断岩东。"

"莳山芰荷"或"莳山荷舫"的莳山,在干山岭之南,俗呼龙头山。朱润生《湖山诗影录》说:"此龙头山乃指莳山也(非西山之龙头山),面临南湖,上有真武行宫,明嘉靖年间所建立。旁有伍大夫祠,又有路公祠,祀明末路文贞公振飞。祠前有诉月楼,夏日芰荷数十里,一望无涯,风景殊佳,则为同治七年同知唐翰所增建者。地当前山后山水程之半,著者每返里,先到前山,买小舟,去后山,行一半路,过龙头山,归心似箭,盖故居俄顷可到矣。"莳山向是赏荷胜地,陈文述《洞庭揽胜画册诗·莳山》云:"莳山恰无莳,颇多红荷花。风裳与水佩,香气凌朝霞。月中闻棹歌,采莲双吴娃。"

"翠峰松径"或"翠峰登高"的翠峰,为莫釐支峰。"松径"在山坞翠峰寺前,宋元间夹道皆种松,文徵明《翠峰寺》有"空翠夹舆松十里,断碑横路寺千年"之咏。正德十五年(1520),寺僧砍伐古松,以偿征徭,王鏊有《悯松》七古一首记其事,序曰:"翠峰,洞庭古刹也。自寺门至官道皆双松夹峙,大可数围,如葆盖,如虬龙,每风动,声闻数里,盖宋元故物也。予甚爱焉,每至,辄坐其下移日。今年夏,至则无复孑遗,予甚愕焉,召其僧尤之,僧曰:'县官征徭急,身之不存,松于何有?'盖鬻之以充徭费也。吾闻释氏为出世法,谓世网不能加也。徭且不免焉,非独人之加而剪伐及于兹松,千年故物且不能逃。於乎,苛政之害如是哉。是岁正德十五年也。"此后,寺僧补植,补苴阙典,但已不成景观,故只能以"登高"代之,由翠峰坞而上翠峰、芙蓉峰。

"仙峤枫叶"的仙峤,不是地名,芙蓉峰山半有申时行题"仙峤浮空"四字石刻,故仙峤指芙蓉峰。蔡昇《芙蓉峰》云:"一朵金芙蓉,云根在土久。伊谁能折之,擘山臣灵手。"孔贞明《和蔡景东咏芙蓉峰》云："湖上芙蓉峰，秀拔历年久。四时不能凋，造化在吾手。"芙蓉峰植被丰富，清初或有成片的枫树。

"化龙飞泉"的化龙，指化龙池，一称化龙泉，即王鏊祖茔所在。翁澍《具区志·名迹》说："化龙池，在崧峰之北，雨后飞泉，不减匡庐瀑布。"金友理《太湖备考·泉》也说："化龙泉，在王文恪公祖茔后半山石穴中，盖乳泉也。"就堪舆学来说，化龙池风水甚佳而犹有小漏，王鏊因此仅得探花，未举状头。此泉雨后喷薄，飞瀑如雪，蔚为奇观。

"菱湖秋月"的菱湖，乃五湖之一，指山东的太湖水域，相传吴王夫差于此种菱。翁澍《菱湖秋月》云："吴宫消歇后，凄断采蘋讴。此夕一轮月，照人千古愁。沙明龙女庙，云净葛洪洲。耿耿清光里，弥深泽国秋。"

"白沙卢橘"的白沙，指山北的白沙岭。其地所产枇杷最佳，《具区志·土产》说："枇杷，一名卢橘，出东山之白沙、纪革、查湾、俞坞诸处佳。其品有二，实大而色白、味甘酸、独核者名白枇杷，实差小而黄色者名金蜜罐。"枇杷在初夏采摘上市，满筐满箩，负担唤卖者，声闻数里。

"西坞闲行"的西坞，乃莫釐峰馀脉，四山围抱，一径通幽，然不属莫釐九坞之数，紫金庵即在其地。吴鼎芳《晓过西坞》云："薄云和月堕前峦，九寺钟声送晓寒。曲曲清溪行不尽，石桥红树待僧看。"程思乐《西坞闲行》云："一径入深林，弥漫尽云树。犬吠见前村。烟深迷古渡。我来散步行，夕阳送归路。"

"秋街玩月"的秋街，指镇上主街，今称人民街，晚明就是东山的商市，佚名《洞庭竹枝词》云："雨过依然着绣鞋，吴中第一洞庭街。居民住屋真稠密。墙壁如城一字排。"白日喧闹，夜来静寂。程思乐《秋街玩月》云："夜气逼孤棨，秋街凉于水。皎皎一轮光，高照绿罗绮。举手拜双星，银汉正弥弥。"

"蓼溪桑市"的蓼溪，即潦里。明清时东山是桑叶的主要产地之一，蚕时设市，吴江、湖州各乡镇皆来贩鬻，潦里乃一聚处。程思乐《蓼溪桑市》云："林壑生众绿，藤萝覆屋脊。剪声随露下，船影带烟碧。遥闻人语喧，半是吴兴客。"

至于"鳌峰积雪"或"莫鳌远眺"，就不必赘言了。

再介绍一下席家湖嘴的安定塔。席家湖是东山东面的一个水湾，1916年，里人席锡蕃在湖嘴上建七级砖塔，因席氏郡望安定，故名安定塔。许煦明《莫鳌游志》说："塔建于民国五年八月，里人席锡蕃遵父命报母恩而造者也。陆绍庠书'安定'两字额，门联云：'远籁湖声应法鼓，馀辉山响起梵铃。'内壁镌三元大帝像，顶悬铁钟，以杖击之，响遏行云。角悬小铃，风吹铃鸣，清脆悦耳。湖嘴尽端，与武山、西金山遥遥相望，舟楫东西，飞禽上下，湖风扑面，胸廓为清。前为苏山外湖班轮船停泊处，建有候舟室，曾一度热闹，停驶后，又形冷落。该处港湾深邃，足可容纳巨轮，为一良好船埠。今其附近为船户集居，绿杨深处，篷底炊烟，诗情画意，不可多得。"可惜的是，塔在上世纪六十年代初被拆除，如今连遗址也很难寻觅。好在顾公硕四十年代时曾过此地，拍下了一张照片，当年渔舟丛集、炊烟萦绕的景象犹可见得。

东山向有"九寺十三庵"之说，由于遭太平军兵燹，几乎全毁，有的在同光间陆续重建，有的就此烟消云散了。

翠峰寺在翠峰坞，或说唐将军席温舍宅建，或说唐天宝间僧智洪

《包山十景图·翠峰寺》 明张宏绘

开山。宋初雪窦禅师于此阐经说法，相传神龙出井，罗汉亦隐树而听，其高足天衣怀禅师汲水供众，久而无倦，忽蹉跌而化，寺西忽涌异泉，既甘且洌，故有降龙井、罗汉树、悟道泉诸故迹。范成大《翠峰寺》诗注："在东山，雪窦显老道场，山半有悟道井，庭下大罗汉木两株，虬屈蟠壮，甚奇古。"明初为丛林寺，万历十四年（1586），里人翁氏募修，张敉（献翼）有《重修广福翠峰禅院记》。寺中有席建侯祠，崇祯初建，祀唐吏部尚书席豫，衬景福间武卫将军席温。清咸丰十一年（1861）毁。光绪初席氏重建，山门悬里人朱廷选书额，至"文革"时被拆，今已成一片橘林。

天衣禅院在翠峰寺西，本翠峰别院，一名翠峰山居，为天衣怀禅师悟道处。明初建普同塔，万历四十一年（1613）僧如净建药师殿、远翠阁，天启七年（1627）建大悲坛，俱废。院中悟道泉，乃洞庭名泉，董其昌题石，其甘寒清洌，最宜瀹茶。王宠《酌悟道泉》云："名泉真乳穴，滴滴渗云肤。白石支丹鼎，青山调水符。灵仙餐玉法，人世独醒徒。长啸千林竹，清风来五湖。"

古雪庵即古雪禅院，在翠峰寺西，因在古雪居下，俗亦称之古雪居，清顺治间僧心净建，康熙间席氏重建。院前有枕流阁，岩壑绝胜，雨后山溪奔泻经此，曲折而下。阁中旧有楹联三副，陶澍云："溪头细雨流花出，树外闲云载鹤回。"费公行云："古香自有梅花在，雪色时看望鹤来。"王钝根云："四座胜流添逸兴，一庭花雨助机锋。"都还不失情趣。

灵源寺在后山碧螺峰下，梁天监元年（502）僧集善建，元末毁，明永乐十二年（1414）僧智昕重建大殿，此后屡修不废。遭太平军战兵燹毁，光绪间重建。许明煦《莫釐游志》记下了上世纪四十年代的情形："民国十九年再修，腾冲李根源书'灵源禅寺'四字门额。入门见勒弥坦腹大笑状，正是'看一般人时往时来，我笑有因真可笑；这两个字曰名曰利，你忙无甚为谁忙。'旁为哼哈二将塑像，面貌狰狞。经整洁之走道至天王殿，旁塑四大金刚像，威武之气，溢于眉宇，中祀护法神韦陀。旁悬一联云：'上持宝杵，三洲感应；下披金甲，四海游巡。'惟其貌相和善可亲，四海游巡，恐未能使恶魔感应耳。内则一片广庭，走道两旁，栽遍花木，其影扶疏，其香馥郁。左为妙音堂，有民国二十一年李根源题'妙音堂'字碑。中塑关羽，右周仓，左关平像。中为大圆通殿，民国二十年张一麐书额。中塑三世如来，旁置民国二十一年所铸大钟，击之则钟声洪洪，响振山谷。右为宿云堂，堂北为可月堂，大学士王鏊题额。壁悬名人字联，多不胜举，兹录二则于下：'夜窗灯翦联床雨，斗室香添小篆烟。'（邓邦述）'松室夜灯禅景静，芝庭春雨道心空。'（李根源）室内布置井井有条，且纤尘不染，洵为胜境。可月堂可谓一寺之胜，而灵源寺则可谓一山之胜也。"时至于今，惟存僧寮数椽而已。

能仁寺在长圻东岭，梁天监二年（503）僧道适建。寺有泗州塔池，池甚浅，大旱不涸，旧传有塔影倒悬。清顺治十七年（1660），归庄来山中探梅，《洞庭山看梅花记》说："还过能仁寺，寺中梅数百株，树尤古，多苔藓斑剥，晴日微风，飞香满怀，遂置酒其下。天曛酒阑，诸君各散去，余遂宿寺之翠岩房。"咸丰十年（1860）毁其半，今已不知有其处。

法海寺在莫釐峰之阳法海坞，《吴郡志·郭外寺》说："隋将军莫釐舍宅所建寺也，后梁乾化间改祇园，皇朝祥符五年改今名。"元末悉毁于兵，明初诏为丛林寺。自永乐至天顺年间，先后建大雄殿、海云房、四天王殿、伽蓝殿、观音殿、祖师殿、弥陀殿、延明堂、清趣阁、凭云环翠楼等，凡两庑三门、僧舍庖库，无一不备。万历间重建天王、弥陀两殿，崇祯十一年（1638）重修。汪明际《东山记》说："从山顶望之，丹扉绀殿，隐隐可数。及拾级而进，则长条垂户，浓绿拂槛，几不知有寺。古桧数本，肤理虬结如绳，枝干枯荣相半，苍古奇诡，云亦异代物。"据说，全盛时有屋五千零四十八间。清康熙间遭大火,烬馀仅存偏殿、僧寮二十馀楹,遭太平军兵燹全毁。1923年,僧通玄募建新寺于左,规制远逊旧观。

兴福寺在俞坞,梁天监二年(503)干将军舍宅建,元时废而复兴,至明初又废,景泰至成化间僧恩复、智勤等重建。王鏊《兴福寺重修记》说:"景泰间有恩复者,始居山之法海,能以道伏其众,俞坞之人相与迎居之,其徒智勤,从之者数人。坞有九峰,左右环合而中空,自上望之,深如井底,前有小路,入其中,乃更宽衍平饶。复日课其人,以时莳艺,暇则归而求其所谓清净者,久之成俗。长成杨梅、卢橘,罗列交荫,长松千尺,仰不见日。复戒其徒,无敢食肉饮酒者,客至焚香煮茗。而每岁所入益饶,乃市材傤工,蒐废基,葺颓垣,起旧材,为佛殿三间,次为山门,为斋堂,寺以复完。"嘉靖二十二年(1543),僧永贤重建慧云堂,文徵明为作《兴福寺重建慧云堂记》。至天启间又修。

雨花庵在叶巷北二里,一名雨花台,明万历二十七年(1599)僧松竹建,清顺治五年(1648)席本桢重建,咸丰十一年(1861)遭太平军兵燹而毁,同治六年(1867)重建。1933年修葺,叶恭绰题"雨花禅院"门额,中为大雄殿,供普门大士像。庵后有萃香泉,自石罅中流出,终年不绝,旧迹摩岩篆书,锡山秦铨题,里人朱轼书,年久漫漶。1932年冬疏浚萃香泉,补王大隆篆额于泉上。庵侧有楼,张謇题"醉墨楼"额,壁悬长联云:"湖山成千古图画,南望吴江,西延夹浦,北临惠麓,东达金阊,此处足清游,古刹被名僧所占;景物极四时佳景,春风柳岸,夏岫云峰,秋正归帆,冬留积雪,我生厌尘俗,一官为胜地而来。"又悬吴伟业旧联云:"秀夺千重翠幕,奇添一片冰壶。"因庵地处高旷,最宜远眺。今自雨花路而上至雨花台,辟雨花胜境，一路布置泉石亭阁，乃东山新建之景区。

关于紫金庵似可多说几句。

紫金庵在西坞，旧称金庵，相传唐时有胡僧来建，贞元间废，后复建。明洪武中重建，清康熙间重修，乾隆十一年（1746）增建净因堂。此后修建不辍，直至近年。相传庵中十八罗汉像为南宋雷潮所塑，如《江南通志·舆地·寺观二》说："内大士及罗汉像系雷潮装塑，潮夫妇俱称善手，一生止塑三处，此庵为最。"《太湖备考·寺观》也说："内有十八罗汉像极工，系雷潮装塑。"此说在清中期后方始流行，但是早在明代后期，就说塑者另有其人，释大灯《金庵十八罗汉歌》云："金庵罗汉形貌雄，慈威嬉笑惊神工。当年制塑出奇巧，支那国中鲜雷同。擎拳降猛虎，举钵伏狞龙。神通各逞无暇日，我来一喝俱敛容。修眉大士嗒然笑，手持藤杖称最老。与彼群公前致辞，山中结屋愿须早。潺潺深涧可忘饥，不待安期赠丹枣。他时游戏返天台，共尔岩头拾瑶草。"自注："丘弥陀增塑。"又，顾超《紫金庵》云："山中幽绝处，当以此居先。绿竹深无暑，清池小有天。笑啼罗汉像，文字道人禅。最好梅花候，高窗借过年。"自注："庵中十八罗汉像，乃邱弥陀手增塑。""增塑"者，或本无而增设，或已毁而补置，总之已不是雷潮所作。邱、丘两姓通，明人汪砢玉《珊瑚网》卷二十一《宋拓阁帖泉本第六卷》跋曾记其人："崇祯戊辰腊日，余过高公玄居，画礼所供思忆观音，系丘弥陀塑。"惜乎关于丘弥陀的资料留存不多，只知其为明人，且在江浙一带被奉为雕塑业行业神。

乾隆二十六年（1761），里人邱赓熙撰《紫金庵净因堂碑记》，也没有提到罗汉为雷潮所塑，他说："殿中有十八应真像，怪伟陆离，塑出名手，余游于苏杭名山诸大刹，见应真像特高以大，未有精神超

紫金庵罗汉像

忽、呼之欲活如金庵者也。"当时雷潮塑像之说已很流行,他只是说"塑出名手",乃有意讳避。按所存文献推理,庵中当时罗汉诸像,当为丘弥陀所塑,雷潮所塑,或为传闻,或已毁圮。遭咸丰兵燹,东山寺观祠庙塑像均毁,紫金庵自然不能例外。1929 年,李根源来游,《吴郡西山访古记》卷五就说:"游西坞紫金庵(俗名金庵),雷潮塑十八尊者像已无存。"但到四十年代后期,罗汉像又出现了,许明煦《莫釐游志》说:"两庑应真,或假寐,或凝视,或狰笑,或沉思,或仰或俯,或喜或怒,形态不一,动作各异。其中降龙一尊,尤为上乘,双目炯炯,仰视盘柱之龙,惜龙已重塑,未能似牡丹绿叶相衬益彰耳。惟各塑像,衣褶自然,为南中诸刹所罕见。"1952 年,顾颉刚来游,《洞庭山游记》说:"然所塑有其形式而无其精神,一见知出俗手,当是惠山塑泥人者为之耳。罗汉东壁八,西壁十二,又溢出二数。殿中三世佛及二胁侍,颇佳,似旧像未毁,踵而修之者。"由此看来,今紫金庵罗汉像,不但与雷潮无关,丘弥陀的"增塑"亦早毁了,应该出自上世纪三四十年代无锡塑工之手。

紫金庵隙地无多,除罗汉堂外,有净因室、听松堂、白云居、晴川轩等,结构谨严,庭院中有金桂、玉兰、黄杨等百年老树,浓荫覆盖,堪称今山中第一幽胜兰若。

此外,俞坞的金荃寺,建废无考,山门外华表极壮观,故地称石柱头;俞坞北的高峰寺,梁大同元年(535)建,北宋大中祥符间重建,有如来涅槃像,故俗称卧佛寺;饭石峰下的弥勒寺,相传唐开元间创,寺有白莲池,雨后往往得细石如米粒,饭石峰之名,因此而来;杨湾贾家山麓的净云庵,背山面湖,明嘉靖始建,大殿外有东西侧楼,以及过街楼、妙香楼等,并铸大钟,置桑地,遂成规模;箬帽峰下的三峰庵,明嘉靖间建,俗称三茅峰,内祀三茅真君,清顺治十七年里人席氏重建,寺屋三椽;翠峰杨家湾的华严寺,梁天监二年(503)僧戒真建,蚬子和尚尝居之,元至正间废,明永乐间复兴,咸丰十一年(1861)毁,久已成果林;莫釐渡口的广济庵,一名渡船庵、渡水庵,元至正间僧志盟开山,明永乐十六年(1418)重建;翠峰小坞的云石庵,始建无考;白沙西的荷盘寺,为东山九寺之一,建废无考;白沙南的北奇庵,南宋咸淳间僧祖超即邹寺丞宅建,明初归并法海寺,崇祯末废;平岭的真胜庵,隋唐间建,明弘治间重修,王鏊题额刻石;马家坞的法华庵,明万历四十年(1612)僧本然开山,清乾隆间重建。又有查湾之南的保安寺、大坞关帝庙东的大悲庵、灵祐庙后的翠微庵等。在武山则有永福寺、寿宁庵、武山庵等。

东山道观不多，有西昇观、玄极宫、高真堂等，皆废之久矣。西昇观在圻村上岸，梁大同四年（538）置，隋大业三年（607）废，唐至德二年（757）重建。玄极宫在灵祐庙东，明宣德间建，正德间道士曹雪溪募修，嘉靖间废，万历间重修，清初易名佑圣宫。高真堂在嵩下梁家濑，宋时建，元季兵毁，明成化二年（1466）金陵道士吴松山拓建，崇祯二年（1629）道士顾其愚募修，清康熙间，道士岐园者另建于湖沙里。

东山园墅，宋元时寥寥无几，仅知有钱廉功在社下的双清亭，郑昭在武山西金之阴的庄园，王鹏在东山干山岭下的缑山宅，叶颙在杨湾西的归休斋。明初有造园之禁，东山造园大都简率，且不以园名，如许烨的许山人林亭，叶仲林在金坞的松轩，吴信在武山的听涛轩等。

至明代中期，经济复苏，日趋繁荣，东山的造园风气逐渐兴盛起来，造园主人大都是里人，或为富贾，或为显宦。由此而持久不歇，一直延续至清末民初。

得月亭在陆巷寒山湖滨，王鏊祖父王惟道建。杨循吉《得月亭后记》说："洞庭山浮太湖之中，家东峰者有王氏，即山面湖筑亭以居胜，亭成月至，空阔旷荡，极月之性，曾无留照焉。方月之出湖上也，映山动水，山为之增秀，水为之增明，而亭适据山水之会，合山与水并月而三融为一大奇，惟亭焉是纳。"李东阳、吴宽、皇甫汸等亦皆有诗咏之。

招隐园在东山南麓王鏊宅西，其季子延陵建，址即今之大园村。至明末，园归席本桢，鼎新之，丘壑擅莫鏊之胜，也称南园。清初薛雪有《题席氏南园》云:"红睡轩中几树花,可怜开落向谁夸。主人去后闲池馆,剩有垂杨噪暮鸦。"彭启丰有《招隐园杂咏》六首,分咏红睡轩、垂杨池馆、击壤草堂、苍润楼、停云峰、丽草亭。迟在清乾隆初又归西山蔡来信,奉母居此。至毕沅来游,有《招隐园》五古咏之,可知其时尚在,以后情形不可考,废亦久矣。

真适园在王鏊宅后,园中有莫釐巘、太湖石、苍玉亭、香雪林、湖光阁、款月榭、寒翠亭、鸣玉涧、玉带桥、舞鹤衢、来禽圃、芙蓉岸、涤研池、蔬畦、菊径、稻塍十六景。园至上世纪四十年代尚有遗剩,许明煦《莫釐游志》说:"东行至唐股村,相传昔有唐姓孝子割股疗亲,而失其名,乃以唐股名村。败垣一弯,碧池一泓,俗称宝塔潭。池园假山,堆砌玲珑,浮萍断处,倒影成趣,相传为王鏊真适园遗迹。"

静观楼在陆巷,王鏊、王铨兄弟为父王琬建。《莫釐王氏家谱》卷十三《王鏊年谱》记道:"成化十四年戊戌,初光化公以子既第,乞致政归洞庭,构亭曰得月,楼曰静观,日与亲戚故旧觞咏其间。"王琬在《静观楼记》中谈其作意:"惟学则明,惟静则专,惟专则精,惟精惟一,乃底克成。时其在朝厥惟闻人,在乡厥惟善士,其静其怠,亦罔克成。我其鉴观古今名门世家,其兴亦罔不由学,其坠罔不由怠。是用告汝后之人。后之人登兹楼,祗服兹训,厥父兄用是教厥子弟,用是学前后克绍,则我王氏世有闻人,茂增显绪于无疆。"王鏊亦有《静观楼记》并《静观楼成众山忽见》诸作。文徵明、徐祯卿都曾寄宿楼中,有《宿静观楼》诗。

从适园在陆巷,王鏊侄王学建,王鏊《从适园记》说:"静观楼之景胜矣,去楼百步,故皆湖波也,侄学始堰而涸之,乃酾乃畚,乃筑乃耨，期年遂成沃壤，而规以为园，即湖波潆淼之中，得亭榭观游之美。却而望之，诸山随步增异。所谓莫釐者，亦隐然露于天末；嵩峰者，昔巍而踞，今厂而夷；双峰者，昔研而倚，今耸而秀；寒山苍翠，变而为几席；长圻蜿蜒，分而为襟带；而西山若列屏障，益近而高且丽。盖山即楼之诸山，而其景加异，有若增而显之者。湖山既胜，又益以花木树艺。秋冬之交，黄柑绿橘，远近交映，如悬珠，如缀玉，翛然而清寒者为竹林，窈然而深邃者为松径，穹然而隆者为柏亭，其馀为桑园，为药畦，为鱼沼，而诸景之胜，咸纳于清风之亭。亭高而明，敞而迥，柳子厚所谓尤于观月为宜者也。予园名真适，学盖知予之乐，而有意从之者也，故名之曰从适，而为之记。"

缥缈楼在朱巷，里人朱必抡筑。必抡字珩璧，性豪迈，好声伎，教习女梨园数人，构楼以为歌舞地。鼎革后，必抡自留都归，享园林声色之乐近二十年，山中人艳称之。吴伟业《过东山朱氏画楼有感并序》说："东洞庭以山后为尤胜，有碧山里，朱君筑楼教其家姬歌舞。君每归自湖中，不半里，令从者据船屋作铁笛数弄，家人闻之皆出。楼西有赤栏干累丈馀，诸姬十二人，艳妆凝睇，指点归舟于烟波杳霭间。既至，即洞箫钿鼓，谐笑并作，见者初不类人世也。君以布衣畜妓，晚而有指索其所爱者，以是不乐，遣去，无何竟卒。余偶以春日过其里，虽帘幕凝尘，而湖山晴美，楼头有红杏一株，傍檐欲笑。客为余言，君生平爱花，病困，犹扶而沥酒，再拜致别。诸伎中有紫云者，为感其意，至今守志不嫁。嗟乎！由此足以得君之为人矣，为题五言诗于壁上：'尽说凝眸望，东风徙倚身。如何踏歌处，不见看花人。旧曲抛红豆，新愁长白蘋。伤心关盼盼，又是一年春。'"必抡尝刻《缥缈楼丛帖》嵌置壁间，有李怀琳草书《断交书》三石、黄庭坚行书一石、米芾行书二石、叶白泉草书《蜀道难》四石。

王鏊从兄王鏊,字涤之,不乐仕进,成化二十三年(1487)建别业壑舟,取庄子"藏舟于壑"之意,并以自号。王鏊《壑舟记》说:"仲兄涤之既倦游,筑室洞庭之野,穹焉如舟,因曰是宜名壑舟。"蒋文藻、沈周为绘《壑舟图》,沈周、唐寅、祝允明、罗玘、白钺、徐瑞、李旻、姚公绶、杨廷和、杨循吉等皆有题咏。园既废,时移世改,今竟不知其坐落何处了。

清乾隆九年(1744),王氏裔孙金增、奕组等购朱氏缥缈楼,修葺增筑,乃名壑舟,以承先志。沈德潜、吴庄均有《壑舟园记》。王金增有《壑舟园杂咏》十题,分咏壑舟、得月亭、缥缈楼、云津堂、天绘阁、留屦廊、培荆、护兰室、碧螺书屋、艺芸馆。又有《天绘阁八咏》,分咏"缥缈晴峦"、"碧螺拥翠"、"石公晚照"、"三山远帆"、"石桥渔艇"、"豸岭归樵"、"双墩出月"、"弁山积雪"八景。

高阳故里在西芟田,里人许志问所居故址,久已不存。园有放生河、宝和堂、翼振堂、紫逻阁、乌柏阁、三惜斋、橘庄园、乡评堂八景。其后裔树榴有《芟田八咏》,其序曰:"西芟田村,吾始祖富一公始迁之地也。由元至明,世有隐德,嘉隆时渐繁盛,至万历启祯间称极盛焉。仍耕公延名儒宿学,以切磨砥砺,置驿设醴,岁无虚日,四方名流之游洞庭者,必以高阳为东道主,一时名振海内。自流贼劫临清,鼎革后又遭海氛不靖,家遂贫落,至今时而寝极矣,亭台屋宇半为茂草,所存者亦倾圮不堪,抚今追昔,怆然于怀,缘吊陈迹,以成八咏。"

吟坛在武山翔翅山麓,里人葛佩筑,为其嗣一龙、弥光昆仲啸咏地。园有吟坛、篆园、古桂堂、艳雪斋、晚香亭、明月轩、尺木居诸构。后裔国荣有《登吟坛序》说："吟坛在翔翅山之麓，我高叔祖震甫公、寔甫公啸咏处也。其间有彦会堂、尺木斋，四方宾客，止至者无虚日，云间陈眉公，金陵顾与治，楚中锺伯敬、谭友夏，皆造庐结欢，登坛倡和，一时之盛，乃阅世未几而鞠为茂草，暇日过之，不胜凄感，因诗以志慨云。"

集贤圃在具区风月桥北，一名湖亭，俗称翁园，光禄寺署丞翁彦升筑于万历年间。陈宗之《集贤圃记》详细记载了园中景观和布局，主要有开襟阁、群玉堂、来远亭、三角亭、飞香径、朱桥、一叶居、寒香斋、漪漪馆、积秀阁等，"大率此圃之胜，一则得其地，城中购一奇石，汗牛邪许，仅乃得之，凿石浚沼，势如刺山望泉，而此以湖山为粉本，虽费匠心，其大体取资，多出天构；一则得其时，当万历之季，物力宽饶，故得斥其资治此，若遇今日，山穷水涸，岂能闳诡坚亘若尔"。其远吞山光，近挹波影，诚然是当时东山第一园林。明末清初，园为席本桢所得，惑于堪舆之言，将其移建翁巷南。园之故处，逐渐荒圮，叶方标《湖亭翁园故址诗序》说："湖亭集贤圃，光禄翁君所筑也。面瞰具区，背负莫釐，药房桂栋，互亏蔽于川原；早雁春莺，共唱酬于朝夕。主人则烧华灯而度曲，宾从则浮大白以呼卢。洵胜甲一山、赏四美者也。乃河山既改，陵谷都非。伊人高阁，锦石与瓦砾俱灰；文选高楼，嘉木与散樗并尽。堕草亭于西蜀，岂为玄言；破茅屋于沧浪，匪关秋雨。嗟乎！吊雍门者，犹慨想于田文；望九京者，亦流连于随会。固如是乎？"

东园在翁巷南，即席氏移集贤圃重建，失自然而多人工，然仍有胜观，席氏常邀名流在园中雅集。康熙三十八年（1699），圣祖南巡至东山曾驻跸，据《太湖备考·巡幸》记载，皇上问本桢之子启寓：

"何官职?"答曰:"工部虞衡司主事。"问:"为何不做官?"答曰:"告养亲在家。"启寓进茶,进《百家唐诗》四套、兰花两缸。园在民国时已成桑圃,残存水榭和广池,至今已影迹全无了。

湘云阁在翁巷,里人翁彦博筑,以湘妃竹布地成纹,斑斓陆离,如锦缀绣错。据归庄《湘云阁记》记载,"过其居,古木交罗,名花奇石,左右错列,崇台高馆,曲廊深院,入焉而迷西东,其尤绝者,为湘云阁,盖板屋而铺以湘妃竹,斑然可爱";"阁之中,鼎彝书画,三代秦汉之法物,宋元以下之名迹,粲然布列,目鉴手玩,应接不暇"。后归彦博子翁澍,澍字季霖,即《具区志》作者,又另辟独醒斋,为其读书处,吴伟业《跋翁季霖石刻远翠阁记》说:"季霖独醒斋中图书几席,使见者钦其高怀素尚,所纂辑《具区志》将成,而序记之文复尔出入,其才与度,俱不可量,恨不令陈、董复见之也。"

依绿园在武山吴巷,里人吴时雅筑,初名芎畦小筑,亦称南村草堂。时雅字份文,一字斌雯,别号南村。顺治初,太湖多故,席本桢受方略于路振飞,出资练乡勇,时雅协助之。康熙间,尝倡众建太湖营东山分汛署、东山巡检司署。园建成于康熙十二年(1673),徐乾学有《依绿园记》,介绍园时景观,有南村草堂、水香簃、飞霞亭、欣稼阁、花鸟间、桂花坪、芙蓉坡、鹤屿、藤桥、凝雪楼、芎畦小筑、花间石逸诸胜,"园之广不逾数亩,而曲折高下,断续相间,令人领略无尽。观此而隐君之经济可见一斑矣,余因是益信双泉先生之言为不诬。园成于康熙癸丑,云间张陶庵叠石,乌目山人王石谷为之图,吾乡叶九来先生诗以美之"。1929年,李根源来游,《吴郡西山访古记》卷五说:"今虽圮废而池桥山石宛然犹古桃源也。"

桃源山庄在桃源村,在漾桥通德里底,里人郑登远筑以娱亲。山中园亭多尚雕绘，惟此独以朴素见称，薛雪来游，有《东山郑氏园林五首》，分咏红酣处、乐闲堂、听莺轩、吟香室、霭碧楼五景。园中梅花特盛，顺治十七年（1660），归庄尝探梅至此，《洞庭山看梅花记》说："探梅之兴，以郑园始，以郑园终"。

橘庄在社下里西，里人翁天浩筑。天浩字元直，号养斋，翁澍弟。国学生，考授县丞，娶席本桢女为妻。徐乾学《翁元直暨配席孺人合葬墓志铭》说："自昔翁氏盛时，其族人园林台榭甲于东南，数十年间渐次衰落矣。惟此社西数亩地为翁氏别业，流水周阶，青山在牖，不事雕饰，居然有林壑之胜。"康熙二十九年（1690），徐乾学主纂《大清一统志》，即设书局于橘庄，海内学者聚集，有姜宸英、黄虞稷、胡渭、阎若璩、沈佳、吕澄、裘琏、顾祖禹、顾士行、秦梓、吴暻、唐孙华、黄仪、陶元淳、查慎行、张云章、徐善、李良年、刘献廷等。当时诸家唱和甚多，查慎行编《橘社倡和集》一卷。

曲溪一名夏荷园，在马家底安仁里。《乡志类稿·方舆》说："严公奕筑，族裔家炽构为别业，设家祠，有嘉树幽岩、荷沼亭榭之胜。所谓曲溪者，西南诸峰之水，经秦家涧分流而入于园，沿溪皆文石，得曲水流觞之意。盖明诗人严果号文石者觞咏地也。今溪在垣外，马姓辟为橘园，泉石参错，旧迹犹存。"据乾隆元年（1736）陆奎勋所作《曲溪记》记载，园为晚明里人严公奕构，筑亭山麓，颜曰曲溪，取文徵明字作额，后人复加修葺，嘉树幽岩，翛然尘外。

太湖厅署在前山王衙前，占地一亩三分，有屋六十六楹，略具园亭之胜。本席氏故宅，雍正初归海盐陈世倌，数易主，巡抚高其倬题改同知衙署，建重门，设东西廊，官衙规制始备。道光时同知刘鸿翱题有八景，曰葵向堂、绿筠山馆、青桐轩、碧桃居、莲室、梁孟阁、望山楼、梅云亭，并作《太湖署八景题诗记》。

古雪居在翠峰寺西，清康熙间席氏建。许明煦《莫釐游志》引茵鹿《重修六角亭记》："是居系公之孙树屏席公读书处也，其中树木屋石，位置天然，错落有致。一泉涓涓，曰紫泉，味甘且冽，掬饮沁心脾。泉外巍然一阁，度以额曰薇香。薇香阁之外，有亭翼如，数其角六，人故呼之为六角亭。"六角亭背山面湖，虚其五而实其四，壁置宣宗御书"印心石屋"四字横碣，郑言绍《太湖备考续编·杂记》记其缘故："翠峰坞山腰有六角亭，道光十年，江督陶文毅公澍以勘河至东山，登翠峰，憩斯亭，赏其幽胜，奉宣宗御书所赐'印心石屋'四字镌横碣，嵌置亭壁。"两江总督陶澍的印心石屋，凡八处，此为其一。

棣圃在叶巷敦萼堂，潘氏兄弟建于道光十八年（1838），有松云轩、面山楼诸构，所叠湖石，饶林壑之致。金鹏《棣圃小记》说，潘氏"家西偏有隙地可数弓，梯而四望，东即所居，其南鳞鳞万瓦，疏林间出，每当烟霏云暝，咏右丞'雨中春树'句，不啻亲见阁道景焉。而西与北则更秀绝可喜，翠屏丹嶂，回环往复，罗列目前，为小李将军天然画本。二君乃就其地凿池叠石，莳花植卉，为燕息所"。民国时已荒圮，今已不知有其处。

隐梅庵在金湾卜坞塘子岭东南麓，顾春福起构于道光二十六年（1846），历四年而成。春福字梦香，昆山人，移家东山，以能画称。其妻赵慧君善绣，人物山水，色丝鲜丽，一如画绘。春福自撰《隐梅庵记》说："计地十亩，屋四十楹，咸茅檐，树梅三百本，共糜钱三千缗焉。总名之曰隐梅庵，与梅有素期，偕以终隐也。"园中有卧雪草堂、玩月廊、听涛观海阁、看到子孙堂、梦茅仙馆、天雨曼陀罗华之室、不可无竹居、可眺亭、春雨流花涧、石壁、梅岩、兰坂、桂壑、穿珠岭等。同治初，隐梅庵归屠氏，再归谢瀛士，改名隐梅山庄。袁学澜《隐梅山庄记》说："入门为巡笑簃，其中有堂曰卧雪，堂后为紫霙轩。轩之右为鹩巢径，为蔷薇院，有曲院曰悬溜精舍，则其寝食之所也。堂之西，过枕流彴，南折而上，为玩月廊，至碧云香雨山房，可以临眺，群山在望。其西为竹深留客处，其上为穿珠岭，梅花夹道，最上为益清亭，乃园之绝高处也，湖光山色，尽在目中。下至半壁，有敞屋两椽，循达禅香坡。缘石垣，启后扉出，由流花涧渡短彴，穿小径，即前门入草堂之路也。园之地，不过十亩，其中佳果林立，而梅尤多，药栏花径，四时芬芳不绝。"

愒园在施巷，里人郑言绍别业。言绍字季雅，光绪六年（1880）进士，知祥符、永城、安阳诸县，改浙江候补知府，管榷兰溪，后归不出，以图史自娱，尝辑《太湖备考续编》等。二十四年（1898）仿新政办养正学堂，旋改五湖两等小学，咸主其事。园在所居之偏，柳商贤《愒园记》说："地广不盈亩，而花木之胜揽之无穷，耸然异之。"乃一小园也。

启园在东山昝家岭下湖滨，为席启荪创建，俗呼席家花园。朱润生《湖山诗影录》说："启园之建，在民国廿二三年，当时主人鸠工庀材，颇耗心力，凿泥为池，填湖成岸，小桥曲槛，画栋雕梁。会以时艰，中途而止。游人茋止，易胜低徊矣。"许明煦《莫釐游志》也说："地处叶家浜，席君鸠工庀材，开山填湖，煞费苦心。门额由伊立勋题'启园'两字，内有镜湖厅，取明镜一湖之意，俗称四面厅，以及动物园、花圃、挹波桥、环翠桥诸胜，占地五十馀亩，航轮可直驶园中。沿湖短栏可凭眺湖光，烟水浩渺，波涛汹涌，栏挹碧波，门对青山，朝岚晚霞，风景不凡。"今已按旧规修复，又移柳毅井于园中，以添古迹。

东山保留着诸多明清民居，如杨湾的怀荫堂为商人周氏建于明中期，杨湾的明善堂为商人张氏建于明后期，翁巷的凝德堂为某商人建于明后期，如今这三处已作为"东山民居"的代表，被列入全国重点文物保护单位。另外，光明村的春在楼为商人金锡之建于1922年，耗时三年而成。这座中西合璧的砖木结构建筑，占地五千五百多平方米，中轴线上依次为照墙、门楼、前楼、中楼、后楼（已毁），处处施雕，故俗称"东山雕花楼"。因其建筑规模较大，布局紧凑，雕镂精致，亦被列入全国重点文物保护单位。惟其雕饰题材，大都是"八仙庆寿"、"万福流云"、"福禄寿喜"、"忠孝节义"之类，落入当时

东山春在楼

一般建筑雕饰的臼窠。

东山与西山相比，各具特点。《震泽编·两洞庭》说："所产亦同，而有不同者，西石青山润，东石黄而燥；西宜梨，东宜枇杷；西有兔无雉，东有雉而无兔，此其所不同也。谚复有'西山富，东山贵'之说，盖国朝来登进士科者多东出，故云，今西山亦渐有登第者矣，谚语其未然乎。"李维桢《太湖两洞庭游记》说："旁采土宜民风，盖蚕丝菱芡之利，东西均用之，而销夏湾为最；西则用里之梨、涵村之梅、东村新安里之橘柚，东则俞坞之茶、竹、枇杷，各擅其胜；西山如盂而圆，东山如带而长；西编户为里七十有奇，东五十有奇；西居民散若村落，东聚若阛阓，其室宇墙高数仞，白盛类新安；东无奇石，而西无小石，累累小石为墙如编贝；始东人科第相踵，大魁凡两人，而西人多力农，往往见鄙夷；其后东人多大贾，走江淮间，而西儒业渐盛，两相持至不相能；然士好客，民可使，则西为胜；东寺观形致多不逮西，其修饰稍过之，僧以鬻酒为业，望门百步，糟浆之气逆人鼻中，堂积樏樨如累棋，了不为异也。"袁宏道《东洞庭》也说："东洞庭一名胥母，莫釐其最高处也。其山视包山差小，主峰视缥缈差卑，巉岩视石公、龙山差平，庐居视消夏湾差薄。诸草木果品皆同，独东山民俗饶裕耳。"张鹏翀《东西两山歌》则咏道："七十二峰浮泱漭，东西两峰自雄长。馀如郲莒附大邦，尽捧珠盘窥俯仰。有时晴澜霁日光流渊，恍如秉圭揖让蓬莱班。有时狂波撼山黯云日，又似水犀百万列阵相冲击。我来游止两峰间，一叶风帆自往还。山灵知我异俗士，不掩翠岫肩云关。华堂绀宇东山麓，幽泉怪石西山谷。西山每诮东山靡，东山亦鄙西山朴。先生一笑却忘言，两山随意供栖宿。"事实也正是如此。

蓬莱仙境三山岛

三山在西太湖中，因山有三峰且地相连接也。郦道元《水经注·沔水》则又以大雷、小雷、三山为三山，且称这一水域为三山湖。或以三山、泽山、厥山为三山，王鏊《太湖诸山记》说："横绝西南者，三山；三山之南为泽山、厥山。"金友理《太湖备考·湖中山》说："泽山，在三山西一里，居民数十家，以花果为业。"又说："厥山，与泽山近，居民六七十家，以花果为业。"今泽山、厥山均无人居，地属三山行政村。

从形胜来看，三山、泽山、厥山成犄角之势，坐落东西两山之西南，距东山长圻、西山石公均约三公里，仿佛是两山的门户，故前人亦称其为"三山口"。释皎然《杂言古别离》有云："太湖三山口，吴王在时道。寂寞千载心，无人见春草。谁识缄怨者，持此伤怀抱。孤舟畏狂风，一夜宿烟岛。"还有人称其为"三山峡"，洪亮吉《廿三日自石公山至林屋洞游毕，乘大风渡湖，历三山峡、鼋山诸胜，抵东山绿杨湾宿》有"离波十丈鸥先讶，入峡三层童甫报"之咏。

三山向属吴县，唐开元二十八年（740）为置换平望驿，划归湖州乌程县。正德《姑苏志·驿递》说："开元间，苏州耆民请于刺史吴从众，割太湖洞庭三乡与吴兴易焉。"洞庭三乡指洞庭、姑苏、长寿，即今之西山范围，三山地属洞庭乡玄宫里三十六都。北宋一度又划归吴县，《太平寰宇记·江南东道六·湖州》称"今属吴县"。南宋则又划归乌程县，嘉泰《吴兴志·山》说："三山，在县东北七十二里，山墟名云。三山在太湖中，白波四合，三点黛色。陆士龙赠顾彦先诗曰：'我家五湖阴，君住三山阳。'"明洪武五年（1372）仍划归吴县。清雍正十三年（1735）在东山置太湖厅，三山民事随西山归太湖厅管辖。入民国后，三山划归东山，一度属杨湾镇。今三山行政村属东山镇，有小姑、桥头、东泊、山东、西湖堡五个自然村。

在东西两山远眺三山，景色如画。葛芝游西山，《包山游记》说："故游者每餍于近瞩，未暇远览，惟登石公之巅，则内美既得，徐视其外，空濛缥缈，水天一际，远则苕溪、阳羡诸山隐映于侧，近则三山诸峰浮沉于前，风帆水鸟，翩跹容与，皆若呈巧献技于下，飘飘乎凌云，气立霞表，举体为加适焉，耳目为加旷焉，回视龙渚，不能及也。"王鏊兄弟在东山陆巷建静观楼，王鏊《静观楼成众山忽见》有云："澄湖万顷从中来，浪卷三山欲飞去。得非奋迅从地出，无乃飞腾自天下。"王氏壑舟园有天绘阁，阁有八景，"三山远帆"就是一景，王金曾《天绘阁八咏》有云："也愿乘槎到日边，壮心空逐片帆悬。孤岑远混依依影，弊席遥筛漠漠烟。泛宅波心范蠡楫，登仙天际李膺船。侬家壑里藏舟惯，肯趁风涛上下颠。"则又是另一种景象，让人流连。

远眺三山，正在烟波浩渺中，仿佛海上神山，故有"小蓬莱"之誉，宋人曹熙《三峰寺庄田记》说："四面皆平湖，遥岑屏列空际，山屹乎其中，孤绝而巧，世人名为小蓬莱，以其与人境隔也。钟鼓三百年，风月三万六千顷，胜概甲于吴中，清高之士往往萃焉。"清里人叶汝贤《分赋三山寿吴馀生》云："倚窗遥望小蓬莱，乱石巉岩拍浪开。海上三神应在此，不知何处是天台。"吴庄《图绘湖山口号》亦云："长圻龙气接三山，泽厥绵延一望间。烟水漾中分聚落，居然蓬岛在人寰。"

三山本岛面积一点八平方公里，北高南低，由大山、行山、小姑山三个峰头，绵延连缀，起伏蜿蜒，下有小姑湾、下黄湾等。大山又称北山，今称北峰，海拔八十三点五米，为三山最高峰，有金鸡石、补天石、马蹄石等石景。行山因有吴妃娘娘行宫而得名，今称中峰，海拔七十五点四米，山上遍植橘树，处处陡壁悬崖、奇岩怪石，有板壁峰、叠石、一线天、天门等石景，其馀脉断山，最宜观落日景象。小姑山在西南端，今称南峰，海拔高四十三点四米，有十二生肖石、白猫石、牛背石等石景。

在三山诸多石景中，板壁峰、十二生肖石久享盛名。韩洽《三山石壁》云："扁舟泛晴湖，遥望前山颠。奇峰矗五指，突兀穿云烟。登崖审所望，沙路相连延。屹然如堵墙，欲堕仍顽坚。壁边小桃花，当春正芳妍。人家隐山坞，竹树森芊绵。苍茫云涛中，何异蓬莱仙。"秦嘉铨《庚午季秋同家云碧、九功游三山、泽山、厥山，儿永祐、孙秉睿从》云："三山石巃嵸，其最为石壁。芙蓉五朵鲜，青云一片立。岂伊女娲补，或者巨灵劈。当年花石纲，搜采穷荒僻。睨视但朵颐，斧凿不能及。湖澨石一丛，生肖类铸填。一牛疑鼻饮，涉波露尻脊。有鸡逐其尾，奔趋欲奋翼。其馀水摩荡，指点未尽悉。"

因三山的地质构造以石灰岩为主，故太湖石资源十分丰富。自北宋后期进奉两浙花石，三山就成为一个重要产区，至今尚存当年的采石遗址，还发现过大量采石工匠的骨殖瓮。及至明清时期，依然采石不止，汪道昆《游洞庭山记》说："三山产奇石，采石者至今赖之。"洪亮吉《包山杂咏》有云："昨闻河流冲，殃及具区石。芙蓉青万朵，一一遭斧劈。奸民藉官符，剮及蛟蜃域。三山渺然愁，镌残水中脉。"自注："三山峡，时以筑黄河堤需青石，官符剮山几遍。"直到上世纪七十年代，仍有小姑山石矿、东泊石矿等，对三山生态环境的破坏是巨大的，但在客观上又因历代采石而逐渐形成特殊的景观。

三山寺院有中峰寺、三峰寺。中峰寺又称北寺，唐咸通九年（868）僧本超开山，明初归并灵源寺。三峰寺又称南寺，唐咸通十三

年（872）僧真铨开山，南宋时曾置寺田百亩，明初归并灵源寺，清咸丰十年（1860）毁。吴鼎芳有《夜宿三山寺望莒上怀吴允兆》云："只此堪乘兴，秋风一放船。天清皆在水，树泠不生烟。静极转忘寐，望穷殊可怜。书来同所愿，池内有青莲。"

行山之南有吴妃祠，又名吴妃太姥祠，俗称娘娘庙，也称吴妃娘娘行宫。乾隆《吴县志·祠庙》说："吴妃庙，在东洞庭之三山，《吴郡续志》有吴太姥，疑即是其神。"民间说法不一，或说吴妃乃姊妹三人，各居一峰，殊有灵异，山人立祠祀之，《具区志·祠庙》引明人谢晋诗云："海中三岛神仙宅，湖上三山神女家。姊妹晨妆明绿水，

三山岛

往来峰顶弄烟霞。"或说吴妃是一人，即西施，张大纯《三山有吴妃祠，或云即西施也》云："三山岚影江波光，石屋烟鬟韶女妆。莫是西施仙去后，芳魂犹在水云乡。"也有说是阖闾之母或夫差之母，故以太姥相称。行山之南小姑山，相传阖闾小女胜玉即所谓小姑。

距小姑山百米之外的湖面上有一土墩，芦苇丛生，四围用青石条砌筑，虽大水而不没。古老相传，胜玉不愿远嫁鲁国，于此投水自尽，百姓在墩上筑墓，种植柳树，称水葬台，也称梳妆台、姑亭、琴台。有人说，从水葬台的位置和结构来看，很有可能是古人采石使用的装运平台。

咏唱三山的诗篇，描绘三山的图画，迟在唐代已有了，释皎然就有《奉应颜尚书真卿观玄真子置酒张乐、舞破阵、画洞庭三山歌》，咏道："道流迹异人共惊，寄向画中观道情。如何万象自心出，而心澹然无所营。手援毫，足蹈节，披缣洒墨称丽绝。石文乱点急管催，云态徐挥慢歌发。乐纵酒酣狂更好，攒峰若雨纵横扫。尺波澶漫意无涯，片岭崚嶒势将倒。盼睐方知造境难，象忘神遇非笔端。昨日幽奇湖上见，今朝舒卷手中看。兴馀轻拂远天色，曾向峰东海边识。秋空暮景飒飒容，翻疑是真画不得。颜公素高山水意，常恨三山不可至。赏君狂画忘远游，不出轩墀坐苍翠。"据此，张志和画过三山，但他是否上过三山，已不能知道。于古人来说，渡湖游三山并非易事，姚希孟《王文恪洞庭游记跋》就说："三山石壁盈盈在望，为昏雾所慑，业已鼓枻而返，后之游者，得无笑我来暮，且未免挂漏哉。"且三山自古就是湖匪出没之处，至民国年间，仍匪患不断，故除湖中诸岛居民外，很少有人去游三山，留下的诗文自然不多了。

1936年，叶圣陶陪王统照游西山，顺便去了一趟三山，《记游洞庭西山》说:"渔人问还想到哪里去,我们指着南面的三山说,如果来得及回来,我们想到那边去。渔人于是张起帆来。横风,船身向右侧,船舷下水声哗哗哗。不到四十分钟,就到了三山的岸滩。那里很少大石,全是磨洗得没了棱角的碎石片。据说山上很有些殷实的人家,他们备有枪械自卫,子弹埋在岸滩的芦苇丛中,临时取用,只他们自己有数。我们因为时光已晚,来不及到乡村里去,只在岸滩照了几张照片,就迎着落日回船。一个带着三弦的算命先生要往西山去,请求附载,我们答应了。这时候太阳已近地平线,黄水染上淡红,使人起苍茫之感。湖面渐渐升起烟雾,风力比先前有劲,也是横风,船身向左侧,船舷下水声哗哗哗,更见爽利。"叶圣陶既未入村落,大概也不曾登山,只是伫立岸滩上,万顷波涛奔涌前来,又速速退落,大湖落日,意境苍凉,那又何尝不是一次胜游呢。

  上世纪三十年代,长江下游的田野考古开始了,但从未发现过旧石器时代的历史遗存。这个考古学术格局,终于在上世纪八十年代被打破,那就是三山岛旧石器时代遗址的发现。1982 年,三山村民在采石时发现含有哺乳动物化石的裂隙堆积,1985 年才进行发掘。与此同时,在三山西北端清风岭溶洞前的湖滩沙砾层中发现旧石器,出土各类石制品五千二百六十三件,其中石器二百三十八件。石制品的石质主要是燧石、石髓、玛瑙等,类型则有石核、石片、石器以及具有使用痕迹的石片。石器的种类有刮削器、尖状器、锥、钻、砍砸器、雕刻器等。从三山旧石器遗址文化层的地质年代来看,当晚于更新世后期的后一阶段到全新世初,距今约一万年前。三山旧石器时代遗址的发现,不但进一步证明长江流域与黄河流域同为中华古代文明的摇篮,同时为研究太湖流域的史前文化提供了重要资料。

水东桑柘炊烟合

水东者,太湖东之一区也。金友理《太湖备考·水口》说:"水东,吴县所属,以其在太湖之东,故谓之水东。其地延入湖心,湖环三面。南面,东自白洋湾吴江界起,西至大缺口,五十里;西面,自大缺口至菱湖嘴,十里;北面,自菱湖嘴至胥山下,四十里。沿河之港,各随所向,以纳湖水。横金一河,直东西以贯于中,统纳南北诸港之水东行,由越东溪而入石湖。然此诸港,利在引水以溉田通舟,非太湖泄水之要道也。"水东的主要集镇,有横泾、浦庄、渡村,今合并为临湖镇。从地貌来说,水东属滨湖水网平原,由太湖淤积成陆。钱思元《吴门补乘·水利补》说:"吴县白洋湾为南太湖支流,二十年前,湖面极阔,今两岸半成良田,只有三戗港通湖而已。徐墅村(俗名大村)出新泾港,至东山本水程九里,近来芦洲日长,湖面一帆可渡,亦沧桑之一小变也。黄洋湾在徐墅村之东,为横金、浦庄一带塘河之咽喉,三十年前水势浩渺,今弥望菱芦几成草海,其通舟处,不过带水耳。"由此略可见淤积成陆的过程。

横泾本作横金,北以横山为屏,三面濒临太湖,南有横金塘,早在春秋时已为洲屿芦丛之地。北宋庆历五年(1045)苏舜钦去西山,

《苏州洞庭山水月禅院记》说："出横金口，观其洪川荡潏，万顷一色，不知天地之大所能并容。"可见当时还是水口。洪迈《夷坚支丁》卷三"宝华钟"条记王安石曾孙王珏"寓居平江横金市"，则可知迟在南宋初横金已成市。但当时横金市在今镇南的长源，因贸易频繁而形成街市，元皇庆二年（1313）遭太湖大水，街市被冲毁，便北移至横金塘畔，故当地俗语说："先有长源街，后有横金镇。"元平江路置务司十二处，横金其一也。明洪武三年（1370）置横金巡检司，万历三年（1575）裁并木渎。明清时期，横金是吴县六镇之一，居人众多，商市繁荣，朱逢吉《游石湖记》说："翌旦下山，复历诸村墟，若木渎，若光福，若横金。"横泾老镇，坐落横金塘上，塘水穿镇而过，分上塘、下塘两街，隔河相望，跨塘有积庆桥、望仙桥、驷马桥、木履桥、聚兴桥等，街上店铺栉比。镇上还有延庆寺、寂照庵、真如庵、义金庵、酒仙庙等，寂照庵有古紫藤，为宋人手植。又，《吴门表隐》卷十一说："横金下塘田间有大石础，甚古，是成济观址，今地名道观弄。"则不知此观建于何时。

横金的得名，因相传当地有春秋早期管仲夷吾、鲍叔牙的分金墩，义金庵即敷衍其故事。庵创于明初，天顺三年（1459）重建，嘉靖五年（1526）改城隍庙，日久倾圮，清康熙十一年（1672）里人钱舜臣重修，尤侗《义金庵碑记》说："距吴城四十里有横金镇，镇有义金庵，俗传管鲍分金处也。予考管鲍分金处在济南之鲍山，叔牙、夷吾未尝至吴，此必误矣。或者后之人有闻其风而起者，因附会其说与。"尤侗自然不信俗传，委宛指误。管弘进《分金墩辩》则进而说："夫吴与大梁相距数千里，仲父徘徊失意时，未尝一履吴地，金何从分？分金墩何由名？嗟夫，世人之耳食者众矣，以耳食斯以目论，袭讹承讹，贻误千载，如分金墩者，可胜叹者，故不可不辩。"钱思元更认为分金墩即婚姻墩，《吴门补乘·山补》说："吴郡有婚姻墩，昔有女子送葬，道逢书生，于此各以目相挑，后成婚姻，故以为名。后人误'婚姻'为'分金'，且以为管鲍事，更谬。"至于横金的由来，可让有兴趣的学者去刨根问底。

浦庄在横泾西，《吴门补乘·乡都补》说："浦庄以浦氏聚居得名，亦犹张庄、沈庄之类也。今其地浦姓尚多，或作普彰，误矣。"浦庄之聚族而居，乃起于洪武五年（1372）在水东一带的屯垦，由此而逐渐形成以军户姓氏为名的村落，有"横山之南九庄十八舍"之说，除浦庄外，如费庄、石庄、徐庄、高庄、张庄、马舍、柳舍、石舍、陆舍、吴舍、陶家舍等皆是。范君博《横泾杂咏》云："为爱淳风木散前，穿桑绕麦径牵连。熙熙古俗民敦朴，聚族成村以姓传。"浦庄约在清初形成集镇，民国时街市在沿运河两岸，分上塘、下塘两街，跨河有南塘桥、仁寿桥等。有天宫寺在寺前村，《吴郡志·郭外寺》说："天宫寺，在吴县西南四十里，梁武帝天监中所营，唐德宗重加兴饰。天圣间重新，前进士张汧为之记。"又有东岳庙在湖滨，始建于南宋嘉定间，清康熙十三年（1674）重修后，有圣帝殿、三官殿、阎王殿、城隍殿、碧霞元君殿等百馀楹，占地十八馀亩。每年三月二十八日东岳诞日，庙会甚盛。1947年7月毁于大水，近年又在距原址三百米处重建，有圣帝殿、财神殿、龙王殿、星宿殿等。

渡村在浦庄西南，旧名徐墅，又名姚墅，一作姚市，俗称大村，谐音也，坐落正对武山大缺口。渡村淤积成陆相对较晚，南宋淳熙间僧智实于此建普照庵，有田四百五十亩。至明初渐成村落，里人最早聚居吴舍、柳舍、陆舍、石舍等处，晚清时有居民三千馀家。渡村之得名，实由渡口也，对渡即东山广济庵，《太湖备考续编·职官附》说："义渡，前山旧设于广济庵前，向称渡船庵，通水东，往来即通苏陆行之道。"旧时渡村集镇规模甚小，有前街、后街，前街北自三岔弄口，南至广胜桥南堍，街道狭窄，有店铺十多家，后街则更清冷。晚近以来，拓建街市，商业渐盛。

水东一区，最有名的园墅是王铨且适园，在横泾塘桥，中有东望楼、遂高堂、远喧堂诸胜。王铨字秉之，号中隐，吴县人，王鏊弟，苏州府儒学养正斋廪生，正德七年（1512）贡生，授功迪郎、杭州府经历，空名告身，亦不之官。王鏊自京师归，两人日从，徜徉山水间，每佳山胜地，花朝月夕，有会必从，有唱必和，王铨有《梦草集》四卷，皆与兄唱和之作。且适园建于弘治十五年（1502），王鏊《且适园记》说："太湖之东有闲田焉，南望包山，数里而近；北望吴城，百里而遥。吾弟秉之行得之，喜曰：'吾其憩于是乎？包山信美矣，有风涛之恐；吴城信美矣，有市廛之喧。兹土也，得道里之中，适喧静之宜，其田美而羡，其俗淳而和，吾憩于是乎。'乃构屋买田，且耕且读。既又辟其后为园，杂莳花木，以为观游之所。橘，洞庭所宜也，作亭曰楚颂；作轩临田，曰观稼；作亭瞰池，曰观鱼；馀若格笔峰、浣花泉、理丝台、归帆泾、菱港、蔬畦、柏亭、桂屏、莲池、竹径，参峙汇列。又作楼曰东望，示不忘本源也。予往来必憩焉，与吾弟观游而乐之，因名其园曰且适。"又《东望楼记》说："弘治壬戌，吾弟秉之始去洞庭，筑室乎太湖之墺，其西南湖波渺弥，云帆掩映，其东北平田际天，禾黍被野，望之不见其端，可谓旷矣静矣，乃独阙其高。予曰：'是宜为楼焉，以瞰乎远、据乎胜。'弟曰诺。召工相方，不浃旬而楼成。他日谒予登之，忽焉若飘腾，以超乎埃壒，远山偕来，显设天际。北望则横山、灵岩，若犇云停雾；西望则穹窿、长沙，隐现出没，若与波升降；东望则洞庭一峰，秀整娟静，松楸郁郁，若可掇而有也。或郊原霁雨，草树有晖；或墟落斜阳，烟云变态。于是弟劝兄酬，举酒相属曰：'乐哉游乎。'是楼于胜无所不领，于望无所不宜，而独曰东望者，惓惓故土，水木本源之义也。"

横泾上堡有明里人陈霁宅园。陈霁字子雨，号苇川，弘治九年（1496）进士，官终国子监祭酒。那著名的瑞云峰，最早就在他的园子里。徐树丕《识小录》卷三"瑞云峰"条说："瑞云峰出自西洞庭，为朱勔所采，上有'臣朱勔进'四字。会靖康乱未进，弃诸河滨，云先王母之祖。陈司成公讳霁，家于吴县横泾之上堡，治第宏壮，按经藏数，凡五千四百八十间。堂前峰石五座，其最巨者曰瑞云，层灵叠秀，挺拔云际，诚巨观也。青乌家或言类火形，不利宅主，遂斫去六七尺，犹高三丈馀。初司成公采自西洞庭，渡河舟坏，沉一石并一盘，百计不能起。土人云，以泥筑四面成堤，用水车车水令干。凡用千有馀工，石始出，盘竟弃不能举。其后归之湖州董宗伯份，舁石至舟，或教以捣葱叶覆地上，滑省人力，凡用葱万馀斤，南浔数日内葱为绝种。载至前坏舟处，石无故自沉，乃从湖心四面筑堤，如司成沉石时，筑岸成堤，架木悬索，役作千人，百计出之，乃前所沉石盘，非峰也，更募善泅者摸索水底，得之一里之外。龙津合浦，始为完璧，咸怪异以为神，计司成公沉石时恰甲子一周。"此后，瑞云峰归董份婿徐泰来，置于榆绣园（今留园址），清乾隆时移入织造府行宫西花园，至今犹存。

双桥驿有明东山人叶具瞻的别业水云庄。瞻具字子钦，号海虚，上世服贾江宁,侨居岁久,遂为留都诸生,交游四方名隽,师事湛若水,唐顺之等咸推之,然不得一第,晚岁以贡为峡江县学教谕,迁通州学正以终,著有《水云类稿》三十卷。唐顺之为庄题额,具瞻自作《水云庄漫赋》云:"山人复有田园趣,岩壑携家儗水云。数亩可耕还可读,半生谈道亦谈文。腔新黄犊晚来笛,饭熟斑鸠雨后芹。早纳官租劝邻里,桑麻影畔坐斜曛。"其子齐芳,字潜如,不求仕进,在园中结吟社,日与诗人野叟盘桓啸歌。

春秋吴国长洲苑,为阖闾游猎之场,相传就在今横泾、浦庄一带。《艺文类聚·产业部·田猎》引《吴地记》:"长洲在姑苏南、太湖北岸,阖闾所游猎处也。吴先主使徐详至魏,魏太祖谓详曰:'孤愿越横江之津,与孙将军游姑苏之上,猎长洲之苑,吾志足矣。'"《太平寰宇记·江南东道三·苏州》说:"长洲苑,在县西南七十里。孟康曰:'以江水洲为苑也。'"《吴郡图经续记·往迹》说:"长洲苑,吴故苑名,在郡界。昔枚乘谏吴王云,汉'修治上林,杂以离宫,积聚玩好,圈守禽兽,不如长洲之苑;游曲台,临上路,不如朝夕之池'。《吴都赋》亦云:'带朝夕之浚池,佩长洲之茂苑。'注云有朝夕池,谓潮水朝盈夕虚,因名焉。庾信《哀江南赋》云:'连茂苑于海陵,跨横塘于江浦。'亦取诸此。"王宾《长洲苑》云:"阖闾游猎太湖浔,老瀔来修胜上林。除在那时人有后,萧萧芦荻到如今。"唐万岁通天元年(696)析吴县东隅置长洲县,即以此为名,与长洲苑故处无涉。

一路梅花到崦西

光福这个地名，最早见晚唐陆龟蒙《送小鸡山人序》："出吴胥门，背朝日行四十里，得野步市，曰光福。"何以称光福，那是因为萧梁时建光福寺于龟峰，建寺以后，人烟渐密，聚落渐盛，遂以光福名其地。据黄公颉《光福寺铜观音像记》记载，宋代光福又名志里。至明清时，光福属吴县长山乡，与横塘、新郭、横金、木渎、社下并为吴县六镇，市廛四面环山，镇上有东、西、南、北四街，民则依山而居，平旦而市。吴宽《登光福凤冈》有云："山下人家成市廛，家家炊烟起曲突。"汪琬《光福镇》云："春寒布谷啼，散步向村堤。雨过泉声急，烟凝柳色低。湖鱼论斗换，野蕈满筐提。稍待杨梅熟，拿舟入崦西。"

关于光福的形胜风物，徐傅《光福志自序》介绍说："光福僻处郡西，隶于吴治，蕞尔一隅，然湖山之秀、物产之饶、风俗之纯朴、人性之敦厚及乎琳宫佛刹、池馆台榭，冠绝吴中。其山有穹窿、西碛、铜井、邓尉之挺秀；其水有具区、游湖、东西崦之浩淼，七宝、法雨、象泉之甘洌。地则东南平夷，宜蔬谷，西南多山，艺花木桑麻，遍处播植，渔罟樵斤，终年不废。民庐栉比，倚山而居，滨水而田，朴者安于畎亩，秀者泽以诗书。至幅员之广袤也，五十馀里陂塘埨渠足资灌溉，山村水市，直尽太湖。而物产之佳，则稻有红莲，藕有伤花，卢橘、杨梅、菰蒲、菱芡皆美于他产，更有著名当世，阅千载而独擅者，梅也。"

光福物产丰饶，俗谚有所谓"山家十八熟"。潘遵祁《四时山家杂兴》云："大熟才过小熟来，一年生计要栽培。山农屈指十八熟，今岁全丰笑口开。"自注："山中以蚕为大熟，其馀麦稻及花果杂植，凡一年十八熟。""十八熟"起首即梅，光福广被植梅，相传始于南宋淳祐间休宁人查莘，他来此隐居后，在山坞植梅，当地人见了，纷纷效法，于是蔚然成观，恩泽一方。《光福志·土产》说："迨宋元之交，范村荒芜，而梅之名擅于光福。光福山中栽梅为业者，恒十之七。"就时间推论，也正契合。可见光福之梅，作为一项重要的经济作物，由来已久了。植梅并非为了观赏，因为梅子既可生食，又可做蜜饯果酱，或糖渍，或盐腌，或浸酒，均得佳味，未熟果加工成的乌梅则可入药。在旧时日常生活中，梅子用途广泛，经济收益与地产的桃子、柿子、枣子、石榴相当。再说植梅不择地，即使荒山贫壤，也能开花结实。每当立夏过后，采摘梅子，山中一片忙碌景象，潘遵祁《四时山家杂兴》云："立夏才过梅市嚣，腰钱估客聚轻舠。枝头尚有消梅绽，价比青梅一倍高。"

然而也有梅不敌桑的时候，当吴江、湖州一带丝绸业鼎盛之际，桑叶不敷足用，便纷纷来光福、洞庭两山等地采购桑叶，当地不少山农就砍梅栽桑。道光年间，程恩泽《游香雪海记》说，那里"不见梅，登高眺之，则数十株厕桑林间"，不由感慨，"惜哉，易梅以桑，使数百年旧柯寥落，不及十一也"。再说，光福本也是蚕乡，《光福志·风俗》就说:"光福艺桑,随处皆植,蚕事又勤于他处。"桑叶既可卖钱,又能供自家所需,更何况桑叶效益较梅子为高,栽培管理也较梅子为易,故就只能让士大夫作伤逝之叹了。蒋维乔《光福游记》说:"邓尉除香雪海尚多梅树外,他处已砍伐无馀,改种桑树。询之土人,则云:'种梅利薄,不如种桑利厚。'然桑树到处权桠,山容则因之丑陋矣。"汪东《清游香雪海》也说:"邓尉梅极盛时,有'香雪海'之名。艺梅者意重收子,为农家副业,其后浸薄,多改种桑。此行所见已然,梅亦半谢,余笑谓'真沧海桑田'也。"

植梅的初衷,固然不是为了观赏,但既有了梅,观赏也就是自然的事了。乾隆时人张诚《光福里探梅》有云:"居人为我言,山中绝尘俗。望衡千馀家,种梅如种谷。梅熟子可沽,梅开香不鬻。不鬻当如何,客来恣所欲。"自古以来,士大夫就赋予梅花独特的精神境界,早春探梅也成为民间生活的一项内容。二十四番花信风,梅信为第一,冰肌玉骨,花香袭人,透露了春天的消息。就苏州来说,光福之梅,比他处更胜,姚希孟《梅花杂咏序》就说:"梅花之盛,不得不推吴中,而必以光福诸山为最,若言其衍亘五六十里,窈无穷际,犹儿童野老之见也。梅得山水而色扬,天平一带,非不奇邃,独恨无水。光福诸山乃太湖之雉堞也,观者一舸至馆娃山下,或纡迤从穹窿坞入,或径从青芝山入,皆盘折香林。转入邓尉,梅花愈盛,波容水态愈媚。"故前人认为,光福之梅,可与杭州超山、广东大庾岭罗浮山、武汉东湖梅岭比匹。

探梅光福,乃一大胜游,也是苏州旧时风俗盛观。梅花以惊蛰为候,每当花时,红英绿萼,相间万重,攒枝布树,玲珑璀璨,合匝缤纷,弥望不绝。袁学澜《吴郡岁华纪丽》卷二"玄墓探梅"条说:

光福香雪海

"二月中旬,郡人舣舟虎山桥,襥被遨游,舆者、骑者,屣而步者,提壶担榼者,相属于路。率取道费家湖、马家山、蟠螭山、铜坑、石壁、弹山,而以石楼为投最。"亢树滋《邓尉探梅诗序》也说:"邓尉为城西胜区,四时景物咸备,梅花尤擅其名。商丘宋公抚吴时采风至此,手镌'香雪海'三字于崖壁,名益著。惟距城稍远,不若灵岩、支硎之可晨往而夕返也。故必届探春时,游者始乘画舫,驾篮舆,提壶挈榼,褰裳联袂而来,穿花丛,叩山房,登佛阁,徘徊瞻眺,以荡涤其烦襟,消融其尘虑,信可乐也。其地幽僻清旷,梅花万树,连村蔽谷,映带于桑畦萝径、竹篱茅舍之间,弥望一白,玉映缤纷,芗气蓊勃,十数里不断,而又具区临其前,米堆、柴庄、铜井、石壁旋绕其左右,遥望洞庭诸山,烟鬟雾鬓,若隐若现于沧波杳霭中。"

由于光福诸山曲折，且处处有梅，或密或疏，各成景观，那就需要有一条探梅路线。顾禄《清嘉录》卷二"玄墓看梅花"条说："先世有《玄墓探梅路径》一则，由光福至三官堂前，至费家河头，抵涧里乌山头、铜坑，寻吟香阁遗址，过巉山头及草庵、金鱼涧，登官山岭，取董份墓至玄墓山，从蔡家坞一直至柴庄岭、老虎洞、姚家河头宿。越日，从姚家河头经光福凤鸣冈，上峙崦岭、司徒庙，看清、奇、古、怪四大树，上香雪海，由倪家巷、铜井山下至潭东，上弹山，登石楼，转天井，上看红梅、绿萼之和丰庵。登六浮阁，看太湖。至潭西，访五侯公墓。过蟠螭山，上大石壁，归绣球山。由潭东上长旎岭，过钱家磡，一直仍上柴庄岭。归舟，梅花数十里，历历在目。若误趋他途，往往有不能遍历者。"这是两日游，张郁文《光福诸山记》则提供了三日游的路径："邓尉诸山脉如一勾字形，初笔为吾家、铜井、西碛诸山，钩处近光福，连接邓尉、玄墓，中间为青芝、石楼、长岐诸山，梅花胜处，绵亘十里，当分作三日游。盖自光福过费家河南行，径造玄墓，转西逾长岐，至石楼、石壁折回，过天井、倪家巷而至香雪海，此为中路，最远亦最胜；若出涧上，至铜坑、窑上为北路，可沿水道往；由梓里、棠梨上柴庄岭为东路，须穿御道往者也。"由于如今道里变迁，顾、张两位提供的探梅路线已很难遵循了。

　　光福坐落幽僻，濒临太湖，峰峦罗列，山水递相萦抱，桑麻林泽，阡陌交通，鸡犬相闻，特别静美、安谧而富庶。邓尉既是光福的主要山脉，又是光福的别称。徐枋《吴氏邓尉山居记》说："邓尉实吴之奥区，而渭阳所居，复擅一山之绝。籀宅之右，循篱落而西，则为铜井，为青芝，为真如坞，为玄墓，群山逶迤，绵亘数十里，层岩复嶂,丹崖翠阁,掩映无尽。有涧水度远岭而来,细流潺潺,周于屋下,襟带衡门,汇成通港。小桥斜度,平畴秩秩,衡从其门,田外复有山如屏。过桥曲折数里许,两岸皆水田也,蒹葭出水,蒲丛刺天,茭菰菱芡,弥衍波面。又有水杨数株,落落堤间。每泛小舠往来绿港中,尽日沿缘,惟闻欸乃,绝无人声。既而见桑麻墟里,俨然武陵桃源也。出港即为上下堰,为虎山,为光福市,人烟聚落与远山茂树参差相杂。堰之尽为铜坑,外即太湖具区也。昼则轻帆柔桨,与凫乙相出没;夜则烟水沧涟,与月上下,而孤村远火,明灭林外。此中深趣,信幽绝矣。山多植梅,环山百里皆梅也,又饶杨梅桂树。一岁之中,春初梅放,极目如雪,遥望诸山,若浮于玉波银海中,仅露峰尖,翠微欲动,而香气袭人,过于蒸郁。夏秋则杨梅、桂花各擅其妙。夫栖托好佳而优游卒岁,岂复知此身之在尘世哉。"

邓尉山,相传汉有邓尉者隐居于此,又因山为镇之屏蔽,也称光福山。它东与柴庄岭衔接,西南与铜井、青芝、玄墓诸山相连,逶迤十馀里,高五百馀丈,左右冈陇势若环抱,山峰四立,树木葱郁。

邓尉山东麓梓里上,有七宝泉,甘洌异常,元延祐间僧性颐在泉畔建庵。相传倪瓒寄寓光福,惟用此泉煎茶,顾元庆《云林遗事·洁癖》还说了一个故事:"光福徐达左构养贤楼于邓尉山中,一时名士多集于此,云林为尤数焉。尝使童子入山担七宝泉,以前桶煎茶,后桶濯足。人不解其意,或问之,曰:'前者无触,故用煎茶;后者或为泄气所秽,故以为濯足之用。'"至明代,前来问泉的人更多了,文徵明《游郡西诸山记》说:"泉生石间,环甃以石,形如满月,深尺许,掬饮甚甘。僧接竹引之,然不知发自何时,且吊陆子之不能遭,与兹泉之不遭也。"方凤《游虎山桥记》也说:"复循山东麓三里，观七宝泉，停蓄石池，覆以亭，明莹甘冽，攒掬分啜。泉去僧居可十步，破竹连接，承其溜于巨瓮，穷日夜滴滴有声。"卢熊、谢缙、吴宽、王鏊、王宠辈皆有诗咏之，蔡羽《游邓尉山煮七宝泉》云："玉音丁丁竹外闻，璇渊清空出树根。脂光栗栗寒辟尘，冰壶越宿长无痕。碧山无鸡犬，车马不到村。支公三昧火，自闭桑下门。东风西落岩畔花，煎声忽转羊肠车。建州紫磁金叵罗，钱塘新拣龙井茶，琼液津津流马牙。相如有文渴，陆羽无宦情。相逢开士家，七碗同日倾。茶炉若过铜坑去，石上长罂好自盛。"记述了偕友人寻声访泉、煎茶品茗的经历和感受，可见当时文人的生活情趣。

由邓尉山北逾寺崦岭，便是凤冈，也称凤鸣冈，冈不高，百步可至顶，故俗呼百步顶。西麓有大石，占地二三亩，俗呼小玄墓，乃顾天叙晚香林故址，顾天叙《晚香林记》称凤冈"于群峰中虽培塿乎，远从邓尉发脉，蜿蜒而北，断而复起，如凤首览辉，而下里人知有百步顶，不知有凤冈也"。小玄墓东有石址庵，一作石陛庵，南宋咸淳初建，旧时庵中有古榆一株，浓阴蔽日，相传晋时遗物，被称为山中第一。中秋之夜，远近士女"走月亮"，以石址庵为聚集地。

从凤冈北下，便是光福镇，西街上有龟山，也称龟峰，南坡有光福寺，龟山也称光福山，又因有塔，乡人俗呼塔山。

光福寺相传顾野王舍宅建，顾震涛《吴门表隐》卷二说："光福名龟山，汉顾融隐此，名顾氏家山。至十四世孙陈黄门野王，舍宅为寺。"此说不知其出处，或震涛辈追述远祖功德。故又附会东麓墨沼为野王学书遗迹，也称墨池或墨泉，水呈墨色，如出污渠中。唐人崔鹏《光福舍利塔记》说："光福寺者，即梁九真太守顾氏之家山也，士有恶嫌尘网，种植善根，遂舍林泉，建兹佛刹，立寺之始，斯其由起焉。"又说："斯塔也，梁大同之中建矣，唐会昌之末毁焉，兴废之由，是其一也。"唐元和四年（809），王仲舒有光福寺塔题名。会昌灭佛毁寺，未久即重建，寺前有两石幢，皆镌正书《尊胜陀罗尼咒》，左为大中五年（851）五月立，右为大中六年（852）十二月立，由此可推断光福寺的重建时间。塔之重建，崔鹏未记岁月，《吴门表隐》卷七说："光福方塔，梁大同初顾氏建，唐光启二年顾在镕修。"顾在镕对重建光福寺有很大贡献，许多传说就附会到他身上。明人华钥《吴中胜记》说："返光福寺，寺毁，堂宇独存，而结构迥异，碑多唐僧书，书皆善，有唐进士顾士容者题石，剥落，而子昂复书之，题曰：'苍岛孤生白浪中，倚天高塔势翻空。烟凝远岫列寒翠，霜染疏林堕碎红。汀沼或栖彭泽雁，楼台深贮洞庭风。六时金磬落何处，偏傍苇芦惊钓翁。'字句交辉，当为光福二绝。僧言，士容葬宇下，施地为寺，五子官皆太守，寺左祠之，号为五神，而祷祈不绝，近山今有顾氏二百馀家。某年涧底露铜观音，零有异灵，而寺以起。元至千僧，今市皆其舍也。故传铜钟千斤，其灵亦异。国初籍寺产归之民，寺以二异得免。予观士容诗，盖唐以前塔寺备矣。及历宇有空声，莫得其自。塔左一坎，宋人题石曰'墨沼'，盖士容读书处也。沼畔，子昂题石曰'观音泉'，在寺之后。"记中"士容"当为"在镕"之误。顾在镕，里人，唐光启二年（886）进士，《全唐诗》存其诗三首，"苍岛孤生白浪中"一诗，题作《题光福上方塔》。

　　光福寺以铜像观音得名，北宋康定元年（1040），村民张某在寺旁垦地时发现，水旱祈祷，屡有灵验，故寺又俗称铜观音寺。黄公颔《光福寺铜观音像记》说："康定改元六月，志里张氏于庙傍之泥中睹焉，时久旱弗雨，相与言曰：'观音示现，殆有谓乎？'乃具梵仪祷焉，既时雨降。以是凡有祷而无弗获者，州人必请命于刺史而致敬，无不得其感报。"这是最早的显应，以后屡祷屡验。南宋嘉定四年（1211）有《光福寺铜像观音灵应碑》，元大德三年（1299）有《元平江路总管祈请铜像观音感雨诗碑》，灵应事迹不详。至正十四年（1354），陈基《光福观音显应记》记是年入夏霖雨不止，百官有司迎像供于承天寺，"如是三旬有二日，而放大光明者二，六月甲子，七月戊申也，阴霾屏除，阳德焜耀，全吴之壤，欢呼并作，有年之庆，复兆于兹"。明正统中，苏州又大旱，知府况锺迎之入城，祷之即雨。但万历以后的铜像观音，很可能已不是宋像了。王穉登《光福寺立公修塔修殿铸铜观音像疏》有"大士身忽来忽去，不慕首山铜，重铸口

光福寺　摄于 1940 年前

能现示普门；舍利子若有若无，非聚恒河沙，复修焉得果成阿育"诸语。虽不是宋像，但观音真身仍在，依然灵应。清道光十二年（1832）大旱，巡抚林则徐、布政使梁章钜等迎供天宫寺；十三年（1833）久雨，又迎供开元寺，祈之皆验。十六年（1836），林则徐奏请重修寺院，修复后有山门、四金刚殿、大雄宝殿、铜观音殿、西方殿、嘉荫堂、听潮音观、吟香阁等，敕赐"慈云护佑"额。光绪间又修，再赐"香雪慈云"、"沛泽流慈"两额。

寺前有光福寺桥，也称大寺桥或香花桥，跨市河，两块呈喇叭状，桥栏和锁口为武康石，琢凿甚工，有双龙戏珠、卍字等纹饰，相传为宋时旧物，扣之有声铮铮然，故俗呼琵琶桥或响石桥。

龟山北与虎山相峙，虎山相传乃吴王养虎处。山上有东岳庙，不知始建何时，赵孟𫖯曾题额"天齐仁智帝殿"。清康熙十年（1671）重建，有玄帝殿、城隍庙、火神殿、斗姥阁等，斗姥阁为重楼五楹，凭栏眺望，水云山色，远树平畴，都在眉睫间。庙前有古井，深不可测，以一石凿成，亢旱不涸。山之南麓有擅胜阁，旧为亭，以供挹览湖山之胜。清顺治十二年（1655）改亭为阁，上奉观音大士，下供汉寿亭侯，米和尚薛寀《擅胜阁记》说："升阁四眺，前则西崦浩淼，光福居民参差迤逦；后则平畴远布，虎山近倚，天然位置；右则铜井、玄墓，高插云际；左则支硎隐隐波外，春花盛放，寒香数里。夏暑方酷，凉风四集，秋月冬雪，万瓦妍皎，孤篷荡漾万顷中，游人多踞桥颠而席地，此亦最胜之数也。"可惜的是，擅胜阁很早之前就坍塌了。

龟山、虎山间，有一水汨汨流淌，乃太湖之内湾，名光福崦，别称虎溪，雅作浒溪。有虎山桥架其上，桥之东称东崦，桥之西称西崦。《光福志·水》说："上崦又名东崦，在镇东南，汇而成渠，周十馀里，西承下崦，东达于浮里桥，崦中有凤皇墩、鸭墩，水田一顷，所产菱芡，较胜他处。""下崦又名西崦，在镇西周二十馀里，西承太湖，东达上崦，北接游湖，四面环山，明浔阳董尚书份筑堤栽桃柳，崦中有浮庙墩，水潦不没，亦有水田，崦尽即铜坑桥也。"

虎山桥不知起建何时，顾震涛《吴门表隐》卷二说："虎山桥跨虎山、龟山之觜，截崦水之急，不能下桩。唐末有人云，得铁帽者能建。至宋嘉泰初，将议建时，俄见一人，覆铁锅于首，众悟而求之。其人乞枣数斤罄食，弃核于水，令下桩于核上，乃成。"其实，此桥之建早于嘉泰，《吴郡志·桥梁》就已著录"虎山桥"。据正德《姑苏志·桥梁上》记载，桥在"宋嘉泰中重建，元泰定甲子改为圆洞三，遂以纪年名泰定桥，成化乙未重修"。万历二十一年（1593）重建，改建为五孔。清顺治初重建，仍改建为三孔，可见它也几经兴废。

虎山桥坐落山水胜处，景色绝佳，前人记述甚多。华钥《吴中胜记》说："晚坐虎山桥，桥如行春而胜，湖水左右萦绕，而不见湖面，周水皆田，田外皆山，涵虚万顷，烟光四障，前塔一锥，秀出林表，中埠三两如沤，而桥实联之。中桥而坐，但见箫鼓归舟，驶水如箭，未几，行吟继之。"袁宏道《光福》说："山中梅最盛，花时香雪三十里。其下为虎山桥，两峡一溪，画峦四匝。有湖在其中，名西崦湖，阔十馀里。乱流而渡，至青芝山足，林壑尤美。山前长堤一带，几与湖埒，堤上桃柳相间。每三月时，红绿灿烂，如万丈锦，落花染成湖水，作胭脂浪，画船箫鼓，往来湖上，堤中妖童丽人，歌板相属，不减虎林西湖。"徐枋《吴山十二图记·虎山桥》则说："山不得水则不

光福虎山桥　摄于 1940 年前

奇,山不踞水则不雄,然断流曲涧,只增幽致,不可语于大观也。如虎山桥在二堰间,其地四面皆山,回环二十馀里,峦翠浮空,波光极目,一石梁跨之,如长虹夭矫,横亘碧落,而梵宇临于山巅,浮图矗于云际,每一登眺,不知此身之在尘世矣。"在虎山桥上赏月,别有情境,李流芳《游虎山桥小记》说:"月初出,携榼坐桥上小饮。湖山寥廓,风露浩然,真异境也。居人亦有来游者,三五成队,或在山椒,或依水湄。从月中相望,错落掩映,歌呼笑语,都疑人外。"以省净的笔墨,写出了月夜虎山桥的闲旷清适。

东西两崦,特别是西崦,不啻图画。吴宽《西崦湖》云:"南人相诧说杭州,自料西湖让人筹。天为渔家开下崦,晚宜画舫驻中流。

新诗已判纵横写,佳景从教次第游。孺子歌声何处起,落霞孤鹜水悠悠。"可见西崦景致的佳妙和风情的富丽。1922年冬,蒋维乔来游,《光福游记》说:"至三官堂,堂北有水阁三间,面临西崦,极湖山之胜。所谓崦,乃太湖之水,汇流山间,淹没而成者也。东西二崦,一水可通,中惟隔以石梁耳。堂后复有一亭,登之,更豁然开朗,西崦全部,宛在栏下。崦之三面皆山,其南则邓尉、西碛、铜井诸山,绵延不断,直至太湖口而止。既而光福寺僧,携二手卷来,展玩移时,遂至崦西小筑啜茗。凭栏观崦,仿佛西湖,流连久之而出。折向东南行里许,至湖上读书处,冯桂芬所建,今设第一国民学校于此。自校之后门出,沿西崦行,过石梁,登虎山。山不甚高,顶有平原,上有东岳庙,已荒废。自顶远望,左为东崦,右为西崦,群山环之,风景之美,不可名状。东崦面积,略与西崦等,不过农家筑围成田,致水道日狭,不及西崦之广矣。是时夕阳西下,晚霞映入崦中,上下皆红,荡漾如濯锦,令人低徊不忍去云。"

旧时来光福探梅,无论远近,大都舣舟虎山桥,两崦梅花自古有名,一路而来,嗅到的是梅香,看到的是梅林。顾宗秦《游虎山桥记》说:"溪崦十馀里,至青芝山麓,方春二月,泛舟随溪,堤与溪埒,多梅花,几二三百本,或列或横,或断或续,白英如云,香气蓊勃。俯入崇峦,绕青萦碧,濛然蔼然,俾过者神移焉而不能去。"顾梦麐《西山看梅诗序》也说:"辄下过善人桥,达光福十馀里,环舟皆山花,与山逶迤一路,遥望如积雪。既过虎山桥,泊下崦,步至宝林庵,则已身在寒香万斛中矣。"前人于此咏唱甚多,如王稚登《湖上梅花歌》云:"虎山桥外水如烟,雨暗湖昏不系船。此地人家无玉历,梅花开日是新年。"汪琬《由虎山桥入朱墓村》云:"新柳条垂著水齐,画桥行傍虎山堤。卷帘渐觉香风入,一路梅花到崦西。"如果由水路来光福探梅,两崦梅花给人留下最初的印象。

西崦中有浮庙墩,一土阜也,四面环水,非舟不达,而庐舍田园,桑麻鸡犬,俨然一村落。墩上有一庙,杂树扶疏,颇具幽趣。姚希孟《寻旧游诸山记》说:"移舟至浮玉山,俗所谓浮庙墩也。登岸散步,陟会真楼,楼敞甚欲堕,所踞四面皆水,地最胜,惜无好事者新其宫也。"徐枋《西山胜景图记》也说:"过虎山桥为龟山,龟山之麓直接平地,夹岸榆柳,遥望水面,有物如螺,浮庙墩也,长虹缥缈如线,铜坑桥也。每风恬浪息,湖光如镜,则孤帆出于天末,远山浮于波面,一览于此,真移我情矣。"此墩虽遇大水不淹,故有浮庙之名。

玄墓山在镇西五里,与邓尉山西南相连,本是一山,玄墓在阳,邓尉在阴。袁裹《游玄墓诸山记》说:"吴之山,惟玄墓最僻,而亦最奇,面湖而险隩,丹崖翠阁,望之如屏,背邓尉而来,法华障其前,铜坑、青支迤逦其左,游龙界其右,冈连岭属,诡状异观。相传郁泰玄葬此,故山以名。山之奇,经唐宋不显,自万峰和尚披莱凿石,修乘其下,故山亦名万峰。其阳有万峰塔院,过此则有中井,井故万峰所掘,于山为中,淳泓觱沸,饮之如雪。山多美箭,荟蔚崖巘间。级石而上,得浩公房湖阁,望中缥缈峰益轩,而法华益卑,枫林橘岫,丹涂绮错。阁下多高松,风起则谷啸,水涌声闻数十里。宴碧照轩,宿新院,而轩院皆面湖,望中如浩公房湖阁,惟益嶅崒也。其尤奇则在绝顶,一登则洞庭诸山悉陷伏浮于湖,而湖波遂混茫荡为一色,不知其所穷。山之麓,有奇石甚诡丽,在卢橘下,势欲飞动。兹山之奇,晨则观日出,夕则凌倒景,而四时皆可居。"

玄墓之名，因相传晋青州刺史郁泰玄葬此而得，《太平广记·羽族部九》引《苏州冢墓记》："宋青州刺史郁泰玄，字义贞，好黄老，故老相传泰性仁恕，德感禽兽。初葬之日，有群燕数千衔土于冢上，今冢犹高大，与他有异，村乡岁时，迄今祭祀。"郁泰玄事迹无多，却留名于光福之山，算是意外之幸，但人们游玄墓，咏玄墓，很少会想到郁泰玄，正如陈瑚《吊玄墓》云："细草春风古墓田，衔泥曾记燕千千。行人不为看花至，更有何人说泰玄。"

玄墓山上，以唐天宝间所创天寿禅寺为最早，南宋宝祐间又建圣恩禅院，此后寺院并存，为上下道场。元至正元年（1341），一场大火，寺毁院存，从此一蹶不振。九年（1349），释时蔚自杭入吴，卓锡于此，着意重兴佛法。时蔚号万峰，温州乐清金氏子。相传襁褓中见僧，辄微笑作合掌态，父母使礼永庆寺昇讲主为师。年十一尝诵《法华经》至"诸法从本来，尝自寂灭相"，忽有省，遂入杭，受具参止岩禅师于虎跑寺。又先后住达蓬山、伏龙山、嵩山。自时蔚卓锡，几乎废圮的圣恩禅院次第建起观音阁、法堂、大殿、塔院、斋厨，铸巨钟，立钟楼，一时僧众云集。永乐七年（1409）又重修大殿，建藏经阁、天王殿、方丈、山门、寮库、碧照轩等。正统八年（1443）赐额天寿圣恩禅寺。景泰六年（1455）诏建保国道场。崇祯元年（1628），吴江知县熊开元延临济宗三峰派创始人法藏主席。法藏，常州无锡苏氏子，字汉月，号於密，晚改天山，学人称三峰和尚。年十五岁薙发，三十七岁始受戒具，四十悟道，往从密云圆悟。先后坐过常熟三峰清凉院、长洲北禅大慈寺、临平安隐寺、吴县邓尉圣恩寺、无锡龙山锦树院、钱塘南屏净慈寺、秀水真如寺、吴江松陵圣寿寺八处道场。蔡懋德《敕赐圣恩禅寺中兴记》称其"市滨湖荒田三顷有奇，开荒凿沼，以资灌溉，仰输国赋，俯饲僧伽。建纯白窝、大义堂、放生所，为圣恩子院"，又建大殿、佛阁等。崇祯八年（1635），法藏示寂，剖石弘璧继位。"璧公嗣统，克振宗风，亟新大雄殿，并创天王殿、山门、大悲堂、方丈、禅室，复构栴檀雕毗庐像，请《大藏》，供奉佛阁。昔阁后璿师亦建禅堂，有天开图画一区，程太常南云题额，东为双梧轩，少师姚恭靖所憩也，西曰碧照轩。轩后曰万峰深处，以迪旷壤之粥为幽宫者，以堪舆不利，告迁乞赎。而寺之址，斯全复无遗"。至清初，法藏的门叶极繁，当时成为三峰一派，时有"禅宗莫盛于临济，临济之禅莫盛于三峰，三峰之禅莫盛于圣恩"之说。

康熙年间，圣恩寺属于鼎盛时期。据同治《苏州府志·巡幸》记载，二十八年（1689）二月，圣祖南巡至苏州。初五日，"御舟至木渎镇，舍舟登岸，至邓尉山圣恩禅寺，僧济石率众僧迎接。上问，老和尚年多少？对云，八十四岁。上问，是临济宗么？对云，是。圣颜温霁，命侍僧扶掖和尚。上缓辔而行，过雨花桥，释骑至大殿，率亲王大臣遍礼佛像。至法堂登座，众僧朝拜献茶。上问首座，你是甚么人？对云，法名誌正，是和尚法弟。又问知客，你是甚么人？对云，法名德和，是和尚剃度弟子。上问，梅花甚处好？德和对云，吾家山第一。上即命德和引驾。时夕阳在山，花光掩映，上情欢甚。至酉刻方回。四宜堂陈驻御榻，内侍进膳毕。传取纸墨入内。初六日卯刻，和尚朝见，面赐御书"松风水月"四字、帑金二百两。和尚同众僧谢恩，进山志一部，上翻阅数叶，命侍卫收贮。和尚奏云，今日风大。上曰，不到洞庭山去。即起驾"。四十六年（1707）二月二十六日，圣祖南巡至苏州，驻跸虎丘行宫，"三十日，邓尉山圣恩寺僧际志恭迎圣驾，午后传旨宫门伺候，御赐人参二斤，哈蜜贡瓜、瓜盘、瓜条、松塔、松子、榛子、苹果、玛瑙葡萄、公领孙、索索葡萄、黑葡萄，共十二盘。云，见和尚年老，赐参与吃"。五十八年（1719），圣祖为孝惠章皇后资福，赐圣恩寺帑金一千两，数珠一千五百零一挂，僧衣、僧帽、僧袜各一千五百零一副，并特旨钦命江南织造曹𫖯、苏州织造户部侍郎李煦、都察院右副都御史吴存礼、江南江宁苏松常镇淮扬徐州一州布政使杨朝麟，将所赐钱物护送至寺中。据说，受赐仪式十分隆重，远近寺院都派代表参加，有三千四百馀人，费用都由朝廷开销。这种特殊的恩典，在历史上是很少见的，由此也足见当时圣恩寺的地位与影响。

世宗即位后，形势大变。这是因为法藏的门叶大都为遗民，这些"义不食周粟"的有志之士，怀着故国之思遁入空门，又纷纷走到三峰派的旗下，陈垣《清初僧诤记》卷二就认为三峰"门多忠义，亦易为不喜者生嗔"。三峰派受到世宗的打击后，法脉渐渐断绝。但高宗对圣恩寺乃有青眼，自十六年（1751）至四十九年（1784）的三十三年里，六次驻跸圣恩寺，御题寺额"梵天香海"，又堂额"众香国里"、"千林烟月"，赐联曰："万顷湖光，分来功德水；千重花影，胜入旃檀林。"又联曰："春入湖山韶且秀，雪凝楼观净无埃。"高宗还为皇祖所书"松风水月"四字额，每字咏七律一首，先后叠韵凡四次。一处远在江南的寺院，能得到这样的恩眷，大概也是不多的。

有清一代，圣恩寺不断修葺，规模宏大，除山门、大殿、法堂、钟楼外，还有梵天阁、还元阁、天开图画阁、双梧轩、碧照轩、四宜堂、大义堂、精进堂、禅悦堂、延寿堂、印心堂、南询堂、拈花寺、万峰院、温砚寮、宝书楼、丛桂轩、满月阁、证心室、纯白窝、御书亭等。寺且坐落山水之间，风景如画，一年四季，游屐不绝。

1926年，钱基博来游，《邓尉山探梅记》说："遂下还元阁，迤东为方丈，中置讲座，东壁嵌吴梅村撰记，字亦不恶，书石者盖同时僧某也。又东有一堂，额曰'天开图画'，则明太常程南云笔也。折返，出方丈，向北，拾级而上，有清圣祖行宫遗址，为南巡驻跸之所，今仅葺一轩，中函石刻，有御书'松风水月'四字，凭轩下眺，高出前殿鸱吻，而向见下四柏之荫，森森蔽空，亦可想见其高大矣。由此下，僧导启寺后便门，有一墓，上覆以亭，盖东晋青州刺史郁泰玄墓也，故谓之玄墓山。"

旧时寺中收藏甚富，有明太祖赐《居山图》，有明人绘《西方极乐世界图》、《旃檀佛像》、《华严经塔》，都是两丈馀的巨轴。顺治四年（1647）正月初一，叶绍袁在剖石的禅室见过佛像和经塔，《甲行日注》卷五说："左挂画塔一帙，塔书《法华品》七卷，字如芥子。佛字即在中间，佛顶上菩萨字即在两旁。菩萨顶上，人巧天工相错，不知创始何时。赵松雪为摹出，此又临松雪本也，松雪本今在扬州。右供大士像，李次德笔，亦甚高妙。"寺中重器，要数周郏公牼钟和明万历古钟。周郏公牼钟，古色斑斓，钟带间三十六乳，有籀篆五十七字铭文，吴云《两罍轩彝器图释》卷三著录。此钟今藏南京博物院。同时有拓本长卷，题跋甚多，今已不知所在。万历大钟，蔡懋德《敕赐圣恩禅寺中兴记》说："殿左钟楼，向悬万石巨钟，嘉靖间被权相攫去，至神庙中年，昙旭晓公受紫柏大师命，募铜蜀山，值前吴令傅公光宅持节按蜀，力为劝扬，获铜万馀斤，入冶三铸不就，晓愿舍身洪炉，始成器，仍铸《法华经》六万字于上。云栖僧智在巢露架，昼夜杵击千声，声持《大悲咒》一遍。"偈语有道是"一撞一声一部经"，钟声洪亮，据说可以远传苏州、湖州、秀州三州，可惜这口古钟毁于"文革"。

圣恩寺大殿东旧有银杏数株，皆数百年物，殿西则有古桂数本。寺后有所谓真假山，玲珑剔透，天然嵌空，高广十馀丈，相传为花石纲所遗。叶绍袁《甲行日注》卷五说："圣恩寺后，大二峰石，天然灵妙，恨无辨才，如风篁岭淬洗出之，则一山尽然矣。朱勔欲进花石纲，而石根连太湖，直接洞庭，故不能动也。"卢熊为分题神狮岫、海涌门、汲砚泉、涵辉洞、峭壁岩、螺髻峰、流云洞、凌空桥八景。此后湮没不见，天顺间于土中露见棱锷，扣之铮铮，遂加剔濯，巉岩洞越，巧若天成。真假山向为玄墓之胜，王一宁《天寿圣恩禅寺事迹记》说："将广阶墀，发坡岭，得奇石玲珑小山一壁，四仞灵秀，乃天成也。"邵长蘅《玄墓探梅记》说："循修廊出寺后山麓，观真假山，石玲珑类人工镂凿，故名。凡物往往以假冒真，兹石独以真冒假，为之一笑。"王士禛《玄墓竹枝词》亦云："绿黛遥浮玉镜间，峰峦千叠水湾环。居人却厌真山好，玄墓南头看假山。"玄墓大池头又有云石，相传乃北宋初年祥云所化，因于石旁建云石庵。

山前为钱家磡，又称坎上，东南逾柴庄岭为米堆山。米堆山之腰有五云洞，俗呼老虎洞，因明季有老虎出没。崇祯间，顾天叙加以改造，搜剔石窟，以作诵经静修之处，洞有狮吼泉、虎头岩、卧雪矶、如神游、浴凤渊、云半间、珠玉房、愚公谷等，顾天叙有《五云洞记》详记之，然未免人工过多，雕凿补缀，痕迹历然。至清初，洞景已废，稍后改为僧庵。李根源往游，《吴郡西山访古记》卷一说："途遇僧胜空者，年六十馀，五云洞住持也，强余往游。至五云洞，寺虽简陋，有泉清洌，庵后石洞刻篆书'浴凤渊'三字。胜空请题寺额，余为书之。"

法华山在玄墓山南，因有法华寺得名，又名钵盂山、乌钵山，西南北三面皆在湖中，峰坞幽阒，游者鲜至。陈兀宗《圣恩禅庵开山记》说："法华山自东逶迤而南，转折西指，堕半湖中，宛若飞舞，下有小阜隆然离立，类覆钵，正当其前。"弘治二年（1489）秋，都穆游山至圣恩寺，《游郡西诸山记》说："上万佛阁，南望太湖，法华山横亘其中，渔舟数十出没若凫雁然，而洞庭、长沙、叶余、梅湾诸山，隐隐在烟雾间，诗思顿发。自北而东二百步，有僧揖入小阁，阁视万佛十才一二，然所据地高出木杪，山四面环之如玦，景特奇。僧饭客阁上，仍出松花饼，客作诗，有'不见太湖真面目，眼前终恨法华山'之句。予不以为然，乃作诗为法华讼冤。"法华山梨花甚盛，乃湖上一景，张大复《梅花草堂笔记》卷九"小横山"条说："去横山不五里，又有法华山，每岁梨花盛开，一带浮绿中，灿如积雪，此亦吴中佳丽之区也。"

青芝山在邓尉山西南，去镇三里，漫山多苍松，而春梅秋桂，各具胜观。山北有真珠坞，一作珍珠坞，群山环抱，一隅稍豁，最为胜处。山间又多楼阁台榭，宛然图画，柏屏萝幄，在在有之，碧栏红亭，与白波翠巘相映发。袁宏道《光福》感慨道："嗟夫，此山若得林和靖、倪云林一二辈妆点其中，岂不是人与山俱胜哉！奈何层峦叠嶂，不以宅人而以宅鬼，悲夫。"袁宏道说的"宅鬼"，就是点缀其间的墓庐。晚明以后，如董份、杨大瀠、王志坚、徐枋、褚寅亮等都葬在那里。董份的丙舍白云堂规模宏丽，有桂花数百本，横枝交错，夹道相覆，但至清初，仅存数本，然而董坟之桂，已成故事，近人范君博《光福梅枝词》仍咏道："未寒天气落红曛，村坞山深不碍云。花市喧秋人逻查,木樨香袭尚书坟。"

青芝山西北麓,有一个名为天井的村落,红绿梅最盛,居人多栽植梅桩以卖。其实也不仅是梅花,那里四季花事不绝,牡丹、蔷薇、海棠、杜鹃、茉莉等各擅胜场,特别是桂花,天井的桂花以朵大瓣厚、色黄味厚而享有盛名,担卖桂花也成为一种营生。沈颢《青芝坞》云:"山中花市在中秋,日夜提筐采未休。卖与维扬商客去,香油都上美人头。""黄家坟上桂连冈,采去花行动斗量。才到开时旋摘尽,不留枝上有馀香。""黄家坟"乃黄由墓所在,黄由字子由,号盘野居士,南宋淳熙八年(1181)进士,历官刑部尚书兼直学士院。至上世纪三十年代,天井花事依然,庄俞《邓尉山灵岩山记》说:"循大路至天井上(吴人读若浪),盛开红绿梅,尤多盆栽,每盆售价五角至一元不等,白梅亦盛。山中女子升梯采红梅,胸悬笆斗承之。问之,将售于药肆及茶肆,每斤可得洋两三角,白梅则不采,以其能实也。"

青芝山北的司徒庙,相传祀汉高密侯邓禹,或说祀汉咸阳王冯异,又称柏因社、古柏庵。不知何故,光福一带以邓将军为土地神,《吴门表隐》卷二说:"邓将军庙有三,一在光福南街,门有古柏;一在志理村;一在顾巷。相传汉太尉邓禹兄弟三人,曾各居一村。又玄墓各村有二十八处土谷神庙,祀汉云台二十八将,皆宋时建。"司徒庙即是南街的一处,俗呼土地堂。明宣德十年(1435)重建,正统三年(1438)落成,王梦熊《重建土地庙记》说:"庙之神为邓尉土地,血食此境久矣,雨旸则祷之,疾疹则祷之,经商狱讼则祷之,咸若有答焉者。惟栋宇日就倾圮,将何以昭神庥答灵贶哉。乡之士显子才首捐已,募众缘,鸠工庀材,以重建为己任。先作前堂,次作右室,以奉大士,次作左室,以为庖厨,次作后殿,以奉神像,其规制之崇广,视昔加三之二矣。"

司徒庙古柏

司徒庙古柏，颇有大名，苍干虬枝，裂枯抽翠，堪称奇观。但在清初还不止四株，更没有清奇古怪之说，如叶绍袁《甲行日注》卷三说："同太冲、仲日、倌、俀看司徒庙古柏，奇绝，外皮尽脱，中肉已空，犹青翠郁然，荣枯相半，偃卧庙门上，村人以二石柱支之。不知司徒何人，无碑可考。土人云，自汉时至今，柏固然矣，郡志何为不载。"徐枋《邓尉十景记·司徒庙》说："司徒庙柏，千年物也，雄奇偃蹇，各极其致，有非图画之所能尽者，殆不减杜少陵所咏孔明祠前柏也。零落空山，榛芜满地，昔人祠宇湮没无闻多矣，而此独以柏树得传，不亦异乎。或曰，此汉高密侯祠也。"到了乾隆朝，就有清奇古怪之说了。沈德潜《司徒庙古柏歌》咏道："司徒庙前四古柏，不知何年生，何年植。铜根石干铁作枝，见者惊心动魂魄。一株清，凭空直上干青冥。伯夷之风表高节，霜威凛凛栖神灵。一株奇，奇在通体骨与皮。自根盘盘到颠末，宛然邪幅缠肤肌。一株古，雷火烧馀中朽腐。高空大可藏蛟虬，四面人围倍参伍。一株怪，天工作意逞狡狯。樛枝到地仍撑空，横干斜穿向而背。从来树木重以人，孔明庙柏传千春。司徒未必汉高密，附会祠祀尊功臣。我来瞻眺三叹息，百年日月同奔轮。阅世有此树，阅世无此身。人生苟无三不朽，蓬科一例归泯泯。"沈复《浮生六记·浪游记快》说："山之左有古柏四树，名之曰清奇古怪。清者一株挺直，茂如翠盖；奇者卧地三曲，形同之字；古者秃顶扁阔，半朽如掌；怪者体似旋螺，枝干皆然。相传汉以前物也。"顾震涛《吴门表隐》卷二也说："清奇古怪四大古柏，在玄墓司徒冯异庙，晋时物。一株直挺而青葱，一株干木皆作螺旋，一株皮秃，中裂分两株而竞茂，一株中折坠地，复挺而荣。另有小柏，枝分浓淡，他处所无。"

1926年，李根源来游，《吴郡西山访古记》卷一说："下至司徒庙，门额'柏因社'，嘉庆己卯韩崶书，内刻'香林第一'四字。殿奉邓司徒象，司徒讳禹，然无碑石可考。悬乾隆甲子长洲顾濂联额，潘遵祁联曰：'聪明正直谓之神，上界星辰，麟阁昭垂青史炳；清奇古怪如此树，空山岁月，凤冈想象翠华临。'侧屋曰'古柏山房'，缪遵义书，归安吴云联：'清奇古怪画难状，风火雷霆劫不磨。'潘锺瑞联：'一径松风古兰若，四山云气万梅花。'入园古柏七株，即世称之清奇古怪。余尝谓苏城有三绝，曰织造府之瑞云峰，曰汪氏义庄之假山，曰拙政园之文藤。今合此七柏，两为有机物，两为无机物，可称吴郡四绝。"

　　旧时司徒庙门外还有宋人手植紫藤，钱基博《邓尉山探梅记》说："门外紫藤，夭矫凌空，离地十馀丈，附一大树，吴江凌莘庐游此，尝譬之悬度国之铁索桥焉，舆人曰：'此神舟也。'得无以其形似乎。"这株紫藤，如今已很少有人知道了。

　　再西北是铜井山，或称铜坑山，也有说铜井、铜坑是一高一低两座山，如王士禛《玄墓竹枝词》云："西来铜井又铜坑，山势高低有二名。试上龟峰光福塔，白波翠巘两边生。"铜坑之得名，相传晋宋间凿坑，取沙土煎之成铜。铜井之得名，因山顶有岩洞，其悬溜汇而为池。铜坑久失其处，铜井则至今尚存。葛芝《游铜井记》说："从麓至其巅，约二里，中道见石累累卧道旁，灵质森秀，异之。入门，银杏一株，极郁茂。造铜井下，巨石巍峨覆其间，中一水泓然，所谓铜井也。井向出铜，故名。佛殿三楹，后倚绝壁，高数仞，古树参差，皆可爱。"徐枋《邓尉十景记·铜井》也说："邓尉诸山，铜井最胜，以其有石有泉也。其顶高出诸山，独有二大树冠之，远见三十里。石磴盘纡，拾级而上，既陟其巅，有巨峰横偃，大如十间屋，其高几丈，嵌空崚嶒，作势奇妙。峰下有泉二，俱在石罅中，石皆青碧色，其质细润如古铜器，而泉深如井，故名铜井，一云泉底有铜，故水味尝涩，要不可考也。峰侧有古庙，居二大树下，庙旁精舍三四楹，坐卧食息，与奇峰相对，而烟云出没皆在足底，真殊境也。"

铜井一带，植梅历史悠久，凡探梅光福，铜井是必定去的。姚希孟《邓尉诸山寻梅记》说："呼肩舆先往铜坑，观祝氏山茶，尚含蕊未放也。因从梅林中，高高下下，或凹或凸，出琼树之巅，或渡瑶林之下，远山露髻，净水含波，真使人步步留连，应接不暇。"铜井最宜登高看花，姚希孟《梅花杂咏序》说："至铜井颠，则崒嵂最高，而太湖全望矣。俯首引睇，万坞皆梅，山腰以下，蠓矓离溿，花气上蒸，坐久不知为山也，当是香水海涌出窣堵波耳。又从铜井而上，陟一蹬则足蹑香尘，降一陂则手提华鬘，时腾出花上，时窜入花底，犹未奇也。"

铜井山东麓有马驾山，俗称吾家山，山不甚高，上有平石，踞坐眺览，梅花万树，如霰雪纷集，白云不飞，是为光福幽丽奇绝之处。汪琬《游马驾山记》说："既至山麓，则其境益奇，界以短畦，藩以丛竹，阴森蔚荟，裁通小径，不能受舆骑，率皆舍而徒步矣。前后梅花多至百许树，芗气蓊勃，落英缤纷，入其中者，迷不知出。稍北折而上，望见山半累石数十，或偃或仰，小者可几，大者可席，盖《尔雅》所谓峇也。于是遂往，列坐其地。俯窥旁瞩，濛然曷然，曳若长练，凝若积雪，绵谷跨岭无一非梅者，加又有微云弄白，轻烟缭青，左澂湖以为镜，右崇嶂以为屏，水天浩漾，苍翠错互，然则极邓尉、玄墓之观，孰有尚于兹山者邪。"康熙二十八年（1689）二月，圣祖驻跸圣恩寺，问寺僧济石，梅花何处最好？答云吾家山第一，于是便去，御制《邓尉山》云："邓尉知名久，看梅及早春。岂因耽胜赏，本是重时巡。野霭朝来散，山容雨后新。缤纷开万树，相对惬佳辰。"三十五年（1696）正月，江苏巡抚宋荦偕幕僚访梅寻胜而来，邵长蘅亦在，他在《弹山吾家山游记》中说："登吾家山，山高仅廿仞，其上少花，多巨石藓驳，下视则千顷一白，目泯漾银海中，幽丽殆不可名状，月夜登此，不知奇更何似。公欲题以'香雪海'，予曰：'极佳，可作汉隶镌崖石上也。'"宋荦大书三字刻石，写的并非汉隶，却是正书。自此以后，香雪海之名就脍炙人口了。

上世纪三十年代香雪海的情形，庄俞《邓尉山灵岩山记》说："出司徒庙不百步，登吾家山即香雪海，志称马驾山，吾家仍俗名。山不甚高，前面多梅花，清康熙中巡抚宋荦题'香雪海'三字于崖壁，其名遂著。今则亭台遗址湮没蔓草间，可寻觅者为剧坛，俗称戏台基，阶级犹存，为梅花亭已圮，亭之形及其柱石俱作梅瓣状，御碑一方，亦横卧于地。但登高四顾，则太湖前潴，一碧迷茫，邓尉诸山，宛似列屏，潭山、虎山分峙左右，可以指数。山麓平畴万顷，沟浍纵横，农夫耦耕，其小如豆。俯视则梅树错落，一片白色，荡漾于履舄之下，此香雪海之所以名也。而马君为言，今日梅花最盛处，已不在香雪海而在万峰台，乡之人以植梅之利不敌种桑，故有去梅易桑者，梅死不复补种者，盖梅树越五十年即枯也。"

西碛山与铜井山相连属，其巅有划船石，西麓多怪石巉岩，有泉注出石罅，曰夹石泉，南有鱼泉，北麓有巨石，长百馀丈，斗插湖中，名斗柄觜，俗呼熨斗柄。欹坐斗柄之上，波涛冲激，欲溅衣襟，西望湖水，浩无津涯。唐寅曾作《黄茅渚小景图卷》，李日华《六研斋笔记》卷四著录："《黄茅小景》，唐子畏画。太湖滨幽奇处，名曰熨斗柄。昔柳子厚作《游钴鉧潭记》，钴鉧者，即熨斗义也。"又云：

"此卷独写老树寿藤、烟壁沙浪于荒江之滨,是以有无映带,浓淡相发,控抟吐吞,有濯足万里之概,所以为奇。客于首署一标云'天下唐卷第一',诚第一也。"卷首张灵题"黄茆小景"四字,唐寅自题诗云:"震泽东南称巨浸,吴郡繁华天下胜。衣食肉帛百万户,樵山汲水投其剩。我生何幸厕其间,短笠扁舟水共山。黄茅石壁一百丈,熨斗湖水三十湾。北风烈烈身欲堕,十里梅花雪如磨。地炉通红瓶酒热,日日蒲团对僧坐。四月清和雨乍晴,杨梅满树火珠明。岸巾高屐携小伎,低唱并州第四声。人生谁得常如此?此味惟君曾染指。若还说与未游人,生盲却把东西指。"款署"吴趋唐寅为丘舜咨题"。唐母姓丘,这丘舜咨很有可能是他的中表昆弟。其后又有张灵、祝允明、文徵明、陆守、钱贯、蒋塘六家题诗。清顺治四年(1647),叶绍袁避难邓尉,亦往熨斗柄一游,《甲行日注》卷五说:"登斗柄石,欹突横亘,北望晋陵阳羡诸山,微黛胧胧,如抹天上,不能分明;湖平如镜,清光滟昱,渔艇百帆,欲远欲近,返茗香十馀里矣。"

西碛山桃花向为盛观,沈钦韩《西碛桃花记》说:"才十里许,峭蒨青葱中,林晖浦靓,云绯烟翠,悉桃花,李居其一,婳婳蔌蔌,或晻或晶,酡眼赪玉,共笑秾春。于是霁宇横黛,日光漏纱,水波微起,影浴组练,汲泉炊玉,浮香吸绿。极望蒸霞,簪峦藻涯,与大口相接,则又缓寻桂笋,轻狎凫鹭,穷其林源,逮潭西而止。"而西碛北麓的窑上,梅、杏、桂、枇杷颇盛,居民百馀家,都在花光果香中,叶绍袁《甲行日注》卷五说:"顾端木拉往二窑看杏花,稍为风雨残矣。有数百树,芳檐村舍,鸡鸣犬吠,俱在杏花内。"

茶山在西碛山东南,也称查山、槎山、绣球山,仿佛土阜,然通体皆石。相传宋人查莘隐居于此,查莘字耕野,原籍休宁,遍游云海、匡庐、罗浮诸胜,归居姑苏,至光福,爱其湖山之胜,遂买地于此,种梅结屋,名曰梅隐庵,又在潭上崖壁刻"梅花潭"三字,后人因此而有潭东、潭西之称,查山亦由此得名。顾宗泰《游茶山记》说:"此山如箕,卷舌以出,众山络其背。梅花时,花聚众山凹,千岩万壑,坐而收之,攒簇繁英,莫得隐遁,白云空濛,可以望而不可以穷。"茶山去太湖若在足下,七十二峰,青螺隐跃,小峰六浮于湖,若案若几,有风飒然,则银波荡空,杳然万顷,混瀁浩渺,尽入无际。早春的阳光,温柔而亮丽,梅树丛丛,花光照眼,仿佛玉波雪浪汹涌,青峦碧岫间白,与万顷澄波争奇斗丽。

蟠螭山在茶山之西,斗入湖中,作蜿蜒状,故以得名;因山巅前有平台,后有石壁,故也称石壁;又因在弹山之南,俗称南山。山阴多桃花,春时望之,如锦步幛。山巅有石壁庵,俗称石壁窝,明嘉靖间建,隆庆三年(1569)释憨山复建,王穉登题额"石壁轩"。天启四年(1624)释性德重建。清顺治十六年(1659)禅僧济照居之。康熙间,里人塑佛像,后增建大悲殿。道光中修,同治八年(1869)重修。姜埰《石壁庵》云:"六朝遗迹倚崔嵬,欲削芙蓉护讲台。山色晴空还易雨,人家桑柘更宜梅。佛香入院双林净,湖水遥天百道来。几处登临看不尽,清川华薄又相催。"叶绍袁《甲行日注》卷五说:"往石壁庵,三面皆石,止一片如斧削就,南濒太湖,庵藏壁围中。景旷地僻,远眺莒雪诸山,犹有残雪掩映,二嵋在目,亦一快览也。"1916年春,钱基博偕友探梅至此,《邓尉山探梅记》说:"山之上为平地,有寺焉,石壁四周,奇峭崭巀如削,独其南面湖,豁然开朗,向水环山,所谓石壁坞也。寺曰石壁精舍,门外石台斗入太湖,登眺极畅,风涛澎湃,声起足底。"石壁庵至今尚在,僧舍之侧,还有憨山台、憨山泉、蜂腰石、龙泉等景观。值得一提的是，吴伟业墓距山不远，虚谷墓则就在山麓，这两位人物都为蟠螭山增色。邓尉诸山大都不算奇险，惟蟠螭山雄峭屹然，崭截如削，壁色正黄，形势回抱，悬崖下即是太湖，最为幽险。因其处地偏僻，游人屐迹罕至。

弹山在蟠螭山之外，也称潭山，其首在湖滨，身横亘六七里，直接青芝山，滨湖有七十二峰阁，乃顾鼎臣丙舍。

由七十二峰阁往东，山之高下如阶梯，然上下皆梅，为山中看花胜处。山南石楼，也写作石嵝，望太湖诸峰历历可数。沈钦韩《乙亥石楼游记》说："过西碛，斗折觊髻，栗级百许，至石楼，旧有七十二峰阁，阁已毁，世犹以石楼目，按地志，则弹山也。濒湖焚轮裂衣，隐石分坐，俯瞰碌碌高浪，崩剥石㟏，拒啮嗟嗟有声，企拥崒屼，苍翠坌涌，须眉清冷。斜出村舍，高下负日十许里，梅花夹之，若积雪在地，裁分远径，白云横冈，风猎而骇，久之声闻要眇，物色颃洞，春光沖瀜，阳舒若动，欣然命酌，窭樽而罢。"当仲春时节来游，桃李花开，鸟声迭和，漱泉枕石，翠竹四围，物外之景，令人顿忘身世。葛芝《石楼庵记》说："石楼庵在弹山之腹，两丘如腋，左右相抱，而庵著其中，有深靓之致。吾友无声禅师居之，绕庵树枇杷数十本，当其实时，若金丸错落于早叶之中，极可观。西南望，适当震泽。恶其显也，修竹蔽之，从下而望，不知其内之有居人。庵止败屋五楹，渐圮，无公稍修葺之，遂萧然闲素。下有泉，试之甘芳，岁大旱而不竭。从左级而登，方广数十亩，皆有怪松巨立步武间。近望犀脊、蟠螭诸山，蜿蜒相向，槎山仅一培嵝然。绕山之麓，遍植梅花，方其花时，积雪数里。远则巨浸渺然，所谓震泽也，风帆水鸟，上下其间，若动若静，而七十二峰离立波际，皆有情态，数百里外铜官诸山,明灭烟霭中。"庵最早为嘉隆间莲池大师高足养素开士退息之所,此后情形不详,清初释无声略修以居。此庵据地极胜,望太湖诸峰历历可数,当仲春之际,桃李花开,鸟声迭和,漱泉枕石,翠竹四围,物外之景,令人顿忘身世。1926 年,钱基博来游,《邓尉山探梅记》说:"磴道尽,有古刹,门西向,上嵌横石,镌赵凡夫'石楼'二字。入门,北为殿,其南障以墙,东为客座,略似舟室,惜窗小,不快游目,几供老树根,依形疏剔,嵌空成假山,所谓木假山也。"禅堂后有泉,旱干不竭,名留馀,饮之颇甘冽。石楼庵上有万峰台,为元释时蔚修道处,湖光岚翠落眉睫间,奥如旷如,兼有其胜。

玄墓山南是渔洋山,坐落湖滨,山色青翠,如果从圣恩寺还元阁望之,如履舄之在几案下,可俯而拾之。顺治十八年(1661),王士禛二十八岁,正在扬州推官任上,正月间至玄墓探梅,宿圣恩寺,渔洋山恰对寺门,他仿佛梦中曾见,于是为自己取号渔洋山人。王士禛《入吴集自序》说:"渔洋山在邓尉之南,太湖之滨,与法华诸山相连缀。岩谷幽窅,筇屐罕至。登万峰而眺之,阴晴雪雨,烟鬟镜黛,殊特妙好,不可名状。予入山探梅信,宿圣恩寺还元阁上,与是山朝夕相望,若有夙因,乃自号渔洋山人云。"另一位与渔洋山有缘的是董其昌,他的墓就在山㘭里,那里是董氏祖坟所在。陆时化《吴越所见书画录》卷五著录董其昌《宝华山庄图轴》,款有"癸亥十月有先墓焚黄之行,先墓在屿洋"诸语,"屿洋"即渔洋。

康熙四十七年(1708)春,沈德潜慕名往游,《游渔洋山记》说:"经钱家磡、上阳邨,一路在梅花国中,花光湖影,弥漫相接,烟云往来其间,欲动欲定。沿湖滨行,湾环回折,始疑甚近,久而愈远。过十馀里,入渔洋湾,董文敏玄宰归骨于此。居人如鹿豕状,见予至以游人不到处,甚骇。绕湾而行,又三五里,渐入渐深,窅然无人。登山之巅,全见太湖,湖中群峰罗列,近而最大者为西洞庭,相望者为东洞庭,远而大者为马迹,其馀若沈若浮,倏见倏隐,不可名状,三州依约在目。从巅顶别径而下,树木丛杂,侧身低首,始免绊罥。入昙花庵,庵有老僧,长眉卷发,若身毒国人,见客无酬接礼。问以王阮亭尚书曾至此间、曾留遗迹与否?僧言幼即挂瓢于此,垂七十年,不见有官人至此山,亦不知王为何人也。因思阮亭为风雅总持,语妙天下,而手版匆忙,未及亲赴林壑而领略其胜者,又无诗笔通灵,足以发挥湖山之胜,古今来如此者可胜数耶,怅然久之。"

光福诸园,以西崦的耕渔轩声名最著。主人徐达左,字良夫,一作良辅,别号耕渔子,吴县人,元末遁迹光福里,筑耕渔轩、遂幽轩、养贤楼等,招延天下名士。当时耕渔轩与倪瓒清閟阁、顾德辉玉山草堂鼎足而三,海内士大夫闻风景附,一时高人胜流、佚民遗老、迁客寓公、缁衣黄冠与于斯文者,靡不望三家为归。虽然耕渔轩建成略晚于另两家,但它的雅集活动一直延续到洪武间,前后三十多年。徐达左辑《金兰集》,自序说:"故某与友朋往来之诗,悉皆集之,迨二十年而成卷。夫观其迹如见其人,诵其诗似接其语,尤不可遗,是亦久要不忘之义也。"达左殁后,又有续题赓咏,《金兰集》的内容不断增加,版本复杂。今存萃古斋钞本和乾隆二十五年(1760)沈德潜序刻本,代表着主要的两个版本系统。

至景泰年间,徐达左曾孙季清在耕渔轩东另辟先春堂一区。徐有贞《先春堂记》说:"余尝过之,季清请余登焉,坐而四望,左凤鸣之冈,右铜井之岭,邓尉之峰峙其上,具区之流汇其下,扶疏之林,葱蒨之圃,棋布鳞次,映带于前后。时方冬春之交,松筠橘柚之植,青青郁郁，列玗琪而挺琅玕，梅花万树，芬敷烂漫，爽鼻而娱目，使人心旷神怡，若轶埃堨而凌云霄，出阴沍而熙青阳，视他所殆别有一天地也。"当徐季清时，遂幽轩尚在，谢缙为之绘图，徐有贞有诗《题谢葵丘画遂幽轩图赠徐季清》。至清康熙年间，遂幽轩为里人叶楠材所得，重加修葺，易名见南山斋。黄中坚《见南山斋诗序》说："见南山斋者，故徐氏之遂幽轩也。凡三易主，而归叶君楠材，乃撤去斋前小屋数椽，以广其庭，而龟山俨然在望矣，故有是额。左旧有房两楹，房亦有庭，更通之，以编竹屏其中，若断若续，加曲折焉。庭中叠石莳花，潇洒可意。左右两廊，朱栏碧槛，交相映也。右廊微广，因结为斗室，可以调琴，可以坐月，所以为斋之助者不浅。是皆叶君之丘壑也。"遂幽轩的情形就此定格，以后未见记载。至于养贤楼，在邓尉山奉慈庵内。弘治二年（1489）秋九月，都穆前往访游，《游郡西诸山记》说："戊寅，至姚家河，陆行数里，游奉慈庵，中故有养贤楼，元季里儒徐良夫好客，四方贤士多集楼上，今亡，独其扁存。堂背，白山茶、枇杷、蜡梅列植左右。"

入清后，耕渔轩仍属徐氏。至嘉庆初年，海宁查世倓将耕渔轩废址及比邻的林泉池馆一并买下，重加葺治，园中有二十四景，题名邓尉山庄。张问陶作《邓尉山庄记》，详述其胜概。入门丛木蓊郁，曲径逶迤，中有厅事五楹，储藏古籍，几于充栋，曰思贻堂，梁同书题匾。堂后峰峦一片，奇诡不可名状，尤有英石一峰，峻嶒秀削，潘奕隽题曰小绉云。群峰之北，有御书楼，藏圣祖御赐字画砚墨等。楼东多古树，因树为屋，曰静学斋，为世宗潜邸时书额。西北有回廊盘互，曰月廊，循廊可抵宝襫龛，壁间嵌置隋开皇本《兰亭集序》书条石。后有隙地，曰蔬圃。面圃开轩，为徐达左耕渔轩故处。轩外柳堤迤曲，有袅袅依人之态，曰杨柳湾。堤尽，高阁凌虚而起，曰塔影岚光阁。西有小楼相连属，曰澹虑簃，隐几看山，脩然物外。东有读画庐，庋置书画，烟云供养，最宜消夏。稍南有池水一泓，碧澄清鉴，曰钓雪潭。潭上可憩息者，右曰银藤舫，檐际古藤纠结，绿荫如幄；左曰秋水夕阳吟榭。临水而南向者，曰金兰馆，因《金兰集》而得名。潭水折而北流，有石梁横卧其上，曰鹤步碕，石窄而长，仅容人趾。碕东有亭，居土阜之上，曰石帆亭。亭旁有坦坡，蜿蜒而西，种梅数十本，曰索笑坡。坡上有小筑三间，曰梅花屋。再上有听钟台，台下有茅茨一处，惟南有窗，曰无棣传经室。迤西有春浮精舍，主人不喜佛而好读梵书于此。南结槿篱为藩蔽，修竹万竿，不露曦影，中有小屋，曰竹居，凡户牖几案之属，皆竹为之，诚异境也。未久，查氏返浙，园中榛莽渐生，然厅堂楼廊尚在，里人徐坚、许兆雄、倪升等人尝集文社于此。咸丰四年（1854），冯桂芬就此建善堂，并葺缮耕渔轩，落成未久，庚申兵燹作，建筑大部毁去，同治间修复，冯桂芬撰《耕渔轩记》。此后于此设义塾，再改公立简易识字学塾，民国初年改设国民学校。

　　光福东街杨树头有明里人徐衢居第，中有耕学斋、来青堂诸构，沈周为绘图，张洪作《耕学斋图记》，称其居在福溪桥东，"一衡门自南入，稍折西为舍三楹，曰来青堂。又进而东偏亦三楹，清洁可爱。又进则凿地为池，而芙蓉映面。西旁为书楼，所谓耕学斋是也。池与书楼，修竹环绕千竿，自春徂冬，往往助其胜。而最后地广成囿，杂树花果之属，皆数拱馀，竹益茂，郁然深山家矣。今年五月初，余偏过之，主人出肃客，瀹新茗，已而为酒，果取之树，笋取之竹，蔬取之圃，而巨口细鳞取之崦。醉于堂，金波交错；梦于楼，玉漏更长；起而浴，浴竟而饭。相与游于后囿竹树间，卉木阴翳，鸣声上下，真足畅叙幽情。返而登楼，凝眸之下，则崦水之为冲，诸溪之为带。近而邓尉、玉屏以及穹窿，俨在几席间，秀色可餐。远而灵岩、天平、支硎之属，亦时与云气相出没矣。旁午乃信步虎山桥，徘徊久之而不忍释"。成化十四年（1478）五月，吴宽也顺道往访，《游西山记》说，傍晚至光福，"首过徐氏，用庄喜客至，见其子玭、其孙天颖，更召其里隐士徐孟祥，同导予二人步虎山桥，桥南登擅胜亭，还饮其家，夜宿来青堂。丁亥，缘玉遮并贞山，谒徐武功墓，循北麓观眠松，遂泛下崦，入铜坑，还泊虎山桥。戊子，游邓尉，饮七宝泉，入玄墓寺，憩奉慈庵，登凤冈而还，至是凡三宿来青矣"。

东街六房的东崦草堂，为明末里人徐鉴湖别墅，颓败已久，道光年间其五世孙徐傅重建。徐傅字月波，博涉经史，久客楚湘，交诸名士。他对乡邦的最大贡献，就是以一己之力编纂《光福志》，自序说："向自郡邑志之外，虽震泽有编，具区有志，惟光福之文献阙佚。予心窃耿耿，无如谫陋少文，早岁又饥驱奔走，有志未逮。然自少壮以来，凡见碑铭文集、图经志乘以及谱传偶有及于光福者，搜罗节录，三十馀年，稿凡数易。甲辰冬夜，篝灯发箧中裒集十二卷，厘为二十门，名之曰《光福志》。"另有《东崦草堂诗钞》四卷，今存道光二十八年（1848）刻本。黄安涛为题"东崦草堂"额，中有月满廊、欣怀亭、延翠轩、丛桂小榭、读书堂、看云处诸胜，汪芑有《徐氏草堂杂咏》。

镇西凤鸣冈西麓有大石，旧名西林，俗呼小玄墓、小虎丘，顾天叙筑晚香林于此。天叙字礼初，号笋洲，昆山人，万历十六年（1588）举人，授铅山知县，忧归服阕，补元城，移嘉鱼。以子锡畴贵，即弃官不仕，结庐邓尉，屏居读书，不入城市垂三十年。清顺治二年（1645），南都陷落，国事危殆，即趣子赴闽，锡畴以父老恋恋不忍舍，天叙说："吾自尽我当尽之节，汝自为汝当为之事。"绝粒七日以死，年八十一。晚香林以石景取胜，据天叙《晚香林记》自述，崇祯七年（1634），"儿锡畴予告侍养归，以兹石为予所锺意，鼓兴排垣，于是山川之绮错，花木之滋茂，与夫庐舍之鳞差，舟楫之翔舞，皆近在履舄下，石乃不虚生矣。因复事畚锤，全体毕露，高如矶，平如砥，奔腾如浪。最奇者，遍山皆坚石，一线独瑕，周围如带，就其宽衍处疏之，俨然成涧，涧成而灵龟出焉，涧无罅隙，莫知其所从来"。于是先后建石浪亭、画不如轩、赐宦堂、蝉叶斋、清音阁、景范台、第一玄、炳烛室、翔鸿墅、雁影廊等，总名之曰晚香林，取韩琦"莫嫌老圃秋容淡，犹有黄花晚节香"诗意。顺治七年（1650），余怀来游，园已开始破败，《三吴游览志》说："登石浪亭，亭峙山腰，延青结碧，亭下葐蒀蓬勃，草树塞阿，道横大石，仿佛虎丘然，而雄狐跳梁，山鬼蹇产，虽揽薜荔以攀援，亦只窥烟液之所积矣。"至康熙五年（1666），归庄来游，园更荒落了，且已易主，《观梅日记》说："登小虎丘石浪亭，盖昔年顾封君实始辟而营之，今属之叶氏。其地多桃李，花时当是盛观，兼有眺远之胜，惜屋宇小颓圮耳。"至四十八年（1709），黄中坚作《石浪亭赋》时，已圮废殆尽，有曰："但见荒涂延绵，落木萧瑟；荆棘胃衣，宿莽没膝。悲风凄其四至，冻云惨以藏日。访昔时之台榭兮，曾瓦砾之无馀。独巨石之横亘兮，犹可识其遗墟。彷徨四顾，感慨系之。"

邓尉山倪家巷有潘遵祁的香雪草堂，咸丰四年（1854）落成。俞樾《潘简缘香雪草堂记》说："简缘先生筑室邓尉山中，曰香雪草堂。堂之西尚有隙地，治为圃，曰西圃，盖先生城中所居旧有西圃，故山居亦袭其名，六十以后，遂自号西圃老人。堂之东有小阁，阁中藏宋杨逃禅

《四梅花卷》，因颜之曰四梅阁，钱塘戴文节为绘《山居图》、《四梅阁图》、《湖山偕隐图》各一。其云偕隐者，谓先生配汪夫人也，先生诗云：'老妻亦解幽居乐，催促移榻共入山。'伉俪之贤，其今之陶、翟乎。庚申、辛酉间，东南沦陷，山中亦无乐土。大难既夷，市廛榛莽，而入山访旧，则草堂岿然独存，逃禅《四梅卷》及文节三图亦皆无恙。先生因赋《还山》诗，有云'天留茅屋老馀生'，海内闻之，无不为先生庆。"杨无咎的《四梅花图卷》，作于乾道元年（1165），辗转珍藏，著录不绝，乾隆时归遵祁外祖父陆恭。亢树滋《四梅阁记》说："是卷旧为先生外大父陆谨庭孝廉所藏，孝廉精赏鉴，多蓄宋元人真迹，家故有四梅阁，为刘文清公所题。岁甲寅，先生草堂成，庭前有老梅四株，因借摹文清书榜诸阁。而是卷久无踪迹，继乃展转得之程君心柏所，遂取置阁中。事固有巧合，如此者斯亦奇已。"遵祁之后，图归顾文彬，《过云楼书画记》卷五说："卷为潘西圃编修家藏物，尝以'四梅花'名其阁，近岁始归于余。"今藏北京故宫博物院。

马驾山麓有一处园墅，清初里人陈王庭所筑，因亲年逾八旬，构此娱老，汪琬题额"云壑藏舟"。此园依林傍涧，轩槛列护，有回波榭、逍遥坞、心月山房、泛香居诸构，建筑整体如同湖舫，仿佛牵小舟于岸。至同治年间，泛香居遗址为潘霨所得，葺为家祠，题名辂园，也称荥阳别墅。潘霨字伟如，吴县人，官至湖北巡抚。园中亭轩池馆，别饶幽韵。太子少保彭玉麟前来访游，画梅壁上，纵横二丈许，又题七古一首，后收入《彭刚直公诗集》卷八，题作《题邓尉山中潘伟如中丞辂园梅花画壁》，诗云："辂园粉壁净于雪，令我狂醉来污墨。乱写梅花纵复横，千株万株虬如铁。纵有五丁六甲来，费尽神力不能折。任他美人月下看，任他高士山中歇。罗浮仙子竞欢颜，姑射神人开笑靥。繁华不厌软红尘,清芬压倒众香国。记得当年顾虎头,满壁沧州画奇绝。今我泼墨写梅花,付于邓尉安仁宅。道子传神笔已枯,疏影暗香写不得。主人有鹤守天寒,缟衣元裳真皎洁。不知鹤寿几千年,来与梅花相契结。鹤子梅妻共一家,茫茫幼海谁主客。世事原如壁上观,何必定须分黑白。但留清气满乾坤,十二万年不许灭。掷笔狂呼酒百杯,吸取太湖三万六千顷外一天月。"这诗写得苍古峭拔,意境高古,主人因此而筑守梅亭。1926 年,李根源来游,《吴郡西山访古记》卷一说:"西北行至涧上,游潘氏䎱园,园旧为陈氏泛香居,伟如中丞得之,易今名。亭台池馆具有结构,已失修理。寻彭刚直画壁梅花,妄人涂抹数处,恨事也。"

青芝山在邓尉西,明清时颇多园墅点缀其间,即以青芝为斋馆名者,就不止一处。一、明末陈子龙所经由者,有诗《由光福寺入青芝山房迳西》。二、清初顾汧所筑者,有诗《青芝山房喜周东来、褚柳刚过访》。三、嘉庆初江西临川人乐钧曾侨寓者,张问陶为作《青芝山馆图》,遂自名其集曰《青芝山馆稿》。四、清吴县木渎人沈建曾居者,其著有《青芝山房啸语》内外两编。

顾汧字伊正,号芝岩,长洲人,康熙十二年(1673)进士,历迁宗人府丞,著有《凤池园集》。因父天朗葬潭山,筑丙舍,有《潭山丙舍》诗云:"高山閟寝护松筠,十亩园林手泽新。榻上琴书追蝶梦,帘前花雨湿渔巾。巢枝每爱南枝早,宿草常怀寸草春。为语儿曹须记取,一廛一树总艰辛。"天朗以孝子称,虎丘山塘有顾孝子祠,圣祖御书赐"孝靖"两字额,顾汧深感荣耀,又将这两字刻碑,建亭立于潭山丙舍,并作《恭建御书孝靖碑于潭山墓所》记之。潭山与青芝山相距甚近,很有可能青芝山房与丙舍乃是一处。

青芝山北麓真珠坞，也作珍珠坞、真如坞，明人汪起凤于此建真如小筑。起凤字末虞，吴县人，万历二十九年（1601）进士，官至广东左布政使，因忤阉党罢官。回乡后在坞中建别墅，未成而殁，其子廙成续之，文震孟为题额。清顺治初，叶绍袁隐居光福山中，《甲行日注》卷五说："道经真如小筑，有桃花二三十株，本小而色艳，如亭亭袅袅，十三初馀，即妖颜冶笑，婀娜殢人"。当时杨廷枢也避居真珠坞，其父大瀜墓在坞中，顺治二年（1645）苏城沦陷，杨廷枢僦居坞中丙舍，住了一年多。时薛寀已出家青芝山圆通庵为僧，他们是有往来的，《甲行日注》卷四记圣恩寺举行说戒受戒仪式，"薛谐孟、杨维斗、吴茂申皆在"。如果将这些遗民在青芝山的活动铺叙起来，也是有意思的事。

西碛山南麓有程文焕庐墓之所，文焕，吴县人，郡城大贾，疏财仗义，曾修江村桥，建西龙桥等，雍正朝入祀文庙忠义孝悌祠。其父赠儒林郎旌表孝子大儒葬西碛山，故文焕买山建庐，起于何时，已不可考，康熙四十八年（1709）何焯题额"九峰草庐"，五十三年（1714）邵泰题额"逸园"，蒋恭棐为作《逸园记》。

园占地五十亩，临太湖，四面树梅数万本，植竹数百竿。过饮鹤涧，古梅数枝，槎枒入画。历广庭，拾级而登，为九峰草庐。庭前丘壑隽异，花木秀雅。庭后有牡丹一二十株，旁构小阁，曰花上。后为寒香堂，堂西偏有室，曰养真居，为栖止之所。草堂之东为心远亭。亭北崖壁峭拔，有室三楹，曰钓雪槎，旁有栏槛，可为坐立之倚，佳花美木，列于西檐之外。下则凿石为涧，水声潺潺，左山右林，交映成趣。槎之东有银杏一本，大可三四围，相传宋元旧物。稍东有廊，曰清阴接步，又东曰清晖阁。蟠螭、石壁界其前，铜井、弹山迤逦其左,凭栏东望,高耸一峰,端正特立,尤为崎崒。其下默林,周广数十里。草庐之西,曰梅花深处。引泉为池,曰涤山潭,潭上有亭,曰藻渌,石梁横跨其上,曰盘埼。再北有芍药圃,竹篱短垣,石径幽邃,即白沙翠竹山房。旁有斗室,曰宜奥。每春秋佳日,主人鸣琴其中,清风自生,翠烟自留。后为山之幽,古桂丛生,幽荫蓊蔚。由竹篱石径折而西,飞桥梯架岩壑,下通行人,为迪山,也称涤山,高二十馀丈。登其巅,则莫釐、缥缈诸峰隐隐在目,白浮长空,近则几案间。东则丹崖翠坞,云窗雾阁,层见叠出;西则风帆沙鸟,云烟出没,如在白银世界中,为逸园最胜处。

六十年后,园归程文焕之孙程锺。程锺夫妇能诗,梅花时节,文人游屐必至。园中又新增在山小隐、生香阁、腾啸台、鸥外春沙馆诸胜。程锺字在山,好读书,不问家人生产,尝为诸生,一试不得志,即弃去,以诗歌自娱。中年父殁,悉弃所居货以偿不足,并弃其居,移家园中。妻顾信芳,字湘英,著有《生香阁诗钞》。

乾隆四十年(1775)二月,袁枚往光福探梅,曾过逸园,《随园诗话》卷五说:"苏州逸园,离城七十里,在西碛山下,面临太湖,古梅百株,环绕左右,溪流潺潺,渡以石桥,登腾啸台,望飘渺诸峰,有天际真人想。主人程锺,字在山,隐士也,妻号生香居士,夫妇能诗。有绝句云:'高楼镇日无人到,只有山妻问字来。'可想见一门风雅。予探梅邓尉,往访不值。次日,程君入城作答,须眉清古,劝续前游,而予匆匆解缆。逾年再至苏州,程君已为异物。"

此年,园实已归江昉。江昉字旭东,号研农,又号橙里,徽州歙县人,寓居江都,候选知府,工诗善画,著有《晴绮轩集》等。江昉将园改名西碛山庄,请袁枚作记。袁枚《西碛山庄记》说:"庄在吴门邓尉之西,旧号逸园。离城七十里,极蟹胥鲑稟之饶。入其门,古梅铺棻,芳树蓊蔚,曲涧巉岩,环庐而呈。所扁表者,有清晖阁,有九峰草庐,有钓雪槎,有鸥外春沙馆,凡十馀处,皆各极其胜。而腾啸台为尤奇。台袤夷亩许,西碛山从背起,接天苍苍然,而临太湖,三万六千顷之烟波,浮涌台下。余游时,适主人程君外出,相传园已售扬州江氏。俄而有持蕴火来置灶者,询之,果江氏家僮。予素知程故高士,能诗,闻其弃园而骇。及闻橙里得之,复惏惏然喜。盖橙里之才且贤,犹夫程君,而与予交尤狎于程君故也。因思古者杨凭之宅,白傅居之;萧复之园,王缙居之。天于幽渺复绝之境,往往郑重爱惜,必畀诸克称此居之人,转不若朱门华堂之滥施而无所于靳也。"

园虽属江昉,但程锺仍居园中为主人,《清稗类钞·义侠类》说:"如是者二十馀年而妻死,在山亦老矣。妾生一子,方襁褓,自度不能终有此园,乃以售于扬州江橙里。橙里亦豪士,夙重在山名,以买园之资归之,而使其仍居园为主人。橙里岁时一至,与在山觞咏数日而已。"乾隆四十一年(1776),程锺卒,袁枚有《哭逸园主人》云:"与君一见了前缘,芳讯重投便杳然。四海名园推梓泽,半生嘉偶伴伶玄。似知数尽将山卖(予到园时,闻已售于江氏),定有诗存待我传。西碛风烟太湖月,从今不泛子猷船。"

乾隆四十五年(1780),高宗南巡,曾驻跸西碛山庄,御制《游西碛程园纪事成咏》云:"邓尉复西去,盖行十馀里。西碛山在焉,程氏园居彼。志云无多景,潭西差胜耳(见《一统志》)。大吏修葺之,供揽太湖水。事成乃弗说,一涉聊为此。高下度小岭,溪村凡经几。到亦未逾时,坐亦未移晷。屋虽谢丹臒,石乃多砌垒。其松非古遗,其梅或新徙。独是太湖近,凭栏观足底。白浮及漫山,钉饾如置几。何殊灵岩山，临湖榭（在灵岩行宫内）所视。轻舆遂言旋，卯出时逾巳。昇者觉过劳，彼亦人之子。易马按辔行，七十犹能尔。过午还灵岩，咨政戒怠弛。诚驰驿观山（灵岩至程园往返八十余里，中途易马，还行馆时已过午，向尹继善以驰驿观山为比，盖以余游览所至，憩不逾时，于寓意而不留意之旨，诚有合耳），倍由旬弗止。顾谓大吏云，可一再斯否。园应还故主，吾弗更去矣。"既然皇上说"园应还故主，吾弗更去矣"，程、江两家俱不敢有，遂任其芜废。

朱春生《程在山传》说："余幼闻在山之名，憾未一见。后读袁简斋先生集中逸园诗，又有为江氏作《西碛山庄记》，益心慕焉，特往访其遗迹。时园废已久，瓦砾遍地，芜草如人长。"王昶《木兰花慢·访江橙里西碛山房》小序也说："西碛在邓尉濒湖处，明李长蘅欲作六浮阁未成，而先为图以志之者。橙里置山房仅三十年，今访之，竟无能指其处，盖又为山农所占矣。其南即腾啸台，石壁皆废，但存'湖南精舍'扁，为明僧德清所题，缪修撰彤八分书之。南望渔洋、法华诸山，萦青环翠于风帆沙鸟间，而久无游客，所谓吾笑吴人不好事，更可感也。"今已不知曾有其处了。

王昶提到的六浮阁，在潭西查山之麓，背山面湖，四际皆梅花。万历年间，李流芳来光福看梅，最爱查山风景，欲于此建一草阁，题名六浮阁。六浮者，即由此可望见湖中六个洲渚矶浮，即茅浮、长浮、箭浮、苎浮、白浮、箬浮。然久而未成，其有诗题曰："余买一小丘于铁山下，登陟不数十武，而尽揽湖山之胜，尤于看梅为宜，盖踞花之上，千村万落，一望而收之。久欲作一小阁，名为六浮，六浮之名遂满人耳。而阁竟不就，友人邹孟阳见余叹息，每欲代为经营。今日始引孟阳至其地，亦复叫绝不能已。余因为作《六浮阁图》，兼题一诗，冀孟阳无忘此盟。时丁巳八月十八日也。"虽然阁终未建成,但在他的想象里阁已在矣,如有诗题曰:"西碛看花,宿六浮阁上,走笔示闲孟,兼呈同游诸子。"甚至在《徐思旷制义序》末署"己酉花朝前二日书于西碛之六浮阁"。在诗人沉湎的遐想里,也很能感受他无奈的失落。

李流芳卒后七十年,有长洲人张文萃号松园者买山营生圹,始建此阁,缘檀园雅意,仍题六浮之名。文萃没后,其子士俊又补葺之。士俊字籥三,又字景尧,号六浮阁主人,著有《必观亭集》等。康熙四十年(1701)春,朱彝尊来游查山,登六浮阁看梅,士俊请记,彝尊《六浮阁记》说:"长洲张翁买此山,始为建阁,且治生圹,背阜面湖,周树石楠、栝柏以为藩。阁峙其南,当春梅放,拓西窗俯视,繁花百万若密雪之被原隰,游人诧胜绝焉。未几翁没,翁子士俊从而补葺之,有径有堂,有庖有湢,于是四方名士牵裾相招来会。岁在辛巳二月己未朔,予登是阁,睹渔帆出没,浦树清疏,山鸟喧喧拂帘鸣旦暮,爱之不忍去,遂留信宿。"士俊又请汪份撰文,汪份在《查山六浮阁考》中追述了六浮阁的前世今生,并记当时景象:"其阁背阜面湖,缭以默林,凡数千本,土人所树杂梅又十倍焉。当花开时,四顾茫茫,村落皆白。朱先生所谓'梅花几百万,乱插如著簪'是也。"士俊在时,梅花时节,六浮阁是文人雅集地。至道光十年(1830),六浮阁仍在,程恩泽《游香雪海记》有"遂登六浮阁,复赴蟠螭山"诸语。大概在咸丰庚申兵燹时毁去,惜没有具体的记载。

潭山之麓的七十二峰阁,踞濒湖极胜处,为顾鼎臣所建,鼎臣卒,即葬其地。徐枋《吴山十二图记·七十二峰阁》说:"七十二峰阁在潭山之麓,山多松,凌寒苍翠,弥满岩谷。一路从松林诘曲而上,杰阁耸峙,与顾文康公之墓相望。阁背山面湖,一望而七十二峰之胜尽在目矣,黛眉螺髻,缥缈烟波间,而风涛之动息,云峦之明灭,每游必尽其奇,无有同焉者,吾不能为形容也。"顺治六年(1649),怀应聘来游,《游光福访梅花记》说:"过弹山麓,登七十二峰阁,匾为李西涯书。快哉,群松昂立,一水交吞,呼吸之间,波翻山涌,若夫芦根沙嘴,网集渔炊,宛然图画,凭吊久之,不觉其阁之危也。"可见阁尚完好。至顺治末、康熙初,归庄来游,已现败象矣,《观梅日记》说:"因思潭山之麓有七十二峰阁,下瞰震泽,遥指群峰,阁上有李文正公篆额。余二十年前来游,爆竹一声,万山皆响,及辛丑、甲辰两度至,则阁已坏,几不可登,匾额亦已失之,今更不知若何矣。"此次,"过七十二峰阁,见木工方支倾补败,庶几他日犹可复登"。至嘉庆年间,阁已废圮,沈钦韩《乙亥石楼游记》说:"至石楼,旧有七十二峰阁,阁已毁,世犹以石楼目。"1926年,李根源过此,《吴郡西山访古记》卷一说:"经查山,过聚坞,

《西山胜景图·七十二峰阁》
清徐枋绘

有明昆山顾文康公鼎臣墓,鼎臣即撰《步虚词》之状元宰相也,有标、石马、石狮、石坊等,丰碑四,神道碑严嵩撰。"

光福还有吟香阁、怀云阁、崦西小筑等几处楼阁。吟香阁在铜坑,坐落梅花最深处,宋高士顾凤建,明王鏊、顾鼎臣相继重修,废已久矣。清嘉庆四年(1799),裔孙顾翰等欲重建不果,绘图征诗,以为纪念。怀云阁在光福山后,明末顾颀建,门人莫怡书额,门人彭珑题联:"十里梅花表介节,一湖明月鉴清心。"崦西小筑在耕渔轩侧,又称小云台,相传为石址庵下院,有水阁三楹,擅湖山之胜,旧时里人结文社于此。《光福志》附录引潘遵祁诗云:"石陼庵前方罫匀,小云台下碧粼粼。一湾临水三间屋,啜茗凭阑又几人。"晚清时巡检何震望与里人士公议,于其旁土阜上建旷望亭。

此外,奉慈村外有小虎丘,叠石栽松,颇有幽致,为明末诸生莫怡所建。莫怡是徐汧和顾颀的门人,明亡后,励节终身,结诗社于此,并营墓于内,墓旁筑香雪藏,王时敏题额并绘图,顾颀集古语为楹帖以赠之,曰:"风不出,雨不出;歌于斯,哭于斯。"并于墓旁建眠鹤楼,可惜早都荡然无存了。莫怡事迹,未见诸家遗民录记载,然而明清易代之际,像莫怡这样的人不知多少。黄容《明遗民录自序》说:"大抵古今以来,一代之兴,必有名臣之佐,树伟绩于当时;一代之末,必有捐躯赴义之人,扬忠烈于后世。而其守贞特立,厉苦节以终其身,或深潜岩穴,餐菊饮兰,或蜗庐土室,偃仰啸歌,或荷衣箨冠,长镵短镰,甘作种瓜叟,亦有韦布介士,负薪拾穗,行吟野处,要皆礌砢抱志节,非苟且聊尔人也,岂可与草亡木卒同其凋谢者哉。"他们中的许多人,或衣僧袈裟而终身,或黄冠草服飘然长往而不知所之,似也不应该将他们遗忘的。

夕阳满地乱云斜

光福以东,阳山以南,灵岩以西,穹窿以北,丘陵蜿蜒起伏,风景如画。姚承绪《吴趋访古录》卷二《玉遮山》云:"千峰层叠落岩花,赢得屏风号玉遮。松老千年巢鹳鹤,崖开百丈卧龙蛇。探幽疑入山阴道,积翠犹封洞口霞。此是江南半远景,夕阳满地乱云斜。"

从光福东北出行五里,即是玉遮山,因其横列如屏,又称玉屏山,俗呼遮山。元人虞集《寄白云闲公讲师》云:"古寺白云闲,钟声竹树间。唐诗留屋壁,蜀道忆乡关。橘柚霜前送,袈裟雨里还。重逢三十载,刻石玉遮山。"明初高启《雨中过玉遮山二首》云:"松头急风回,飞雨不到面。何处豁清愁,千山一人见。""寻钟入苍茫,一涧复一崦。落叶去方深,山扉雨中掩。"诗中所谓"寻钟入苍茫",说的便是山上的古龙潭庵,起建无考。按虞集之诗,此庵由来已久,且有唐诗留壁,惜无可细考。至清顺治三年(1646)僧昱慈济炳捐资重建,康熙间又增建关帝殿。彭定求《玉遮山龙潭庵记》记其情状:"依壁为庐,沿坡为径,抚长松,攀丛桂,汲泉煮茗,尘襟顿洗。北望灵岩、天平诸峰,与秦馀拱峙,绮陌畇畇,花源历历,仿佛昭明之文采风流,犹掩映于朝霞夕霭间。"山中有卧牛峰、读书台、钵盂泉、仙人洞、千步街、洗砚池、积绿园、卧花坡、千年松、百丈崖十景，想来也是一个名胜之区。至民国年间，范君博来游，《光福竹枝词》云："傥得驴骑迹未拘，行环荦确径崎岖。玉遮山色仍依旧，琢句人犹说故吾。"山色依旧，那些景观则早已影迹全无了。

过玉遮山，再往北去，便是蜀山，又名凤凰山。据《太平寰宇记·江南东道三·苏州》记载，西晋太康二年（281），"于此掘得石凤皇，从穴而飞，因而名之"。因山之左旧有城隍庙，故俗呼为城隍山。山半有大石拔起，灵秀特异，仿佛鹳鸟，人称鹳石。范君博《光福竹枝词》云："开掘何年溯太康，分明旧话未荒唐。游山倘许于飞愿，安得重寻石凤凰。"山巅还有一处凤祥庵，南宋咸淳初年僧寿椿创建，明初归并昭明寺，清顺治初云门孤卓禅师重建，十三年（1656）僧化雨又于山麓建法堂、僧寮等，易额为凤翔禅院。

由玉屏山往东，便是蒸山，也称贞山，因刻工之误，写作真山。正德《姑苏志·山上》说："东南有贞山，初名蒸山，以其云气如炊也。"清晨或傍晚，那里时常有白白的云雾在山坳里弥漫蒸腾，青山绿树尽在一片迷蒙之中。人们根据蒸山的云雾，可预卜天气，叶盛《水东日记》卷三说："姑苏诸山，惟贞山可卜雨，有云气上腾，则虽晴必雨。"顾震涛《吴门表隐》卷五说得更具体："蒸山辰刻有云，虽亢旱必雨。"辰刻是上午七时到九时，如果那时山中云气弥漫，那是必定会下雨的。蒸山的形胜独特，既有群山环峙，又有平坦的山坞。山麓有古松横卧，奇形怪状，人称眠松。成化十四年（1478），吴宽来山中凭吊徐有贞墓，不期见得，作《观眠松》有云："盘盘蒸山麓，侧径频折旋。山人引我去，云有长松眠。石磴被蔓草，摄衣步相连。果然见奇树，如神龙蜿蜒。鳞甲生满身，仍怪鬐鬣全。恍若出巨壑，疑将赴深渊。未学扰龙术，却立不敢前。"东麓旧有伏波将军祠，祀马援，清康熙五十年（1711）四十四世孙马志融建。

自古以来，蒸山是吴中著名吉地，犹其是山南之坞，负阴抱阳，藏风得水，山势起伏，如奔驰远赴，呈势远形深之状。其丧葬历史的最早记载，可以追寻春秋后期，《越绝书·越绝外传记吴地传》说："蒸山南面夏驾大冢者，越王不审名冢，去县三十五里。"也就是说，在二千五百多年前，就有越国的诸侯王葬在那里。此后那里便成了风水宝地。据吴荫培辑、李根源续补《吴县冢墓志》记载，蒸山及邻近的山坞里，宋代有赠金紫光禄大夫叶棐恭墓、虞部郎中杨沆墓、赠少师徐师闵墓、太子中舍赠朝奉大夫边珣墓、承议郎管司南京留司御史台公事边裕墓、度友金部郎中魏近思墓、知荣州虞夷简墓等，元代有处士虞炫墓等，明代有武功伯徐有贞墓、襄毅公韩雍墓、福建左参政姜昂墓、云南副使姜龙墓、工科给事中陆粲墓、处士尤聪墓、处士徐政墓、承天知府赠太仆寺卿王禹声墓、文林郎钱应栻墓、贵州参政缪国维墓、天津兵备参议蒋灿墓、端先先生周茂兰墓等，清代有进士蒋德埈墓、蓬溪知县黄天麟墓、诸生袁庆元墓、侍读学士周弘墓、翰林院侍讲尤侗墓、文恪公吴士玉墓、翰林院庶吉士李鋮墓、南城县丞尤世学墓、赠光禄大夫顾汝璧墓、吏科给事中吴思韶墓、上林知县陆桂森墓、进士陶惟辉墓、江苏按察使节鸿裔墓、记名道刘传桢墓等，真可谓是名人荟萃，聚集山中。

蒸山之北是锦峰山，因山石紫赤秀润而得名，又相传山上有磁石，能吸引铁针。清人李果《游锦峰山昭明寺记》记其四周形胜："东则阳山王宴岭，西则彭山崦，西北则东渚、金墅，南为篁村、竹坞，隔数里而浒墅当其北。阳山本秦馀山，亦名四飞山，冈峦四面，势飞动，田畴棋布，山高木落，望之若在户牖间。"山上旧有昭明寺，相传为梁昭明太子萧统所建。唐会昌中废，南宋嘉泰年间白马寺僧南公重建，兵部尚书郑起潜居此，淳祐中理宗书"锦峰"两字赐之。元至元年间重修，明初为丛林寺。虞集《昭明寺记》说："吴中多古佛寺，往往有萧梁遗迹。郡城西四十里曰锦峰之昭明寺，相传为昭明太子所建，故曰昭明。或曰锦峰之山，产文石，中为用器，华采炫烂，故有是名，或曰其寺中据沃壤，群山如屏如翼，去寺皆远，无所障蔽。其称昭明之名，此殆是也，然不见于郡志，岂会昌沙汰之后，日就颓废，修志时泯没不闻故欤。宋嘉泰中，里人有周氏子，为僧于穹窿白马寺，曰南公，归省其父，父曰吾老矣，汝毋远我。南乃即昭明故址葺之以居，辛苦劝乞，周父又以其财力助之，既而施予者日至，历数十年，法堂、僧堂、厨库粗备，土田旧为人所侵有者，以渐来复。"这是南公复兴昭明寺的故事。至乾隆年间，李果来游，尚有僧舍数椽，四周竹木萦环，后有碧螺池，清澈鉴人，虽大旱而不竭。迄至于今，已是茫然不可寻得了。

蒸山之南为雅宜山，东南为马冈山、官山，低丘连绵，一抹青翠。往东远眺即天池山，山势峻峭，山色碧黛，莲花峰历历在目。

马冈山出砚材，故亦称砚石山，乡人凿坑取石制砚，以山下崨村所出者为最，世称崨村砚。杨循吉《吴邑志·土产》说："崨村砚，出邑西二十里砚石山，其下崨村石可为砚。其色深紫，发墨宜笔，佳者殆不减歙溪所产。"顾震涛《吴门表隐》卷二也说："本名获村，后讹为崨，挖石琢砚，文有金星，不减歙端，有青黄二种。"《西清砚谱》就著录了"宋崨村石泰交砚"、"宋崨村听雨砚"、"宋崨村凤池砚"等传世名品。附近诸山又多褐黄石，也是上好的砚材，米芾《砚史》说:"苏州褐黄石砚,理粗,发墨不渗,类夔石。土人刻成砚,以草一束烧过,为慢灰火煨之,色遂变紫,用之与不煨者一同,亦不燥,乃知天性非水火所移。"虽然巉村石坑久已尽了,褐黄石也很少见到了,但琢砚这个行业在藏书一带经久不衰,如今则以澄泥砚闻名,雕琢可玩者,为藏家所珍视。

雅宜山,乃相传唐青州刺史张济女雅儿葬此,因吴语"儿"读"宜"音,故称雅宜。雅宜山绵延一小山,长数里,名苡茹山,也称箬如山、娜如山,或说即雅宜山。倪瓒有竹枝词两首,小序曰:"雅宜山旧名娜如山,盖虞道园所更,然未若娜如之名近古也。施君宜之先陇在其处,索余赋诗,因为竹枝歌二首遗之,以复其旧焉。"词曰:"娜如山头松柏青,阊阖城外短长亭。到山未久入城去,驻马回看云锦屏。""娜如山头日欲西,采香泾里竹鸡啼。南朝千古繁华地,麋鹿蒿莱望眼迷。"陈惟寅有雅宜山居,至正二十五年(1365)倪瓒为绘《雅宜山斋图》,并题诗一首:"灵岩对植雅宜山,穹林巨石临苍湾。若翁遁迹在其麓,有子读书长闭关。松根茯苓煮可握,檐下慈乌去复还。写图爱此锦步障,白云红杏春烂斑。"张丑《清河书画舫》卷十一下著录:"云林子《雅宜山斋图》,为陈征君惟寅作,巨幅妙绝,层累无穷,非晚年减笔可比。不腆常语同志曰,云林最号古淡,非层叠则神不畅;石田素称苍劲,非细润则妙不显。余品两公画笔,左右其祖以此。"明人王宠也喜欢雅宜山的清旷幽僻,以雅宜山人自号,又别署雅宜道人、雅宜子等。雅宜山上一片苍松翠柏,不啻深山丛林。王鸣盛《舟中眺玉遮雅宜诸山》云:"秋气动林峦,虚舟信回转。帆随樵风移,心迎空水远。沙禽相叫啸,渚萍冒清浅。连峰非一状,合沓迷远巘。孤云宿深坞,寒钟递遥巘。夕阳霞际明,微烟洞中辨。津逮有宿期，入林愿未展。地偏宜嘉遁，道亨无往蹇。明发循山阿，兹言倘能践。"

由雅宜山逶迤东行，便是五峰山，金圣叹便葬在山中博士岭西山坞内。

金圣叹原名采，字若采，明亡后效陶渊明晋亡入宋的故例，改名人瑞，又名喟，字圣叹。明末清初，苏州讲学立社之风尚未消歇，各立门户，互相推排，圣叹以惊才绝艳，遨游其间，凡席间有大吏贵人，也不稍有顾忌，喜笑怒骂，以为快事。廖燕《金圣叹先生传》称其"为人倜傥高奇，俯视一切，好饮酒，善衡文评书，议论皆前人所未发。时有以讲学闻者，先生辄起而排之，于所居贯华堂设高座，召徒讲经，经名《圣自觉三昧》，稿本自携自阅，秘不示人。每升座开讲，声音宏亮，顾盼伟然，凡一切经史子集、笺疏训诂，与夫释道内外诸典，以及稗官野史、九彝八蛮之所纪载，无不供其齿颊，纵横颠倒，一以贯之，毫无剩义。座下缁白四众，顶礼膜拜，叹未曾有，先生则抚掌自豪，虽向时讲学者闻之攒眉浩叹，不顾也"。如此恃才傲世、言行怪诞，因"哭庙案"被戮，也不是出乎意料的事。顺治十八年（1661）正月，世祖驾崩，二月初一哀诏至苏，府堂设祭，巡抚以下官员都往哭灵。在这之前，苏州发生了一件事，新任吴县知县任维初，秉江宁巡抚朱国治之意，侵吞平仓粮三千馀石，而不顾灾荒的现实，向百姓催征钱粮，曾杖毙一人，这就激起了民愤。初四那天，倪用宾等生员百馀人借着哭灵，聚集文庙，人越聚越多，竟至千馀人，鸣钟击鼓，散发揭帖，要求驱逐任维初。朱国治参奏哭庙诸生犯有震惊先帝、聚众倡乱诸罪，朝廷震怒，便将哭庙作为谋反大案在江宁会审，七月十三日，哭庙案人犯十八人，同时在南京被斩。金圣叹并非此案的要犯，他是在审案过程中牵涉进去的，并作为要犯处决的。这大概与他为人的狂妄自傲不无关系。王应奎《柳南随笔》卷三就说："圣叹自为乩所冯，下笔益机辨澜翻，常有神助。然多不轨于正，好评解稗官词曲，手眼独出。初批《水浒传》行世，昆山归玄恭见之曰：'此倡乱之书也。'继又批《西厢记》行世，玄恭见之又曰：'此诲淫之书也。'顾一时学者，爱读圣叹书，几于家置一编，而圣叹亦自负其才，益肆言无忌，遂陷于难。"

金圣叹固然言行怪诞，但亦有其可爱处。徐增《天下才子必读书叙》说："盖圣叹无我，与人相与，则辄如其人。如遇酒人则曼卿轰饮，遇诗人则摩诘沉吟，遇剑客则猿公舞跃，遇棋客则鸠摩布算，遇道士则鹤气横天，遇释子则莲花迎座，遇辩士则珠玉生风，遇静人则木讷终日，遇老人则为之婆娑，遇孩赤则啼笑宛然也。以故称圣叹者，各举一端；不与圣叹交者，则同声詈之，以其人之不可方物也。"这段话说得实在很好，凡诋毁金圣叹的，其实是对他没有深刻了解。

俱往矣，金圣叹在山坞里已躺了三百六十多年，荒烟乱云，斜阳蔓草，如今即使断碣残碑，竟也无处寻觅了。

穹窿钟磬晚风里

过博士坞，西南即穹窿山。俗谚说："阳山万丈高，不及穹窿半截腰。"虽然有点夸张，但以海拔三百四十二米之高，确乎是苏州镇山了，三峰插天，嶙峋特起，与阳山南北相望。山势延绵数十里，高峻深邃迂曲，列嶂攒峰，排青耸翠。吴宽《登穹窿山》云："我昔闻吴谚，阳山高抵穹窿半。壮哉拔地五千仞，始信吴中有奇观。铜坑邓尉作屏庋，天平灵岩当几案。其间法华与雅宜，水边横亘如长岸。何人著山经，宜作吴山冠。但嫌地势高，山家每忧旱。舟行半日青已了，却被浓云忽遮断。水回路转二三里，依旧诸峰青历乱。人云山顶百亩平，合结茅庐傍霄汉。龙门胜迹未遑添，坐向船头先饱看。"真所谓盆盎太湖，儿孙众岭，自是独擅形胜。

穹窿山巅有大茅峰、二茅峰、三茅峰，依次高下。康熙《穹窿山志·形胜》介绍说，大茅峰，"峰头纵广可百亩，多石骨，土脉鲜少，梗楠杞梓，多不中栽，而栽者亦弗及之，皤焉若翁，秃焉若童，而精神突兀，势位尊严，比菁葱蔚秀者之丘陵小阜，若大人先生之顾视婴孩也。东南下为桃花岭，再东为白马岭，东北下为宁邦岭，西北下为衔云岗，为赤须顶，最上为国师龛，龛东旧有三清殿，殿基壁立而下陡，面泻而堂空，曾不几时，遂尔颓废"。大茅峰状如浮笠，俗称箬帽岭。二茅峰，"两岭相趋，谓之同岭，乃中峰乱石实产自然铜，有缘者往往遇之，故亦谓之铜岭，岭势险侧，行者不得交踵"；"自二峰西北下，为宁邦坞，产石茶处，西南下为朱买臣读书台，东南下为皇戒庵僧伽地，蔚然茂林修竹焉"。三茅峰即上真观所在，"前以尧峰、皋峰、九龙诸山为列屏，而上方一山固捍门锁钥也。左以灵岩、天平、贺九诸山为扈从，而阳山又其左辅也。右以白马、罗汉诸岭为右仙宫护峡，而香山、胥口则巽水从入之路"。

因穹窿山地势高旷，山麓溯涧为田，每遇干旱，无从庇水。袁宏道知吴县时，曾往山中勘灾，他在《穹窿》中说："穹窿高深，甲于他山，比阳山尤高，古赤松子采赤石脂处也。山下田多荒芜，内高外卑，不能贮升斗水，五日不雨，则其田如龟腹，用是土著之民，逃移者半。余既勘得其实，乃为减其正额，每年课税，征十之五，漕兑不及焉，民稍稍有起色矣。"早在宋代，山人就度其泉源，创立三堰、两池、五闸，三堰是上堰、下堰、过山堰，两池是圆塘池、荷花池，五闸即分设三堰、两池，以资蓄泄、备旱涝。明成化、万历间先后多次修筑，这一水利工程造福于民。清初张星镜《穹窿山歌赠亮翁大度师》咏道："君不见山下荒田六百亩，历朝苦旱无车口。开得河渠数里长，农家岁岁足升斗。"康熙二十年（1681），知县王霖重修。雍正十二年（1734），巡抚高其倬又委知县江之瀚大加修浚。由于岁月既久，山水泛溢，泥沙壅淤，闸座圮倾，涓涓者流无一为蓄，形如陆地，雨则淹溺，亢则无济。道光十六年（1836），里人呈请吴县转上巡抚林则徐，准以集资修葺，先后开浚了张家塘、东天河、香山港、枣木泾、朱家河、兴福塘等，南接太湖，北通铜坑港，环绕二十余里,灌田万馀亩。光绪间知县高心夔、林丙等又修堰闸。如今穹窿山一片苍翠的林海,还得归功于前人的贡献。

正因为旧时山上少水,康熙《穹窿山志·古迹》于泉潭都特记一笔:"双膝泉,山之半有片石,膝痕宛然,世传茅君礼斗处,膝印中潴水不涸,后人名双膝泉。产石蟹,如钱大,美丽可玩,好事者每入山取之。""柱杖泉,在二茅峰,为赤松子插杖处,水不盈杯,甚旱不竭。""百丈泉,在海云禅院后,故佛慧禅师善权迪公住时,众多水少,师卓锡山半崖石间,有泉涌出,导以修筧,名之曰百丈泉。学士邵庵虞公谒师留题,有'道人定起日亭午,百丈崖前写玉琴'之句。""乌龙潭,在山半,山中人云,有黑蛇从潭中出,天必雨。""梅泉,在白马岭,有蛙如斗大,柔善可玩,若养驯者,人有攫至二三里或十里外,转眼即归,好事者每入山试之。"

穹窿山主峰大茅峰,方广平坦,约可百亩,有炼丹台、升仙台等,相传为上古仙人遗迹。一说仙人是赤松子,神农时雨师,或说是帝喾之师,《越绝书·外传记吴地传》说:"由锺穹隆山者,古赤松子所取赤石脂也。"一说仙人是赤须子,秦穆公时鱼吏,即左思《吴都赋》"赤须蝉蜕而附丽"者,正德《姑苏志·山下》称其"食柏实、石脂,绝谷,后往吴山升仙去,即穹窿山也"。赤石脂是硅酸类的含铁陶土风化石,为道家炼丹所用。山上不但有赤石脂,还有自然铜,《初学记·地部下》引董览《吴地记》:"穹崇山东,两岭相趋,名曰铜岭。"陆龟蒙《初入太湖》自注:"湖中穹崇山有铜阙。"赤石脂和自然铜是炼丹必需的原料,穹窿山也就为炼士羽士所向往。

山上建上真道院,一说在西汉平帝元始初年,一说在东汉献帝初平间,祀三茅真君。三茅为兄弟三人,汉景帝时生于咸阳,伯曰茅盈，仲曰茅固，季曰茅衷，皆羽化成仙。据说太上老君拜茅盈为大司命君，茅固为定箓真君，茅衷为保命仙君，世人又将他们分称大茅君、中茅君、小茅君，并称三茅真君。茅氏兄弟当时都在句曲山修炼，百姓便将句曲山改名三茅山，简称茅山，为道家第八洞天。道教史上有茅山宗，宗承上清派，以茅山为祖庭而形成，实际开创者为陶弘景。此宗主修《上清经》，兼修《灵宝经》、《三皇经》，以符咒劾召鬼神，兼修辟谷导引及炼丹术。隋唐时的王知远、潘师正、司马承

祯、李涵光等都是这一宗的重要人物。茅山宗与龙虎宗、阁皂宗并称三大符箓派，至元时归并正一道后，茅山宗又以小宗传承，直至近代。因俗传三茅真君掌吴越生死，神灵尤著，故江浙各地都有祀奉。苏州城中仁风坊有三茅观，坊因改名三茅观巷。山塘普济桥南岸还有三茅掌案庙，为篙师崇奉香火，又属于行业神了。

因相传汉代穹窿山上祀三茅真君，故上真观之建，一般认为滥觞于汉。陆世廉《重建穹窿山上真观记》对其沿革作了考论："穹窿道

穹窿山

院既废而兴,两见诸梁唐之世,迨宋天禧五年诏复天下废业,而穹窿上真独首亟焉,增立三天扶教,祖天师殿与国师龛遥相匹美,监院马某虔奉香火,羽客鳞集。会宋景定二年,特敕平江之西郊拓地亩八百,创立丛林,安给全真往来,是为朝真道院,诏从穹窿选有行派属为之主,而穹窿上真道院改额上真观,因金议沈道祥者以为朝真开山祖,实则上真守山裔也。由是山城相望四十有五里,上下络绎,应接如前后邻。由宋而元,未之或改,历代真人入觐经苏,罔弗登山瞻礼。自元季兵燹以还,朝真荡为荒陌,上真梁构毁于屯军践蹂,惟福臻庙貌逾劫无恙,至若两山大众,遁靡孑遗。迨明正统初年,赖真人经临怵目,吁阁请复两山废业,奏可。遂先整朝真院额,葺殿阁房寮,以适游羽,其于上真徐图后举,仍访穹窿贤裔吴允中住持朝真,徒徐洞辉辈摄理上真,留置府中法员与允中为师兄弟,兼督两山事宜。会正统中年诏聘天下十高道,而允中越聘著绩,赐改朝真院额为观额。越嘉靖年间,穹窿住持钱姓者还族,罄取本山代给文照而去,未几室破病窭,窜郡庙物故,而本山文照遂浮沉郡庙。郡庙主者,执券据穹窿,一二幼徒,拱授而散。时朝真派属亦复晨星,置弗较。后郡庙主者苦山城迢递,议赁邻坞僧,收香信而岁取其入,如是者历有年所。"

至明末,上真观已废圮殆尽。徐崧《百城烟水》卷二说:"岁久观废,惟峰顶断碑,依稀见'上清司命三茅真君'及宋'延祐'年号而已。顺治初,吴兹受司李名晋锡邀施法师上山,访观故迹,墙屋倾颓,香火断绝,特遣从者下山取火焚香,遂同发愿兴复。"吴晋锡《本山始募建殿缘引》也说:"茅山以茅君显,穹窿山则吴中最高峰也,大茅峰、二茅峰、三茅峰实应三君,三茅真君之玄宫在焉。先君艰于举子，祷之三茅君而生余，真君之为灵昭昭也。昔年远迩之捧香进者踵相接，今则寥寥矣，古观荒落，有风雨飘摇之虑。虽然真君之为灵昭昭也，岂遂昔盛今衰，焚修者无一人，钟鼓之声久绝，孰向虚空而瞻礼焉？非得有道高人居之，欲使香火之复盛，其道无繇。亮生施炼师为法门龙象，今特延炼师偕法侣焚修此中，远迩之捧香进者其咸集乎。"募资重建上真观，已在清初，主持者为施道渊。

施道渊字亮生，别号铁竹，吴县新郭人。乾隆《吴县志·人物·老氏》说："幼为朝真观道士，年十九受法于演真，初莅法席，斩巨蟒于金闾富室。顺治丙戌，建箓醮者三，启坛日，鸾鹤翔空。辛卯重建穹窿故迹。戊戌以张真人奏，敕赐道渊号养元抱一宣教演化法师。由是海内名胜重建者一百七十馀所，塑像八千七百二十有奇，修圆妙观三清殿，建弥罗阁。康熙丙辰秋入都设醮，大著灵异。未几，还山大茅峰侧。"康熙十七年（1678）卒，年六十三，刻有《玉留堂语录》、《穹窿山志》。

上真观的重建工程，始于顺治七年（1650），不十年而规模初成，殿堂台阁依山势而筑，占地百亩，规模宏伟，据说有殿房五千零四十八间，可容万馀人。陆世廉《穹窿山增修上真观碑记》说："凡木石所购，工匠所攻，费而不赀，而卒未尝持一簿乞一缘，金钱粟帛，有若神为之运，而曾莫测其所自。不三年而文材碧瓦，络绎奔凑，剪榛棘，去朽蠹，辟地数弓，弘开堂构，而且增益其所未备，回廊曲室，琳宇珠宫，下至厨传圂溷，无不极其精好。遥望金碧，有若丹霞，中奉真君，为之总统，而旁及百灵，咸皆备位。"宋实颖《穹窿山上真观记》也说："计师所手建者，中之为殿有三，曰玉皇、真君、三元；左右之为殿各有四，左曰斗母、送子，右曰玄帝、文昌；前而东向者为灵官殿,次而南者为魏元君殿。其庀工而将建者,殿有二,曰关壮缪,曰神将;台有一,曰礼斗;桥有一,曰善仁;而方丈、斋堂、静默之室及开山凿井之工不与是焉。"所记观中建筑,与《穹窿山志》卷首图绘相副。

上真观既为著名道场,皇上南巡,也是一个巡幸节目。康熙四十四年(1705),圣祖临幸,敕赐"餐霞挹翠"四字。高宗曾多次驻跸,题玉皇殿额曰"穹宇清都",有御书联两,一曰:"百尺耸丹梯,郁罗

上真观　摄于1982年前

最上；群峰环紫盖，颢气常清。"一曰："太湖万顷在襟袖，穹窿亿丈凌星辰。"又有御制诗多首。上真观在有清一代，不断修葺，并建长兴书院、大士阁等。咸丰十年（1860）遭兵燹，同治中重建。

1926年，李根源来游，《吴郡西山访古记》卷一说："舟泊善人桥，登陆游穹窿。过宝宁寺入谷，旁建顾子山方伯副室'乐善好施'坊，直上有凉亭、半山泉、南天门，两山大树参天，杜鹃盛开，至可玩爱。抵上真观，时际香期，远近男妇老幼来者，约二三千人，山门嘈杂如市。云每六十人合一组，设醮一坛，每坛观中收费二百四十元，日有三四坛之多，山门天库，纸钱灰山积，迷信如斯可慨极矣。"1947年，顾振霄《吴山的最高峰——穹窿山》说，上真观"名声远播，即上海等地亦有专程至山进香的，春秋二季，穹窿道上，人舆络绎，殿上钟鼓之声，昼夜不绝"。今存两帧旧影，都是乡民运石上山的情景，可见在民国年间，上真观的修葺仍在继续。

上世纪五十年代后，上真观就日见破败了，有人往游，只见一片黑压压的残殿破屋，荒烟蔓草，景象凄凉，甚至有点阴森森，枯藤老树上，乌鸦啼聒一两声，令人毛骨悚然，寻进门去，暗暗的殿堂里，满是灰尘的长幡垂地轻拂，蛛网萦结，静得似乎没有一点人间气息，往前走几步，忽见一位干瘦的老道士，蜷缩在墙边的灯台旁，只是无神地对来人看了一眼。

如今，上真观又经重建，面貌焕然一新，香火缭绕，钟鼓悠扬，惟时代不同了，作为道教的著名道场，确乎已成为过去。

穹窿山不但是道家的风水宝地，佛家也有寺院，不但有僧人，还有尼姑。一山能容僧尼道，也是不多见的，况且他们和睦共处，时有往来，清高宗御制《拈花寺》云："绀宇祇园栖碧岿，庄严相好坐金身。满庭白白红红者，都是无端微笑人。僧寺居然道观邻，底须同异辨疏亲。名山缀景由来久，惟愧何方瘝此民。"由此可见佛道间的互相宽容。

穹窿山的寺院，都坐落深幽纡曲的山坞里。

山之北有宁邦坞，坞内有宁邦寺，遥对天池莲花诸峰。相传南宋绍兴十二年（1142）韩世忠部将战还，薙发隐此学禅，赐额宁邦禅院。以后屡毁屡建，至明万历末重修。天启元年（1621），文震孟《重修穹窿宁邦寺记》说："余尝同赵隐君凡夫一过其地，林纡径窈，始秋而寒，古木参天，皆数百年物，其为古刹无疑，虽荒落岑寂，然僧雏楚楚，梵诵不辍，余固知佛土之将隆矣。阅十年，寺僧云川为重葺之，山有门，佛有殿，空谷穷山，虔虔翼翼，遂为穹窿最庄严处。"寺内有玩月台，潘奕隽摩崖"孤峰皓月"四字，义黄安涛题名一段。1926年，李根源来游，《吴郡西山访古记》卷二说："住僧七八人，方丈石如，长发掩关四载，刺血书《地藏经》全部。"又说："寺旁百丈泉，淙淙然自石隙中流出，上真观饮汲于此。寺后小园，山茶一株，高二丈，花分深红、浅红、雪白、玛瑙四色，正开，吾滇以山茶著称，无此佳种。"今寺已重建，旧迹惟存石刻两方，一是文震孟撰、赵宧光篆额、吴邦域书丹的《重修穹窿宁邦寺记》，一是徐枋书"山辉川媚"四字，聊存故事而已。

宁邦寺近处又有海云庵，梁天监中建，唐禅师贯休复创，赐额万寿，北宋熙宁间僧性海重建。庵以连理山茶著名，吴宽《观海云院连理山茶》云："奉慈山茶好标格，花开如杯呈玉色。海云山茶更绝奇，奇处不论红与白。两株并植东轩前，密叶如屏遮几席。枝柯一一相交加，为是同根忍分拆。初疑一人独叉手，忽作两人仍促膝。少焉掉臂才跬步，又复控拳当肘腋。碧玉磨沙成玦环，青丝绚索分徽缥。我来庭际稍摩挲，引子春蛇忧毒蜇。试量旁干得三围，每扫落花凡一石。风霜饱历三百年，未识何人手中植。寻常绕树多诗客，阶下莓苔留古迹。河中曾辱昌黎文，西蜀休夸孔明柏。世间大树尽有之，似此山茶何处得。"蔡羽《游玄墓山记》也提到庵中的山茶花。

海云庵和宁邦寺后有百丈泉，王行《百丈泉记》说："山之半，有泉泓净明洁，馀流下注者，曰百丈泉。泉不知发于何时，其名则浮屠梵迪所制也。"时海云庵有僧迪字允元、及字以中，张昱有《百丈泉为及以中长老赋》云："道人手挽银河水，泻作空山百丈馀。当昼大声喧醉枕，长年倒影浸禅居。玉虹挂石看不灭，红叶乘流画却如。陆羽茶经知此味，可能日给到吾庐。"百丈泉清洌异常，最宜烹茶，成化十四年（1478）五月，吴宽过海云院，有《饮海云院百丈泉》云："白云翻海涛，行人渺无踪。兰若因以名，秀倚青芙蓉。兹山非百丈，泉名与山重。问泉所发源，寺僧偶相逢。涓涓出乱石，瀍瀍循长松。山中不凿井，饮足忘深冬。始知白云多，护此蜿蜒龙。品评藉道园，遗墨无尘容。所恨生也晚，操杖何由从。步来当长夏，坐挹清心胸。纪事强追和，岂图碧纱笼。谪仙咏瀑布，莫访香炉峰。"

由宁邦寺后下箬帽峰，即所谓茅蓬，穹窿禅寺坐落于此，山门前有古银杏两株，大可四围。寺址相传为朱买臣故宅，梁天监二年（503）于此建福臻禅院，会昌六年（846）复建。景德四年（1007）重修，杨宿《穹窿山寺记》说："穹窿禅院者，唐会昌六年之所建也。先是萧梁下诏，取梅梁于兹地，致白马之奠，感明神之征，因谓白马坞，即兹院之址也。至唐宣宗改元大中，重兴梵宇，法眷承绍，六世于兹。"山址别有白马寺，乃一寺所分。南宋乾道八年（1172），周必大往游,《壬辰南归录》说:"戊寅早,巾车游穹窿,约八九里入山口,即行石衢,夹道多丘墓,卢法原宣抚亦葬此。富人余佐监簿觉华庵,雅静而阔深,轩窗间海棠茂开,极可人。又二三里乃至福臻禅院,古碑云朱买臣舍宅为之,殆不可信。或曰吴越忠懿王时德韶国师道场也。因山叠基,砖甓十馀重,登陟虽劳,而气象淳古,大兄谓甚类南岳诸寺。元丰八年七月米元章和仲殊说亲题壁间。方丈后有法雨泉,叶少蕴为之铭。又其上有韶师石室,雷雨作,不果登。"范成大《吴郡志·郭外寺》说:"米芾大书诗两壁,字画奇逸,至今存焉。"寺壁的米芾真迹,周、范两位都曾亲见,但以后就不再有人提起了。

明洪武初,穹窿禅寺为丛林寺。永乐年间,因姚广孝为僧时曾住过,敕改显忠禅寺。寻毁,宣德初重建。嘉靖中,寺僧鬻其址于民。至明末清初,香火易处在积翠、拈花两寺矣。光绪末年,大殿复毁于火,1925年重建,李根源《吴郡西山访古记》卷二说:"去岁,十方僧道坚、惟净四五人来寺,发愿兴复,新建茅屋数楹。观音殿后法雨泉,清洌可爱。"

积翠禅寺距穹窿禅寺不远,南宋咸淳、德祐间创。故老相传,当靖难之役后,建文帝朱允炆由地道出亡,税驾于此,故又名皇驾庵。万历间重修,未久倾圮,崇祯末僧扩南又拓地重建。张有誉《积翠庵记》说:"扩公相其形势,尽撤旧而新之,创建佛殿、禅堂、山门各七楹,旁建观树堂三楹为丈室,以堂前有菩提大树,冲霄蔽日故也,其馀寮舍,一一具备。经始于崇祯甲申,工竣于康熙丙午,董其成者,上首指渊也。其规制简而不陋,精而不靡,修篁之外,乔松森立,人从树外行,不闻钟梵声,不知有精蓝也。颜其庵曰积翠,以据地幽胜,不减黄龙别业云。"那株高大的菩提树,不但是寺名的由来,也是寺的标志,张云章《积翠寺》云:"菩提能助法,更爱影团团。"自注:"寺有菩提树。"乾隆年间,赵怀玉来游,树已不存了,《积翠》云:"一坞留云处,千层积翠间。陂陁林外径,平远寺中山。游迹僧夸远,浮生我占闲。虚堂遗翰在,老树几人攀。"自注:"寺有观树堂,为王烟客书,询之寺僧,云庭前向植娑罗树。"以后情状,无可细述。至民国初,已成瓦砾场矣,惟康熙三十四年(1695)彭定求撰《重修穹窿积翠禅林碑记》一方尚在颓垣中。

拈花寺在小灵山麓,明崇祯十三年(1640)建,初为禅院,又名微笑庵,以示承相之意。清康熙五年(1666),建韦驮、药师两殿,时缁素云集,为最胜丛林。高宗南巡,驻跸穹窿,遥望寺院,有御制诗多首。至嘉庆年间,寺无常主,缁流渐散,郡人韩是升等重修。韩是升《重修拈花寺碑》说:"嘉庆辛未三月,余扫墓入山,见寺僧静远有志振兴,余与范太史芝岩及其弟参军芳谷分任其役,法缘辐凑,应者如响。自上年八月兴工,至今年冬月告竣,计费白镪二千余金,金碧绚烂,顿复旧观。"至晚近,拈花寺为比丘尼静修之所。李根源《吴郡西山访古记》卷二说:"至小灵山麓拈花寺,比丘尼四五,贞静肃穆气象露于眉宇,可敬也。"

拈花寺侧有赵王坟,乾隆《吴县志·冢墓》说:"赠太师、谥正惠赵希怿墓在穹窿山,嘉定间以景献恩例敕葬。墓傍有瑞芝庵,理宗御题三大字。"赵希怿名伯和,《宋史》等都将他的名字错置了,乃燕王赵德昭八世孙,淳熙十四年(1187)进士,赵汝愚帅福建,其为属吏,后受荐于辛弃疾,调江东运司干办,改太平州通判,在昭信军节度使任上致仕。嘉定五年(1212)卒,年五十八,封成国公,敕葬于此。他的一辈有赵伯琮,立太子后改名眘,也就是孝宗,还有崇王赵伯圭、和州防御使赵伯骕等。赵伯和是不曾封王的，民间讹称赵王，大概就是宗室的意思。相传他的墓畔，雨后每每生芝，故有瑞芝庵，相传庵中塑像，貌似关公。李根源访而未得，《吴郡西山访古记》卷二说："志载墓旁有瑞芝庵，询土人云无此名，瑞芝庵其即拈花寺与，无可考，不敢定也。"范君博《光福竹枝词》云："瑞芝传说吐灵芬，邻寺拈花日沐熏。华表鹤归碑碣没，乡人犹唤赵王坟。"

山西北岐里西山麓有小狮林寺，建置未详，康熙四十二年（1703）赐额。大士殿左右两壁，砌《楞严经》全部石刻，凡八十四石，分二历至五历不等，由侯峒曾、张炳樊、张鲁唯、王时敏、魏肇曾、归昌世、顾锡畴、王瀚、顾同德、诸保寅、张立平楷书，章懋德镌刻，字画精正，刀法有力，游人须秉烛缘梯上下而读之。寺既废，1976年移石司徒庙，已阙最后一石，为募刻者姓氏。

山西白马岭下的白马禅寺，为穹窿禅寺析出。相传支遁开山，北宋景德四年（1007）重建，元季毁。明永乐元年（1403），僧德珹又重建。成化间，僧约庵重修，其徒宝峰又建藏殿、钟楼，颇具规模。徐源《白马禅寺新建藏殿记》说："香山之麓有白马禅寺，说者谓萧梁时作，钱塘禹庙取兹山之梅以为栋，树有神异，取之不得，则祀白马神于坞，树遂可伐，寺因以名，故寺又有梅泉亭云。亭之前有双梧堂，堂之前有法堂，法堂之前有天王殿，佛殿之前左有钟楼，东西有两廊，风景幽绝，峰峦环绕。登据其巅，则穹窿、岸崿枕其北，林屋、华严奠其前，具区汪洋，浩渺千里，远而望之，则吴兴、阳羡诸峰出没于天际。然以其去城颇远，而游人罕造焉。世代推迁，寺屡兴屡废，前住持约庵起废兴颓，殿宇亭庑，一尝新之矣。今宝峰其徒也，又能恢弘旧规，乃度空地于佛殿之右，作藏殿三楹，峙钟楼于东左以为配,又撤故更新作两廊,廊之后作斋厨。其殿制高广,以木石计,为钱若干缗;藏轮以金饰计,为钱又若干缗;两廊之费半于殿,而斋厨之费半于廊。"此后屡有增构修葺,殿阁巍峨,乔木幽翳,实一大丛林也。同治二年(1863)遭兵毁,遂废去。

茅蓬坞中,古木森森,绿荫重重,相传朱买臣故宅就在那里。

《汉书·朱买臣传》说:"朱买臣字翁子,吴人也。家贫,好读书,不治产业,常艾薪樵,卖以给食,担束薪,行且诵书。其妻亦负戴相随,数止买臣毋歌讴道中。买臣愈益疾歌;妻羞之,求去。买臣笑曰:'我年五十当富贵,今已四十馀矣。汝苦日久,待我富贵报汝功。'妻恚怒曰:'如公等,终饿死于沟中耳,何能富贵?'买臣不能留,即听去。"买臣五十岁时,果然发迹了,经严助举荐,召拜中大夫,后又几经周折,终于官拜会稽太守,武帝对他说:"富贵不归故乡,如衣绣夜行,今子何如?"买臣回乡路上,正十分风光,地方官让人清理道路,不料其前妻与后夫也在差役中,于是买臣将他们带到府里,住在后园,过了一个月,其妻大概羞愧难当,就悬梁自杀了。

《汉书》的这段记载,后人就取来做戏文,各有写法,大致分两个结局,一是以买臣妻自尽而告终,一是以夫妻团圆而收煞。前者的代表作,有《南词叙录》著录的宋元戏文《朱买臣休妻记》,《寒山堂曲谱》引作《朱买臣泼水出妻记》,今仅存残曲;元人庾天锡的杂剧《会稽山买臣负薪》,《录鬼簿》著录,今亦不存;剧本完整而影响广泛的,便是晚明传奇《烂柯山》,近世京剧、湘剧、秦腔、河北梆子、滇剧、徽剧的《马前泼水》,都是据《烂柯山》改编移植的。后者的代表作,有元杂剧《朱太守风雪渔樵记》,以《元曲选》本最为流行,明有传奇《负薪记》,明代戏曲选集《万壑清音》、《怡春锦》

都有《认妻重聚》一折,清初则有传奇《渔樵记》;晚近以来,川剧《崔氏逼夫》、弋腔《别古寄信》、汉剧《买臣休妻》、越剧《朱买臣》等,都本于《朱太守风雪渔樵记》,大意是说朱买臣微时碌碌无为,其妻逼索休书,作为一种极端的激励手段,让其振作精神,去求取功名,后来当然尽释前嫌,言归于好。

不管戏文是哪一种结果,买臣在山中砍柴,行歌道中,总是一个场景。买臣时代的书,还是竹简木牒,当他将书读罢,就将它藏在道旁大石下,不知何代,在那里建了一座藏书庙,至明天顺四年(1460),里人顾宗善重建。正德《姑苏志·坛庙上》说:"汉会稽太守庙在吴县木渎北穹窿山南,祀汉朱买臣也。世传买臣负薪往来木

朱买臣读书台

渎,尝藏书于此,故传此为藏书庙。今肖像衣冠,犹存汉制。"乾隆《吴县志·道观》说:"古藏书庙在穹窿山,世传汉会稽太守朱买臣未仕时尝樵采于山中,藏所读之书于庙,故名。庙肇创甚久,不详何代,并兴废不一,亦莫可稽考。庙中所供之神,亦不知何姓何名,但灵异素著,威严赫赫,凡遇岁时水旱,民间疾疫,有祷辄应,祈福必降。历岁既深,殿堂圮,里人顾宗善谋于守祠者顾士能,即倾囊以倡众,鸠工聚材,谋增规画。乃首创正殿,以妥东岳泰山之神,后作寝堂,以居其配,旁殿改创者凡四,曰真武,曰三官,曰总管,前作三门,内翼两庑,设十王冥司,其龙王殿、观音堂、土谷祠则仍其旧。天顺庚辰十月起,至壬午春三月工竣。文震孟有记。"

藏书庙自天顺间顾氏重修后,就以东岳为主祀了。彭定求《重修东岳庙记》说:"穹窿山下,旧传汉时朱翁子采樵于此,读书寄迹,因有藏书庙之名,而庙所崇祀,则实以东岳之神为主。""庙自前明天顺时始建,迄今二百馀年,颓垣腐栋,湮没于荒榛蔓草之馀,水旱无所营禳,疾疫无所吁祷,一方之民怃乎忧之。山南范、柳二氏,世习师般业,捐资倡募,工始于康熙四十八年冬,越五十一年春而告竣。其整复旧观,则东岳之前殿后宫,金碧绚烂,几与穹窿上清观宇低昂相望,旁及真武、三元并土谷、虎神、冥司、总管诸处,靡不废者兴、敝者葺,而翁子之遗像仍在焉。又增创大士、文昌二阁,茅君、关君二殿,更置斋田数亩。范柳二氏之经营,拮据其劳甚矣。"嘉庆十六年(1811)重修,韩是升撰《重修藏书庙记》。道光间又修,立汤文正公祠于庙中,祀前江苏巡抚汤斌,以巡抚都御史林则徐祔。今庙已全毁,不存片椽,惟遗址尚在。

距庙二里东岭下,有大盘石,高广丈馀,自明代中期起,就被人认作朱买臣读书台，杨循吉《游吴郡诸山志》记穹窿山，"古迹有朱买臣读书台，一盘石，平坦，犹存"。都穆题楷书"汉会稽太守朱公读书处"十字，深刻石上，署"正德己巳都穆题"。从此以后，这个古迹便正式确立了。如今这一带的景观已经整理，新建了朱公祠，祠下即读书台，石上新镌"朱买臣读书台"六字，好像说明书，正凑俗趣了。

藏书这个地名，源于朱买臣藏书庙，悠悠千古，在全国是绝无仅有的。

前人归结穹窿山有十二景，它们是"笠峰朝云"、"茅蓬涧泉"、"三茅杜鹃"、"三堰春柳"、"海云珠茶"、"琴台朝曦"、"积翠龙松"、"藏书虬柏"、"拈花晚钟"、"宁邦皓月"、"香径渔火"、"晏岭湖光"，并非好事者硬凑出来的。

在穹窿山邓村，有宋人顾禧的漫庄，龚明之《中吴纪闻》卷六"顾景繁"条说："顾禧字景繁，居光福山中。其祖沂，字归圣，终龚州太守；其父彦成，字子美，尝将漕两浙。景繁虽受世赏，不乐为仕，闭户读书自娱，自号漫庄，又号痴绝。尝注杜工部诗，其他著述甚富。所与交者，皆一时名士。"《四库全书总目》卷一百七十四著录其《志道集》，并称其"居于光福山，闭户诵读，不求仕进。绍兴间有司以遗逸荐，不起。后筑室邓村，表曰漫庄，凡田居五十年而终。尝与吴兴施宿注苏轼诗行于世，陆游序所谓'助以顾君景繁之赅洽'是也"。因人事辽远，文献失载，漫庄坐落何处，景致又如何，今都不得而知了。

穹窿山东脉小王山，旧称小横山，树木葱郁，泉水叮咚，张大复《梅花草堂笔记》卷九"小横山"条称其"桃花之盛，不减蟠螭"。

1928年，李根源葬母阙氏于小王山麓，建阙茔村舍。他在庐墓时，疏泉叠石，栽竹植松，辟建松海林园，有小隆中、湖山堂、听松亭、万松亭诸构。当时来的宾客甚多，李根源特长期雇用石匠两人，将留下的题字题诗刻石，有章炳麟、黎元洪、郑孝胥、陈衍、于右任、李烈钧、张继、马相伯、叶恭绰、邵元冲、蔡锷、谭延闿、沈钧儒、张默君、吴昌硕、张大千、陈去病、金天羽、章士钊等数百石摩崖。他还将小王山的石刻和题咏，编为《松海》一册，有《松海集》、《松海石刻》、《阙茔石刻》及徐沄秋《穹窿杂写》四部分。1965年，李根源在北京去世，遗嘱归葬阙茔之侧，向着灵岩山下的韩蕲王墓。

再补说几句姚广孝与穹窿山的关系。

燕王朱棣举靖难之役，姚广孝密谋其事，定策起兵，用力最多，故朱棣即帝位，录功第一，授僧录司左善世，拜资善大夫、太子少师，复其姓，赐名广孝。其原名天禧，元末明初长洲人，本医家子，十四岁削发为僧，名道衍，字斯道，初住相城妙智庵，洪武初一度移住穹窿禅寺，故永乐间敕改显忠禅寺。民国《吴县志·寺观一》引曹能始《志胜录》："寺旁有隐龙池，绝坞有藏军洞，姚广孝初出家居此，因名国师洞。"他还住过海云庵，有《秋日重游穹窿山海云精舍十首》，其一云："昔年曾驻锡，此日喜重游。树影兼云合，蝉声带雨收。涧循松下砌，峰绕竹边楼。后到嗟难偶，吟踪去复留。"山中又有所谓运粮道，《吴门表隐》卷五说："运粮道在穹窿山坞，明姚广孝赐第茅蓬，在籍食俸，运粮鏊路，以达寺中。"那当然是附会而来的故事。

靖难之役，留下的最大悬案，就是建文帝的下落。《明史·恭闵帝本纪》称"或云帝由地道出亡"；《明史·胡濙传》称"惠帝之崩于火，或言遁去，诸旧臣多从者"。相传建文帝曾遁迹穹窿山，积翠庵旧名皇驾庵，即渊源于此。张有誉《积翠庵记》说："相去数武有皇驾庵一片地，尤称隐僻，庵以皇驾名者，传建文帝逊国，曾税驾于此。"吴瑞《皇驾庵》云："穹窿山后有香台，此是龙孙出世开。毕竟驾于何处去，杳然空翠使人哀。"自注："相传建文帝曾避于此，今改名积翠。"这个传说，寄托了靖难以后不少士人的愿望，他们同情这位遭遇不测的皇帝。

香山、胥山都在穹窿山东南。南宋乾道三年（1167），周必大在灵岩山上远眺西南，《泛舟游山录》说："堂上望湖边两山相对，东曰胥山，西曰香山，其中曰胥口，故老言香山产香。堂下平田之中，有径直达山头，西施自此采香，故一名采香径（今《图经》采香与此地里不同），亦云箭径，言其直也。或曰由此投伍员尸，故有胥山、胥口之名。香山西北连穹窿山。"将这一隅的形胜说得很清楚。

香山相传吴王种香处，拓地不高，与穹窿脉络相通，纵横十馀里，川原平衍，丘壑无多，石齿嶙峋。在香山一区，还有吕山、舟山、校场山。吕山，相传顾鼎臣筑生圹卜吉于此，工者不戒，凿穴少深，便有金鱼两翼飞出，投湖而去，故又名鲤山，其山势修衍，迤逦蜿蟺，西与玄墓相衔。舟山，一作周山，相传吴王练水师造舟于此，山势平圆四垂，居民植桑其上，垦成层级，望之如斗笠，故又名箬帽墩。教场山，即相传孙武在吴宫教美人习战处，俗称小娘山，土地肥沃，最宜果植，旧有桃园，所出实大而甘。香山之北，沿太湖三四十里，泄湖水灌溉香山腹地之田。南宫塘在穹窿山下，贯穿香山，蜿蜒十里，南自外塘桥起，北至吕浦桥止，中途西折分流，由郁社、姚社等处以达蒋墩，旱涝有备，舟楫可通港汊，则渔帆、市巷、梅社、花泾、唐墓诸口，皆所以疏泄太湖之水，以济内陆深处。

胥山，与香山隔胥口相峙，《史记·伍子胥列传》记子胥死后，夫差"乃取子胥尸盛以鸱夷革，浮之江中。吴人怜之，为立祠于江上，因命曰胥山"。裴骃《史记集解·伍子胥列传》引张晏注："胥山在太湖边，去江不远百里，故云江上。"其实胥山得名，与子胥无关。郦道元《水经注·沔水》说："《国语》曰：越伐吴，吴御之笠泽，越军江南，吴军江北者也。虞氏曰：松江北去吴国五十里，江侧有丞、胥二山，山各有庙。鲁哀公十三年，越使二大夫畴无馀、讴阳等伐吴，吴人败之，获二大夫，大夫死，故立庙于山上，号曰丞、胥二王也。胥山上今有坛石，长老云，胥神所治也。"《越绝书·外传记吴地传》则说："阖庐之时大霸，筑吴越城，城中有小城二，徙治胥山。"既然阖闾时就有胥山，不会与子胥有关。张守节《史记正义·伍子胥列传》就说："《吴地记》云，胥山，太湖边胥湖东岸，山西临胥湖，山有古葬胥二王庙。按其庙不干子胥事，太史误矣，张注又非。"但由于《史记》影响深远，后人都将胥山与子胥联系起来，自汉以后，皆祭子胥于此，或称伍公庙，或称胥王庙，或称胥王祠，今仍建胥王园于近处。

胥口则因胥山得名，绍定《吴郡志·川》说："胥口，在木渎西十里，出太湖之口也，上有胥山。舟出口，则水光接天，洞庭东西山峙银涛中，景物胜绝。"太湖水自胥口而入，称胥江，经木渎、西跨塘、横塘，与运河相接，沿枣市街在泰让桥与环城河汇合。其一路又与诸水沟通，正德《姑苏志·水》说："胥口之水，自胥口桥东行九里，转入东西醋坊桥，曰木渎，香水溪在焉；又东入跨塘桥，与越来溪会，曰横塘，由跨塘桥折而南，为走狗塘，荷花荡在焉。"胥口是太湖东泄水口之一，胥江乃苏州古城与太湖间的惟一水道。

阳山独出众山上

阳山在苏州古城西北二十馀里，距浒墅关镇西北数里，海拔三百三十八米，较穹窿山低约三米，却被尊为苏州主山。南宋堪舆家胡舜申针对苏州风水，写了一篇《吴门忠告》，起首就说："吴城以乾亥山为主，阳山是也。山在城西北，屹然独高，为众山祖，杰立三十里之外，其馀冈阜累累，如群马南驰，皆其支陇。"正德《姑苏志·山上》也说："吴中诸山，奇丽瑰绝，实锺东南之秀。地理家谓其原自天目而来，发于阳山，今纪自阳山分华鹿而南，迤逦天平，尽于灵岩，别由穹窿而东，尽于楞伽以及湖中诸山。"

阳山的山势延袤，山脉蜿蜒，范围很广，别称也多。它何以被称为阳山，岳岱《阳山志·山势》说："其势首尾延袤，南北东西面阳，故名曰阳，盖取山东为朝阳、山西为夕阳之义。"一名秦馀杭山，《越绝书·外传记吴地传》说："秦馀杭山者，越王栖吴夫差山也。"一名万安山，《太平寰宇记·江南东道三·苏州》说："馀杭山，《郡国志》云，一名万安山，山下即干遂，擒夫差处。"又名四飞山，其以四面观之，势若飞动。又以产白垩而名为白礓山，《吴郡图经续记·山》说；"有白垩，可用圬墁，洁白如粉，唐时岁以入贡，故亦曰白磻山。"也称蒸山、蒸丘,徐天祐注《吴越春秋》"蒸丘"曰:"一名蒸山,又名阳山,在吴县西北三十里。"另有一说,则以东为阳山,西为万安山,南为秦馀杭山,北为四飞山。就大势而言,山之南多荒峻,西北皆崇岩峻壑,林木森茂,郁然幽胜。它的西面有阳抱山、青山、寒山、圌山,南面有爪山,北面有管山、金芝山、鸡笼山,虽然各有山名,但皆支陇相属,统归于阳山。

阳山以箭阙为绝顶,两石对峙,划然中开,可容数武,远望之若箭括,相传秦始皇于此试箭,阙为箭簇所穿,故下有射渎。杨补《同徐昭法登箭阙》云:"袅袅天风吹我衣,千年丹碧丽朝晖。石棱中断开双阙,山势支分见四飞。烟际五湖洲屿叠,秋深南国塞鸿归。干戈白发等临在,犹幸名山志未违。"箭阙旁有巨人之迹,长五尺许。浴日亭也在山巅,亭为徐少泉所建,王穉登《浴日亭记》说徐氏修筑山道后,"又虑登者之无所息也,乃建亭其颠,榱桷構栌瓴甋之属,悉代以石,使风雨不能漂摇,鸟鼠不能穿穴。其中宽衍可盘礴,其外寥廓可眺览,沧溟在其东,具区在其西,左顾千雉,右盼群峰,兹亭所贮,岂有量乎"。吴下旧俗,每年九月三十日去阳山看日出,或谓东则望大海观日出,西则俯太湖观落照,此浴日之所由名也。蔡云《吴歙百绝》云:"宾日阳山浴日亭,秋云幻态瞰苍溟。下方不识高寒境,谁博夜来双眼醒。"自注:"九月三十夜半,登阳山顶浴日亭,望见海中日出,间亦有云海之奇。"

箭阙下有文殊寺,又名观音寺,寺内有石井,大旱不涸,其上即长云韦驮。《阳山志·寺庵庙》说:"文殊寺,在箭阙峰,元至正间僧法海开建,或云大定四年蔚禅师建也。国朝天顺中,僧顺请额再新之。山东麓以升,悉治石磴,盘折而上,随有平台茂树以憩,至则殿

宇依石壁而构,古树藤萝,垂覆其上。东望城廓,隐然可见。"徐枋《西山胜景图记》说:"山之半有支公道场古文殊寺,寺前有台,上即长云峰也,拔地数丈,雄伟磅礴,石罅中多杂树,丹黄紫翠,四时不凋,以掩映于苍崖碧巘间,亦奇矣。"

山之东北有大石,涌出山腰如莲花,上有云泉庵,相传为宋珍护禅师所创,元大德间重修。《阳山志·寺庵庙》说:"云泉庵,在山北深坞中。元大德间,僧觉明自尊相入大石岩创置,国朝匏庵曾记之,

阳山

但未及详始。欲循径以入，茂林幽涧，若将迷焉。行渐深，有台，至是少憩，仰望楼阁，胜不能图。攀磴再上，即之，有长松美竹列映石门，有佛阁轩亭，皆因宜构架石上。前临深壑，松竹森郁于下，太湖远峰，可收一望。"当明代中叶，大石很受苏州文人青睐。成化三年（1467），吴宽、李甡、张渊、史鉴等往游，作《大石联句》，庵僧镌于壁间，后吴宽又撰《阳山大石岩云泉庵记》。都穆《游郡西诸山记》记至大石，"下有泉二泓，其一为云泉，石错互，若颏颔龂腭，从其后视之,又若狻猊印首尻下,其前磐石如卧鼓,可坐二三十人。入云泉庵,跻石级,有古梅生石间。转东,石一股西跨,类猛士跂足立,人行其下。又转而西,凿石为阶,旁设以阑,杌楃不可凭。屋壁读李武选、吴太史、张子静、史明古诸公联句。东行,有巨石阁崖上欲堕。又上得大石,岩上俯下,嵌中像开山僧。众小憩,午酌庵之北楼,日暮下山,与诸客别。"方鹏《游大石记》说:"辛丑,舍舟登车,风日清美,松杉荫翳,仅五里,至云泉庵。守僧天然前引,扶登石级,逼侧如栈,憩小亭,读吴文定、李贞伯诸公联句。更折而上,愈险益奇,眇群峰于一拳,挹湖光之半面,超然有独立物表、遐举世外之意。命酒,数行而下,入凝翠楼饮焉。"

山之东麓有澄照寺,唐会昌间丁氏舍白马涧宅建白鹤寺,后迁今址,始创茅茨数十间而已,吴越钱氏时有泉出寺中,改仙泉院,池产千叶莲,又称白莲池。北宋大中祥符初赐今额。天禧五年(1021),陈最《澄照寺记》说:"道者蕴兴亦乂公弟子也,勇猛精进,出于常伦,痛先志之未终,发精心而善诱。由是智者献谟,壮者效用,经始勿亟,举而新之。敞广殿以安晬容,饰华龛而庋大藏。厨有库,香积之供成;僧有堂,收云之众集。辰昏是警,鼓钟于百尺之台;水陆致虔,设位于五层之阁。而又置忏院、法华院,亭榭高揭,房廊缭周,耽然巍然,不胜其壮观矣。开宝中,太保韩公承德复舍梳洗楼为塔院。"

阳山祀白龙神母有两,一在山西白龙坞,一在山东澄照寺。在白龙坞者,称白龙祠、龙母庙,盖龙母冢前香火院也,龙湫、晋柏俱在其下。在澄照寺前者,初建庙处也,即后来之灵济庙。关于白龙,有一则动人的神话故事。《吴郡志·祠庙下》说:"东晋隆安中,山下居民缪氏家有女,及笄出行,风雨暴至,天地陡暗,避于今所谓龙塘之侧。俄有一白衣老人语女曰:'氏族为谁,居何所?'女答姓缪,指山之西曰:'我家舍于阳山三峰之下,家有父母。'老人曰:'天色如此,吾无所归,欲假馆,待旦而前,可乎?'女曰:'当告父母。'老人强之再三,遂首肯,语竟,遽失老人所在。女归有妊,父母恶之,逐出,丐食邻里。明年三月十八日,至今所谓龙冢之上产一肉块,居民怪之,惊弃水中。倏焉块破化而为龙,夭矫母前,若有所告。其母惊绝于地,即有风雨雷电,飞沙折木,咫尺不辨人物之异。既开霁,但见白龙升腾而去,众乃厚葬其母。自后累降巫语,始祠之于山巅,而雨旸失候,祈祷必应。太平兴国间建庙于山南曹巷,熙宁九年迁于澄照寺之东隅,建炎间主僧觉明复一新之。相传龙子分职潇湘,每岁是日必归山间,风雨凄冷,人以为龙子诞日云。过是,山中方有春意。其去也,或变怪之状见于云间。绍兴十九年六月某日,奔云叆叇,起于是山,俄顷盲风骤雨大作,龙自郡城过,卷去女墙数百丈,居人余氏家小亭吸入云中,又有负贩者,被吸复堕而无伤焉。又云昔有白须老人,至镇江江步买船,自云从长沙来,与船人钱十千,先付五千,馀钱约至苏州阳山看亲处还。登舟即令篙工悉睡,日暮抵许市上岸去,盖已三百六十里矣。舟人至山下寻觅,值风雨大作,避于庙中,于像前得钱五千。方悟神龙之归,乃以钱设僧供,辞谢而去。比岁,祈龙母屡应,大吏以闻,绍兴二十九年四月诏赐灵济庙为额,乾道四年告下,封显应夫人。"相传三月十八日白龙生日或白龙省母,天雨与否,可卜农事,顾禄《清嘉录》卷三"白龙生日"条说:"十八日为白龙生日,前后旬日,阴晴不常。乡民以是日有雨卜白龙之归,谓龙归省母,则农有秋。"且引宋胡伟《白龙庙碑》:"每岁三月十八日,龙归省母，前后旬日，天气肃寒，四山烟雨，乍晴复合。正诞之辰，龙必见形，或长身寻丈，隐显于众山之上，或小如蜥蜴，依于庙貌。暴风雷雨，澍沟号木，则其验也。"

白鹤峰下，相传有仙人丁令威宅。据《搜神后记》卷一记载，丁令威本辽阳人，学道于灵虚山，后化鹤归辽，蹲城门华表柱上，有少年举弓欲射，鹤乃飞，徘徊空中而歌曰："有鸟有鸟丁令威，去家千年今始归。城郭如故人民非，何不学仙冢累累。"遂高冲上天而去。丁令威的传说各地都有，白鹤峰下则有丁令威炼丹井。高启《丁令威宅》云："令威作仙上天去，旧宅留在青山阿。千年宅废但遗井，何处更闻华表歌。南陌黄尘足去客，东流碧海绝回波。鹤归重览应惆怅，地上丘坟今又多。"

阳山有唐顾炼师草堂，李频《题阳山顾炼师草堂》云："若到当时上升处，长生何事后无人。前峰自去种松子，坐见将来取茯神。"然其址不可考。明初虞公务抗俗隐居白鹤峰下，筑白鹤山房，钱仲益《追赋虞公务白鹤山房图序》说："无锡虞公务与余为从表兄弟，元季徙居苏州之阳山，山有丁令威祠，因名白鹤峰，扁其居室为白鹤山房，蜀人王息庵先生为画山房图，并题诗其左，距今三十馀年矣，先生化去已久，公务亦殁于戍所，观图诵诗，不胜悲怆。"据《阳山志·堂墅》记载，昆山朱希周别墅在金芝岭北，"南山如屏，北岭为带，清流导前，潺湲堂下，殚厥幽闲"；湖州白铁道人王济别墅在戈家坞，"是处峦壑咸奇，泉石交美，尤多松果，杨梅独饶"；里人顾元庆阳山草堂在大石坞下，又称顾家青山，"其堂制壮而美，又有园池竹亭"。阳山草堂不止顾元庆一处，顾仁效所居，亦称阳山草堂，王鏊《阳山草堂记》说："始顾君仁效结庐其下，仁效年少耳，则弃去举子业,独好吟咏,性偏解音律,兼工绘事,每风晨月夕,闭阁垂帘,宾客不到,坐对阳山,拄颊搜句日不厌。或起作山水人物,或鼓琴一二行,或横笛三五弄,悠然自得,人无知者,知之者,其阳山乎,因扁其居曰阳山草堂。"《阳山志》作者岳岱的居处,也称阳山草堂,道光《浒墅关志·第宅园林》说:"岳园,在阳山,有阳山草堂,山人岳岱结隐其中,花木翳然,修竹万挺,新笋作兰花香,味甲吴下。"

  阳山故事甚多,不能一一细细道来,元人顾瑛有《阳山》长歌,概述了阳山的风物和古迹:"别起高楼临碧溪,绕楼青山云约齐。阳山独出众山上,却立阳湖西复西。天风吹山屼不起,倒落芙蓉明镜里。影娥池上曲栏杆,遍倚秋光三百里。白云不化五彩虹,化为夭娇之白龙。一朝挟子上天去,濡泽下土昭神功。土人结祠倚灵洞,雨气腥翻海波动。纸钱窣窣蜥蜴飞,女巫击鼓歌迎送。兹山本是秦馀杭,越兵昼获夫差王。不知谁是公孙圣,空谷答声吴乃亡。只今此地愁云黑,铁马将军金作勒。汉蛇不识剑雌雄,秦鹿应迷路南北。山下花开一色红,花下千头鹿养茸。衔花日献黄面老,挟群时入青莲宫。涧道秋霜落林谷,斤斧丁丁惊鸟宿。千年白鹤忽飞来,失却长松旧时绿。君今坐看楼上头,析韵赋诗浮玉舟。凭高一览青未了,底事仲宣生远愁。明朝更踏东山路,傀儡湖中观竞渡。酒花滟滟泛昌阳,醉归扶上楼头去。"

金波影里石莲花

花山在天平山西北，因"华"与"花"通，前代文献多写作"华山"，这里为阅读的音义合一起见，除引文外，都写作"花山"。朱长文《吴郡图经续记·山》说："华山，在吴县西六十里，于群山独秀，望之如屏，长林荒楚，蔚郁幽邃。或登其巅者，见有石如莲华状，盖亦以此得名。或云，晋太康中曾生千叶莲花也。"可见"花山"的由来，一是因山巅有石如莲花状，一是因太康时山池生千叶石莲花。其又名天池山，因有大壑在山半绝巘，横浸逾数十丈，即所谓天池。按古人流行的说法，此乃一山两名，最高处为莲花峰，其东北下称花山，其西南下称天池山。

清康熙五年（1666）二月，归庄探梅游吴郡诸山，二十六日至花山，《观梅日记》说："遂由隆池至华山，自三门以下，青松夹道，奇石错列。华山主人檗庵志禅师，故黄门熊鱼山也，与余旧相识。然远公竟不能破例为渊明沽酒，饱伊蒲供，遂策杖登绝顶莲华峰者。华山固吴中第一名山，盖地僻于虎丘，石奇于天平，登眺之胜，不减邓尉诸山，又有支道林之遗迹焉。莲华峰尤陡绝，天池亦小山之有名者。从峰顶视之，如在下地，坐卧久之，于吴中之山，有观止之叹。又自笑昆山至此，仅百馀里，今日乃始游焉，顾驰思于远方名胜，不亦空谈乎。"归庄的感叹不无道理，由于此山地处偏僻，游人罕至，显得颇为清凉，但林壑深秀，苍岩蔽日，长松夹径，山道蜿蜒，也就能得幽异之趣。

清人孙蔚枝《宿天池山下野人家》云："月出前山口，山家未掩扉。老人留客住，小妇采茶归。路滑流泉过，墙颓野竹围。夜来清梦好，此地犬声稀。"这是一幅岁月静好的山村夜色图；姚广孝《游天池记》则又描绘了另一幅三春士女图："至若春温景明，岁丰物康，士女纷乎而争来，轮蹄集乎而竞进，壶觞无停，箫鼓不辍，望之者疑为桃源，非人世所有境。"陶渊明笔下的桃花源，想来也不过如是，难怪山中摩崖有"宛若桃源"四字。

在吴郡诸山，此山特以崖谷幽僻为胜，葛芝《游天池华山记》说："入天池，万松夹道，乱石间之。既至则群峰矗然，若在云际，积坳为池，幽隐莫测，众石交加错互，不可名状，草木蓁蔽，一望苍然。大抵吴中诸山或旷或幽，兼包并蓄，惟天池独以幽胜。入其中，天地忽为加邃，日月以之益凉，阴翳闵郁，改易视听，非高人胜流当之，必有如柳子厚所云'凄神寒骨'，不可久居者。"此山真乃淳寂幽邃之区，祖咏所谓"到来生隐心"，良有会矣。

在天池山一隅，自然以天池为最胜。郑元祐《游天平山序》说："天池去天平一舍而近，山田高下之间，山多立石池之上，巨石森立，如人，如柱，如旌幢，大抵环池皆石也。池方广可三亩馀，绀碧澄莹，轿夫击石皆清响，投石池水，谓极深。田老谓宋有国时，朱秘监尝构亭池傍，亦吴中一奇观也。"姚广孝《游天池记》则说："中吴山水之秀而奇，惟天池为最。天池在花山之右，其广无十亩。山高下而池分为三，肤断连，其实则一水也。澄湛渟泞，上涵虚空，下沉无底，龟鱼泳焉，蛟龙潜焉，清风欻兴，与波相接击，其声始浏然而来，终折而下石涧，则若鸣万鼓，人耳语犹隔重屋不闻。众山回环，既邃且与，惟西北独缺，以通往来。花山之上，有峰耸然，峻影俯波，秀色可采，宛若菡萏初出水，名曰莲花峰。"丽日晴天，那高耸的莲花峰，遥遥倒映天池中。袁宏道《天池》说："天池在山半，方可数十馀丈，其泉玉色，横浸山腹。山巅有石如莲花瓣，翠蕊摇空，鲜芳可爱。"徐枋《吴山十二图记》则说："当池之中，复有石壁涌起崚嶒层，视如莲华。"似又为花山的由来添了一条注脚。前人咏天池，也都将天池、莲花峰作为对景，如文嘉《天池》云："天池之山今始到，仰首忽见莲花峰。池水潺湲泻琴筑，石壁巉巢开芙蓉。"郭谏臣《春日游天池山和天水胡公韵》云："天半孤峰削出奇，莲花倒影入天池。"申时行《游天池山寺》云："孤峰石吐莲千叶，半岭池开工一泓。"不胜枚举。

由天池北上，可达莲花峰，山巅几壁数丈巨石，状如莲花瓣。山南还有一座小峰，状如莲子，故称莲子峰。由莲花峰东北下，即花山。山半有花山寺，明万历十二年（1584）才初具规模，清康熙朝赐额翠岩寺。

清初葛芝来游，即由西南上山，经天池，登莲花峰，然后下至花山寺，《游天池华山记》说："上莲子峰，大石如林，瑰杰不常。下有朱髯（名鹭，号白民）白屋三楹，今已毁。向年余欲葺之为缚禅地，迄今未获，每过之辄自愧。入华山寺，宏敞如旧，右偏小阁，余与茂苑朱子、虞山严子曾宿焉，昨岁朱子物故，而主僧含光上人亦他往矣。出寺，行松石间，约二里，奇树怪石，绕以流泉，鸣声瀸瀸然，松风间之，风泉之声，有时莫辨。日欲暮，遂取道归。"

明万历中袁宏道来游，则是从花山东北上山的，《天池》说："从贺九岭而进，别是一洞天。峭壁削成，车不得方轨，飞楼跨之，舆骑从楼下度。逾岭而西，平畴广野，与青峦紫逻相映发。时方春仲，晚梅未尽谢，花片沾衣，香雾霏霏，弥漫十馀里，一望皓白，若残雪在枝。奇石艳卉，间一点缀，青篁翠柏，参差而出，种种夺目，无暇记忆。归来思之，十不得一，独梦境恍惚，馀芬犹在枕席间耳。土人以茶为业，隙地皆种茶。室庐不甚大，行旅亦少，鸡犬隐隐，若在云中。因诵苏子瞻'空山无人，水流花开'之偈，宛然如画。四顾参曹，无一人可语者。余因下舆，令两小奚掖而行，问若佳否？皆云：'疲甚，

《天池石壁图》 元黄公望绘

那得佳。'行数里始至山足,道旁青松,若老龙麟,长林参天,苍岩蔽日,幽异不可名状。才至山腰,屏山献青,画峦滴翠,两年尘土面目,为之洗尽,低回片晷,宛尔秦馀,马首红尘,恍若隔世事矣。"

袁宏道说的"以茶为业",就是赫赫有名的天池茶,以产本山为主。谢肇淛《五杂组·物部三》说:"今茶品之上者,松萝也,虎丘也,罗岕也,龙井也,阳羡也,天池也,而吾闽武夷、清源、彭山三种可与角胜。"顾起元《说略·食宪》也说:"茶品,独贵者虎丘,其次天池,又其次阳羡;羡之佳者岕,而龙井、六安之类皆下矣。"沈朝初《忆江南》词曰:"苏州好,佛地爱华山。半亩清池新茗嫩,满山空翠老僧闲。梵呗响林间。"自注:"华山一名天池,产茶最多。"虽然天池山方圆不广,但产茶也有分别,文震亨《长物志》卷十二"虎丘天池"条说:"天池,出龙池一带者佳,出南山一带者最早,微带草气。"上品天池茶,汤色翠绿,芝芬浮荡,韵清气醇,滋味悠长,屠隆《考槃馀事》卷四评价说:"天池,青翠芳馨,瞰之赏心,嗅亦消渴,可称仙品,诸山之茶尤当退舍。"迟在晚明,天池茶已声闻遐迩,进入天下名茶之列。约在清初,天池茶曾作贡品。张英《文端集》卷二记康熙十七年四月二十六日,"蒙赐新贡龙井、天池珍茗二瓶,恭纪四首",其一首云:"春山雷荚绿参差,驿使南来贡御时。千片月团天上味,清芬先许侍臣知。"又据《国朝宫史·经缗一》记载,乾隆朝之"日用",皇贵妃、贵妃、妃、嫔、贵人,每月"天池茶叶八两"。惜乎大内档案查检不易,否则这方面的材料可得更多,这里只能略记一笔。

天池茶在谷雨前开始采摘细芽,每当时节,天池山上采茶正忙,徐元灏辑《吴门杂咏》卷十一有《天池采茶歌》一首,咏道:"南山北山雨初歇,乱莺啼树春三月。山村处处采新茶,妇女携筐满阡陌。

山南气早采独先,山北土寒未全发。居人种植代耕桑,一春雨露邀天泽。可怜采摘独艰难,卖向侯门半狼藉。痛饮羊羔醉花底,清香谁识龙团美。争似卢仝茶灶间,瀹泉松火山窗里。"

花山一隅,山形回合,岩宇深奥,竹树茂密,奇石林立。姚广孝《游天池记》说:"峰之下,奇树苍筠,猗兰珍花,间厕而错陈,旁则怪石如林,欹悬峭正,若几若鼓,若兽若踞,若人立者,不能悉其状。"黄昌寿《华山记》说:"大抵石状奇于上,竹木盛于下,艺植茂于寺,飞鸣草卉下上相垳。"好事者不但将奇石肖形题名,山洞、石涧、泉水等亦不放过,一一题名。彭绩《游西山记》说:"历御路至花山,高下行,岩径窅邃,两边皆大松。尽里许,石壁题刻'鸟道',篆书,径可三尺。复前,盘折高下行,有石床横路侧,又有石状蒲团,题刻'且坐'。山半有石佛一躯,可高二丈,金容,一手垂,袈裟霞烂,无屋。作礼已,折而行,入翠岩寺。殿前有绯桃,色甚烂。缘殿旁小门入,迤行宫,有大石,题刻'天洞',楷书,径可五尺。其洞湿暗,窥之不可入。"

六朝刘宋间,郡人张茂度来此卜筑。茂度名裕,因避宋武宗讳,故以字称,元嘉初累官都官尚书、光禄大夫。《宋书》本传说:"茂度内足于财,自绝人事,经始本县之华山,以为居止,优游野泽,如此者七年。"元嘉十八年(441),茂度除会稽太守,就将别业舍以供佛,是为此山佛刹之滥觞。又传有镜法师者住此,著《法华玄义》行世。几经兴废,北宋时尚有香火,朱长文《吴郡图经续记·山》说:"旧有兴教院,院据山半,近岁改为禅刹。"杨备《华山精舍》云:"岩屏晚树噪寒鸦,岚翠楼台释子家。池面鉴光功德水,金波影里石莲花。"暮色苍茫,钟声梵音,一片佛国静穆景象。

至南宋绍兴间,郡人张廷杰于此建别业。孙觌《华山天池记》说:"郡人张君一日过其下,顾见兹山翘然特出众峰之右,曰:'是必有异。'乃聚工徒,薙奥草,剪恶木,刳朽坏,而群石砑然,疏沮洳而鸣湍锵然,而升高而视鸟背,临深而观鱼乐,风雨之晨,雪月之夕,俯仰百变,争效于左右。于是买产置屋,引水环之,莳松桧,植蒲荷,艺菊玩霜中之英,种梅爱雪中之色。垂钓而赋清流,不能求获;弈棋而度长日,不能求胜。或命舟,或杖策,适意则行,兴尽则止,无忧于其心,无责于其身,盖无往而不自得焉。宜乎南面之乐无以易此也。"廷杰字汉卿,自靖州推官归隐,于此搜奇选胜,垂三十年,瞰池创亭,因阜立室,遂为一时绝境。有天池庵、临赋亭、绿龟池、流愒亭、泓玉、钓滩、绿净亭、更好亭、宿云庵、独绣亭、绣屏、不夜关、大石屋、小石屋、花岛、俯首岩、浮槎桥、龟巢石、翠壁、钓云台、云关、张公岩、观音洞、石鼓、月观、蘤石、集仙坛、龟甲井、瑞涧、柳洲、曲水流觞等景观,而以天池为第一。乾道三年(1167),周必大往游,《泛舟游山录》说:"汉卿于此营墓就隐,负崖为屋,凿径穿洞,疏水四达,其间种梅艺菊,以待游人,费盖不赀,然山石粗犷,殊乏秀润。晚置酒更好亭,亭在池上。"朱长文《吴郡图经续记·山》称此山"盖岩穴深远,宜就隐也"。张廷杰就将这处别业称为就隐,山亦改名就隐。这个山名虽记于方志,却很少有人知道。他还绘图征题,孙觌《华山天池记》说:"张君始作横卷,命画工图其迹,又自为文以传于世,山容水色,了了如在人目中矣。"隆兴初,周必大有《跋平江张汉卿推官华山就隐图》,惜只字未提就隐的景致。

刘宋时所创寺院以及早年花山寺,当在山之西南天池附近。山之东北或有子院,变迁不可考,至明万历间新建花山寺,清康熙时赐额翠岩寺。故乾隆《吴县志·山》说："今山半为毛都宪珵墓，右为古华山寺，今改寂鉴庵。山之东南，出莲华峰背，有陈公洞，近新建为华山寺。旧寺基最大，庵与寺皆其故址。"

先说山之西南。早先的寺院毁圮已久，元至正十七年（1357），僧道在重建，题名天池寂鉴禅院。二十五年（1365），姚广孝过此，《游天池记》说："由龟巢石去数弓地，又一大石突出为厂，浮图人即依厂凿石为屋，深幽虚朗，中奉大雄氏之像，像皆石斫，浑然无迹，如出夫造物之所成者。自石屋沿涧而上，至岭之绝处，夷然若堂，可架亭宇数十楹。"明洪武二年（1369），释克新《天池寂鉴禅院记》说："峰之趾有泉泓然，曰天池，大旱不涸。池北为寂鉴禅院，沙门在公环庵所创者，以至正丁酉避兵来，爱其地，而贤首师别闻聪公施财，因岩为屋，以居道侣。正堂无竭募众资之，于是作石殿三间，就石肖释迦、药师、弥陀像，其菩萨、侍卫之神与供养之具皆石为之，又琢石为五十三参，于三门左右壁累石作外门，门上为重屋，夜置膏火其中，曰天灯楼，磨崖刻三十五佛名，凿池，左右立石，为弥勒、弥陀而屋焉，署曰兜率宫、极乐国，前树梵塔，对峙巍然，他及禅诵之室、庖湢之所、宾客之馆，咸具如式。既成，而在以基地为大觉寺，业为未备。今年大觉以致闰号山五十亩售在，在偕其徒菩泽倾橐买之，乃来请书其事于石，昭示来者。"

至弘治初，住持僧古潭、天泉意欲重建，延天目普惠禅师驻锡。赵同鲁《华山天池院记》说："弘治初，寺僧清古潭誓欲修之，而力不逮，闻天目山有异僧普惠师寓苏之寒山寺，将往迎之，未果，而古潭示寂。其徒渊天泉慨然曰：'吾师之愿，不可不竟也。'谋诸乡耆德蒋廷用辈，偕往礼请，师乃幡然赴之。法幢一建，四众云集，贫者效

寂鉴寺　摄于1930年前

力，巧者献技，富贵者投金帛，善人庞彦诚首施白金二镒，衢上江友文力甃石壁三百馀丈，遂于今年三月八日起建大雄殿，庄严三世诸佛，旁列阿罗汉像，讲法有堂，栖禅有所，增饰两庑，庖库圊溷以次修举。"重建工程告竣于弘治六年（1493）。吴宽尝偕友来游，《纪游天池》小序说："予与李世贤、文宗儒诸公遍游西山，晚至天池，有老僧三人，皆垂白发数寸，见客相视愕眙。其一人明日持卷造予家索诗，自言不入城者二十馀年矣。怜其意恳，既为题二绝句，复赋此纪之。"诗云："怪石巉然铁削成，寺前仍有一泓清。山深游客来应懒，林密居僧见若惊。瘦骨能支猿鹤老，长颈不剃雪霜明。将诗何用真堪惜，二十馀年复入城。"

至明万历时，禅院或已一分为二，一为天池寺，一为寂鉴庵，王穉登《花山建造毗卢宝殿疏》说："当与寂鉴争雄，宁使天池独胜。两刹云开云敛，上方钟和下方钟；双林人去人来，东寺竹连西寺竹。"当时寺庵都已十分破败了。武林人胡胤嘉来游，《游天池寺记》说："其前败屋数楹，翁仲列施，心甚疑之。旁得圭窦，豁然开朗，若别一天地。怪石离立，如鬼魅，如伏犀，如突豹，如人接臂，如垂踵，不可殚状。前有平桥，乔林覆之，水潾潾出桥下。余枕臂僵卧，此身非复在人中矣。稍进，则流水演布，绿萍嫩菱，摇漾葳蕤，萍开澜清，寸寸秋色。绕池皆山，嶙峋峭挺，半似鬼工。池北小径，编篱为簖，翠竹万竿，结庐其中，光影交合轩户间。篱旁短垣曲入，即天池寺也。佛龛泥破，屋角笋穿，瓦著背邪，墙衣薜荔。一僧出迓，如鹿麋骇顾。"檗庵正志《华山纪胜题语》也说："积渐至明万历，山阴之寂鉴庵遂成鬼窟。"虽也稍作修葺，但已旧观难复。至崇祯初，释读彻过此，依然是荒凉落寞的景象，有《天池寺》云："殿门封断草连生,华表参天树化城。寺废一朝难复问,池留千古自知名。峰莲出水浑无色,石鼓悬空久不鸣。最是禅床推到后,夜深山月为谁明。"

虽然寺貌不堪,但寂鉴庵的石室、石殿,给人留下深刻印象。嘉靖十四年(1535),华钥来游,《吴中胜记》说:"华山即天池,天池在青松绿树中,夷涧广道,连阴以到,前太守胡可泉题其门曰'吴中第一峰'。门以后镂峰成室,连琢石佛,楹楣有'至正'年字,妙夺天巧。其碧水一澄,红莲青荷浮映水面者,天池也。华山疑以莲花得名,即文恪所谓背拥莲花也。翼路循池而上,池上已为人垄矣,上锓'天池'字,甚大,谛视之,隐有'天池'旧字,嘉定年书,盖胜迹之遗,自不可灭也。又石室立佛如前者二。予乃塞衣直攀其巅,顾视久之,怪峰竞秀,莫可指状,其右际两石夹立上阙,左则上阙而嵯,左后兀然如坐,意必有品之者,问诸僧,僧不应。乃下观石门、石殿、石笋,皆刻'至正'年字。"万历二十四年(1596),袁宏道在吴县知县任上,以勘地而往,他在《天池》中说:"寂照庵在池旁,内有石室三间,柱瓦皆石,刻镂甚精。室后石殿一,殿甚宏敞,内外柱皆石,围三尺许,禅堂僧舍,周绕其侧,亦胜地也。"宏道记述精简,惟误"寂鉴"为"寂照"。

1947年,高鹤年来游,《名山游访记》第五十三篇说:"七里入天池山,众峰环抱,拥有平地五六亩,中有大池曰天池,有寺曰西方寂鉴,左右石刻药师、弥勒二佛,怪石多奇,竹径茶园,天然风景,为梁时开山和尚志公结茅处,历朝兴废,高僧叠出。元至正年间,最为鼎盛,殿宇百馀间,庄严巍峨,石刻石佛殿,又名西天古寺,清乾隆南游,赐名寂鉴。惜咸丰时毁于兵燹,仅存石佛殿。余清末访道过此,殿屋只二十馀间,民初复兴近百间,惟少大殿,木料石柱皆已全备,时艰未能开工,四周围墙颇好,乃妙通和尚十数年之苦心也。"

寂鉴寺最重要的建筑,有兜率宫、极乐园、石殿三间,建于元至正十七年(1357)至二十三年(1363)间,乃是元代石构仿木建筑的典型。兜率宫作单檐歇山顶,极乐园作抱厦式重檐歇山顶;石殿三间即古西天寺,作单檐歇山顶,设吻兽脊,东西山墙各雕窗棂,顶部由大小六个藻井组成,层次丰富,纹饰华丽。就造像来说,兜率宫依山岩刻凿弥勒佛,高约三米;极乐园亦以山岩刻凿阿弥陀佛,高约三点二五米,从造型、服饰来看,都具有元代造像特征。石殿内佛像今已不存,佛龛及龛前案几尚在,作不同样式的须弥座,刻有莲花等图案,也是典型的元代雕刻纹饰。

再说山东北的花山寺。当元至元间,有僧师梵来此建寺,未久即毁,寺中旧藏一石盂,上镌"至元甲午岁孟冬华山住持师梵识",是其遗物。直到万历十二年(1584),花山寺才初具面貌。赵宧光《答某孝廉书》说:"国朝初为陈山,旋复为徐院,时有屋四楹,为某尼居住,尼去后,遂为外道阚峰居之,峰去无主,为来往僧之传舍矣。数年,始有麓亭法师兴造殿堂、方丈,大作佛事,几乎兴复。"朱鹭《华山寺重兴八不思议碑记》也说:"万历甲申,僧麓亭来栖是山,构造殿宇,王世贞碑文称其梵行具足,弘法集众,有吕仙归向、龙王听讲语。自后山遭蹇运,寺僧逋散,赖凡夫与中外名流及二三遗缁协力护持,山寺得以无恙。"麓亭名祖住,字幻依,丹徒杨氏子,于花山寺确有开创之功。其殁后,寺址的所有权起了纠纷,有权势者欲攘为祠墓,事情闹得很大,经赵宧光、周顺昌、文震孟、姚希孟、僧济川等据理力争,寺产才保留下来。麓亭之徒中孚监院时,僧雪浪开讲《圆觉经》,憨山协建法堂,又有巢松、通润、汰如相继住寺,寺产大增,皈者日众,法席隆然有起色。黄昌寿《翠岩寺记》说:"厥后巢松之徒某归中峰,中孚之徒心期、远鸿辈弗克守,兹山乃归与灵岩继起。"花山寺归继起弘储后,檗庵、晓青、敏鹰、义空等先后住持,续建殿宇,名声益著。

檗庵正志即熊开元,他开始住持花山寺是在清康熙二年(1663)冬。开元字玄年,号鱼山,湖北嘉鱼人,天启五年(1625)进士,除崇明知县,调吴江。崇祯十五年(1642),因劾首辅周延儒被廷杖,遣戍杭州。当汀州破,投弘储剃度,纳戒于灵岩。先后住常熟三峰、苏州花山、徽州黄山,最后又归于吴,在花山以终。檗庵对花山寺自有贡献,但也在山上做了煞风景的事,凡奇石上的刻字都嵌以丹红,还新刻了不少。归庄《观梅日记》对此提出了批评:"廿七日早饭,别檗庵而出, 路见奇石,皆镌大字而朱涂之,盖来时足倦,急欲休息,不暇细观,今始见之。余尝谓山川洞壑之奇,譬见西施,不必识姓名,然后知美。今取天成奇石,而加之镌刻,施以丹雘,是黥劓西子也,岂非洞壑之不幸乎!所镌字如菩萨面、夜叉头之类,又极不雅。檗庵素号贤者,不谓有此俗状也。"当时对此有非议者不止归庄一人,檗庵在《华山纪胜题语》中辩解说:"予四十年前鞅掌崇川,尝航海至吴门,以文学黄尔调为乡导,访是山之胜,见先民石刻与凡夫草篆乂相错,辄徙倚摩挲,薄黄昏不去,不徒赏其书法,盖感叹用心深远,欲后之至者,人人知为福地也。奄忽四十年,予遂为是山主人,救败之馀,敝形神探索,钁头所至,顿与古路迢然相接,竟至通霄,岂予前身亦曾客此乎?既取从上所题磨洗而认之,题未尽者复授以新衔,将涂之丹雘,使游人易了。"真是有点强词夺理了。

康熙十五年(1676),江宁巡抚慕天颜为花山寺题"泖潭禅院"

额。二十八年（1689），圣祖南巡至苏州，花山寺僧晓青应召赴行宫，赐"远清"两字，并御制《将游华山以欲雨未往》云："欲游青山涧壑行，春云又变晓阴轻。勾陈不遣惊禅定，恐碍林间碧草生。"三十八年（1699），圣祖南巡，幸花山寺，赐"翠岩禅寺"额，赐住持僧敏膺"香域"额，又联曰："闲起溪云下，诗清山雨归。"另有御制《花山》诗云："警跸来初地，青山鸟道深。风生松涧合，云暗石苔侵。静昼飞闲蝶，馀春噪晚禽。空留支遁迹，物外托宸襟。"高宗南巡，也屡次驻跸，颇多题咏。

黄昌寿《华山书》，刊刻于乾隆十五年（1750），卷二介绍了当时花山寺的情状。山下有亭，相传周顺昌、文震孟、姚希孟建，文震孟题额"华山初地"，戴易书联曰："园开祇树三千界，路入莲华第一峰。"寺在山腰，前殿五椽，为天王殿，万历时中孚建，康熙四十三年（1704）增修，中有圣祖御书"翠岩寺"额，申时行题"晋支公禅院"额。次为大悲阁，上下十四椽，康熙二十九年（1690）晓青募建，上悬圣祖御书"远清"两字。又次大殿三楹，万历时麓亭创，中孚完缮，晓青复葺，中供旃檀大佛三尊、天王二尊，亦系麓亭装塑，文震孟题"莲花世界"额。又次讲堂五椽，憨山、含光先后筑成，上供御书碑两座及赐敏膺"香域"两字，傍刻前人诗颂碑记。左有禅堂五间，中孚建。殿前左曰药师阁，上下十椽。殿前右屋十椽，又殿右墙外曲室九椽，一曰天香阁，一曰弹指阁，一曰山舫，即丈室，相传中孚建。室内悬御书赐敏膺对联及"玉音真正方丈"额。大悲阁右墙外，有晓青塔院五椽，内供晓青像，圣祖赐谥"高云"两字在焉。其馀斋厨、耳房、客舍，通计三十馀椽。

寺之外，石泉岩洞，各擅其胜。石之奇在而著者，从坡至寺，有龙颔、古佛岩、礼佛坪、邀月台、仙人座、跳蛙、石床、古人居；从寺至巅，有云梯石、穿云栈、石琴、石梁、莲华峰、莲子峰、石鼓。洞有四，一曰支公洞，一曰默然洞，一曰苍玉洞，一曰观音洞，均近山巅。又有泉二，一曰地雷泉，一曰莲叶池。凡石泉岩洞上悉有前人题刻。再补充几句，距龙颔数丈，有大石屏立，赵宧光篆"华山鸟道"四字；石佛岩为石幢，级有五，高三丈，万历时胡白叔所筑；古佛岩北有大接引佛，为朱鹭所凿；云梯石，旧名上天梯，乾隆七年（1742），好事者凿成五十三级，俗称五十三参。支公洞在寺右，四围松竹茸茂，人迹罕到，相传为支遁习禅处。徐枋《吴山十二图记》说："华山为吴山最胜，从支硎、寒山而来，有亭翼然，即华山初地也。路平如砥，长松参天，翠磴丹梯，可陟可坐，崖树交柯，绿阴覆道，华山全体俱奇而鸟道尤胜。昔时赵凡夫与朱白民两隐君为山一开生面，凡夫有摩崖大书，白民凿一钜石为接引像，至今犹标胜山中云。"

　　咸同之际，花山寺遭太平军焚掠，寺宇尽毁，惟大殿独存。1926年，李根源来访，《吴郡西山访古记》卷二说："登山，摩岩三处，苔藓封满，无可辨认。过石塔，有花神庙。道右摩岩'大接引佛'字，隶书'礼佛坪'三字。至吕祖殿，有石刻孚佑帝君象。登接引阁，接引佛象就岩石造成，高三丈馀，宽丈五，巨制也。壁砌嘉庆十一年《接引佛殿记》，王锦撰。再登山，崎岖纡曲，约百馀丈，达翠岩寺，旷然平夷，可数十亩。入大雄殿，殿前有崇桢十年翁彦登母造香炉一，中悬清圣祖题额，字脱灭，玺存。殿内悬清高宗'莲界云岑'额，联：'秀挺莲峰，观空悟华藏；清延松径，听法演潮音。'咸同兵燹后，仅遗此殿，馀烬尽矣，无碑刻遗存。左清行宫故址。由此上天洞，洞前摩'天洞'二大字。登五十三参，险峻异常。参右摩崖'凿

花山寺遗址

险通幽'四字,王虬哈题;又摩'慧光普照'四字;左篆文一段,高四尺,宽约三尺,石粗年久,茫不能辨。参上乾隆御书摩崖均苔封,旧有亭,毁。此山前屏天平、支硎之西峰,崖壑深秀,山石峭耸如莲花,故又称莲花山。吴中诸山,以此为最幽胜,惟佛宇倾败,游人少至,振兴尚有待耳。"

花山寺自咸同后,未曾重建,遗址至今尚在,包括殿宇残余的礤础、柱石、阶坎,几处骨塔,三十余处摩崖,以及五十三参石级、大接引佛等。近十多年来,整理了山道、泉石,新建了观音殿、莲叶精舍、梅香阁、云根山房等,开辟茶园,并为大接引佛建阁。

此山亦多名人寄寓之所,略举数例。

明嘉靖间，毛珵曾居山中。毛珵字贞甫，吴县人，明成化二十三年（1487）进士，官至浙江参政致仕，林居十年，复起南京鸿胪寺卿、升太仆。因平定宸濠之乱有功，官至吏部尚书致仕。其归里后，在天池山略作构建，读书养疴其中，胡缵宗《登天池赠中丞毛公》云："龙翔虎舞石萦回，山反池平云去来。闾阖天空万筿出，洞庭日暖千莲开。花峰影堕门前水，玉殿光乘寺后台。一曲丹丘留百代，两朝紫诰映三台。"嘉靖十二年（1533）卒，年八十三，葬天池上，子孙即墓建祠。申时行《天池毛中丞祠堂记》说："池之上有石一方，广不逾咫，则御史中丞砺庵毛公之墓在焉。先是公之次子石屋先生读书华山，得之居民沈氏。公过而乐之，遂建书屋，训子课孙，藉以养疴。及公殁后，蒙赐葬于此，乃因石为垣，因土为穴，背山面池，以封以树。其傍则构祠宇数重，使僧守之，曰岁时烝尝在子孙，朝夕香火在守者。"万历时，祠为寺僧所据，巡抚赵可怀追复之。今墓已重修，有青石罗城、阶级神道及翁仲、石马各二，祠则毁已久矣。

明万历间，朱鹭隐居莲子峰花山寺东。朱鹭字白民，吴江人，少有俊才，为冯梦祯弟子。家甚贫，授生徒赡养父母，承颜顺志，以老莱子为法，床头恒贮数十文，称为"买笑钱"。两亲既丧，遂筑室于此，块然独处，自号西空老人。他善画竹，深得文同、吴镇之趣，意到笔随，韵致洒落，故斋中悬一联云："写这个过日子，看山头当吃茶。"四方之士，每借买画竹以助其朝夕。沈自然《过莲子峰朱鹭书屋》云："四壁月来迟，空山人去时。徒然挂薜荔，犹想下书帷。坐拂醉眠石，行看画竹枝。最怜遗草在，还望茂陵知。"朱鹭早年好老氏学，晚年弃而归禅，笃志内典，参求宗乘，长斋事佛。崇祯五年（1632）作辞世偈而卒，年八十，墓在花山下。他的著作今存《建文书法儳》、《拥絮迂谈》。

朱鹭殁后两年的崇祯七年（1634），其孙朱旦即其所居建三高祠。张世伟《华山三高祠记》说："寺门左方拾级数仞而上，独有白屋三楹居焉，中设蒲团、木几、石像、石香炉，无他供具，颜之曰西空，盖白民朱先生游息处也。方先生存时，有时日霁月明，飘须癯颜，逍遥曳杖其间，见者皆目为仙人游戏。若夫雨雪岚雾，掩关不出，朝烟夜灯，呗梵金石，从下望之，若恍若惚，名之隔凡，不诬矣。"祠中祀朱鹭、赵宧光、王在公。宧光字凡夫，居寒山，葬寒山；在公字芥庵，居石盂山，葬竺坞。三人咫尺相望，故并祀亦宜。道光二十五年（1845），黄安涛来游，三高祠尚在，《吴下寻山记》说："山顶境尤幽寂，为明万历年间高士朱白民鹭禅悦之地，壁间石刻画竹数幅，白民遗迹也。"迄至于今，已了无遗迹可寻了。

天池山南的竺坞，也作竹坞，那里有文震孟的竺坞山房。徐枋《西山胜景图记》说："吴中诸山，惟竺坞多幽深之致。一入坞中，迥然绝尘，山鸟山花，若与世隔。昔文文肃公筑庐于此，亭馆泉石，标奇领异，中则有钓矶石屋，外则湘云渡、仙掌峰，而石桥跨于涧上，石幢峙于波心，此又招提之胜概矣。"震孟字文起，号湛持，又号竺坞生，长洲人，文徵明曾孙，天启二年（1622）举一甲一名进士，授翰林修撰，因忤魏忠贤而夺职削籍。崇祯初重新起用，官至东阁大学士，后为首辅温体仁不容而落职归里，次年即崇祯九年（1636）病逝苏州。震孟祔葬其父元发墓，即在竺坞之南，两百馀年，樵采无犯，光绪间为浙绅沈氏侵占。李根源《吴郡西山访古记》卷二说："去沈墓不过数尺，当沈坟罗城圈边，立'明大学士文文肃公墓'黄石碑一块，高约三尺，宽尺馀。再上二丈馀，葬沈氏三冢，右侧新葬一冢，前后左均为人占。余尝与徐杭章氏论吴中明清两代人物，武功推韩襄毅，相业推文文肃公。今其后裔陵替，丘墓摧残，无人过问，瞻礼之馀，泫然泣下矣。"

明亡后，震孟长子文秉、孙文点亦隐居于此。文秉字孙符，黄容《明遗民录》卷六称其"乱后挈家庐于文肃公之墓下。墓在竹坞，与天池山相距时里许，林石幽峭，号为名胜地，秉居而乐之。幅巾布袍，杂樵夫释子为侣，暇则课其，莳蔬采橡实以自给，与城市人绝不相闻。出其所得，著书十馀种，其尤著者，《定陵注略》、《烈皇小识》、《前星野语》、《甲乙事案》，凡若干卷。遂老于此，故自号竺坞山人"。文点字与也，号南云，《明遗民录》卷八说："点承父志，肥遁不出，工诗，善书画，力耕食贫，士咸高之。"

徐波的落木庵也在竺坞。徐波字符叹，号浪斋，入清后号顽庵，吴县人，诸生，工诗古文，为吴门竟陵派代表。崇祯十七年（1644）冬，马士英柄国，将以清职罗致，他拂衣竟去，归居竺坞先茔丙舍，将谭元春所书"落木庵"三字作匾悬诸于门，并自撰《落木庵记》。他在庵中，究心内外典，发《楞严》旨趣，情性如澄潭止水，交往的人不多，与徐枋则多往来。徐枋在《怀旧篇长句一千四百字》中特别提到徐波，诗云："避地当时亦屡迁，数椽茅屋天地边。买山空囊苦羞涩，卜邻喜得逢名贤。徐摛年老爱泉石，落叶庵中启禅窟。竺坞天池称比邻，征诗问字相络绎。"自注："诗人徐元叹波隐居天池，筑室名落木庵。余移家竺坞，相与邻。元叹老而好学，时时书方寸纸，令童子持来。有所征考，余立答之，或有言在某卷某叶者，元叹尝夸之同人。余则时以诗政元叹，元叹亦喜为论说。"徐枋还有《题落木庵赠徐元叹》云："筑室依名山，园畦开数亩。杂莳花药鲜，历岁松筠久。栖迟成名胜，声闻及林薮。数椽落木庵，丘壑擅吾有。"

康熙二年（1663），徐波年七十四卒，即葬落木庵外祖茔。庵中曾辟三高祠，祀锺惺、谭元春、徐波。徐波与灵岩寺弘储的关系极好，据卓尔堪《遗民诗》卷三记载，徐波"居落木庵，断炊绝粒，灵岩退翁分钵中餐以周之。他有所遗，不屑也"。徐波卒后，弘储捐资刻其遗诗《天池落木庵诗存》，落木庵便归灵岩所有。

近山黄村，亦作篁村，北宋时有章宪复轩。章宪字叔度，世居于此，乐道好德，操履高洁，行有馀力而以学文，与杨时、朱辰、吕本中等游，尤邃于《春秋》，宣和中谪监汉阳军酒税，死于兵燹。所著《复轩集》，曾幾序而传之。《吴郡志·园亭》说："复轩在吴县之黄村，处士章宪自作记，谓葺先人之庐，治东庑之轩，以贮经史百氏之书，名之曰复，以警其学。其后圃，又有清旷堂，咏归、清闷、遐观三亭，以慕古尚贤，各有诗。"

前人曾归纳花山八景，一是"幽涧笙簧"，"幽涧"指山下桃花涧，曲折而流，涧水叮咚，如笙簧之音；二是"松径疏钟"，"松径"在山下，所谓长松夹道、寺门幽寂者也，"疏钟"则指花山寺之梵钟；三是"石床夜月"，"石床"，象形石也，去寺三十馀丈，在道侧，相传僧麓亭住山时，吕祖曾显迹于此；四是"卧云深处"，"卧云"泛指山洞，花山多石洞，云封洞口，隔绝两界；五是"道林故址"，花山向有支遁卓锡故事，支公洞即相传其习禅处，四围松竹茸茂，人迹罕至；六是"三贤芳躅"，"三贤"者，朱鹭、赵宧光、王在公也，皆于花山寺有功德，崇祯时在寺内建三高祠；七是"南山雪霁"，"南山"是指仙人、五峰诸山，以穹窿为屏障，山阴积雪往往不融，在阳光照耀下，银装素裹，一片烂然；八是"莲峰晚眺"，"莲峰"指莲花峰，当夕阳西下，向峰峦眺望，云霞蔚映，如锦绣一般。

城西山好是支硎

距花山之东为数里，即支硎山，在高景山南，天平山北。杨循吉《游吴郡诸山志》说："此山去城不远，且清僻可赏，至于茶梅烟雪，景物擅奇，名胜共游之山也。"清人冯敏昌《姑苏竹枝词》云："城西山好是支硎，山色看来一片青。不见遁公还放鹤，乱烟斜日满空亭。"

支硎山，古无其名，称为土山，《越绝书·外传记吴地传》说："土山者，春申君时治以为贵人冢次，去县十六里。"至东晋时，支遁来住此山，设八关斋，其《八关斋诗序》有"集同意者在吴县土山墓下"诸语。后人以支遁住此而山多平石，称之为支硎。司马光等编《类篇》卷九下释"硎"字："临硎，山名，在吴郡，吴宫以为门名。一曰磨石，一曰谷名。"临硎是否就是支硎，还需要进一步推证，但支硎山上多盘礴平广的大石，泉流其上，仿佛如磨石一般，磨石为硎，《庄子·养生主》记庖丁对文惠君说："今臣之刀十九年矣，所解数千牛矣，而刀刃若新发于硎。"支硎者，乃支遁之姓与山之特点结合，省称支山。千馀年来，山上因有报恩寺，称报恩山；报恩寺废，改观音院，又称观音山；观音院又名楞伽院，故又称楞伽山。

支遁，晋陈留人，或说河东林虑人，字道林，俗姓关，约生于建兴二年（314）。幼有神理，聪明透彻，流寓京城建康时，甚得王濛赏识。家世奉法，隐居馀杭山，年二十五始释形入道。先住吴之土山，高似孙《剡录》卷五说："支遁还吴，住支山寺，晚欲入剡，谢安为吴兴，与遁书。"于是支遁为谢安所留，住吴兴。谢安任吴兴太守在穆帝升平五年（361）后，故支遁住吴，在此前也。其后过会稽，与王羲之交，住灵嘉寺，入沃洲小岭，建精舍。晋哀帝即位，召入建康，止东安寺，居三载还剡山，太和元年（366）卒于洛阳。支遁在内典中，潜心《般若经》，著有《即色游玄论》、《释即色本无义》、《道行指归》等。他于禅学，著有《安般经注》、《本起四禅序》等。又擅长草书隶书，也谙吟咏，《广弘明集》选其诗二十馀首，为玄言诗一大家，然已多写景，论者以为开谢灵运之先声。《世说新语》记其事迹言行四十馀条，可见他是一位具备清谈家条件杂糅老释的僧人，善谈玄理，倾动一时，释《庄子·逍遥游》，尤能独抒己见。《隋书·经籍志》著录《支遁集》八卷，加注"梁十三卷"，新旧《唐书·艺文志》均作十卷，久佚。今存《支道林集》一卷，有明嘉靖皇甫涍刻本、明末吴家调刻本等；《支遁集》两卷，有明嘉靖杨氏七桧山房钞本、清刘氏味经堂钞本及《宛委别藏》本等。

支遁住山时，设八关斋，亦称八关斋戒，即八戒，乃佛教为在家信徒制定的戒条。据《中阿舍经》卷五十五、《俱舍论》卷十四等记载，一是不杀生，二是不偷盗，三是不邪淫，四是不妄语，五是不饮酒食肉，六是不眠坐高广华丽之床，七是不装饰打扮及观听歌舞，八是不食非食时（过午不食）。前七为戒，后一为斋。比五戒要求更严，但它不像五戒那样要终身受持，而是临时奉行，多者几天十几天，少则一昼夜。受戒期间，过近似僧人的宗教生活。八关斋之设，有力地推动了佛教在民间的普及，此后道生、慧响继起倡法名山，苏州地方遂风行尚佛。

支遁在支硎的住坐，已无可考，《剡录》说的支山寺，那是要到唐代才有。山上的寺院，后有报恩、南峰、北峰、中峰，相传都滥觞于支遁。

报恩寺在东麓，相传支遁因石室林泉以居，梁天监中建寺，唐景龙间赐额报恩，支硎山因此又名报恩山。释皎然有《苏州支硎山报恩寺法华院故大和尚碑》，称师名道遵，字宗达，吴兴张氏子，"年二十，诣天竺威大师，初受具戒，事报恩兴大师，首宗毗尼，依佛教也"；"天宝年，于灵岩道场行《法华》三昧，忽睹大明上烛天界，我身正念俨在光中。异日问天台然公，公曰：'智惠光明从心流出，非精志之所在耶。'又于本寺入法华道场，忽睹此身在空中坐，先证者知是大师涤垢之相，不然则万法有无碍之用哉。其年春秋七十一，僧腊四十六，以兴元元年七月二十九日告终于支山本寺"。道遵是文献记载的唐代报恩寺惟一僧人。

当时报恩名声甚著，白居易、刘禹锡、皮日休、陆龟蒙等均有诗。大中十二年（858），僧清赟募刺史卢简求重修。后周显德二年（955），钱氏移额城中开元寺。至北宋乾德二年（964），钱氏于报恩寺基改建观音院，又名楞伽院。明初归并白云寺，为范氏香火院，清康熙间重修，乾隆八年（1743）又修并建寒泉书院，蒋恭棐《重修支硎山观音寺并建寒泉书院记》说："自归白云，遂祀魏文正公木主于寺之左。入本朝且百年，寺浸废。今福建按察使觉罗雅公守苏时，谋于魏国裔孙、前大同守瑶，锄去稂莠，延僧实培住持。实培发愿誓护，竭其智力，香信施舍不私囊钵，越三寒暑，寺还旧观。瑶偕其族人新魏国祠，辟崇阶，缭以周垣，别为寒泉书院，支公迹与范之白云相望。"高宗南巡，六次临幸，曾御赐联额。

1926 年，李根源过访，《吴郡西山访古记》卷二说："下至支硎古刹，即观音寺，以寺中有石观音象也。寺旁摩虞宗臣书'寒泉'二大字，字径丈馀。首刻乾隆丁丑春御笔二行，末刻乾隆壬午御书六行。旁寒泉亭废，左上御碑亭，亭圮，碑仰仆，镌乾隆辛未题诗。西上建四面佛塔，面各刻佛号二行，无年月，似明刻。旁大石，刻乾隆御题诗，苔封模糊。寺存碑四，一、《重修支硎山范文正公分祠碑记》，康熙四十四年仲秋十九世孙能濸记并篆额，二十世孙兴禾书；二、《重修支硎山观音寺并建寒泉书院碑记》，乾隆十一年翰林院编修蒋恭棐撰，翰林院庶吉士沈志祖书，刑部郎中周廷燮篆额；三、观音石屋砌壁《心经》刻石，高约五尺，虽无年月，古刻也；四、《支硎山募建白衣阁功德碑》。"又有木榜、香炉、钟、砖额、枋额、柱础等遗存。

由观音寺西向登山，可数百步，林中一径，入中峰寺。其下有八隅泉池，惠敏律师塔当池上，古碑穹然，立于其前。

中峰寺在寒泉上，相传亦支遁所创，历史悠久，徐冲《保宁寺钟楼记》记有"吴越钟四百斤，开宝九年诸葛氏为报恩山中峰寺作"。张适有《送坦云轩住中峰寺》云："中峰香刹翠云边，支遁昔日曾栖禅。白马千年不复返，青山万顷只依然。师行冰雪岁云暮，舟渡吴淞江可怜。名地犹来在人胜，好勤修业继前贤。"可知中峰至元末仍香火鼎盛。明弘治间废，其地归王鏊。至天启中，王鏊四世孙永思临殁遗言，仍还净域，文震孟有《重复中峰禅院记》。中峰还梵宇后，僧一雨肇开讲席，读彻继之，法化大行，以后僧啸云、隐山相继主席，隐山以起衰兴废为己任,铢积寸累垂二十年,乃克庀材鸠工,修葺大殿、韦驮殿、山门、钟楼、客堂、僧寮,佛菩萨诸像一一重装,继而又建大悲殿、准提阁、南来堂、喝狮窝以及廊庑墙垣,又复常住饭僧田三十余亩,供器毕备,所费无虑数千金。

清雍正十年(1732),李果来游,《游支硎中峰记》说:"峰在山之半,望之隐然,由山麓循路而上,细涧有声汩汩,与落叶相乱。寺初名楞伽院,入门有石幢一,清壑道人所建也。面东有南来堂,前明万历中苍雪彻师从滇南万里而来,因以名之。苍公博涉内外典,尝于中峰建殿买田,其诗笔妙天下,文文肃震孟、姚宫詹希孟、王太常时敏、隐君周茂兰、徐波诸公皆与之游,虞山钱尚书谦益至愿居弟子之列,可谓贤矣。稍北为宝月堂,有泉曰寒泉,在南来堂之前,饮之而甘。寺僧云,苍公从事土木时,有杜白雨者指庭前中地曰:'此当有泉。'凿之,不三四尺见石板,仆碑卧其上,启视一泓莹然,深丈许,紫岩居士虞宗臣书'寒泉'二字于山麓,其以是欤。殿毁于火,其庭传有双松苍秀,殿成而松势难容,伐之,今殿基为菜圃矣。南曰罨思室,古梅一株,老干槎枒,二百年物也。又西曰冬青轩,树高一丈余,杂以修竹,苍公畏寒,冬则居之。面东有楼,曰水明楼,凡东南远近之山,可以送目,于月夕尤宜,曰水明者,取杜诗'残夜水明楼'句也。楼下有方池,多碧螺,无尾。出中峰院稍西,有鹤饮泉、喝狮窝、马迹石,迹大于虎,印石如泥,支公养神骏遗迹也。"

咸丰十年(1860),中峰寺毁。李根源《吴郡西山访古记》卷三记载,寺之遗址尚在,有潘耒康熙四十六年(1707)《重修中峰禅院碑记》、清壑道人建佛幢、北宋残刻一石、造佛像砖两方等。"中蓄大池,水清洌。按方位索旧基,南来堂、冬青轩、罨思室历历可辨。全寺基广约百亩，七子、黄山、岸崿诸峰罗列阶下。余评曰：'华山以幽深胜，灵岩以轩豁胜，中峰则以雄伟胜，将来必有复兴之一日。'惟寺基旁丛葬不少，因诘下院僧曰：'前日何不以中峰寺基见告？'僧曰：'寺基百馀亩，光绪十九年前寺僧渊泉以金百馀元，卖与观音街人朱、范、吉三姓，今僧集资取赎，朱、范不允，既非寺产，告公何为？'余为之叹憾，如此名山，如此胜迹，岂容私人占有耶，余当力任清赎之"。

读彻继一雨住持中峰寺，此人在明末清初的佛教史上有重要影响，不可遗忘。秦光玉《明季滇南遗民录》卷上说："读彻，初字见晓，后更苍雪，俗姓赵，呈贡人。性聪敏，童年随父祝发于昆明妙湛寺。崇祯间游江南，与董其昌、陈继儒、吴伟业、钱谦益、王时敏、唐宇昭辈相友善。达吴门，受一雨禅师衣钵，住中峰寺，讲演诸经，重兴支公道场。诗名藉甚，人谓慈恩皎然复生。关于读彻的行迹，还可补充如下。他万历十六年（1588）生于云南呈贡，十岁时投鸡足山为小沙弥，十八岁时就发愿出参，至金陵。崇祯元年（1628）来苏州，主中峰寺。清顺治二年（1645），苏州陷落，他作诗《乙酉积雨纪事》，有"人头尽葫芦，柳发剪来秃"诸句，隐指薙发事。翌年，又赠诗刘曙，有"烟尘蔽日天无色，风雨闻鸡夜剔眉"之句。顺治十三年（1656）示寂于宝华山，年六十九，塔在中峰寺后墙外二百步。

由中峰往南，数百步即南峰寺，相传为支遁别庵，即唐支山院，裴休书额。北宋大中祥符五年（1012），刺史秦羲奏赐天峰院。朱长文《吴郡图经续记·寺院》说："所谓南峰者，乃古之报恩之属院耳，院枕岩腹，跻攀幽峻，自报恩浸衰，而南峰乃兴。大中五年号为支山，天福五年改曰南峰。圣朝赐以今额，禅老相承，殿阁堂庑奂然一

支硎寺 摄于 1937 年前

新矣。"元丰六年（1083），曾旼撰《天峰院记》，有曰："近岁，僧德兴者始传禅法于天峰，继住持者十来人矣。德兴之始来，茅屋土阶仅御风雨，后有文启、慧汀、赞元、维广者，大增葺之，基土架木，上瓦下甓，堂殿庖库，廊庑寮阁，门庭阤街，次第完洁。东有浴室，西有憩庵，佛貌经藏，无不严具。以其治之非一人，积之非一日，而能终始如一，故赖以成就。其财费则取之州人，非一家也。"寺中有铁锡杖，相传为支遁故物，范成大《铁锡》诗云："八环流韵宝枝鸣，

支硎寺　摄于 1937 年前

古铁无花紫翠明。莫遣闲人容易振，泉飞石落鬼寰惊。"

北峰寺原在支硎，南宋初徙清流山弥陀岭，仍称北峰。乾道三年（1167），周必大过此，《泛舟游山录》说："肩舆过燕窠山，观魏氏山地，入魏奉议志庵，右过北峰禅院，其实魏侍郎宪之庵，规模仿寺而为移废额于此。入门久之，一僧方出。"明初毁，永乐十七年（1419）僧德尊重建，正统间僧瑾瓖修。皇甫涍《北峰寺》云："仄径缘云转，春山隐梵宫。闲攀蕙圃日，清度竹林风。叠嶂丹溟外，诸天翠霭中。泠然发孤啸，顿使六尘空。"此后情状，无可细说。1926年，李根源访其遗址，《吴郡西山访古记》卷二说："出北峰坞，至北峰禅院，额砖篆刻，姿态秀劲。院前立《北峰禅院碑记》，正德戊寅正月龙山外史朱钦撰文。寺颇败，住僧一，庭内乱石中有砖刻行书七绝一首，颇类文衡山笔。"

支硎山下，还有来鹤庵、法音庵、吾与庵等，都是小庵，今都废圮了。

来鹤庵在山之东观音街，宋初僧无稽建，明崇祯十年（1637）僧野林重兴，清康熙间僧德元复修。德元，字天倪，号讷园，张氏子，幼抚于苏氏，九岁出家甫里海藏寺。性聪颖，善属诗，可击钵而成。佛日园公器之，园公圆寂，主海藏席三年，又卓锡穹窿山拈花庵。后游京师，主石氏万柳堂。圣祖闻其诗名，康熙四十一年（1702）数次召见于畅春苑，御书"拈花禅寺"额赐之。德元著有《来鹤庵诗草》四卷附《五峰诗草》一卷，惜未能读得，否则能更多知道一点来鹤庵的情形。嘉庆五年（1800）中秋后二日，沈复往游，《浮生六记·浪游记快》说："余独步出阊门。至山前，过水踏桥，循田塍而西，见一庵南向，门带清流。剥琢问之，应曰：'客何来？'余告之，笑曰：'此得云也，客不见匾额乎？来鹤已过矣。'余曰：'自桥至此，未见有庵。'其人回指曰：'客不见土墙中森森多竹者，即是也。'余乃返，至墙下，小门深闭，门隙窥之，短篱曲径，绿竹猗猗，寂不闻人语声，叩之，亦无应者。一人过，曰：'墙穴有石，敲门具也。'余试连击，果有小沙弥出应。余即循径入，过小石桥，向西一折，始见山门悬黑漆额，粉书'来鹤'二字，后有长跋，不暇细观。入门，经韦陀殿，上下光洁，纤尘不染，知为好静室。"

法音庵，在山之东南，一名何亭，创始无考，清乾隆间僧静荪重修，殿屋幽邃，为山中胜景。沈复游来鹤庵时，也去游过，《浮生六记·浪游记快》说："饭毕，仍自得云、何亭共游八九处，至华山而止，各有佳处，不能尽述。"

吾与庵，旧名善英庵，天台僧澄谷易今额。林衍源《吾与庵记》说："澄谷上人，本浙江天台人，住持吾苏鲟门外之天宁禅寺有年矣。乾隆五十九年，付其徒某，而自徙居于支硎山之善英庵上，人易去'善英'而名之曰'吾与'。"乃取《论语·先进》"吾与点也"。石韫玉《吾与庵后记》说："其地在平陆，四山环之，东望灵岩，西接天平、寒山诸峰，旷如奥如，信方外栖真福地。庵中大殿供释迦文佛，有金涂塔在焉。殿后屋三楹，彭尺木居士颜之曰'披云草堂'，西厢曰'云外室'，东有小阁曰'见山阁'，因其与灵岩相望而得名。澄师先后居此三十年，常以清静无为为本。澄师既化，其孙心诚上人，绍承祖德，闭户清修，海众皈依，善缘辐辏，于道光初，在佛殿东南筑钟楼一座，朝暮发微妙音，令人发省。又于三年在披云草堂之后建大悲宝阁五楹，中奉西方三圣，西奉大悲菩萨。又积檀施之馀，置膳田五十三亩，以为常住粥之资，于是道场规模粗具。"钟楼，乃里人陆士宏捐建，石韫玉、沈钦韩均有《吾与庵钟楼记》。道光时，庵中有竹雕如来像，甚是罕见，郑光祖《一斑录杂述》四"竹刻"条说："五年前，偶至支硎山吾与庵，见有以大竹拼凑刻成如来佛像一尊，跏趺石洞内，石洞亦竹刻，势极玲珑，石缝中又雕成竹枝，层出竹叶，皆生动如真，其高约三尺。洞上又有萝藤倒垂，洞前另有一松一枫，两树别倚一巨石挺生，比洞石稍高。又有藤罗绕树而上，几处挂下。无不古致可嘉，纯似天成，无一丝勉强，明知是大竹拼凑，却不能寻其联属之迹，可云极人工之能矣，想此非数千工不克成。云是前任藩台庆公嘉雕工妙手，故令为此而舍于庙者。外护红木神橱，窗用玻璃，以隔尘秽。竹刻若此，亦观止矣。"这一精美的竹雕佛教工艺品，未见其他文献著录，大约与庵一起毁于庚申兵燹了，至为可惜。

支硎山的古迹，大都与支遁有关，如石室、放鹤亭、寒泉、马迹石、支公塔等，与浙江新昌沃洲山的情形仿佛，都是由支遁传说敷衍而来的。

石室在南峰院，即支遁庵，剜山为龛，很是宽敞，支遁《咏怀诗》云："苕苕重岫深，寥寥石室朗。"又云："修林畅轻迹，石宇蔽微身。"周必大《壬辰南归录》说："度石门，有马蹄双迹，其傍即石室，尝为孕妇所触，雷震其顶。相传云，道林夏居别峰，冬居石室。别峰即南峰，石室即此室也。"

放鹤亭在南峰院外百馀步，久废，清初重建，聊存古迹而已。黄中坚《游放鹤亭记》说："戊子中秋，与客登支硎山，迤逦而东，有小庵焉，其前一亭若新塄者。客曰，此支公放鹤故处也，亭盖以存其遗迹云。"李果《游支硎中峰记》也说："旧有碧琳泉、待月岭、新泉、马坡，坡南有石门，在峰之右腋，三石巨立，一径斜通如门。放鹤亭在中、南两峰间，支公好鹤，翅欲飞，乃铩其翮，后更养，令翅长，纵使飞去，此其处也。山之石根，绝壁巉削，类李唐画。"至晚清时已毁，李根源《吴郡西山访古记》卷一说："由此经放鹤亭，存柱础四，镌莲花石柱三，碑仆无字。"

寒泉在中峰院，即支遁《八斋关诗》所谓"泠风解烦怀，寒泉濯温手"者是也。石涧长流，雨后轰雷喷雪，久已湮塞。明末，读彻来中峰从事土木，重新发现此泉，一泓莹然，深丈许。旁有卧石，镌

"寒泉"两大字，字径丈馀，为宋紫岩居士虞宗臣书。又据李根源《吴郡西山访古记》卷一记载，石门摩崖有"无量寿佛"四大字，"紫岩虞宗臣敬书，高约丈五，下刻莲花"。惜其人已不考矣。

马迹石在中峰院稍西，杨循吉《游吴郡诸山志》说："马迹石，支公好蓄骏马，今有马足迹四存，及石上有马溺黄色一带。"范成大《马迹石》云："跨马凌空亦快哉，龙腰鹤背谩徘徊。游人欲识仙踪处，但觅苍崖白塔来。"自注："传云道林骑白马升天遗迹，今石上双迹俨然，类蹄涔者，后人为小塔识其处。"那作为标识的白塔，早就不见踪影了。

支公塔，在北峰院，即所谓石塔。查慎行《清流山瞻支公塔》云："石路秋花艳，沙田早稻香。坏墙连废寺，古塔表平冈。境寂蝉声合，松高鹤骨凉。永和年号在，苔蚀不成行。"沈德潜《支公塔》诗序云："塔在北峰下，有'永和六年十一月初六日第一代传法僧支公'等字，下漫灭不可识。或传王右军书，恐附会语也。"据陈垣《释氏疑年录》卷一考订，支遁"东晋太和元年闰四月卒，年五十三"。此塔铭则记其卒于永和六年（350），当出后人伪托，且未参酌《梁高僧传》和《世说新语》的记载。

支硎山以古松闻名，民国《吴县志·杂记二》说："支硎山古松三十六章，晋支公手植，一一入画。万历甲辰，土人伐以充赋，赵凡夫为恳于权关使者，乃禁止之，偿其直，获存十八株。葛震甫赠赵诗云：'输镪能存十八公，清风无恙满山中。山灵报尔千年物，琥珀累累照地红。'葛震甫《和寒山诗》有《道林古松十八各赋一绝》，则十八松各有其名，今无知之者矣。"其实不然，赵宧光《寒山蔓草》卷一下有《道林古松十八公各赋一绝》，古松之名赫然在目，依次是秦封、驰秋、啸寒、青鸾、增绮、濯露、萦烟、泛云、漏月、振籁、层霄、延飙、飞颖、灭晖、雕贞、笼丹、沈彩，赵宧光各系五绝一首咏之。需要说明的是，诗十八首，第一首为引首，实咏十七松也，古人游戏文字，往往如此。

明清时期，三春时节，支硎山香市乃一大风俗盛会，尤其是二月十九日观音诞日，更是寺门敞开，延引香客，俗有"东南风吹得庙门开"之谣。城中士女借着进香，不但顶礼了观音大士，也饱览了湖光山色。袁宏道《楞伽》说："闻二三月间，游人甚胜，朱楼复阁之女，骚人逸士之流，狭斜平康之伎，社南社北之儿，花攒绮簇，杂踏山间，不减上方、虎丘。"山舆水舫，倾城空巷，邀头绣陌，迎社旗亭，熙熙攘攘，红红翠翠，从城中至支硎山二十馀里，一路上往来纷纭，形形色色，备尽繁华钜丽之观。

道光二十九年（1849）春，袁学澜过支硎山，亲历了香市的盛况，《支硎山路春游诗序》说："己酉春日，余游光福邓尉还，舣舟岸崿山后小村，其地名店街，适临跸路，砥平绳直，香市取道所由。于时夕阳在山，篮舆尘集，流苏九华，宝妆五钿，扬蕤布斾，与韶华争媚。画船六柱，箫管迭奏，则有红袴稚儿，青裙游女，肩负花枝，随风弱步。富豪侠少，宝骑珊鞭，结队闲行，翱翔容与。其间名蓝精舍，神丛庵庐，若何亭、来鹤、吾与、无隐，并饶乔柯美竹，清池果园。曲房幽榭，盆山苍翠，经寮禅榻，耽玩而世虑可忘；蔬柈茗瓯，稍饮餐食，游屐小顿，叱嗟而供具立办。道旁柳阴，鸟唤提壶，酒人扶醉，呼侪袒臂。复有货郎地摊，童孺戏具，筠篮木盏，泥孩竹马，地铃丝鹞，蚕帘杯棬，诸男妇争买，论价聒杂，声如潮沸。路侧杂厕茶篷、酒肆、饼炉、香铺，赶趁春场，蜂屯蚁聚。老僧讲因果，瞽者弦索说书，立者林列，行者摩肩，遗簪堕珥，睹不暇拾。笼袖骄民，莺抄燕掠，奔凑若织。日暮霞生，归者纷沓。闺房淑秀，帷幕尽开，婢媵后随，山花插髻，芳草绿绣，软衬双跌，臻臻簇簇，联络十里，笑语盈路。左带灵岩，右望狮山，畦菜布金，篱桃舒靥，香风袭袂，游丝横路，树树争妍，花花献笑，披襟骋目，人意融融，紫翠溟濛，云烟万状，俨然一幅江南春景图矣。"

旧时，香客或船或车，到了山下，都要乘坐竹舆，舆无帷盖，两人肩行，风日不蔽，但可毫无遮掩地欣赏山光岚色，俗称"观音山轿"。顾嗣立《西山竹枝词》云："柁侧篙横缆自牵，支硎脚下正喧阗。肩舆未到观音殿，争向裙腰解酒钱。"鲍皋《姑苏竹枝词》亦云："观音山路不通舟，拌折金钗买竹兜。侬自倒行郎尽看，省郎一步一回头。"当地山民车木做成各种玩具，如杯椀、臼杵、转盘、菱角、陀螺、跳虎等，还有柳木片胶粘的小船、小车，竹片纸儿粘成的风轮、鹞子，这让孩儿们非常喜欢，总要让大人买一两样带回家去。苏州有谚语道："吴儿乖乖，观音山去买木柿柴。"柿者，即削下的木片、木皮。当地村民用废弃的木屑竹片来做玩具，真是物尽其用了。

远上寒山石径斜

在花山东，支硎山西，高景山南，天平山北，有一座小山，或说即支硎断脉，石壁峭立，涧水萦回，山径盘纡，风景幽绝，然向无山名。至明万历二十年（1592），赵宧光买山葬父，与妻陆卿子庐墓偕居，手劈荒秽，凿池开径，疏泉架壑，且将这座小山题名寒山。赵宧光《寒山志》说，此山"旧为老儒生所据，儒生得之庶姓，庶姓得之寒山僧寮。山本无名，郡志'涅槃岭在其左'，又见寒山诗，有'时陟涅槃山'句，而寒泉则支郎品题，名亦清远，因命之曰寒山焉"。

寒山的两位主人，在晚明苏州赫赫有名。

赵宧光字凡夫，一字冰臣，枢生子，嘉靖三十八年（1559）生，随父自太仓徙居吴县。他生而偲傥，其父教以四经六艺及古文奇字，泛览百氏，尤精于篆书。策名上庠，终身不仕，卒于天启五年（1625），年六十七。他一生著作繁富，至今尚存的，有《说文长笺》、《寒山志》、《寒山志传》、《印书》、《皇明印史》、《寒山帚谈》、《篆学指南》、《护生编》、《牒草》、《寒山蔓草》、《赵凡夫杂著五种》等，据《郘园读书志》著录，他与黄习远合作，重编洪迈《万首唐人绝句》为四十卷刊行；又据《北京图书馆善本书目》著录，他与黄习远、葛一龙、廖孔悦等会订《朝鲜史略》六卷刊行。他的得意之作是《说文长笺》，但却被后世诟病，顾炎武《日知录》卷二十一"《说文长笺》"条说："万历末，吴中赵凡夫宧光作《说文长笺》，将自古相传之五经肆意刊改，好行小慧，以求异于先儒。乃以'青青子衿'为淫奔之诗，而谓'衿'即'裣'字。如此类者非一，其实《四书》尚未能成诵，而引《论语》'虎兕出于柙'。误作《孟子》'虎豹出亏屮'（'兕'下）。然其于六书之指不无管窥，而适当喜新尚异之时，此书乃盛行于世。及今不辩，恐他日习非胜是，为后学之害不浅矣。"顾炎武举了其中特别荒谬的十馀条，固然可笑至极。如方以智《通雅》、陈启源《毛诗稽古编》、吴玉搢《别雅》、蒋骥《楚辞说韵》等，也指出赵宧光的诸多笑话，故朱彝尊就说："自解人观之，未有不齿冷也。"（《续文献通考·经籍考》）。这也不去管他，就事论事，赵宧光的《寒山志》、《寒山蔓草》等，详细记录了这座小山的胜观。

陆卿子为陆师道之女，名服常，以字行。刘云份《翠楼集·诸名媛族里》称其"秉性雅澹，不事繁饰，与赵结庐山中，绣佛长斋，吟咏无间，超然遗俗。所著有《考槃》、《玄芝》二集"。钱谦益《列朝诗集小传》闰集说："卿子又工于词章，翰墨流布一时，名声籍甚，以为高人逸妻，如灵真伴侣，不可梯接也。凡夫寡学而好著述，师心杜撰，不经师匠。卿子学殖优于凡夫远甚，少刻《云卧阁集》，沿袭爨绩，未能陶冶性情。晚年名重，应酬牵率，凡与闺秀赠答，不问妍丑，必以胡天胡帝为词，不免刻画无盐之诮，世所传《考槃》、《玄芝》二集是也。赋诔之作，步趋六朝，尝为祖母卞太夫人作诔，典雅可诵。"卿子工法书，精绘事，然不轻易落笔。卿子的著作有《云卧阁稿》、《寒岩剩草》、《考槃集》、《玄芝集》，可惜前两种已散佚不存。

卿子当时与范允临妻徐媛相唱和，并称吴门二大家。姚旅《露书·韵篇中》说："姑苏陆卿子，赵凡夫内子也，著《考槃集》、《玄芝集》。与范长倩内子徐氏一时两秀，文采相映，两人又相得最欢。"张大复《梅花草堂笔记》卷十三"明媛"条对徐、陆两位作了比较："徐小淑诗，高自标位，虽复婉丽，床头不乏捉刀人，故是凛凛。陆卿子幽清古澹，如谢道韫谈玄，融米成汁，遐周所谓匪簪珥之琼枝，故艺坛之火枣，良非虚语。"

两位主人的父亲，也值得一提。宦光之父赵枢生，字彦材，别号含玄子，世居太仓璜泾，自其始迁吴县。主学六经，旁及子史，不理家政，常远游探古。万历二十一年（1593），葬寒山之阳。著作有《含玄子诗说》、《含玄子》、《含玄斋遗稿》等。卿子之父陆师道，字子传，嘉靖十七年（1538）进士，授工部主事，改礼部仪制司首揆，以养母告归，游文徵明之门，称弟子。家居十四年，乃复起，累官尚宝少卿。他善诗文，工小楷古篆，精绘事。人谓徵明四绝，不减赵孟頫，而师道能并传之，其风尚亦相似。万历二年（1574）卒。著作有《陆尚宝遗文》、《五湖集》等。

两位主人的后代，似乎更值得一提。宦光与卿子的之子赵均，生于万历十九年（1591），字灵均，自号墨丘生，从父学六书之学，又从僧人见林受大梵天字并诸国字母。在家夫妻唱和，日晏忘食；出游则与宾客搜金石，论篆籀，问奇字，寻访于古山旧水之间。他卒于崇祯十三年（1640），著有《寒山堂金石林时地考》等。其妻文俶，乃从简女，徵明曾孙女，生于万历二十二年（1594），字端容，款署寒山兰闺画史，秉性明慧，妙于丹青，传得家法，点染写生，自出新意，画史以为本朝独绝。钱谦益《赵灵均墓志铭》说："端容性明惠，所见幽花异卉，小虫怪蝶，信笔渲染，皆能橅写性情，鲜妍生动，图得千种，名曰《寒山草木昆虫状》。摹内府《本草》千种，千日而就。又以其暇画《湘君捣素》、《惜花美人》图，远近购者填塞。贵姬季女，争来师事，相传笔法。"姜绍书《无声诗史》卷五称其"适寒山赵灵均，写花卉，苞萼鲜泽，枝条荏苒，深得迎风挹露之态。溪花汀草，不可名状者，能缀其生趣。芳丛之侧，佐以文石，一种茜华娟秀之韵，溢于毫素，虽徐熙野逸，不是过也。其扇头绘事，必图两面，盖恐为人浪书，故不惮皴染焉"。可惜佳人命薄，崇祯七年（1634）卒，年仅四十。

赵均和文俶无子，仅有一女，名昭，字子惠，适平湖马班，后遁入空门，法号德隐，结庐洞庭西山，为吴中之奇女子。她善诗画写生，尤工兰竹，不愧家学。沈季友《槜李诗系》卷三十五"洞庭道人赵昭"条说："昭字子惠，吴郡寒山隐君女，祖母陆卿子，母文端容，俱擅词翰之席，子惠能嗣其美。适平湖文学马仲子班。性好烟霞，尝葛衫椎髻，自拟道民，仲子强之不克。会仲子父难破家，子惠遂入空门，更号德隐，结庵于洞庭西山中，香林匿影二十馀年，亦吴越间一奇女子也。有《侣云居遗稿》。"一说赵昭之削发为尼，另有原因，王蕴章《燃脂馀脂》卷四说："夫妇不相得，嬖妾正位，遗书决绝。先有上父书，至是又上马氏宗族书，号痛自明，卒不见省。遂祝发为尼，改名德隐，结庵洞庭西山以终。"汪砢玉《珊瑚网》卷九著录《赵子昂书陶诗》："子惠近作云：'盛夏非关逼岁除，凯风偏不借吹嘘。抽毫那有生花笔，展卷宁无蠹字鱼。妆束有怀人杳渺，荣枯不定任亲疏。断云孤月魂无倚，荏苒年华独掩居。'款题'扶风马昭'，从夫姓也。诗与字不下其先陆卿子,至写生逼真其母氏文俶也,惜不免去妇叹耳。噫,佳人薄命,自古为然矣。"赵昭之画,自然受到世人珍视,厉鹗《题赵昭双钩水仙画扇》云:"名同班氏最清华,知道停云是外家。点染春心冰雪里,只消叶底两三花。"杭世骏《题赵昭双钩水仙》云:"寒山落木涧泉分,小宛堂开辟蠹芸。留得外家残稿在,一丛寒碧写湘君。"

寒山上的这个家族,可称得上是一门风雅了。

寒山别业,既有山林野趣,又有人工之构。前为小宛堂,为藏书之处,所置茗碗几榻,超然尘表。辟有紫蚬涧、绿云楼、飞鱼峡、驰烟峰、澄怀堂、清晖楼、青霞榭、奏假堂、雕菰沼、骖鸾阡、津梁渡、云中庐、弹冠室、惊虹渡、千尺雪等诸胜,另有盘陀、空空、化

寒山　选自《南巡盛典·江南名胜》

城、法螺诸庵。

寒山以千尺雪为最胜,赵宧光自题曰:"云遏千尺雪,山下一泓水。水激万壑雷,风入松涛死。"林云凤《观瀑八韵》云:"春山行欲尽,一罅划然开。引脉通泉井,分流下石台。阴崖明见雪,晴壑倒听雷。练影拖苍树,珠文缀紫苔。源清容鹿饮,波浅识鱼来。神女曾捐珮,高僧或渡杯。奔空光错落,抱领势萦回。绝似匡庐胜,惭非李白才。"说得都很夸张,其实并非天然瀑布,只是点缀景致而已。万历二十八年(1600)十月,冯梦祯客苏州,《快雪堂日记》说:"至观音山,过赵凡夫山房,观瀑布,甚奇。"康熙五年(1666)早春,归庄《观梅日记》说:"至化城庵,庵有绝壁深涧,名千尺雪,故处士赵凡夫所凿也。僧家以石甕涧,泉流甚细,黄有三为抉去石,遂成奔流,其声淙淙。"

一来因寒山主人的名声藉甚,二来因为寒山风景名闻遐迩,前来访游的人很多,赵宧光《寒山志》说:"营筑三四年,而荆蓁瓦砾之场,皆成名胜矣,非以务广,亦其局势使然耳,不得不可以为悦,今益信然。继是无间寒暑,来观者踵相及也,百五禁烟之候,蓝舆飞幰,弥山满谷,不减上河春望。"当时在苏州有两位山人,王穉登和赵宧光,都是门庭若市的,吴翌凤《逊志堂杂钞》丙集说:"吴中处士之尤,无过前明王百穀、赵凡夫,二人生万历承平之世,富有才艺。百穀有飞絮园,相传家居时,申文定公方予告归里,车骑填门,宾客出进两家,巷陌各不相下。凡夫卜筑寒山,搜岩剔壑,又得陆卿子为妇,灵均为子,一门风雅,诗酒留宾,贵游麇至,几同朝市。吴人语曰:'城里歇家王百穀,山中驿吏赵凡夫。'甚言其宾客往来之盛也。"

万历年间,胡胤嘉来游,有《寒山记》记其见闻:"赵凡夫庐墓,自观音山左折十馀里,折穷而累垣如峡,峡穷而酒帘招摇,其旁板扉双合,排扉而入,凡夫小宛堂也,梵书插架,棐几竹榻光洁可鉴。堂以内,树石如铁色,茑萝是依。顷之,凡夫方袍岸帻,出以肃客,轩轩如舞雀翔鹭,简迈世局,居然成一隐格也。小宛东砌下,辟门以往,则凡夫所凿沼,为台为榭,以翼墓者也。沼环山足,前亘以堤,杂树夹之,菱藻、莼荇、芙蕖间生,敷芬叠翠,沉浮池际。山足丽沼,唇吐齿啮,嵌岖互夺不一,其势迤逦北引,短虹埼焉,水激石咽,三堰而抵极于沼。青霞榭则凭沼筑基,周遭桐楸可得三十许株,清疏映人,到此未有不襟开神朗者。中出供具,俱灌畦之蔬,摘园之果,味在人外。主人不厌客,清言弱麈,楚楚不倦,自言此山素为榛丛灭没,寸石尺水,皆筋力琢而位置之者。山不知何名,字山以寒,而碑之志之,自凡夫始。吴阊之间,几与虎丘、天池驰声域外矣。所恨三百亩皆石骨凿成,无长松修竹可为栖荫,而凡夫衣着器物犹有吴下风气,称异荷条、荷蒉之隐耳。"

赵宧光殁后,赵均继为寒山主人,时徐崧曾往访游,《百城烟水》卷二说:"崇祯末,余偕弱翁、文将、掌文访灵均,留止数日,遂与灵均遍游,始晤苍汰二公子于华严讲期中,时子晋同麟士、退山诸公亦至。"可见当时文人仍将寒山作为一个高士栖隐的象征,纷纷往游,诗酒流连。徐崧《崇祯辛巳重过小宛堂有感》云:"小宛今重过,莺啼不可听。高人双木主,旧迹半山铭。东海遥能吊,湘川夜独醒。一悲萧索极,恍惚雨冥冥。"

赵宧光一传无后,清初寒山别业改为精蓝,名报恩寺。赵耀《寒山留绪》图注说:"寒山别墅,凡夫公高隐故宅也。左有文昌阁,右有小宛堂及小楼花榭等处,东穿空谷,西迎千尺雪,北接云根泉,通含元公墓，镌石标题，皆公手创。迨公没，子灵均相继殂谢，子姓东归。顺治间将山庄改名报恩寺，舍作僧寮，延僧看管，兼护坟茔。"康熙五年（1666），归庄探梅至此，《观梅日记》说："前至寒山，则处士之居也，今改为报恩寺，佛阁犹其遗构，体制甚古。"延至乾隆时，就有了变化，据《寒山留绪》图注，"乾隆二十年，制宪勘建行宫，将报恩寺及小宛堂祠，移造坟旁宫墙之内，即报恩寺旧址。耀尤及见之，谨绘图以存其旧"。"报恩寺右，祠堂一所，共屋三十馀间，奉宪谕即着寺僧绪灯一并带管。乾隆二十一年，被绪灯盗拆，移建中峰，仅存祠宇三进"。"报恩寺为绪灯移建中峰，所存祠宇，另托千尺雪僧愚石收管，愚石故后，其徒孙正贤接管。乾隆五十七年（1792），正贤擅行拆毁，移改僧舍。耀等具控，奉吴县尊甄惩逐，正贤即请神位，供奉于千尺雪，故并绘此以存览"。

经历了明清易代的大动荡，赵氏一门的风流韵事，早已烟消云散，但追怀者仍然不少，想来还是借着赵宧光来抒发自己高蹈隐逸的情怀，如曹仁虎《寒山》就有"何以继高蹈，栖隐向茅茨"之咏。

乾隆四十七年（1782）早春，长洲人彭绩往游，《游西山记》说："登茅店饮茶，从野童买杖，入寒山，行宫有泉注石上，谓之寒泉，迤寒泉可五十步，有池清满，长可百步，广可三十步，狭可十步，盘纡复直。吴子曰：'盖赵凡夫因涧凿石汇为池也。'其上有竹林，数十万梃，大满三围，碧光演漾，森耸云表。迤竹林可三十步，有箬帽亭架盘石上，亭状笠，径丈高有馀，因缨作柱。迤亭又二十许步，石壁上题刻'千尺雪'，隶书，径尺，其下悬泉，是时旱，落叶烂红填涧底，缘旁度石桥，又有题刻'惊鸿渡'，篆书，径可八寸，睿藻四散，刻石上有十馀首，与吴子遍读之。望云中庐，坐弹冠室，周复聆玩移阴。"

还有一位娄县人王恪，也曾偕友往游，这时的寒山别业已完全成为寺院，且支硎山与寒山也有点夹缠了，《游寒山记》说："游灵岩之夕，舟抵观音山之趾，旧名寒山也。晨起，偕同游者行半里许始至，有寺，不入，西折上，石势雄杰，狮蹲虎踞，铁黝铜烂，牙错股峙，杳无屐齿。各选石眠憩，仰企屎颜，幽会兴奔，山体迤逦，匪极峭峻。遂蹑沙以登，手攀足抵，孙绳、右玉直上，予更西折，盘纡于回峦复岭间，缭曲层深，富饱心目，于最西一峰冒险逾跻，二子自东来合，各喘喙夸所胜。顷之，双栗亦至，而怀一于眠石处止矣。俯视山半，有一寺隐露松杪。以上石势大抵与下类，加以松林飕瑟，隐秀岩亭，遂穷山之顶。太湖滟潋，屏山插之，破环成玦。东折下里许，抵山半寺之后，右循石垣下，绿竹万竿，朝烟交翠。至寺前，怀一坐以待，入寺，问往千尺雪之路。明处士赵凡夫隐居此山，今分为三寺，千尺雪其最胜处也。出寺，误取径于东，林壑亦幽邃，行百馀步始悟。与双栗、怀一南下，泉随屦曲折，以盥以漱。数百步有亭翼然，垣缭之，自此东折下，可达山趾之寺。久之，二子至，遂西折行里许，仰瞻岩壁，若坐若卧，欲偃欲堕，皆向所扪历处也。道有双壁插起，中劣容一人，曰石门，有放鹤亭，盖支公遗迹也。复数百步，为古报恩寺，赵氏曾夺而有之，故揭于额。有二梅极古，左者如蛟螭偃地，右有洞，历级下，得精舍，梅石皆古。复由洞上，后有宇，右倚岩半，架空成楼，竹桧苍郁。寺僧言赵之父葬于寺后，因导往，背岩东向，读其碑，乃徵君徐含元墓也。逾冈西折，行数百步，岚晖映合，绿缛荟萃，泉声淙淙，峭壁左峙，孤亭右翼，则千尺雪也。西南砥石横广，散卧其上，枕高席平，岩立无寸土树根焉，茂荫倒垂。耳聆潺湲，目玩幽蔚，久之乃起。踞亭而视，两壁左耸右低，中成涧道，亭据于右，与左壁齐，其泉发自山椒，汇池灌畦，机引于壁，循巅下注，枯柎交梗，旋沫郁沸，苔藓蒙茸，散烟含雾。登壁视状，有板递遏以养其流，稍援起之，则声势渐盛，飞清激素，越涧沾衣。时尚水涩，若山雨涨后，众脉交泻，宛同瀑布，实为奇胜。倚栏临坡，或据或卧，静听音响，泠泠清远。命僧设饭待。从亭南取径往法螺，循泉行竹径中，小折出，额曰'化城'，盖向于徐墓南间道来也。西折百步，有石平广，容数百人，旁罗峻壁，幽壑潭潭，自呈道左。复西南折，树更郁葱，泉灪灪循涧鸣，皆千尺雪之下流。复百馀步，有亭覆井，遂入法螺庵，梅极古，皆赵氏遗植。初至二楞堂，门扉无一隙，有画屏一扇，半剥落。三寺中法螺最新整，重阿周廊，曲室互隐，而报恩位置巧化城，则千尺雪一地可冠寒山也。"

山上诸庵，一度颇有香火，尤其是郡中仕女，借着烧香拜佛的因由，来领略寒山春天的风光。顾嗣立《西山竹枝词》云："法螺庵前声如雷。赵家坟外人作堆。三三两两穿花过，错认衰桃几簇开。"

也不知什么道理，清高宗特别喜欢寒山，六次南巡，六次驻跸，先后赐诗三十多首，且多联额。《南巡盛典·江南名胜》有详细记载："寒山别墅在支硎山西，明赵宧光隐此，筑小宛堂以居，后为僧舍。庭前老梅，相传宧光手植，芙蓉泉出其旁，西临清浅池，通千尺雪，名飞鱼峡，东南为空谷，奇石横亘，上跨小石如环，名驰烟驿，皆篆书刻石，宧光旧迹也。乾隆丁丑，御书额曰'寒山别墅'，曰'眺听清机'，又额曰'对瀑'，曰'空谷'，曰'琳琅丛'，曰'芙蓉泉'，又楼额曰'清晖'，曰'绿云'，又堂额曰'澄怀'，联曰：'石拥云根涵秀润，泉淙玉韵得清真。'又联曰：'修竹弄风金琐碎，飞泉激石玉琮琤。'又联曰：'随步山泉引清听，悦怀烟树入幽吟。'壬午，御书额曰'驰烟驿'。庚子，御书联曰：'暗琴淙乳窦，明镜漾云根。'又联曰：'谁洗筝琶耳，独怡云水情。'千尺雪在寒山，石壁峭立，明赵宧光凿山引泉，缘石壁而下，飞瀑如雪，不减匡庐，山半有屋曰云中庐，又有弹冠室、惊虹渡，皆宧光旧址。再上为法螺寺，乾隆辛未，御书额曰'玉峡飞流'，又阁额曰'听雪'，联曰：'幽室数楹聊不俗，清机片响恰宜闲。'法螺寺在寒山，山迳盘纡，从修篁中百折而上，势如旋螺，故名。径旁涧水潆洄，石梁跨之，名津梁渡。寺中精舍数椽，四山拱翠，庭前树石，位置天成，翛然有出尘之致。乾隆辛未，御书额曰'妙云顶相'，联曰：'一径盘云瞻宝髻，万山飞翠拱螺峰。'"

高宗对千尺雪尤其青睐，千尺雪上有一阁，未曾署名，乾隆十六年（1751）南巡，赐名听雪。御制《听雪阁》题注："千尺雪之上架白屋三间，冰窗俯畅，砰湃之声满耳，跳激之势谋目，阁素无名，名之曰听雪而系以诗。"他还先后在西苑、避暑山庄、盘山仿建千尺雪景观。御制《盘山千尺雪记》说："昨岁巡幸江南，观民问俗之暇，浏览江山胜概，寻古迹之奇，文物秀丽区也。其悦性灵而发藻思者，所在多有。而独爱吴之寒山千尺雪，创于明隐士赵宧光，今范氏构园其地者，境野以幽，泉鸣而冷，题其阁曰听雪，为之流连，为之倚吟。归而肖其处于西苑之淑清院，盖就液池尾闾，有明时所筑假山，乔木峭蒨，喷薄之形似之矣，而乏天然。及秋驻避暑山庄，乃得飞流漱峡，盈科不已者，作室其侧，天然之趣足矣，而尚未得松石古意。今春来盘山，游文皇所为晾甲石者，汇万山之水而归于一壑，溙溙之湍奏石面，谡谡之籁响松颠，时而阴雨忽晴，众溪怒勃，则暴涨砰訇砉焉，直下挟石以奔，触石以停鞳然铿然，激扬浡然，虽千夫撞洪钟，有不足比其壮者，爰相面势，结庐三间。兹重游而其屋适成，开

千尺雪　选自《南巡盛典·江南名胜》

虚窗，俯流泉，觉松涛石籁，问答亲人，乃叹寒山千尺雪固在是间，而劳劳往返，营营规写者，不几为流水寒潭笑，未能免俗哉，率笔记之，亦以存高风之慕也。"

自然灾害是寒山诸庵香火冷落的主要原因，韦光黻《闻见阐幽录》说："嘉庆末年，吴中诸山连岁出蛟，或谓泛洪。法螺寺内蛟起石中，水涌没牛，石坡瓦裂，殿屋坍塌，忽山巅露一井，深不可测，又山有茶树极清越，野生百合小如卵，色黄，香味甜香。"道光十三年（1833），一场大水又几乎荡涤山上的建筑，惟法螺庵尚存，黄安涛《吴下寻山记》说："过寒山，忆赵凡夫故居，于道光癸巳为蛟水冲毁，相与惋惜久之。旋入法螺寺茶饮，俯槛临流，颇得潆洄之趣。"至民国年间，僧舍也已圮败，仿佛荒墟一般，仅存假山、荷池、石桥遗迹，徒供凭吊。大概因为高宗曾在这里驻跸，乡人称之为皇废基。

值得一提的是，赵宧光、赵均父子是当时著名的收藏家和刻书家。

《寒山志》说："处石上佛阁，可藏三车经籍，曰悉昙章阁，章者，华梵互称，五天大藏之祖，万国文字，皆从流出也。"寒山别业收藏甚富，书籍、字画、器玩外，尤以金石拓片为特色。叶昌炽《藏书纪事诗》卷三云："远上寒山石径青，神仙眷属草堂灵。悉昙经典归何处，憔悴中郎曙后星。"其藏印有"吴郡赵宧光家诸子"、"寒山赵宧光家诸子"、"赵凡夫读残书"、"吴郡赵宧光家经籍"、"寒山"、"梁鸿墓下凡夫"等。至赵均夫妇殁后，其女赵昭为生活计，只得变卖所藏，汪砢玉《珊瑚网》卷九著录《赵子昂书陶诗》："崇祯癸未重九日，寒山赵子惠来吾禾，访女史黄皆令。携其先凡夫所遗物欲售余，因得观此卷，并衡山手录《甫田全集》、李北海墨迹、宋元人画，及古澄泥研，作阴阳对扇开合，宋做白玉飞鸾、杨萱彩描漆囊、鱼耳宣炉种种。"又同书卷三十七著录《沈征君南湖草堂图》："癸未重九日，寒山赵子惠携其家藏名迹来吾里，余得观是卷，又其母文俶大幅花石，殊不凡。"可见寒山收藏的富赡。

赵宧光的寒山堂，不但刻了自撰著述，还刻了陆卿子《考槃集》六卷、《玄芝集》四卷，还用木活字印了赵枢生的《含玄斋遗编》四卷、《别编》十卷、《附录》一卷，以及《含玄子》十六卷。赵均的小宛堂，刻过徐陵《玉台新咏》十卷（覆宋陈玉父本），刻工精致，颇具宋版原貌，为世所珍重。又刻过赵宧光《说文长笺》一百卷首两卷，又《六书长笺》七卷。

一峰常插白云中

天平山,在支硎山南,上沙村北,巍然特高,群峰拱揖,卓然独立,直插云端,给人"与天齐平"之感,故名天平。苏舜钦《天平山》云:"吴会括众山,戢戢不可数。其间号天平,突兀为之主。杰然镇西南,群岭争拱辅。吾知造物意,必以屏天府。清溪至其下,仰视势飞舞。伟石如长人,竖立欲言语。扪萝缘险磴,烂熳松竹古。中腰有危亭,前对翠壁举。石窦迸玉泉,泠泠四时雨。源生白云间,颜色若粉乳。旱年或播洒,润可足九土。奈何但泓澄,未为应龙取。予方弃尘中,岩壑素自许。盘桓择雄胜,至此快心膂。庶得耳目清,终甘死于虎。"这是较早一首咏唱天平景致的五古。

天平山上下皆奇石,因其山体为钾长花岗岩,属断层山,断层倾斜角度近乎垂直,亿万年来,风吹雨蚀,冰冻日灼,使山石逐步开裂风化,外层不断分解崩落,形成了与众不同的面貌。十万峰石,嵯峨耸立,诡异错互,细看又形状灵奇,或似狮蹲虎踞,或似象舞鹤立,或犀咒熊罴之倾奔怒斗耸踊而下者,千态万状,不可悉数。柯九思《游天平山记》说:"其上多怪石,如澌冰,如雕木,或立或僵,或如介夫,或如奔马,不可名状。"邹迪光《游吴门诸山记》也说:"至天平山，石尽上耸，若斧者，若刃者，若剑锷者，若笏者，率然而出，挺然而峙，岌岌然而相轧，掩映霏霎，紫翠万状，无论阊闾诸山不敢与均茵伏，即江以南，此为巨擘。"前人都以"万笏朝天"来喻天平之石，丁奉慧眼独具，《游天平山记》说："而其遍山奇石，则俗谓之万笏朝天焉，试以笏类拟之。有环其首若琬圭者，有半锐半圆若琰圭者，有方正而下空若冒圭者，有米粒碎斑若谷圭者，有齿痕若牙璋者，有双植若桓圭者，有花纹或蒲璧者，其次渐微有若大夫执象简者，又其次益微有若士执槐简者。凡此类矗矗层层，莫可殚述，而皆作势向上，以朝乎天。乍而遇之，可以兴钦，若之心熟而象之，可以肃朝参之貌。"

山上奇石，都由好事者肖形题名，不知起于何时。南宋乾道三年（1167），周必大来游，《泛舟游山录》说："蹑石磴至卓笔峰，峰高数丈，截然立双石之上，附着甚觥脆，疑其将坠，如屏如矗，或插或倚，备极奇怪。行十之七，石愈众，而力愈疲，乃循左径访石室，三面壁立，覆二大石，少休其中。下至小石屋，一石覆之。又下至飞来峰，高二丈，上锐削，微附盘石，前临崖谷，兹其异也。又东下远公庵，一名望湖台，正值寺后，今废。又下至五丈石，亦名阁石。上至次头陀岩，有盖斜蔽之。次至龟石，脊势隐起，名不虚得。此山大抵皆石也，瑰形诡状，可喜可谔。"此外，还有钓鱼矶、蟾蜍石、头陀岩、照湖镜、卧龙峰、巾子峰、穿山洞、龙头石等，令人叹为观止。让游人能亲身体验的是龙门，俗称一线天，两崖并峙，若合而通，中有二十馀级，仅容一人侧身上下，据说瘦瘠者过之不觉其宽，肥硕者过之不觉其窄，诚然也是实情。

清顺治六年（1649），天平山发生一次山崩，徐树丕《识小录》

卷四"天平山崩"条说："己丑七月十七日雷雨，山下居民但闻轰轰之声，声亦不甚厉。忽然拔起，下出红光如火望南飞，再出黑气如墨望北去，钜石皆如击碎，有如船者，如桌椅者，亦有势欲堕而未堕者，种种不一。下为深坑，亦绝无水，直是山崩，非出蛟也。闻黄河亦竭，不知果否。而此则吾乡里事，万目所共睹也。"这次山崩后，不少奇石消失了，又出现了新的奇石。因此，山崩前后，景观不同，可按前人记载去作分析。

山半有白云泉，自石罅中涓涓而出，泻注绝壁下小池，泠泠不竭，声如鸣玉，甘流芳滋，玉腴而冰寒。此泉何时发现，又为何人题名，今已无考。唐宝历元年（825），白居易来任苏州刺史，游山至泉边，作《白云泉》一首，诗云："天平山上白云泉，云自无心水自闲。何必奔冲山下去，更添波浪向人间。"北宋景祐元年（1034），范仲淹诏知苏州，进士陈纯臣致仲淹《荐白云泉书》，末云："倘阁下一漱齿牙之末，擘笺发咏，乐天如在，当敛策避道，不任拳拳之诚。"仲淹因此作《天平山白云泉》，诗云："灵泉在天半，狂波不能侵。神蛟穴其中，渴虎不敢临。隐照涵秋碧，泓然一勺深。游润腾龙飞，散作三日霖。天造岂无意，神化安可寻。挹之如醍醐，尽得清凉心。闻之异丝竹，不含哀乐音。月好群籁息，涓涓度前林。子晋罢云笙，伯牙收玉琴。徘徊不拟去，复发沧浪吟。乃云尧汤岁，盈盈常若今。万里江海源，千秋松桂阴。兹焉如有价，北斗量黄金。"自白、范两公题诗后，白云泉声名远播，《吴郡志·山》至称其为"吴中第一水"，以至白云庵、白云寺等，都因泉而易名也。

庆历三年（1043），庐陵僧法远来天平住持白云寺功德院，别在白云泉边筑云泉庵。至南宋时，庵僧寿老发现石罅中另有一泉，注出如线,丝连萦络,尤清冽,便题名一线泉。杨基《天平山十四题·一线泉》云:"石窦小如针,泉飞一缕金。天风吹不断,穿过白云深。"后寺僧又用竹管将泉水接入石盂,故又称钵盂泉。因白云泉、钵盂泉都在山半,前人记咏,往往不能分辨。云泉庵在元末废圮,明永乐间再建,天顺间又圮,万历初,范仲淹裔孙惟一、惟丕等重修。至清顺治末尚在,葛芝《秋日游天平岭记》说:"至白云泉,泉色正白,土人云,甘洁可饮。泉旁有僧居,僧已出,不及试。"在清人记咏中,庵又称白云精舍、白云泉山房。

云泉庵占地不大,中有白云亭,以供品茗憩息。叶茵《天平山谒范文正祠登白云亭》有云:"松障四开心目快,山泉一瞰骨毛清。坐间恰动思亲念,隐隐白云何处生。"后至元四年(1338),张雨《天平山游记》说:"酌泉白云亭,遂辞寺门,直趋灵岩。"至正二十二年(1362),高启《游天平山记》说:"复有泉出乱石间,曰白云泉,线脉萦络,下坠于沼,举瓢酌尝,味极甘冷。泉上有亭,名与泉同。草木秀润,可荫可息。"谢缙《登天平山白云亭》云:"白云泉上白云亭,京国归来喜重登。欲试座间谁老健,酒酣先上最高层。"

清乾隆三年(1738),范瑶又重建白云亭,李果《补筑白云亭记》说:"盖寺屡修无恙,而云泉之亭,废既久矣。予昔尝游天平,见泉出岩窦,色凝白如乳,泻注绝壁下小池,涓涓如鸣玉,大旱不竭。唐白乐天、宋苏子美各有题咏刻石上,已模糊不可辨。泉上有屋两楹,倾甚。今岁之春,君撤而新之,为轩,为楼,为阁,楼之下为燠室,蹑蹬以入,为虚廊,为庖湢,咸相地所宜以构筑。而阁尤杰出,空其三面,以望九龙、玳瑁诸胜,王吏部虚舟榜书'兼山阁'。东为喝月坪,古松一本,在轩之隅,苍翠如盖。轩曰如是,取孟子语,有本之义也。"汪缙《游白云泉山房记》说:"予与念庭至白云泉山房,泉畔有老僧,貌甚淡。予拂石而坐,听泉声,老僧独与念庭语,绝无一语及予。已而同念庭登兼山阁,清眺移时,老僧向阁下挹泉烹茶,迨予下阁,茶已熟矣,为啜数盏而别。是日偶得句云:'清泉鸣永日,古木倚闲身。'予甚乐其地,然每与客言,莫有会者。"龚炜《巢林笔谈》卷二也说:"天平山之白云泉,西山幽丽奇处也。予谒范墓登此,泉声潺潺,与千尺雪竞爽。行游渴甚,取泉水连啜数瓯,喉吻润而肌骨清矣。登兼山阁,启绮窗以临山,披霜林而如绣,挹其景,不能名其状。"

乾隆四十七年(1782)重阳,沈复亦偕友来游,《浮生六记·浪游记快》说:"由寒山至高义园之白云精舍,轩临峭壁,下凿小池,围以石栏,一泓秋水,崖悬薜荔,墙积莓苔。坐轩下,惟闻落叶萧萧,悄无人迹。出门有一亭,嘱舟子坐此相候。余两人从石罅中入,名一线天,循级盘旋,直造其巅,曰上白云。有庵已坍颓,存一危楼,仅可远眺。小憩片刻,即相扶而下。"

1926年,李根源上天平,《吴郡西山访古记》卷二说:"登白云精舍小憩,饮钵盂泉,出龙门石,即俗名一线天者。"三十年代初,郑逸梅《天平之游》说:"我们更由磴上陟,两旁的巨石,什么鹦鹉唎、蟾蜍唎、石钟唎,都是以形拟名。过了石钟,便为钵盂泉。遂趋入据小阁憩坐,老僧为我们瀹茗解渴。我们且饮且眺,槛外蒙莽岩壑,青翠深沉,山风吹来,飕飕作响。到了此地,几不知世上有扰攘的情状。"

旧时兼山阁,有三字木榜,款署"依洲老先生属,王澍书",依洲即范瑶。又有联两副,一曰:"池浅能容月,山高不碍云。"赵宧光撰书；一曰："万笏穿云藏翠坞，一盂浸月散珠泉。"吴荫培撰书。今兼山阁依然辟为茶室，惟瀹茗不用泉水矣。于此远眺，群山迤逦，村舍俨然，近则松栝交翠，枫榆携手，鸟语嘤嘤，泉声淙淙，仿佛身入翠微之中。

前人将天平山垂直分作下白云、中白云、上白云三段，黄金台《游天平山记》说："兹者徙倚一筇，复游胜地；玲珑万笏，依旧朝天。如好友之重逢，似美人之再见尔。乃绝迹飞行，逸情标举，松门摇瘦，苔径践肥。一路竹阴，气冷于水；四山禽语，声碎于虫。树枝尽圆，泉语欲活。丁当碎玉，作两三声；子纸悬珠，飘四五点。则所谓下白云者是也。既而肩摩崖腹，手抚岩腰，一线纡回，千峦拿攫，取径愈隘，历级益奇，闻佛香于空中，落人影于天半。穿藤之鼠，见客不惊；拾果之猿，与僧分啖。鹫阙盘郁，直凌翠微；鹿宫觚棱，旁绕黄叶。则所谓中白云者是也。遂乃仰攀雾磴，深入星坑，奇气荡胸，巅峰刺吻。有大石洞焉，天柱腾空，龙疑蜕骨；石门坚锁，鲸似张牙。宽于一亩之池，广若三间之屋。白鸦高卧，以树为家；黑蝶低飞，引人寻路。盖至上白云而已登绝顶矣。"简而言之，自山麓至白云泉属下白云，自一线天至山巅下属中白云，绝顶即上白云，也称莲花峰，沈大成《西山观梅记》说："西上益高，曰莲花峰，巅有巨石，平广可坐，曰万仙台，环顾远近诸峰，辐辏奔赴，若拱若揖，山之以天平名者此耶。"光绪末，长白达桂（馨山）于此摩崖题"云上"两字正书，径二尺，旁有"我来上白云，身在白云上"十字。

天平景色，四季皆宜，惟金秋时节看枫叶，则最为胜游。顾禄《清嘉录》卷十"天平山看枫叶"条说："郡西天平山，为诸山枫林最胜处。冒霜叶赤，颜色鲜明，夕阳在山，纵目一望，仿佛珊瑚灼海。在三太师坟者,俗呼为九株红。游者每雇山轿,以替足力。"天平山麓的这片枫林,枝茂层深,遮天蔽日,乃范允临从福建携归所植,时在万历年间,一百多年后,遂成规模,故前人记咏天平红枫景观都在乾隆以后。李果《天平山看枫叶记》说:"天平山,予旧所游也。乾隆七年十月朔之二日,马生寿安要予与徐北山游。泛舟从木渎下沙可四里,小溪萦纡,至水尽处登岸,穿田塍行,茅舍鸡犬,适带村落,纵目鸡笼诸山,枫林远近,红叶杂松际,西山皆松、栝、杉、榆,此地独多枫树,冒霜则叶尽赤。今天气微暖,霜未著树,红叶参错,颜色明丽可爱也。"蔡云《吴歈百绝》云:"赏菊山塘尚胜游,一年游兴尽于秋。天平十月看枫约,只合诗人坐竹兜。"顾莼《吴中风景》亦云:"丹枫烂漫锦妆成,要与春花斗眼明。虎阜横塘景萧瑟,

天平山枫林

游人多半在天平。"天平山麓的枫树，叶呈三角形，故称三角枫，入秋先由青变黄，接着由黄变橙，由橙变红，最后由红变紫，故又称五色枫。相传范允临当年栽植三百八十株，今约存两百六十株。

晚秋初冬的天平山，夜霜染叶，万紫千红，当夕阳在山，纵目望去，丹林远近，烘染云霞，四山松栝杉榆，间以疏翠，岩壑亭台，俱作赤城景象。据说，北京香山、南京栖霞山、长沙岳麓山等观赏红叶的胜地，此时此景，都稍逊天平山。

天平山还有一个奇观，即于山顶可见日月并出，韦光黻《闻见阐幽录》说："天平岭之顶曰莲花洞，每岁十月朔，可观日月并出，然必九月有晦日又无云雾，方可观。黄芜圃曾同心诚和尚夜宿洞中，至四更，见有光起，如见一日飞起即落，继又见一月飞起即落，如是者三，乃见一日一月相并而起，其光照耀，难以名状，不移时不见矣，此为海中所遮蔽，至天明，尚有一时许也。"这一奇观，一般游人是很难看到的。

范仲淹祖墓在天平山南麓，即上沙金山浜底，乡人俗呼"三太师坟"。这三太师是范仲淹的直系三世，曾祖梦龄，官吴越中吴军粮料判官，赠太师，封徐国公；祖赞时，官秘书监，赠太师，封唐国公；父墉，官武宁节度掌书记，赠太师，封周国公。三人都是因范仲淹贵而得以赠封的。堪舆家认为那里风水绝佳，才会出范仲淹这样的人物，《吴郡志·冢墓》就说："天平，吴巨镇，周遭十里，石山而土穴，人以为范氏庆源云。"王宾《吴中古迹诗·范氏祖坟》云："阴阳家说到坟前，风水真宜子息贤。文正有贤君听取，祖宗积德百馀年。"那里有古枫九株，韦光黻《闻见阐幽录》说："坟上大枫树九株，秋晚红叶绚烂，较天平更盛，人呼为九株红。"范仲淹并不葬在那里，他的墓在洛阳伊川万安山，但两个儿子纯仁、纯礼以及他们的子孙，则都葬在天平的山坞里。

天平南麓有天平寺，唐宝历二年（826）建，南宋时尚存唐代寺僧的抄经，周遵道《豹隐纪谈》说："今天平寺藏经多唐人书，背有'封桥常住'字。"至北宋庆历间，范仲淹以先墓所在，奏为功德寺，始名白云庵，赐额白云寺，且改律为禅，且度僧守之，以严崇奉。皇祐四年（1052），范仲淹求知颍州，至徐州而卒。既葬，敕赐洛阳褒贤显忠禅寺、苏州天平山白云寺奉香火。宣和五年（1123），庆帅宇文虚中奏请立庙，赐额忠烈，故邠、庆诸州都有专祀范仲淹的忠烈庙，而白云寺仅有祠堂，朱长文《吴郡图经续记》说："范文正公之先葬其旁，赐额曰白云寺，中有文正公祠堂。"（《寺院》）又说："每岁清明，大合族人，以义田之资设盛馔祭扫，至今修之。"（《冢墓》）至范纯礼登相位，乞褒贤、白云两处各添剃度行者，每岁一名。

南渡以后，陕陇隔绝，改奉于白云寺之祠，移额忠烈庙，每岁上巳，有司致祭。乾道三年（1167），周必大过此，他在《泛舟游山录》中说："过天平下，岭甚峻，约数里至白云寺，《图经》云唐宝历二年置，在县西南二十五里，本远公道场，今为范文正公功德院，义仓在其中。文正公父祖葬山下，故范氏多寓傍近，或居寺廊。寺有白乐天、苏子美、王君玉、蒋希鲁诗刻，久阙主僧，庶事不治。""归寺，欲拜文正公及四子像，坐待鱼钥，移时乃至，明日盖文正忌辰云。寺有明因塔院，诘曲随山，殊迫窄，初僧智华与蔡京善，政和间为乞此额，且立碑焉。"至元初，庙已颓圮，世祖至元二十二年（1285）开始重修工程，牟巘《范文正公忠烈庙记》说："庙久颓毁，至元乙酉，主祭邦瑞、提管士贵共议重建，取义学馀米，归之义庄，为土木费，司计邦翰、宗逊等佐之。其年四月既望,新庙成。丙戌二月既望,率族奉安,前设文正公神像,内设三国公神仪。庙凡十楹,黝垩丹漆,备极壮丽,供具皆完好。"

元末兵乱,忠烈庙遭毁,明正统十年(1445),由吴县知县叶锡主持重修,王直《重修范文正公忠烈庙记》说:"为堂前后各三间,以奉公及三世先公像,东西厢如其数,以藏祭器,而斋宿寓焉,壮丽严整,有加于昔。中作石桥,桥南左右为碑亭。前作大门,榜曰敕赐范文正公忠烈庙。"庙在寺内西偏,至正德时,吴县知县刘恒认为,寺本为范仲淹奏请,而庙反在寺旁,于义弗称,乃于寺中复建正本堂,于是报享有堂,登降有序,规制遂完善。

至清初,庙又遭兵燹,康熙二十四年(1685),范必英等重修。范必英《重建天平山忠烈庙前堂及仪门记》说:"先后五载,凡以粢易值,得白金五百有奇。遂撤前堂而新之,惟石柱仍其旧,较前为朴壮。又以形家言,移仪门于石桥之南,建为五楹,以两夹室庋旧碑,而池北周以石栏。子孙瞻拜之地尤弘敞,为费复百馀金许。"寺中本有退处之堂,曰白云深处,久失其址,乾隆初修葺寺宇,即寺旁老屋三间,榜以旧额,聊存遗迹。六十年后,风雨飘摇,雀鼠穿穴,朽蠹颓覆,嘉庆二年(1797)重建,范来宗《重建白云深处记》说:"爰于嘉庆丁巳秋,出义庄馀粟,庀材鸠工,撤而新之,庖湢则移而远之,更增葺二层,可与燕居,可与永夕。兹来祭扫,堂已落成,重书额悬其中,前有老桂古梅,百年物也,其后大石矗立,林木森然,白云缕缕,迷漫山谷,若为藩篱。"

明初归并天下寺观,隶白云寺的有六处,支硎山观音寺乃其中之一,因此亦为范氏香火院,立范仲淹木主于寺之左,后遂废。康熙间重建,范能濬《重修支硎山范文正公分祠碑记》说:"重建文正公祠三楹,像塈如忠烈庙制,外为大门,堂阶栏楯,朴坚如度,自相基会作,凡阅八载而卒事。祠门南向,凭高面山,苍翠异状,远而村墟聚落,树阴晻暧,游客篋舆,隐见绝续者,皆出于几席之下。以岁之春秋,躬率子孙至祠下,修报祀之礼。"四十四年(1705)仲秋落成。

光绪二十三年(1897),忠烈庙出了一件事,《点石斋画报·先贤何罪》报道说:"宋先贤范文正公嘉言懿行昭垂史册,为一代名臣,而苏郡系公桑梓之乡,天平山下有公祠在焉。祠中塑建公像,高二丈有奇,峨峨道貌,栩栩欲生,自宋迄今,历遭兵燹,而公祠与像岿然独存。讵前日看祠人早起,忽见公之元首坠于地下,大惊失色,随即飞报范庄。经公之后裔相约诣祠细看,痕迹系为人锯解而下,以事属非常,不欲张扬,遂密唤漆匠依样装塑,然彼都人士已无不哗然矣。"这当然不会有什么政治目的,盗贼只是为了窃取像腹中物而已。

民国年间,范氏曾多次修葺忠烈庙,据李根源《吴郡西山访古记》卷四记载,庙前有坊,已半圮,且无字。仪门额曰"第一流人物",为觉罗雅尔哈善书。文正祠内,中龛塑范文正公像,左龛塑纯佑、纯礼像,右龛塑纯仁、纯粹像,再龛奉宋良器等二十一人木主,悬木榜三,分别是"康熙五十五年正月二十四日准入祀孔庙西庑敕谕"、"济时良相"、"学醇业广"。后三太师祠内,中龛塑徐国公梦龄像,左龛塑唐国公赞时像,右龛塑周国公墉像,旁龛奉宋闻正等十五人木主。侧建渔庄、依洲两公祠。另有碑刻十一方。

晚近以来,因忠烈庙屡被移用,年久失修,残存前堂三间、仪门五楹,方池、石桥及历代碑刻,倾颓坍塌,杂草丛生,一片荒芜。1982年,苏州市政府斥资重修了前堂、仪门、配房,并整治石桥,疏浚池沼，安置卧碑。1985年又重塑范仲淹像于前堂，以供瞻仰。

天平山下有范允临的天平山庄。允临字长倩，号长白，为范仲淹十七世孙，万历二十三年（1595）举进士，历官南京兵部主事、云南提学佥事，迁福建布政司参议，以官场繁务为累，未到任而归。他在天平山修葺祖祠，复振先泽，又在白云寺旧址修建别业，题名天平山庄。允临擅长书画诗词，与董其昌齐名，所著《输寥馆集》，清代列入全毁书目。其妻徐媛，字小淑，为徐泰时女，好读书，善书法，擅吟咏，著有《络纬吟》。徐媛常与隐居寒山的赵宧光妻陆卿子唱和，吴中士大夫望风附影，交口称誉。

天平山庄，依山为榭，曲池修廊，引泉为沼，通以石梁，远望如画图中之蓬莱三岛。园中有听莺阁、咒钵庵、岁寒堂、寤言堂、翻经

天平山高义园

台、桃花涧、宛转桥、鱼乐国、来燕榭、芝房、小兰亭诸胜，均依山就水而建，故其堂联有曰："门前绿水飞奔下，屋里青山跳出来。"张岱往游，《陶庵梦忆》卷五《范长白》说："范长白园在天平山下，万石都焉。龙性难驯，石皆笏起，傍为范文正墓。园外有长堤，桃柳曲桥，蟠屈湖面。桥尽抵园，园门故作低小，进门则长廊复壁，直达山麓。其缯楼幔阁，秘室曲房，故故匿之，不使人见也。山之左为桃源，峭壁回湍，桃花片片流出。右孤山，种梅千树。渡涧为小兰亭，茂林修竹，曲水流觞，件件有之。竹大如椽，明静娟洁，打磨滑泽如扇骨，是则兰亭所无也。地必古迹，名必古人，此是主人学问。但桃则溪之，梅则屿之，竹则林之，尽可自名其家，不必寄人篱下也。"又说："开山堂小饮，绮疏藻幕，备极华缛，秘阁清讴，丝竹摇飏，忽出层垣，知为女乐。饮罢，又移席小兰亭，比晚辞去。主人曰：'宽坐，请看少焉。'余不解。主人曰：'吾乡有缙绅先生喜调文袋，以《赤壁赋》有少焉月出于东山之上句，遂字月为"少焉"，顷言少焉者，月也。'固留看月，晚景果妙。主人曰：'四方客来，都不及见小园雪，山石嶒䃳，银涛蹴起，掀翻五泄，捣碎龙湫，世上伟观，惜不令宗子见也。'"由此约略可见晚明士大夫家歌舞宴饮的情景。

万历四十五年（1617）徐媛卒，崇祯十四年（1641）范允临又卒，其子范必英时年仅十一岁，只得移居城中。天平山庄这一颇具楼阁亭台之胜的园墅，于明清离乱之际废圮了。清初，徐崧重游天平山，作《登天平山顶兼忆幼时得见范参议公居园之盛》，有"犹思参议居园日，蜃阁虹桥赛列仙"之句，诗人在天平山上俯瞰山麓，泉石依旧，人事已非，回忆幼年所见范允临在山庄里招饮天下名流的风雅场面，恍如隔世。

范必英是顺治十四年（1657）举人，康熙十八年（1679）与汪琬、尤侗、潘耒、徐釚等同赴京师举博学鸿词科，授翰林院检讨，与修《明史》。就在他中举之后，在山庄旧址建了范参议公祠。乾隆七年（1742），前大同知府范瑶会同范必英，孙兴禾、兴谷兄弟，重修山庄，并易名赐山旧庐。蒋恭棐《范氏赐山旧庐记》说，范瑶诸人"相与循览园地，忾想参议遗迹，次弟修复。于是咒钵庵、寤言堂、听莺阁、芝房、鱼乐国、来燕榭、翻经台、宛转桥诸胜，尽还旧观。其明年工讫，改庄名赐山旧庐"。乾隆十六年（1751），高宗南巡，驻跸山庄，赐名高义园，有御制诗《题高义园》，序曰："天平山之下，范文正之祠在焉，其旁有园一区，子孙世守其业，行跸偶临，因名之曰高义而赐以诗。"诗云："纡磴下灵岩，天平秀迎目。即夷度溪町，菜黄春麦绿。入松复里许，山庄清且淑。林泉迥明净，兰茝纷芳馥。葱茜入窗户，云烟润琴牍。午桥义何取，涑水乐非独。经临望祠宇，徘徊慕高躅。文正之子孙，家风尔其勖。"此后数百年间，虽几经鸠工重葺，终因年久失修，日见荒芜。至上世纪八十年代又重修，西边一落四进为高义园，东侧自范参议祠至咒钵庵为赐山旧庐，春秋佳日，游人如织。

另外，范成大墓在天平山西南仰天山，旧名马鞍山，乃成大先陇所在，地近范文正公忠烈庙，其营寿藏于先陇之侧，因慕仲淹为人，遂改马鞍为仰天。成大《重九日行营寿藏之地》云："家山随处可行楸，荷锸携壶似醉刘。纵有千年铁门限，终须一个土馒头。三轮世界犹灰劫，四大形骸强首丘。蝼蚁乌鸢何厚薄，临风拊掌菊花秋。"旧有觉严寺奉墓祀，废已久矣。今墓被杂树掩盖，如无人指点，以为一小丘而已。

上沙一带风景异

在灵岩、天平之间,有清溪一道曲折流经,称为上沙,左缭平田,右带溪流,山清水秀,风景宜人。元人朱德润《游灵岩天平山记》说:"转过野桥村店,山回涧曲,樵歌牧唱,相与应答以翠微空旷之间。里人所谓鸡经山、虎子谷者,突然乎其左;琴台巘、羊肠岭者,兀然乎其右。"就在这一片林麓间,曾有两处园居,虽今已踪影全无,却不能让人忘怀。

一处是涧上草堂,为徐枋隐居处。徐枋字昭法,号俟斋,长洲人,徐汧长子,举崇祯十五年(1642)乡试。当苏州城陷,父投虎丘新塘桥下殉国,遵父遗嘱,隐居终身。徐枋先住金墅十五年,释弘储在上沙戚字圩为建屋二十馀间,于康熙二年(1663)冬徙居,即所谓涧上草堂,直至三十三年(1694)去世,未再离开过,可谓终老于斯。徐枋《西山胜景图记》介绍了涧上草堂的环境:"上沙在天平、灵岩之间,其地最胜,多乔林古藤、苍松翠竹,与山家村店相掩映,真画图也。一涧潺潺,水周屋下,时雨既过,则奔流激注如雷鸣。涧之所出,自为一村,余草堂在焉。轩窗四启,群峦如拱,空翠扑人,朝霏夕霭,可卧而游,又不假少文画图矣。"又《甲寅重九登高记》

说：" 涧上草堂在天平之阳、灵岩之阴，鸡笼、羊肠拥其右，笏林、岸崿峙其左，连峰叠巘，迤逦相属，若环拱我草堂者。余于人世寡所嗜好，而独负山水之癖。沧桑以后，绝迹城市，而遐搜幽讨山巅水澨，惟恐不及。自居草堂，则息影杜门，足不窥户十馀年矣。盖诸山之胜，无时无日不在吾前，其烟鬟岚翠，朝霏夕霭，若故出奇争胜，以慰避世之人之岑寂者。一涧度重岭而来，绕衡门而东注，平时则潺潺灘灘，幽鸣不绝，时雨既过，则迂回奔放，奇绝万状。一坐草堂，轩窗四开，而山水之奇已尽得之，少文卧游并不假图画矣，又何假出户仆仆杖屦为哉？"徐枋殁后，涧上草堂经其门人潘耒等周旋，辟为祠堂，事详潘耒《徐俟斋先生祠堂记》。

还有一处是潭上草堂，最早主人是徐白。徐白字介白，别号笑庵，吴江人，入清，奉母隐于上沙。朱鹤龄《送徐介白移居上沙序》说："上沙接武灵岩，湖山环抱，缁素名流，往往萃至。以介白织帘抱瓮其间，香草夹径，岚翠扑衣，麦雉朝飞，村舂互答，皆吾诗情也；松涛瀑雨，远近争飞，云木虹泉，晨昏变色，皆吾画态也；远寺霜钟，发人深省，空林野火，可悟无生，吊响屧之幽魂，悲琴台之故址，兴亡一揆，死生同梦，皆吾禅心道味也。"徐白在山中三十年，性类枯禅，屏迹城市，室内悬小联："白发前朝士，青山半屋云。"其无子女，亦不蓄僮仆，种蔬艺果，捃拾自给，暇则坐小楼作画吟诗，诗幽秀得晚唐风致，画萧疏无俗韵。

徐白殁后，园为郡人陆積所得，治为别业，陆積字符功，号研北，监生。其子锡畴，字我田，号茶坞。康熙四十三年（1704），朱彝尊应邀来游，为作《水木明瑟园赋》，序中说："康熙甲申八月，陆上舍贻书相要，过上沙别业，遂泛舟木渎，取道灵岩以往，抵其间，则吴趋数子在焉。爱其水木明瑟,取以名园。上舍延宾治具,饮馔丰洁,主客醉饱,留七日乃还。"水木明瑟园因此得名。全祖望《陆茶坞墓志铭》说:"吴中台榭甲天下,而以水木明瑟园为最,竹垞先生所为作赋者也。其地当灵岩之上沙,经始于徐高士介白,而归于陆氏。竹垞最与研北善,每游吴,必下榻于是园。故茶坞少而受教于诸尊宿,长而学于义门先生。其人伉爽,卑视一切,义门之学缜密,从事于考据最精,而茶坞不求甚解,略观大意,于师门为转手,然义门甚许之。"

时人于水木明瑟园记咏甚多,如何焯《题潭上书屋》、张云章《明瑟园记》皆记其园景,王翚且为之绘图。此园规制朴野,广庭盈亩,老屋数楹隐隐丛桂之中。潭上书堂后为皂荚庭,鸡栖一树,直立青霄,曲干横枝,连青接黛。入园则一路阑干相联,左连广池,右近桂屏,接木连架,旁植木香、蔷薇诸卉,引蔓覆盖其上,花时追赏,烂然错绣。介白亭前有大石梁,名坦坦猗,平坦可以置酒,追凉坐月,致为佳胜。介白亭三面临水,一面则修竹万竿,俨然屏障,前又可海棠、古梅各一本,可供抚玩。升月楼临水而筑,可见一轮圆月从隔岸丛篁间夤缘而上。听雨楼上,则桐响松鸣,时时闻雨,霜枯木落,往往见山。帷林草堂可北望金山,堂前嘉木列侍,若帷若幕,中有古桐一株,横卧池上,霜皮香骨,尤为奇绝。堂后为暖翠浮岚阁,叠石为山,构楹为阁,四山嵯峨,环列如屏,烟云蓊郁,晨夕万状。此外,园之屋有蛰窝、桐桂山房、翠羽巢,园之径有曲录阑、木末芙蓉溆、益者三友之蹊,园之水有冰荷壑、小坡塘、鱼幢池。过东泠桥,别艺菜圃,盖茅为亭,名饭牛宫,又东则环以小溪。园外即平畴,可耕作者也。

不期三十年后，此园被毕沅营兆。钱泳《履园丛话·园林》说：
"乾隆五十二年，其族孙万仞尝得王石谷所绘园图见示，余为补书朱赋，于后忽忽三十年，又为毕秋帆尚书营兆地，今且松籁如怒涛声矣。"至民国年间，毕沅祠墓尚存，李根源《吴郡西山访古记》卷二说："至上沙，谒毕秋帆制府沅祠，旧陆氏水木明瑟园故址，额署'弇山宫太保毕公祠'，堂悬乾隆五十四年御书'福'字匾额，中奉公栗主，旁祀公夫人及副室五人，祠右公墓，面白鹤顶（有石狮、翁仲、方池、石羊、石虎、石马），坊题'宫保毕公墓'，无文大字神道碑二（《春融堂集》有公神道碑铭，长四千馀言，乃公孙兰庆讫述庵先生所撰，当时未刻，殊不可解）。"那里被人呼为毕家坟。

天平山西南有鸡笼山，鸡笼山之南，过去有一座无隐庵，也称无隐禅院，颇具泉石之胜，然而因为地处丘峦之间，杂树蒙密，山道迂曲，游屐罕至，故而即使在苏州也不人尽皆知。

无隐庵创于清初，僧履中卓锡于此，数传之后，鞠为茂草。清乾隆中，有僧唯然来自理安，重构而居之，建一小阁，名飞云阁，唯然在阁中刺血书《华严经》全部。

当时无隐庵已小有名气，乾隆四十七年（1782）二月，彭绩游天平山，在山上白云僧舍吃茶，《游西山记》说，与僧人谈起就在附近的无隐庵，说不知其所在，僧人便沿着檐端指道："望鸡笼山下，此红隐隐者，无隐庵也。"于是下山，"百折行六七里，丛石棋布，怪变百出，逶迤绵联，目无停态。越弥勒岭而下，可三四里，路侧有寿藤络树，左盘右拿，纷纷缅缅。又有一小山，望之状数人环立于台。折而行，又三四里，迳鸡笼山，寻无隐庵，无得，疑迷不前，遥见一小女子挟薪来迎，问之，曰：'我适当过此庵。'随其往。到庵，僧在城中，热且坐，脱帽，请笔书姓字留之，遂出"。彭绩虽未涉笔庵中景致，却也写出了它的幽僻和清冷。

唯然幻化后，嗣法佛可相继焚修，又历数载，传徒竺亭，不知是何缘故，竺亭废其业，结讼在官，吴县知县吴之诚便将其驱逐，别选梵行清高的古风主庵，是在乾隆五十九年（1794）。古风一名际风，字澄谷，号寒石。当时古风受彭绍升器重，正主持葑门天宁庵，故遣其徒涵虚分主无隐庵。当时无隐庵已开始圮败，彭绍升斥资重修。彭绍升字允初，号尺木，启丰季子，乾隆二十二年（1757）会试中式，与兄绍观同榜，启丰行事谨慎，有盛满之惧，故让绍观入翰林，让绍升引疾以归。二十六年（1761），绍升补殿试，成进士，以知县用。但其家居不仕，一意读宋元明诸儒先书，由程朱而陆王，以见性为宗，曾与戴震辩心物关系。晚年又折而入佛，断肉食，严戒律，究心内典，以禅入儒，调和儒释思想。彭绍升是苏州佛教史上值得一提的人物。

沈复《浮生六记·浪游记快》说，嘉庆五年（1800）八月十七日，偕友人郊游，到支硎东麓的来鹤庵，同游的云客问："此地有无隐庵，极幽僻，君等有到过者否？"大家都说："无论未到，并未尝闻也。"主庵僧竹逸介绍说："无隐四面皆山，其地甚僻，僧不能久居。向年曾一至，已坍废。自尺木彭居士重修后，未尝往焉，今犹依稀识之。如欲往游，请为前导。"于是众人就去，经白云精舍、高义园、涧上草堂，来到鸡笼山，又"度岭南行里许，渐觉竹树丛杂，四山环绕，径满绿茵，已无人迹"，却找不到无隐庵。"余乃蹲身细瞩，于千竿竹中隐隐见乱石墙舍，径拨丛竹间，横穿入觅之，始得一门，曰无隐禅院，某年月日南园老人彭某重修。众喜，曰：'非君则武陵源矣！'山门紧闭，敲良久，无应者。忽旁开一门，呀然有声，一鹑衣少年出，面有菜色，足无完履，问曰：'客何为者？'竹逸稽首曰：'慕此幽静，特来瞻仰。'少年曰：'如此穷山，僧散无人接待，请觅他游。'言已，闭门欲进。云客急止之，许以启门放游，必当酬谢。少年笑曰：'茶叶俱无，恐慢客耳，岂望酬耶？'山门一启，即见佛面，金光与绿荫相映，庭阶石础，苔积如绣。殿后台级如墙，石阑绕之。循台而西，有石形如馒头，高二丈许，细竹环其趾。再西折北，由斜廊蹑级而登。客堂三楹，紧对大石。石下凿一小月池，清泉一派，荇藻交横。堂东即正殿。殿左西向为僧房厨灶。殿后临峭壁，树杂阴浓，仰不见天。星澜力疲，就池边小憩，余从之。将启榼小酌，忽闻忆香音在树杪，呼曰：'三白速来，此间有妙境！'仰而视之，不见其人，因与星澜循声觅之。由东厢出一小门，折北，有石磴如梯，约数十级，于竹坞中瞥见一楼，又梯而上，八窗洞然，额曰'飞云阁'。四山抱列如城，缺西南一角，遥见一水浸天，风帆隐隐，即太湖也。倚窗俯视，风动竹梢，如翻麦浪。忆香曰：'何如？'余曰：'此妙境也。'忽又闻云客于楼西呼曰：'忆香速来，此地更有妙境！'因又下楼，折而西，十馀级，忽豁然开朗，平坦如台。度其地，已在殿后峭壁之上，残砖缺础尚存，盖亦昔日之殿基也。周望环山，较阁更畅。忆香对太湖长啸一声，则群山齐应。乃席地开樽，忽愁枵腹。少年欲烹焦饭代茶，随令改茶为粥，邀与同啖，询其何以冷落至此？曰：'四无居邻，夜多暴客。积粮时来强窃，即植蔬果，亦半为樵子所有。此为崇宁寺下院，长厨中月送饭干一石、盐菜一坛而已。某为彭姓裔，暂居看守，行将归去，不久当无人迹矣。'云客谢以番银一圆。返至来鹤，买舟而归。余绘《无隐图》一幅，以赠竹逸，志快

无隐庵　摄于1930年前

游也"。

这是一段生动的记游文字,无隐庵坐落平冈峻岭之间,四山环列如城,领略山色是当然的事,然而登飞云阁或殿后峭壁能揽赏太湖,那是出人意料的。

自乾隆末至道光中,无隐庵的住持都是涵虚。当沈复等来游时,庵貌荒落,生活拮据。经涵虚十多年的努力,庵貌一新,殿堂整洁,泉石清幽,成为苏州西郊的名胜之地。道光六年(1826),石韫玉《无隐庵记》说:"其庵左右皆山,依岩结屋,中为问梅堂,堂之前有老梅,花时香雪盈庭;堂左为飞云阁,阁外古藤老木,翳荟阴森;其旁曰静观室,中奉观世音菩萨;室外聚石为台,泉出石间,曰瓢丰泉;泉流曲折行石间,曰泻雪涧,汇而为池,曰金莲池;旁有小轩,曰涌月轩,乔松百尺,山风时至,飒飒作海潮音;松下有静室,曰清籁寮;修竹一林,回廊绕之,曰倚碧廊。庵之大略如此。此皆诸檀越为涵虚上人所修筑者也。"

无隐庵在嘉庆、道光时的兴盛,当归功于涵虚。涵虚名今彻,一作今澈,道光元年(1821),他在《无隐庵记》中介绍了自己的住庵经历:"至甲寅岁,寒石老师在蓟溪天宁寺开法,奉邑侯牒,住持是庵,命澈主理。及师退居吾与,复命澈继主天宁几二十年,自愧德凉,不胜此任。既而入山抱病,小衡姚徒随侍十馀载,掩关默守。岁月荏苒,殿屋苍凉,仅蔽风雨。庵中向有飞云阁,供奉大悲圣像,久经陨圮。适有钱君杏圃商之陈君镜岩、秦君春溪,筹画经费,陈君既捐建大悲,而钱君亦增造室坐廊庑,屡蒙欢喜善缘,遂辟溪山精舍。嘉庆己卯岁,又募里中诸善士各捐馀地,薙草开路,通于御道,时则有唐君芝峰、钱君述之为之领袖,众缘麇集,年馀方成。于是游山诗客,乞食行僧,至于樵夫牧竖,村农野老,往来于山中者,忻然颂歌,咸称利便。"从记中可知,沈复说的"一鹑衣少年",即"小衡姚徒"。涵虚所交的钱君杏圃,即木渎潜园主人钱炎,陈、秦、唐、钱诸君亦当是木渎人士。

沈钦韩是无隐庵的常客,有《初夏过无隐庵》、《自灵岩山脚抵天平山道中至无隐庵题壁》、《无隐庵四咏》诸作,《立夏后一日过无隐庵赠涵虚上人》云:"叩门笋解箨,开石涧分凉。初夏落花竟,小亭秾翠当。风偏移绿影,日正炙清香。白社少缘结,留题墨数行。"金兰也有《重游无隐庵》云:"霏霏烟翠扑衣凉,步屣重寻古道场。前度恰逢梅子熟,今来闻得木樨香。鸡笼雨过青排闼,猫竹风敲绿啸墙。坐与僧伽谈往事，禅家兴废亦无常。"韦光黻亦曾来游，《闻见阐幽录》说："无隐庵在鸡笼山麓，由天平不一里，依山建阁，石磴高下，古峭冷旷，联云：'山静是太古，日长如小年。'山门外羊肠岭，瀑流淙淙有声，有石立如人，俗呼'七仙张伞'。澄谷之徒涵虚居之。""山静"、"日长"这副对子，状写无隐庵的环境气氛，实在是太贴切了。

涵虚示寂于道光十一年（1831）早春，旧时庵中壁间嵌彻公塔铭多方，撰书者有沈廷照、顾承、张培敦、潘曾琦、沈钦韩、陆绍景，又有涵虚上人法相，有陆绍景等题名，李启瀛赞。

无隐庵毁于咸丰十年（1860），平乱后，住僧鹿苑重修。同治五年（1866）三月，袁学澜往游，《丙寅上巳与同人泛舟游西山记》说："访僧鹿苑于无隐庵，院宇方新葺，登楼四顾皆荒山。"郭昆焘也有《无隐庵》云："尚书无旧馆（毕秋帆尚书灵岩山馆，今成瓦砾矣），开士有新庵。一碧入深径，遥青生晚岚。轩堂转逾邃，泉石静相涵。归路偶然至，搜奇喜纵探。"

1926 年，李根源来游，旧规尚在，《吴郡西山访古记》卷二说："至无隐庵，左为鸡笼山、羊肠岭，前为宋家山、严家山，风景幽秀，房舍结构亦精。壁砌石刻书条二十一方，为石韫玉、彭绍升、董国华、李启瀛、沈廷照、沈钦韩、钱泳诸公笔，并乾隆御书寒山千尺雪诗便面一石，总二十二石。木榜有'无数青山一草堂'，陆尔发书；'松下居'，僧净法书；'风恬浪静'，唐翰弼书；'开窗面面，对青山远岫，与云光相接'，僧本真书。联，韩崶嘉庆戊寅，'佛即是心梅子熟，吾无隐尔木樨香'。摩岩'无隐'二字，石韫玉书；'空山无人，水流花开，梅华居士拈苏文忠语，奉题涵公大和尚西归'；王之佐篆书'瓢泉'二字,'泉声洗月'四字,'涌月'二字,共五处。此地径僻多盗,年来愈甚,僧难住持,仅一道侣侍香火。房楼失修,日久渐圮,不即今修葺,殊负此名迹也。"此外,庵中摩崖还有"鱼乐"两字,潘奕隽书,在小池石上;"缘玄圆"三字,涵虚书;"鹿野苑"三字,宝华敏通书,"咸丰丙辰冬为鹿苑和尚上寿"。庵中书条石还有彭绍升赠唯然上人诗刻、涵虚五言诗刻、渡海罗汉画像。另外,涵虚撰《无隐庵记》为钱泳书,梅华居士亦钱泳别署。

近代名僧大休圆寂于无隐庵。大休,四川仁寿鄢氏子,年十三入峨眉修道,十七弃道而皈佛,受戒于成都宝光寺。光绪十九年(1893)出蜀南游,遍历大小丛林,访参知识。宣统元年(1909)至杭州,初住云居圣水寺,后住孤山照胆台。1923年,其因避嚣入吴,先后住枫桥寒山寺、西山包山寺、公园路龙树庵。1932年夏,无隐庵主僧送大休山地一区,营筑生圹。同年重阳节,大休在《自述》中说:"今得无隐庵主送岩一丘,爰自营生藏,更获善友助成,一生事了,乐也如何。"同年12月8日,大休在庵边生圹石龛内圆寂,年六十三。

大休的圆寂处,今已得以整理,立塔树碑,崖壁上的"大休在"、"止矣休哉"、"干净地"等石刻,亦已剜苔剔藓,这都是好事者做的功德。惟近处的无隐庵,却少人关心。今庵尚存遗基,山门、殿宇、池台的规制依稀还在。如果按沈复、石韫玉等人的记载,结合基址,重新建造,那天平道上就又多了一处胜迹。

日落金山石气黄

过鸡笼山，登羊肠岭。岭上有一道涧水，曲折迂回，时而浅浅形成一潭，微起涟漪；时而激流落差，泻入涧石；时而又蜿蜒于草丛之中，不知其来踪去迹，只听得水声潺潺。由此再前行数里，即是焦山。自明嘉靖以来，焦山便为采石之区，及至民国时期，形成了让人称奇的山石景观。或岣嵝瘦骨，玲珑奥窍，山嶂峭壁，亘续不绝，如置身重围之中；或巉巉高岩，凹凸纵横，有如数十层之高楼，龟裂如刀劈，翔舞如波浪，其山口一峰，张牙喷沫，仿佛狮子血盆大张。由于晚近以来采石不止，正应了"愚公移山"的故事，已不见山，惟存地名而已。

焦山至金山，近在咫尺。金山初名茶坞山，在天平山东南，与焦山同属天平馀脉，两山都以花岗石闻名，金山的开采更早于焦山，相传晋宋年间，宕户于此凿石得金，故易名金山。杨循吉有《金山杂志》，又名《居山杂志》，乃是惟一关于金山的专志，分山势、品石、品泉、山居、游观、草木、饮食、事胜八章。

据《金山杂志》介绍，山高约五十丈，多杂树藤萝，郁然清胜。每逢雨后，涧水淙淙，有小溪与外相通，但天旱多涸，游船不能至。

金山　摄于 1930 年前

伫立山前眺望,已极平远之怀,入山则行路弥曲,树益蒙密,路尽便见得一池碧水,绿波如镜。拾级而上,一路多僧舍,山半有小屋,凭栏遐览,隐隐可见城郭。山中多美石,皆碧绿色,旧有一石尤伟峭,上题"最胜"两字,字径丈馀,笔力奇劲,相传五代隐士陆通所书,时有好事者登梯为其剔藓,然已为人凿去;又山半一石,方两丈馀,平坦如砥,嘉木荫覆,名为翻经石;又有一天然石梁,横架两壁之上,脉理不连,又非砻琢而成,其下空洞,仅通人行,与天台国清寺石梁相类。山中泉水甘美,掬之漱口,芳洁有味。一泉在山壁落下,有小石池承之,冬夏不竭,名曰珍珠泉;山巅有石池,常贮清水,虽大旱而水弗缩,名曰云濑;另有一池在寺门内,名曰梵功,因在山下,众流所归,鱼鳖群游。山上建筑都为寺院所有,下退居以碧山堂为主，左有演妙轩，右有凝寂轩，前后松竹环绕，且有流泉经阶下，汇为小池，池中种植莲花，此处与北岭万松堂遥遥相对；北退居在寺之东，启扉幽僻，有山池清樾，其南有望翠轩，近望翠峦最佳，轩后遍种美竹；中山居为山中最胜者，有高楼临长松大竹，推窗清郁，宜暑宜雪，上有小阁尤静美；上山居前临深壑，无有馀地，杉桧诸树密布其下，有阑为护，否则不敢下望，有小轩名为静笃，十分精雅；清淡山居在北退居之上，四周多美竹，为煮茶品茗之佳处。山上除松竹外，有杨梅两树，结实虽小而味带酸甘，自为佳品，每年摘下晒之，为极好茶食；有含桃五六树，花时灿烂如锦，实也甜美，可惜多为鸟雀偷吃；又有枇杷一树，已及百年，依然翠叶扶疏。每当春雨后，山中还多生蘑菇，樵童采得后，去枫桥市上担卖，受人青睐。

杨循吉是懂得游览趣味的，所记"事胜"四则，说出了金山的胜概：

"山之晓多白云，瀚瀚然弥亘岩谷，类飞絮萦绕，间露清峦出其上。画家所作，初疑以为幻设，至是始悟其真有之也。及云开雾散，松桧若沐，灏气之来，沁人腑脏，亦奇观之甚伟者也。"

"居山尤宜观雨，雨将至，则冷风飒然为之驱，倚阁遥望，暝云四合，旸丝满空，或斜飞乱舞，谷响林偃，真有溟蒙混沌之态。至静夜凭枕，竹树交戛，流泉时下，与檐滴相应和，有琴筑声。"

"晚山多绿烟起于麓，轻笼淡抹，其横如练，而夕阳掩映，紫翠万状。尤宜霞，遥映诸峦，隐若金碧山；最宜月，四山无人，一轮在云间，下照空谷，树影参错，极可游。"

"雪昼遐望，皆银峰玉嶂，光明照彻，迥有佳致。及飞鸟时归，林动屑坠，纷纷点石，斯时拥炉，煨榾柮，持茗杯，阅《高士传》，则山家之极致也。"

杨循吉生活于成化至嘉靖年间,在他那个时代,三吴名彦都曾作金山之游,"游观"录诗一组,今举其四,刘昌云:"袈裟何地更相逢,一锡东归隔万峰。松偃旧窗僧腊久,花薰晴殿佛香浓。空山晚叫巢云鹤,古洞春藏作雨龙。定起有诗还自写,下方惊听夜深钟。"杜庠云:"阊闾城外翠云间,扬子江心白浪湾。踏破芒鞋踪迹遍,始知人间两金山。"王鏊云:"石径才穷忽又通,重重台阁半浮空。一林苍翠潇湘雨,万顷青黄穮稑风。铃语上方云气白,诗题坏壁薜痕红。未留玉带空归去,惭愧山僧问长公。"都穆云:"早行上翠微,岚重湿人衣。过雨春山秀,承筐野蕨肥。松泉聊自赏,桃李未全飞。更拟寻芳草,留连日暮归。"前人有道是大游则遍历五岳,小游则栖迟一丘,金山虽属小游,也足以赏心。

明成化二年(1466),皇甫信来游,《游金碧山记》说:"岁丙戌三月十日,与友人陆君仪吉、贺君泽民、王君济之辈游于西山,诸君各乘小肩舆入天平,予与泽民、济之漫步,仅一里,有寺曰普贤,寺之后有山,曰金碧,崇岩危岑,耸插云雾,飞泉瀑布,清映珠璧,回峰盘纡,花木秀丽,意者非人间世耶,其有神仙辈寓其间也。于是入深林,渡曲涧,穷高而止,濯缨溪流,箕踞遐睎,则与吴之山川历历如在足膝,而轻云微霭,缀青袭翠,眇接远近,四望如一,而不觉恍然遗去尘氛,飘飘然,意吾三人者,非所谓仙者耶。已而日色莽苍,林荫交密,归鸟飞止,鸣声无人,于是喜而饮,饮而醉,醉而卧,卧而忘其归也。"

清雍正七年(1729),沈德潜亦来游,《游牛头坞记》:"岁己酉移居砚山旁,九月,张子少弋、周子钦莱来过存,发兴探历,偕黄子若木往，黄为导引，以居山者久也。由赤山坞之天平，探白云泉、龙门、石屋、莲花洞诸胜。既下，绕山麓而东，问牛头坞等处，老农云普贤寺在茶坞山东面，馀未识其地。相与穿榛莽，经坟衍，陟茶坞岭，山石若坠复倚，若奔复驻，不可举状。度岭，值工人凿山处，山骨残破，垤者洼，洼者陷，磔竖直下，深者二十馀丈，浅亦数丈馀，石龈逼侧，几不受趾。行者变色，蚁次相缀过数里许，得牛头坞，一名牛眠崦，石色黑，势偃卧，石笋角立维肖，故得名。入普贤寺，寺为宋乾道时敕建，碑版漫灭，略可识。松竹亭立，池水潫沦，冥心静坐，闻清磬一二声，窅然身世俱丧。寺僧粗可语，问文殊院，曰废久矣；问金碧峰，曰无有。问居民，答如僧语，怅悒久之。按茶坞山以掘地得金，亦号金山，金碧峰应在其山，岁久锥凿，石髓俱竭，改易旧观。皇甫氏云'秀削奇诡'者，恐归无何有之乡矣。天下艮而寿者惟山，犹不能保护厥体，而况人年命之促，等于蓬科蜉蝣、电光鸟影者与。然是山之峰已归泯灭，缘文人数语，得留其名于想象间，是艮而寿者转藉人以留之，则人世之可久者，或在此不在彼也。"

皇甫信来游时，金山的大规模采石尚未开始，至沈德潜来游，则已山骨破碎了。他们提到的普贤寺和文殊院，都在东麓。普贤寺一说南宋景定间僧智赟建，明永乐十三年（1415）僧可立、昙萼重建。文殊院又名金山寺，元至正间万峰蔚禅师开山，因与狮子山相对，故名文殊。两寺相距甚近，蔡羽《金山寺》有"西寺蹑云去，东林触雨来"之咏。雍正时，文殊院已废，普贤寺则尚在，故韩骐《分赋得茶坞山为毕丈鲦亭八十寿》有云："文殊院废不可游，普贤寺古差堪留。"与沈德潜的记载吻合，以后情状，就兴废难述了。

咸丰元年（1851），韦光黻等来游，所见山色已较沈德潜记述逊色,但尚有可观,他在《闻见阐幽录》中说:"金山向为采石之地,今以颜氏墓禁之,历四五十年。中有石壁、石宕,奇峭苍秀,虽在路旁,人迹罕到。余以土人导游其境,舟泊夏家浜内,登岸转南半里许,贾家场对面有大池,水极清,俗名曰茭白荡。过池,高峰绝壁,四围环列,人功所凿,如天生焉。《府志》称有翻经台、珍珠泉、石梁,皆不可寻觅矣。余题高拔荡诗云:'我思雁宕山,龙湫远穹昊。金山高拔荡,峭壁卓云表。潭深不见底,照景骇飞鸟。虽曰人功成,奇已胜天巧。孤树傍峰巅,苍藓衬密箓。巨灵斧百仞,烟霞面面绕。于此构茆庐,可以娱衰老。'又颜氏墓后名大山岭,过岭,四围皆峰峦铲削,如奇丑攫人,中有石宕,深不可测,宽则百亩外,而路径太险,石无黛色,不如高拔荡远矣。"

与韦光黻同游的姚燮,在《金山石壁记》中说:"辛亥九月九,招予为金山之游。停舟夏浜,行里许,届焉土人所称茭白荡也。荡横七八丈,石壁千仞屏其南。壁崭崭然,一折一变;荡渟渟然,再俯再深。壁浅蓝,荡深绿。元而黝,云上过也;赭而黄,日下射也。瞹目既幻,頠耳亦妙。躯拍拍如筑,林喁喁如笙,溜滴滴如落棋,濑呜呜如弦瑟。"

至民国年间,韦光黻、姚燮记录的景象,已不能再见。三十年代,有阿癸者往游,《苏州金焦山游记》说:"昔杨循吉《金山杂志》所记,今十不存一,然山骨破残,别有风味。丘垤起伏,洼者深不可测,浅者亦十馀丈,均积水成巨池,山石突而出者类半岛,凹进者为深谷。又见残馀顽峰,壁立水中,使大雨滂沱,必众山皆鸣,飞瀑急流,可与会稽东湖相颉颃。游是山者,迤逦盘旋,侧身踯躅,两壁峻峭,苍昊一线,手攀巉岩,足登荦确,疑是无路,却复有路,水穷山尽，架空坠道，瞻之在前，忽焉在后。回顾后山，列屏攒云而上，皴废异常，虽多斧凿痕而不足病焉。其向前一嶂薄如一片，尤觉伟峭，俗呼之曰笔架山，谅以形似耳。昔沈德潜游牛头坞，见岁久椎凿，石髓俱竭，尝叹曰：'天下艮而寿惟山，犹不能保护厥体，而况人年命之促，等于蓬科蜉蝣、电光鸟影者欤。'予曰不然，自古来名山奇峰，多成自人力，今金焦二山，开凿已久，不数年地浸掘浸深，泉将自至，山人即无法再采，至是山形大定，而胜境成矣，使山灵有知，亦决不抱明哲保身之想，故不以采凿为憎也。"

以牺牲大自然为代价，形成所谓奇诡秀峭之观，就社会经济发展来说，也属无可奈何。晚近以来，金山等地又进入一个采石的高峰，范君博《木渎櫂枝词》云："曳屐遥登几仞冈，匠工邪许不胜忙。空林叶秃秋寥沴，日落金山石气黄。"如今惟有残馀的丘垤和深广的宕口了。

钟声塔影送斜曛

灵岩山在天平山南，木渎镇西北，拔奇挺秀，四周山峦环绕，可谓峰联岭属，纷纷靡靡，或起或伏，而灵岩居其间，似不甘与诸山并列。

灵岩山并不高峻，海拔一百八十二米，但向有"吴中第一峰"之誉。朱长文《吴郡图经续记·山》说："尝登灵岩之巅，俯具区，瞰洞庭，烟涛浩渺，一目千里，而碧岩翠坞，点缀于沧波之间，诚绝景也。"在山巅四望，形胜宛然，黄习远《灵岩山志·延览篇》说："南山作藩于湖上，姑胥山也。众峰合沓而来拱，左穹窿右横山也。上有梵宇鳞鳞，隐见互错，尧峰寺也。窣堵孤撑于东南清汉，楞伽寺之七级也。震泽之东北，水国微茫，似分而却合者，石湖也。左盼莽苍，郁然而黝，阊闾城也。瑞光、寿宁、北寺、虎丘，建标分列于烟树中，历数其浮屠五也。狞狰吼而逝，岸崿翔而鸣，狮山与鹤阜也。俯而复昂，趋而欲憩，何索二山也。衣赭黄而破碎，愚公移而将尽，金山也。北眺石笋森立，翼如绎如，天平、茶坞诸山也。苍翠四飞，迤逦不绝，争来拥护者，发脉过峡之六山也。倚涵空阁，危峰独当槛前，空翠飞来几上，东洞庭莫釐峰也。忽更献奇于杯底，载浮载沉，西洞庭缥缈诸峰也。应接七十峰未暇，而六帆渔舰，点缀于三万六千顷明镜中也。登琴台，观落照，诧见两日浴于浩淼，龟山塔影，随飞霞而上下，光福二崦也。半涵返照，明灭云际，渔阳、邓尉、玉遮、铜井、龙安诸山也。环视湖外，若积翠垂云，吴兴、晋陵之山也。均山、虞山、昆山，则百里外三培堘矣。"

山上奇石嶙峋，旧有"十二奇石"之说，如灵芝石、石马、石罳、石鼓、石射堋、披云台、望月台、醉僧石、槎头石、牛眠石、藏经石幢等，张郁夫《灵岩杂咏》云："灵芝天挺独超群，佛日岩边马迹分。罳鼓鸣更宜望月，射堋飞的欲披云。醉僧渴望槎头乐，牧竖闲寻牛背纹。读罢经幢无个事，钟声塔影送斜曛。"其实，山上奇石何止十二或十八，肖像之状，宛若大千世界。以灵芝石最著名，故山称灵岩，另外又称石鼓山、石城山、象山、石射堋山，也都因肖形而得名。但自明嘉靖以后，屡遭开采，奇石损毁，古迹残破，王醇有《采石谣》云："朝采山，暮采山，谁知鬼斧出人间。山灵夜哭向风雨，奇峰悔不先飞去。石芝昔含元气生，兹山始有灵岩名。石马之形绘不出，四蹄宛踏空中行。海水不枯石不烂，可怜神物翻作幻。九茎破作冷尘飞，五花分逐愁云散。香溪水浅沙砾淤，昔悲禾黍兮今复为墟。司空不问将何如，圣明开矿恩已宣，下民反窃官家权。累累古墓复何罪，伐来白骨横荒田。山僧坐视花宫废，野人畏触公府忌。宛上使君何时来，黄金重赎归初地。吁嗟乎，但愿千秋得廉吏。"至万历后期，经木渎诗人黄习远呼吁奔走，督理浒墅钞关、户部郎中马之骏捐俸赎山，勒石禁止，也就保存了目前能见到的这些奇石。

但灵岩山得大名于天下，并非是奇石，原因之一，就是山上有春秋后期吴王的馆娃宫。吴人称美女为娃，馆娃者，即藏美女也，这自然会赢得世人的关心。说起美女，首先就会想到西施，这位苎萝山下的浣纱女,沉鱼落雁,闭月羞花,可真是流芳百世。因此山上山下,留下许多与西施有关的故迹,如以水为镜、插花理妆的吴王井,荡桨采莲、避暑取乐的玩花池,临波戏月、纤手遮云的玩月池,还有与越女吴娃一起轻歌曼舞的响屧廊、泛舟采香的采香泾、梳妆沐浴的脂粉塘、划船嬉戏的画船娄等。袁宏道《灵岩》说:"灵岩一名砚石,《越绝书》云:'吴人于砚石山作馆娃宫。'即其处也。山腰有吴王井二,一圆井,日池也;一八角井,月池也。周遭石光如镜,细腻无驳蚀,有泉常清,莹晶可爱,所谓银床素绠,已不知化为何物。其间挈军持瓶钵而至者,仅仅一二山僧,出没于衰草寒烟之中而已矣。悲哉!有池曰砚池,旱岁不竭,或曰即玩华池也。登琴台,见太湖诸山,如百千螺髻,出没银涛中,亦区内绝景。山上旧有响屧廊,盈谷皆松,而廊下松最盛,每冲飙至,声若飞涛。余笑谓僧曰:'此美人环佩钗钏声,若受具戒乎?宜避去。'僧瞪目不知所谓。石上有西施履迹,余命小奚以袖拂之,奚皆徘徊色动。碧缱缃钩,宛然石发中,虽复铁石作肝,能不魂销心死?色之于人甚矣哉。山仄有西施洞,洞中石貌甚粗丑,不免唐突。或云石室吴王所以囚范蠡也。僧为余言,其下洼处,为东西画船湖,吴王与西施泛舟之所。采香泾在山前十里,望之若在山足,其直如箭,吴宫美人种香处也。"

崇祯时有人刻了一部《苎萝集》,其中一册都是关于西施的诗词。黄裳读后,在《诸暨》里说:"西施被越王勾践选中,当做礼品献给吴王夫差,不论她是否意识到自己负有怎样的使命,也不论她曾在吴宫怎样'扬蛾入宠',她的心情总是寂寞而凄苦的,她明白自己不过是一宗美好的货物。而越大夫文种所献的破吴九术(或云七术)中,'遗之好美,以荧其志'只不过是其中之一。后来人们出于种种动机夸张得过了分，甚至把西施装点成女间谍的鼻祖，就不免是神话或简直是昏话了。能指出这一点来的，整本《苎萝集》中好像只有王安石的一首《嘲吴

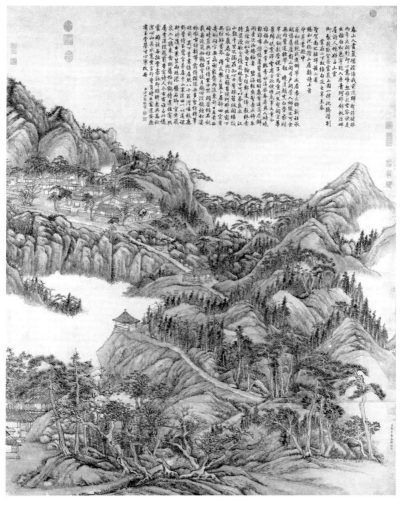

《灵岩山图》　清张宗苍绘

王》:'谋臣本自系安危,贱妾何能作祸基。但愿君王诛宰嚭,不愁宫里有西施。'王荆公到底是有眼光的,寥寥二十八字,就将喷在西施脸上的'红颜祸水'的污蔑之词洗得干干净净了。"与王安石有同样想法的是袁宏道,他在《灵岩》中也说:"夫齐国有不嫁之姊妹,仲父云无害霸;蜀宫无倾国之美人,刘禅竟为俘虏。亡国之罪,岂独在色?向使库有湛卢之藏,潮无鸱夷之恨,越虽进百西施,何益哉!"

春秋吴越时,是否真有西施其人,实为一大悬案,《左传》、《国语》、《史记》都不记西施其名,杨慎、胡应麟等前代学者已有发问;至于西施沼吴,更为后世穿凿。甚至还有说西施并非越女而是吴娃的,徐树丕《识小录》卷三"紫薇村"条说:"尝游石湖,至紫薇村,遇一野老,年馀八十。余问:'是村何以名紫薇?'曰:'此苎萝村也,西施生于此,后有富家居于此,口何必尚循亡国女称乎,改名为紫薇,其家盛植紫薇耳。'石湖北有溪,古名若耶溪,吴亡后,改名越来溪。世以浙东有溪与村名同此地,因以西施为越所献,其实吴产也。见杨君谦《奚囊手镜》载其事。"不管如何,如此一位绝世佳人,亲历了一场旷时日久的浴血苦战,这样的事,竟也存在于中国的历史,实在让人有非常的兴味。

山上古迹,以在绝顶处的琴台、大偃松、响屟廊等为最胜。琴台在山西之巅,相传西施鼓琴处,可作远眺。大偃松在琴台下,《吴郡志·山》称其"身卧于地,两头崛起,交荫如盖,不见根之所自出,吴人以为奇赏"。响屟廊又称鸣屟廊,乃山上的楼廊,连通馆阁,《吴郡图经续记·山》称其"以楩梓藉其地,西子行则有声,故以名云",或说是宫中警卫设施,后世则以圆照塔前小斜廊称之。唐代以后,又先后在山上建涵空阁、抱琴轩等。前人游山,每每记之。

元至正九年(1349),朱德润来游,《游灵岩天平山记》说:"入寺观八角井，出响屧廊，陟香径，登琴台。予足力倦，距两步而止，回抚偃松，倚盘石，坐涵空阁。南望三山环抱，即太湖之洞庭，山色苍茫，湖光镜净，瞰飞鸢于木杪，睇云帆于天际。于是临前轩，濯浣花池，寺僧揖予小亭而憩焉。"

元至正十七年（1357），高启陪饶介、杨备等来游，《游灵岩记》说："由亭而稍上，有穴窈然，曰西施之洞，有泉泓然，曰浣花之池，皆吴王夫差宴游之遗处也。又其上则有草堂，可以容栖迟，有琴台可以周眺览，有轩以直洞庭之峰，曰抱翠，有阁以瞰具区之波，曰涵空。虚明动荡，用号奇观，盖专此邦之美者山，而专此山之美者阁也。"

明万历四十二年（1614），马之骏来游，《游灵岩山记》说："折而右为涵空阁，阁前俯一池，名浣花。繇池取道而西，路小硗确，曼棘翳之。稍前乃纯石，行数十武，始造山巅，有片石刻'琴台'字，名琴台不详所自起。下为响屧廊址，向行硗确时即已见廊，而从琴台迤降，循廊东行，复与所取池西道合。廊倚峭壁，而瞰层崖中独整洁夷坦，系廊名甚肖。至廊而下睇，如是者三，意昔吴宫时皆飞楼杰阁，窈窕参差，繇廊以陟山巅，故不一而足耳。阁中有智积菩萨化象，甚狞异。背为吴王井，方圆各一，制古秀。折而东北为寺后屏，稍稍具竹树，一池可数掬，名洗砚池，辟左荣复转入寺。"

清康熙四十三年（1704），王恪来游，《游灵岩记》说："其最高耸者曰琴台，旁石林立，有若席者横居中，可置徽桐，盖琴所也。踞山之顶，下俯众岩，松如草，石如块，蒙茸错落，呈露万状。有草名虎刺桂，叶有棱，筋内络外周，坚于石，刺附棱，长分许，锐于针。南下有砖砌浅级，行软沙如绵，数十步即响屧廊址也。西折南下，得寺颇幽寂，有方池，东西广梁焉。西偏北上，有石坡广数丈，泉积为池，上架空成楼，额曰'镜清'。更北上西折，有二井，大盈丈，八角者以形名，圆者为琉璃井，今双目之为日月井，井通龙穴。越殿而东，曰垂云轩，有阁，未登。"

由上引诸记，约略可知山上景观的变迁。

天下名山僧占多，灵岩山也不例外。山上置寺院，一说是东晋司空陆玩舍宅为寺，一说是梁天监二年（503）始建，不管如何，总之化娃馆为琳宫、易笙歌为梵音了。初名秀峰寺，成之未久，有西域智积菩萨显迹。朱长文《吴郡图经续记·寺院》说："秀峰寺在灵岩山，梁天监中置，既经一纪，忽有异人于殿隅画一僧相。俄而梵僧见之，曰：'此智积菩萨也。'化形随感，灵应甚多。仪相虽经传绘，吴民瞻奉，至今弥勤。"凡新建佛刹，总要有异人异事来作号召，灵岩之寺，岂可缺典，正应了那句"外来的和尚好念经"的俗语。还有一种说法，寺即智积所创，龚明之《中吴纪闻》卷一"智积菩萨"条说："灵岩寺，智积开山之地。智积当东晋末，自西土来此，创立伽蓝。泗州僧伽，持钵江南，至常之无锡，闻智积在苏，即回曰：'彼处已有人矣。'由此名遂显。"约在五代吴越时，又补了一个故事，孙觌《智积菩萨殿记》说："唐宰相陆象先，吴人也，有弟失其名，得危疾，国医不能疗。一日，有僧扣门问疾，象先引至卧内，僧索杯水噀之，一噀而病良已。象先惊谢，出金帛数床，弗受，顾谓其弟曰：'我灵岩僧，他日还吴，来过我。'遂去不复见。其年，象先弟入尚书为郎，观察桂管，道吴中，趋灵岩，如约问僧，所舍无有，遍从寺僧求之，亦非是。方怅然欲还，俄见壁间所画像肖焉，如言如笑，如见师友，惊喜亟拜，施钱五十万修供作佛事，徘徊数日而后去。其事载于吴越国沙门智贤之文，传于山中父老之口，见于《大乘经菩萨品》

云。"这样一来,智积在山上得以独尊,赐额智积菩萨显化道场,寺中不但有智积殿,还有智积井、智积衣钵塔等附带而来的故迹。因此吸引了不少信众和游人,附近村妇也争以粽子来供,迟在北宋就在上巳那天举行"角黍会",《中吴纪闻》卷一"智积菩萨"条说:"有一贫妪慕其行,尝持角黍为献,智积受之,妪因得度。至今上巳日,号智积诞日,聚数十百妪为角黍会。"

秀峰寺早先为律居,宋初改禅院。南宋绍兴中诏赐太傅、咸安王韩世忠荐先福,改号显亲崇报禅院。后历经沧桑。明初为丛林寺,赐额报国永祚禅寺。永乐十年(1412)修,弘治中毁于火。万历二十八年(1600)五月大雷雨,塔又遭灾。据申穟《移建灵岩寺碑记》记载,清顺治六年(1649),释弘储重修,"储公从天台国清浮杯至吴,传禅于灵岩,首建宝王殿,次善法、大鉴、圆照等堂,及天山、慈受两阁,于以津梁三界,汲引四生,开示有空,显扬权实。虽意在转鹿苑之法轮,而翚飞鸟革,规模宏远矣"。康熙十一年(1672),江苏布政使慕天颜捐建法华钟殿,十四年(1675)又捐俸重建大雄殿。十五年(1676),苏州知府高暐捐俸建弥勒殿。咸丰十年(1860),寺遭兵燹,焚毁殆尽,惟灵岩塔独存。

灵岩塔,正名永祚塔,初建于梁天监二年(503),南宋绍兴十七年(1147)重建,为七层八面楼阁式,塔身全用砖砌,底层东南西北均辟壶门,二层南北置门,三层东西置门,依次逐层变换壶门方向,其馀各面设壶门式佛龛,即底层四龛,以上各层均为六龛,龛内各供石雕座佛一尊。为了使香客能拜佛和登眺,塔身周围用木料建有盘旋而上的扶梯、腰檐和回廊,故塔形别具一格。明万历二十八年(1600),塔遭雷击起火,扶梯、腰檐和回廊全部被毁,而塔身依旧巍然屹立,

灵岩寺　摄于1930年前

故俗名心空塔。近四百年来,由于年久失修,塔上野鸟为巢,杂草丛生,颇有凄清苍凉之感。据张一留《灵岩山志·梵宇》记载,大火以后,"僧普含于灰烬中得一木箧,内函佛牙长三寸许,昆山方氏范铜塔贮之,供慈受阁上。乾隆十五年修建,于第四级中拆见木箧,系宋绍兴十七年僧法愿募众重建时所贮,内藏王雩书《文殊菩萨摩诃般若经》一卷,僧法愿血书《尊胜咒》、《大悲咒》各一卷,仍置旧所。塔中每窦,原各有石佛一尊,已失大半"。民国时,印光以寺为智积菩萨显化道场,而菩萨为多宝佛之侍者,故改塔名为多宝佛塔。塔院内外,有"永镇灵山"、"为证远本"、"从地涌出"诸碑额。1990年,再次重修,不但在塔顶安装了七米高的塔刹,并复建扶梯、腰檐和回廊,重现了万历二十八年大火前的风姿。

山上过去还有一座砖塔,俗称金沙塔,在琴台下,北宋太平兴国二年(977),平江军节度使孙承祐为姊钱王妃修冥福而建,孙承祐《灵岩山寺砖塔记》说:"基其岩,所以远骞崩之患;黜其材,所以绝朽蠹之虞。不挥郢匠之斤,止运陶公之甓。自于经始,迨尔贺成,凡九旬有六日。仍以古佛舍利二颗,亲书《金刚般若》一编,置彼珍函,藏诸峻级。"又说:"山耸地以千仞,塔拔山而九层。"乾道三年(1167)周必大来游,《泛舟游山录》说:"周行寺宇,惟倦于登塔,乃吴越平江节度使孙承祐为光国妃所造,成于太平兴国二年丁丑岁,犹未纳土,今一百九十矣。"八年(1172)又来游,《壬辰南归录》说:"观金沙塔,其地有金屑杂沙中。"至元明时,就不再有人提起这座塔了。

今寺中殿宇基本为近代所建。张一留《灵岩山志·梵宇》说:"灵岩道场之复兴,自清宣统三年真达上人接充住持起,至民国十五年,即开为十方专修净业道场,院事由妙真上人一身荷担,殿堂楼宇,次第兴修,气象一新,迥非昔比。寺名崇报,经印光大师题额,仍复灵岩寺旧称。"有大雄殿、钟楼、藏经楼、智积殿、弥勒楼阁、大法堂等。藏经楼藏历代经卷四万七千多册,有元刻《普宁藏》、明刻《径山藏》、清刻《龙藏》,以及民国时影印的《碛砂藏》等。堪称珍贵的,还有北宋吴江邵育居士血书《阿弥陀经》、《大悲经》、《普门品经》三种;明成化十一年(1475)安喜宫泥金写《法华普门品》并善财五十三参图像,前有宪宗序文,精美庄严,世所希有;明崇祯时李贞造《妙法莲华经塔》,轴长八尺有馀,阔半之,磁青纸泥金书,以经文七万馀言,回旋左右,缀成七级浮图,每级绘佛像于中,字皆蝇头小楷,工巧绝伦。

灵岩寺旧有法华钟,铸于顺治十七年(1660)。孙一致《灵岩法华钟殿碑铭》说:"岁己丑,退翁和尚从天台来,重开兹山法席,堂主开化音公请命任募法华大钟,翁可之。音海虞人,志猛力强,能忍疲苦,历一纪,聚铜若干于山头,研炼差别,取其纯完,仅万馀斤。庚子佛诞前七日,大开炉鞴,观者数千人,一夕而就,规制都雅,洪音清澈,莫可逾者。时有银工求剃染,命名景从,娄东人,矢愿手凿《法华经》全部及《楞严神咒》于钟之四围,三周寒暑,计七万馀言,字画端楷,见者敬信,叹未曾有。"慕天颜为建法华钟殿。每当暮色降临,悠悠钟声,浑厚深沉,震荡天际。可惜这口古钟毁于咸丰兵火,如今钟楼里的古钟,为吴江接待寺旧物,铸于康熙六年(1667)。

灵岩作为东南著名丛林,自建寺以来,高僧不绝,唐有道鉴、道遵,宋有定慧、圆照,元有石湖、南堂,明有南石、天际,清有弘储、悟开,近代有印光、妙真。佛法照明,阐扬宗风,源源相继,灯灯相续。

清初,灵岩崇报寺属临济宗,主持人即为临济三十二世的弘储。弘储字继起,晚号退翁,扬州兴化李氏子,年二十五遭国变出家,师事三峰为高弟。他前后住过十个大寺,如常州夫山祥符寺,台州天台国清寺,苏州灵岩崇报寺,苏州虎丘云岩寺,秀州金粟广慧寺,衡州南岳福严寺,都是当时著名道场,顺治六年(1649)来住灵岩,至康熙十一年(1672)在灵岩圆寂,前后二十三年。弘储是遗民僧人的代表,徐枋《退翁老人南岳和尚哀辞》说:"吾师之以忠孝作佛事,可得闻乎?沧桑以来二十八年,心之精微,口不能言,每临是讳,必素服焚香,北向挥涕,二十八年直如一日。"不仅如此,他还为抗清人士排难解困。全祖望《南岳和尚退翁第二碑》说:"丙戌以后,东南之士,濡首没顶于焦原,相寻无已,而吴中为最冲。退翁皆相结纳,从之者如市。退翁才厚重不泄,其为人排大难最多,世不尽知也。辛卯，竟被连染，诸义士争救之，久而得脱，好事如故。或以前事戒之，则曰：'吾苟自反无愧，即有意外风波，久当自定。'又曰：'道人家得力，正于不如意中求之。'又曰：'使忧患得其宜，汤火亦乐国。'"又记道："一日登堂说法，忽发问曰：'今日山河大地，又是一度否？'众莫敢对，退翁潸然而下。"顺治八年（1651），鲁王在舟山抗清失败，浙东义士连累而死者很多，弘储被征赴永嘉，院鞠被杖，但他丝毫不屈，有《院鞠被杖归寓示徒》诗云："啮雪饮冰无厌足，履汤蹈火又何妨。东西南北虽空阔，去就原凭自主张。"所著《灵岩树泉集》颇多为抗清复明志士讴咏，露骨直道，本色无遗，如《吊瞿稼轩先生一首》，赞扬了瞿式耜的忠节；再如《和叶星期居士兼致诸昆一首》，又鼓励了叶燮兄弟的持节。全祖望对他评价甚高，《南岳和尚退翁第二碑》说："易姓之交，诸遗民多隐于浮屠，其人不肯以浮屠自待，宜也。退翁本国难以前之浮屠，而耿耿别有至性，遂为浮屠中之遗民，以收拾残山剩水之局，不亦奇乎！故予之为斯文也，不言退翁之禅，而言其大节，仍附之诸遗民之后，以为足比宋之杲公，殆庶几焉。"像大慧宗杲那样有气节的高僧，灵岩山上应该是专辟殿堂纪念的。

也正由于弘储的缘故，方有康熙三年（1664）五月的灵岩之会，这是清初一次重要的遗民活动。黄宗羲《轮庵禅师语录序》说："余上灵岩，退翁集徐昭法、周子洁、文孙符、邹文江、王双白于天山堂，纵谈者七昼夜。"与会者几乎都是东林后裔，如周顺昌子茂藻（子洁），文震孟子秉（孙符），徐汧子枋（昭法），黄素尊子宗羲、宗炎（晦木），高斗桓弟高斗魁（旦中），沈寿民弟子邹元樧（文江）。弘储弟子檗庵正志（熊开元）、月涵南潜（董说）、笻在大瓠（沈麟生）以及俗家弟子王廷璧（双白）等，也参加了这次集会。黄宗羲误记天山阁为天山堂,阁在善法堂东,阁下即垂云堂。他们聚集阁上,既痛感前朝政治腐败,又悲慨如今山河破碎,空山无人,放言纵谈。黄宗羲《与徐昭法》云:"夜坐天山堂,诸家评略遍。"《寄周子洁》云:"与君同日上灵岩,钟鼓声中夜话僛。"诸人所谈话题,必与当时政治得失、人物褒贬有关。虽说这已是三百五十多年前的事了,但仁人志士的事迹,不会被历史风尘所掩没。

灵岩山下有韩世忠墓。绍兴二十一年(1151)八月初五日,韩世忠拜太师致仕,同日薨于临安赐第,是年十月大葬灵岩山西南麓,敕使徐伸护其事,吴、长洲两县令奔走供役。又封其妻白氏秦国夫人,妾梁氏杨国夫人,茚氏楚国夫人,周氏蕲国夫人,后皆合葬。乾道四年(1168)追封蕲王,淳熙三年(1176)追谥忠武。孝宗亲书"中兴佐命定国元勋之碑"十字额以赐,并命礼部尚书赵雄撰碑文,尚书侍郎周必大书。韩蕲王墓神道碑,含龟趺高三丈馀,碑连额高二丈五尺七寸,广八尺九寸,额题"中兴佐命定国元勋之碑"十字,正书,分二行,字径一尺二寸,居中有小字"选德殿书",正书,径一寸七分,中有"御书之宝",方三寸。额占碑之上半截,计九尺四寸。碑文八十八行,每行一百五十字多寡不等,凡一万三千九百馀字,正书,径七分。这一穹碑,实为巨制,石大而方,厚如其阔,碑石之高,碑文之长,推古今第一。1939年7月12日遭飓风,碑被仆倒,断为四截。至1946年,灵岩寺住持妙真等倡议重修,将碑额与碑文分两段拼合砌筑。

韩世忠既葬,在墓左建显亲崇报道院,以奉祠事,即韩蕲王庙之滥觞,岁久年长而废。明成化十年(1474),知府邱霁奏入祀典,每岁以仲秋月祀之,然无定所,或借山寺,或在城结茇而祭。弘治十一年(1498),知府曹凤复建庙于灵岩故冢之南,以修祀事。张习《韩蕲王庙记》说:"侯相攸得舒坦之地于冢南,为构正堂四楹奉神主,前堂四楹列祭仪,有寝以安庶职之斋宿,有庑以处百工之庖宰,缭以周垣,辟以仪门,甍桷丹垩,孔曼且硕,侯用心良密矣。经始于弘治戊午如月丁丑,至仲秋之朏落其成。"但未几又为山民所毁。清道光十年(1830),郡绅韩封在巡抚陶澍、布政使梁章钜等支持下,先修冢墓,十二年(1832)又建飨堂。韩封《重修韩蕲王墓并建飨堂记》说,修墓之事,"始庚寅孟夏,终辛卯春季,阅十有二月,材以次集,工亦以次蒇,凡筑罗城四十五丈,辟甬道一百三十七丈,树拜台,并修碑亭,重倩严君承益书张部曹文,勒石穹碑下,更呈大府,复春秋致祭仪"。由于韩蕲王庙久已废圮,其址究竟在何处,已不可考,承宝藏庵主僧将庵屋两楹、隙地数弓捐出,于是建飨堂,"遂于壬辰仲

韩蕲王祠

冬鸠工庀材，经营量度，列楹三，门庑庭阶悉如制。虽地狭工朴，规模稍隘，而半亩之辟，观瞻一肃"。郡绅石韫玉呈请编祭。

1926年，李根源过此，《吴郡西山访古记》卷一说："行里许，至宋韩蕲王飨堂，堂在宝藏庵内，奉蕲王塑像。"壁置明碑一方，清碑八方。"林则徐联曰：'祠庙肃沧浪，更寻来一万字穹碑，彩焕岩阿榱桷；威名震吴越，还认取七百年华表，遥传江上旌旗。'陈銮联：'高冢卧麒麟，回首感六陵风雨；神弦传霹雳，归魂思一曲沧浪。'石韫玉题额曰'灵佑胥台'。堂中停柩十馀，恶臭逼人，不能耐。向西北行半里许，有韩蕲王神道碑，碑与龟趺高三丈馀，上题'中兴佐命定国元勋之碑'，中刻四小字曰'选德殿书'，淳熙四年二月，赵雄奉敕撰，周必大书，八十八行，行百五十馀字，字过小半已模糊。当日选石雄伟可惊，而质不坚腻，未千年而全碑满现裂纹，字小之故，由于碑文太长，额字太大，又不晓两面镌刻之法"。又"谒蕲王墓，墓在神道碑西北半里许，有墓道坊，墓碑刻'宋韩蕲王墓'，阴镌道光间续修督工官吏姓名"。据《韩忠武王祠墓志》卷首记载，李之所录林则徐、陈銮之联，文字小异，飨堂又有吴廷琛一联，曰："华表千年，人思忠义；穹碑三丈，功在河山。"这三副楹联都是道光十三年（1833）题写的。

今韩墓已重修，拼接起来的神道碑已建亭覆蔽，飨堂也已修葺，重塑了韩世忠像，壁置清碑五方，庭院里有两株古香樟，浓荫覆盖，人行其下，翠色染衣。

灵岩西麓，香水溪畔，有王心一的秀野园。心一字纯甫，号玄珠，吴县人。万历四十一年（1613）举进士，天启间起官御史，以极论客氏贬。崇祯时历应天府尹、刑部右侍郎。清顺治二年（1645）因牵连明故宗室玉哥案，被清吏逮治，死于狱中。一说他在甲申之变后，纠集义军在陈湖抗清，事败被获，饮鸩自尽。他在城中迎春坊有归田园居，其址即今拙政园东部，又另筑别业于此。康熙年间，韩菼弟韩曝即秀野园改建，题名乐饥园，韩是升《乐饥园记》说："若溪山风月之美，池亭花木之胜，有过于园者，不足为园重，略而不书。"又说："园为明司寇王公玄珠别业，名秀野草堂，堂有图，张元举笔，从祖尝得之骨董肆中，藏于家。"园以牡丹胜，何焯有《过木渎韩氏隐居观牡丹》有云："吴王醉处野人家，百品千名照眼奢。暂学仙灵开顷刻，肯贪功业负秾花。虽无斋幕留香雾，自有精神夺绮霞。墙外馆娃佳丽在，解将何语向春夸。"至乾隆时已圮，惟留下韩家园的地名，王汝玉《香溪杂咏》云："故址韩园众口传，山房往事渺云烟。达人胸次诗中见，屋角松杉即墓田。"自注："地名韩家园，为慕庐先生之弟所居，'屋角'句即尚书宿山居诗也，见于集中。"

湖广总督毕沅别墅灵岩山馆在山下，占地广三十亩。钱泳《履园丛话·园林》说："灵岩山馆在灵岩山之阳西施洞下，乾隆四十八九年间，毕秋帆先生所筑菟裘也。营造之工，亭台之胜，凡四五载而始成。至五十四年三月，始将扁额悬挂其门，曰'灵岩山馆'，先生自书，下有一联云：'花草旧香溪，卜兆千年如待我；湖山新画障，卧游终古定何年。'二门曰'锺秀灵峰'，乃阿文成公书，又一联云：'莲嶂千重，此日已成云出岫；松风十里，他年应待鹤归巢。'自此蟠曲而上，至御书楼，皆长松夹道，有一门甚宏敞，上题'丽烛屑霄'四大字，是嵇文恭公书。楼上有楠木橱一具，中奉御笔扁额、'福'字及所赐书籍、字画、法帖诸件，楼下刻纪恩诗及谢表稿，凡八石。由楼后折而东，有九曲廊，过廊为张太夫人祠。由祠而上，有小亭曰澄怀观。道左有三楹，曰画船云壑，三面石壁，一削千仞，其上即西施洞也。前有一池水，甚清洌，游鱼出没可数，其中一联云：'香水濯云根，奇石惯延采砚客；画廊垂月地，幽花曾照浣纱人。'上有精舍，曰砚石山房，则刘文清公书也。其明年庚戌二月十四日，余与张君止原尝邀王梦楼太守、潘榕皋农部暨其弟云浦参军及陆谨庭孝廉辈，载酒携琴，信宿其中者三日，极文酒之欢。至嘉庆四年九月，忽有旨查抄，以营兆地例不入官，此阁尚无恙也。自是日渐颓圮，苍苔满径，至丙子年间，为虞山蒋相国孙继焕所得。而先生自出镇陕西、河南、山东、两湖计二十馀载，平泉草木，终未一见，可慨也。"

灵岩山东麓有毛氏槃隐草堂，起建于康熙年间。《木渎小志·人物四》说："毛宗汉筑槃隐草堂于砚山东，啸歌自得。子曙，字逸槎，与沈德潜、黄子云诸人游。"毛曙又字旭伦，号介峰，吴江人，一说吴县人，一介布衣，以诗自娱，著有《野客斋诗集》。沈德潜《槃隐草堂记》说："毛子逸槎为园于砚山之东，园之中，高阁清池，水槛平桥，幽房邃阃，凡适于登眺憩息者咸备，而前庭后囿，草树花石，四时皆宜。园之堂曰槃隐，阳湖杨太史藕塘书额，并志跋语所云：'饮食于斯，朝夕啸歌于斯者也。'"又说："且逸槎和易乐群，每和风晴日，四方宾客来游者，常得休暇于此，而望衡对宇，时多素心，或弹琴，或对弈，或觞咏，即无事相接，清言竟日，极盘桓游衍之趣。"

灵岩山下还有张宗苍的篁村别墅，宗苍字墨岑，号篁村，吴县人，工画山水。乾隆十六年（1751），高宗南巡，宗苍献《吴山十六景画册》，御笔每幅题诗一首，令充画院供奉，后授户部主事，时年已七十，寻告归，卜居于此。翁照有《重过张墨岑别墅》云："言寻方外侣，林壑认依稀。一迳入红叶，数峰横翠微。夕阳明笋笠，秋色上荆扉。刚到幽栖处，逢君采药归。"

归舟木渎犹堪记

木渎形成聚落的历史很早,相传春秋后期,吴王大起宫室,得越国贡献木材,建造姑苏台,聚材三年,连沟塞渎,木渎之名,由此始也。迟在北宋时,木渎已人烟稠密,为市廛所会,苏舜钦《游山》就有"朝餐下木渎,市物俗所宜"之咏。北宋官修地理总志《元丰九域志》,记苏州一府五县,除常熟县领福山、庆安、梅里三镇外,就仅吴县领木渎一镇。可见当时木渎已很有规模,既为吴邑首镇,实可抵北方一县。

木渎的繁荣,与地理位置有关,它正处于郡城西郊交通枢纽,为入湖游山所经由。沈钦韩《木渎桂隐园记》说:"木渎自唐以来,人物浩穰,农贾凑集,虽名曰镇,其实县也。一水自太湖胥口分流,东径镇二十里而入运河;一水自铜桥泛分流,东出镇之斜桥,而会胥口之水。"清康熙二十八年(1689),圣祖南巡,就在木渎弃舟登岸,去玄墓山赏梅。这条路线,不但风景殊异,并且行船内河,走马平地,较为便捷安全。乾隆十四年(1749),刑部郎中蒋楫独力捐赀御道,木渎又是关楗,先分南北两路,南路自盘门经横塘至木渎,又由木渎至灵岩山,西经狮子口;北路自枫桥经支硎、寒山、隆池,转南出狮子口；南北两路合而西行，过善人桥，直至玄墓山。高宗六次南巡，皆循御道而行。在木渎市东梢，更筑御码头，为御舟停泊处。王汝玉《香溪杂咏》云："山近灵岩地最幽，香溪名胜足千秋。翠华侈说曾巡幸，锦缆高牵御马头。"至1937年，苏福公路、苏锡公路通车，木渎的交通设施才进入现代化。

由于木渎位置的重要，明洪武二年（1369）设木渎巡检司，管阊、胥、盘三门外及木渎、横塘、新郭三镇。当嘉靖倭乱时，郑若曾《江南经略·胥口险要说》分析说："太湖东堰，两山对峙，南曰胥山，北曰香山，胥口介于其中。湖寇若从此入，则或由木渎东行而犯胥门，或由木渎西北，逾灵岩、支硎而掠枫桥犯阊门。"嘉靖三十六年（1557），巡按御史尚维持、知府温景葵、知县安谦在木渎市东白塔桥南堍建敌楼，方广周十三丈有奇，高三丈六尺有奇，下垒石为基，四面甃砖，中为三层，上覆以瓦，旁置多孔，以发矢石铳炮。王汝玉《香溪杂咏》云："依然雉堞瞰河滨，小小严关御敌人。今日烽烟久消歇，夕阳芳草对残春。"这座敌楼至民国时尚存，《木渎小志·区域》说："里人为保存古迹，时加修缮，以其址有白塔桥，亦木渎十景之一也。近东西洋人游历至此，每摄影而去。"今则遗迹无存，殊为可惜。

前人经由木渎，都会对这里的风物人情留下深刻印象。吴宽《过木渎》云："舟行三十里，初向渎川过。客路偏逢雨，人家尽枕河。桥横光福岭，水接洞庭波。倏尔嗟春及，田间见荷蓑。"曹学佺《过木渎》云："指点十三桥，迎船半柳条。夕阳湖正满，春草岸俱遥。琢砚开山寺，为园灌药苗。卖饧时节近，处处有吹箫。"旧时都走水路，从郡城去光福、东山，或就近上灵岩、天平、天池、支硎诸山，都要在木渎泊船歇宿。夜里的镇上，格外静寂，已不能想象日间的喧闠。杨文骢《宿木渎》云:"竟日秋光冷,维舟寄古邨。隔桥依榜火,晚市辨方言。水已通湖气,沙看露树根。馆娃谈往事,歌舞梦中喧。"程庭《泊木渎镇》云:"小桥通野市,远岫入溪烟。僧磬夜初静,渔镫人未眠。长腰炊玉粒,缩项煮银鳊。愿得携琴酒,牵萝葺一橼。"1916年早春,钱基博偕友去光福探梅,也停泊木渎,趁着暮色在街上一走,《邓尉山探梅记》说:"循岸向西行,街颇平坦,用碎石砌,如吴江而整洁过之。沿河矮树丛杂,高不逾人而粗如指,询之,静之曰:'此枣秧也。'惟一老榆,怒撑其间,柯虽不高,而桠枝纷拿,上缠古藤,巨硕如人股,虬屈欲奋,数百年物也。隔岸,平山逶迤,暮色苍霭,山容欲闷矣。"

鲁迅《再论雷峰塔的倒掉》说,中国的许多人,"大抵患有一种'十景病',至少是'八景病',沉重起来的时候大概是清朝。凡看一部县志,这一县往往有十景或八景,如'远村明月''萧寺清钟''古池好水'之类"。这"十景"、"八景"的流行病,起源于何时,恕我孤陋寡闻,不能知道,但木渎得病是很早的。元湖州归安人沈禧有《竹窗词》一卷,朱孝臧据知圣斋藏明钞本编入《彊村丛书》,其中有"渎川八咏,为施以和填"一组,所咏八景是"香径春游"、"虹桥晚眺"、"美潭渔集"、"山市樵歌"、"太湖月波"、"灵岩岚翠"、"锦峰晴雪"、"囗浦澄霞"。其中"美潭"当为"姜潭"之误。由这八景来看,当时木渎范围很大,南濒太湖,西北至锦峰。到了清乾隆时,又调整为十景,范围大大缩小了,基本都在镇上,它们是"法云古松"、"白塔归帆"、"南山晴雪"、"斜桥分水"、"虹桥晚照"、"下沙落雁"、"山塘榆荫"、"灵岩晚钟"、"姜潭渔火"、"西津望月",吴溥有《木渎杂咏》一一咏之。

乾隆年间，木渎正在全盛时期，商贾云屯，巾廛鳞列，百业兴旺，街面繁荣。二十四年（1759），徐扬描绘了反映苏州繁华的《盛世滋生图卷》，其中木渎的画面占了全卷的三分之一，这是当时木渎的真实写照，不妨读画以游。全卷可分几个区域，自西街至东街，自山塘街至南街，疏密错落，然其繁华，实非张择端《清明上河图卷》可比。斜桥、西安桥、东安桥一区为闹市中心，商旅如织，水运繁忙，粮船、货船、客船、渔船、木排、竹筏紧紧相连，几无虚隙；米行、绸庄、银楼、当铺、扇庄、京广杂货店等面河而设；饭馆、酒楼、茶肆、糕点糖果店等夹岸遍街。约略估算，有店肆二十多家，有的五开间门面，有的两层三开间门面。迤逦南街，稍显清冷，仍有钱庄及卖官盐的、卖名酒的、卖桐油的店家。镇东市梢，还有香烛店、草席店、南货店、藤枕店等数十家。镇上店肆悬挂着"绸缎纱罗"、"苏杭杂货"、"各式雅扇"、"官盐"、"香烛"、"定织细席"、"梭布

《盛世滋生图卷》（局部）　　清徐扬绘

发客"、"杂货老行"等招子。从画上来看，饮食业似乎特别兴旺，大都店面宽敞，座客盈席。如中市街沿河有一酒楼，檐下挂"本店包办各色酒席"招子，楼上又悬招牌"五簋大菜"、"各色小吃"、"家常便饭"，酒楼东为饼馒店，悬招牌"上桌馒头"，又东为茶食店，悬招牌"状元香糕"，对岸一酒楼，座无虚席，也高高挑出"包办酒席"的招子。斜桥桥堍有一家茶食店，一字儿悬着"乳酪酥"、"桂花露"、"玉露霜"、"状元糕"、"太史饼"五方招牌。饮食业的兴旺，正反映了这里经济的繁荣。街市上热闹非凡，有背负者、汲水者、卖茶者、送行者、迎客者、待渡者、抬轿者、挑担者、行经者、算命占卜者，形形色色，不一而足。

至民国年间，苏州成为上海的后花园，人们趋之若鹜的，除虎丘外，就是苏州西郊山水，木渎也就成了游人憩息的去处。中市街有一家相传乾隆年间创办的叙顺楼，因主人姓石，人称"石叙顺"。传至民国初年，店主石仁安善于经营，遂成一方名馆。于右任、李根源等咸相延誉，闻名而来者不知多少。石家饭店以"石菜"著名，有油爆大虾、三虾豆腐、清溜虾仁、白汤鲫鱼、松鼠桂鱼、油泼童鸡、母油肥鸭、美味酱方、鸡油菜心、鲃肺汤十道名菜，尤以鲃肺汤最是脍炙人口。

1943年春，周作人来游木渎，印象实在是太好了，他在《苏州的回忆》里说："我特别感觉有趣味的，乃是在木渎下了汽车，走过两条街往石家饭店去时，看见那里的小河，小船，石桥，两岸枕河的人家，觉得和绍兴一样，这是江南的寻常景色，在我江东的人看了也同样的亲近，恍如身在故乡了。又在小街上见到一爿糕店，这在家乡极是平常，但北方绝无这些糕类，好些年前曾在《卖糖》这一篇小文中附带说及，很表现出一种乡愁来，现在却忽然遇见，怎能不感到喜悦呢。只可惜匆匆走过，未及细看这柜台上蒸笼里所放着的是什么糕点，自然更不能够买了来尝了。不过就只是这样看一眼走过了，也已很是愉快，后来不久在城里几处地方，虽然不是这店里所做，好的糕饼也吃到好些，可以算是满意了。"当天中午，周作人一行也到石家饭店用餐，因为是春天，鲃鱼是没有的，也就没有吃到鲃肺汤，但吃到了三虾豆腐羹，这也是石家饭店的名菜，周作人应主人索题，写了四句："多谢石家豆腐羹，得尝南味慰离情。吾乡亦有如家菜，禹庙开时归未成。"石家饭店还自制松蕈油、虾子酱油供客，选料严格，制作精湛，堪称一方特产。那时，木渎除石家饭店的菜馔外，还有枣泥麻饼，形制精美，香而不焦，甜而不腻，油而不溢，吃口松脆，先后以费萃泰、乾生元两家所制最为著名，凡游山入湖，途经木渎，必买几筒归去，馈赠亲友。

木渎向有"香溪九里十三桥"之说，这十三桥是指斜桥、虹桥、王家桥、方家桥、胡家桥、石马桐桥、庙桥、长史桥、高木桥、塘湾桥、福寿桥、鸾和桥、汇源桥，皆跨香水溪。木渎十景的"斜桥分水"、"虹桥晚照"都在溪上。因木渎桥多，桥市也就自然形成，以虹桥麻市最有名，四乡多织夏布，村妇多以绩缞为业，每天清晨都来虹桥贸易。王汝玉《香溪杂咏》云："绩成白绪雪皑皑，多少工夫夜课催。村妇虹桥作朝市，筠篮都为换麻来。"近人范君博《木渎榉枝词》亦云："灯火车声处处家，绩成白绪更堪夸。虹桥拂晓人喧市，都为村娃竞换麻。"

镇上东街有一园墅，规模很大，占地约二十五亩，即吴氏遂初园。徐扬《盛世滋生图卷》有其一景，建筑宏敞，园宅结合，主落前有门厅，中有大厅，后有住楼，旁落也厅楼数进；园内地势坡陀，石多湖峰，松栝交阴，竹树深邃，间点缀轩亭；宾客纷至沓来，主人在门厅相迎；大厅内坐席环列，前轩地铺红氍毹，正演南戏《白兔记》中《麻地》一折。

遂初园为吴铨所建，吴铨字容斋，号璜川，徽州歙县人，雍正初官江西吉安知府，晚岁归木渎望信桥，筑园以居。徐陶璋《遂初园序》说："吾友吴先生容斋，以郎官出典江西之吉安郡，政成风和，卓乎著循誉，年未老，乞假归，士民咸挽之不得。归无几时，度地于木渎镇之东偏，诛茆构宇，叠石穿池，极园林之胜。园既成，挈家人之半以居，日取经籍训课其幼子，暇则登高眺远，揽山色波光之秀，间行野外，遇樵夫牧竖相酬答，若忘乎曾为郡守者。"沈德潜《遂初园记》说："容斋吴太守于木渎镇东治园一区，园故废地，蠲荒秽，剃蒙翳，因其突者垒之，洼者疏之，垒者为丘为阜为陂陀，疏者为池，因池之曲折，界以为堤，跨以为桥，楼阁亭榭，台馆轩舫，连缀相望，垣墙缭如，怪石嶔如，古木槎枒，筼筜萧疏，嘉花名卉，四方珍异之产咸萃。园既成，名曰遂初，取孙兴公绰赋名以托意云。予尝与客往游，经邃室，循修廊，西折而西南者，为拂尘书屋，深静闲敞，林阴如幄，于休坐宜。经桂丛北迤，有亭翼然，俯临清流，为掬月亭，倒涵天空，影摇几席，于玩月宜。自亭而东，随堤南折，沿石齿，度略彴，为听雨篷，宾朋既退，船窗四阖，风摇枝柯，飒飒疑雨，于夜卧宜。东望为鸥梦轩，主人息机，物我偕适，于徙倚宜。又东迤为凝远楼，登楼四望，娲宫西峙，五坞东环，天平北障，皋峰南揖，馀若虪若奔，若倚若伏，苍烟晴翠，斗诡献异，胥入栏槛，于眺览宜。楼之东为清旷亭，绮疏洞开，招纳远风，于披襟宜。亭皋南折，回旋冈岭，拾蹬级，穿默林，耸然而高者为横秀阁，东北送目，平田万顷，纵横阡陌，绿浪黄云，夏秋盈望，于观稼宜。其他平室深窝，交窗复壁，敞者宜暑，奥者宜寒，约略具备。此遂初园之胜概也。"

吴铨之后，园传其子用仪、成佐，再传孙泰来、元润、英。泰来字企晋，号竹屿，乾隆二十五年（1760）进士，后随毕沅游，先后主关中书院、大梁书院，文名藉甚，吴中数十年来，自沈德潜外，无有能抗行者，四十三年（1778）卒，年五十七，著有《砚山堂诗集》、《古香堂诗集》等。当泰来时，园中有十景，依次是"春园晓晴"、"柳堤莺啭"、"竹溪烟雨"、"平桥夏涨"、"爽台秋月"、"古堂晚香"、"莎村观刈"、"松门夕照"、"松阁听涛"、"岩东霁雪"，泰来兄弟及王昶、赵文哲、朱泽生、曹仁虎等都填词咏之。也当泰来时，因兄弟分家，将园售于葛氏。咸丰间归洞庭西山徐氏。光绪间归横金柳商贤。商贤字质卿，号蘧庵，同治九年（1870）举人，为冯桂芬弟子，光绪间官浙江宁海，归后购园以居，光绪二十六年（1900）卒，年六十七,著有《蘐庵诗文钞》,另辑《横金志》等。

木渎下沙塘有里人陶筱的怡园,园约建于乾隆初年。陶正靖《怡园记》说:"园分水陆,中有舞彩堂,而爱吾庐居右,最后为环山阁,登高而望,山翠四围,烟云吐纳,近在眉睫,实有以挹灵岩之秀。折而左,则小桥流水,引人入胜。有星带草堂、蕉绿、玩月、容膝诸轩。极北为湘竹亭,竹斑环绕,亭中几榻器皿悉称焉,尤境之幽雅者。"主人每于春秋佳日,欢奉板舆,以怡其亲。

虹桥堍的虹饮山房,乃里人徐士元故宅。士元字恕求,号知隅,诸生,工诗古文。《木渎小志·古迹》说:"高庙四次巡幸,词臣随扈,必信宿于此。刘石庵相国两寓之,手书程子四箴以赠士元,因写《虹饮山房图》,合装成卷,子孙世宝焉。"并引潘遵祁《题徐山人虹饮山房图》云:"虹乔咫尺隐君家,想象灵岩驻翠华。野老尚能谈往事,词臣蠖

虹饮山房

被访梅花。"园中有玉兰一株,乾隆时已二百余年,惜早已不存了。

沈德潜旧宅在鹭飞桥西,据《沈归愚自订年谱》,雍正七年(1729)己酉,年五十七,"四月,移居木渎山塘,爱其山水之秀,人物之朴也"。当时他以教馆为生,当是租赁以居,一直住到乾隆三年(1738)省试中式。叶廷琯《鸥陂渔话》卷三"沈尚书门帖"条说:"沈归愚尚书未达时,曾居木渎镇。自题门帖曰:'渔艇到门春涨满,书堂归路晚山晴。'二语极肖乡村清远之景。后来居者知为尚书手墨,即镌诸门间。余少时过之,见老屋破扉,犹存字迹,因常口诵不忘。五十年来询之渎川人,无复知者,而余亦迷其处矣。近见王韫斋集中《香溪杂咏》有一章云:'一区旧宅太萧条,耆硕惊心百岁遥。我亦寓公来过此,吟魂黯黯鹭飞桥。'自注:'沈归愚尚书旧宅在山塘鹭飞桥西。'王君居木渎久,访之必确。(雷甘溪浚曰:'归愚尚书旧宅在鹭飞桥西不数武,门有绰楔四,乱后仅存其石,尚可识也。)又郭频伽《灵芬馆诗话》纪尚书馆于木渎,主人有纺婢爱听其夜吟声事,当即在僦屋题门时也。"过了一百多年的同治四年(1865),冯桂芬移居木渎,买下鹭飞桥西庭院一区,《木渎小志·古迹》说:"沈归愚旧宅在木渎山塘,同治间冯太史桂芬得之。"这个说法不够确切,沈德潜是赁屋以居,不过数间而已,哪会有冯桂芬府第的规模。

镇上还有三个小园,均属钱氏所有,故称钱氏三园。

一是虹桥之南的潜园,本是明人李氏小隐园,多老树奇石,久已圮败,后嘉定汪氏卜居于此,买石移花,经营数年。汪氏殁后,园亦乏人料理,池馆稍陊,而犹存古意。嘉庆十八年(1813),里人钱炎得之为别业,构亭榭池阁,题名潜园,也称桂隐园。钱炎号杏圃,家殷富,道光初征举孝廉方正,辞而不就。沈钦韩《木渎桂隐园记》

说:"桥之南颜有园焉,垣衣映水,披榛得路,入其门,望不数亩,而间架疏密,一一入画。有凉亭,可以企脚北窗;有奥室,可以围炉听雪;有山阁,掇烟云于帘幕;有水榭,招风月于坐卧。老树扶疏,浓荫覆庐,红莲蓝蕙,清袭衣裙。岂非仲长乐志之地,兴公遂初之干乎?"主人在园中畦菊百馀本,韦光黻《闻见阐幽录》说:"木渎钱杏圃征君,家有小园,极精雅,奇花异卉,甲于郡中,种菊数百,尤有不经见之种。"主人又好植兰,袁学澜《潜园》云:"闲叩幽栖处,园林傍水涯。绿波新郭市,乔木旧人家。瓷斗春兰素,萍茵乳鸭花。一轩红睡足,留客瀹新茶。"自注:"园有红睡轩,主人杏圃征士喜养名兰。"

二是王家桥畔的端园,钱炎仲弟钱照葺于道光八年(1828)。钱照字栋成,号端溪,不乐仕进,以诗文自娱,著有《端园诗草》等。园多楼台廊庑之胜,有环山草堂、友于书屋、眺农楼、延青阁诸构。袁学澜《潜园》云:"况与西潜近,联吟草满池。"自注:"主人弟端溪,有园名西潜,相隔一水。"可知端园又名西潜。袁学澜又有《端园》云:"暖风吹散雨廉纤,园以端名结构严。箦覆庭山蹲虎豹,门喧村市集鱼盐。亭台此地宜鸣屐(地近灵岩),杨柳今朝记插檐(是日值清明)。令节携家寻胜赏,踏青苔绿上鞋尖。""芳林犹未侧金鸦,买看名园卓画车。絮暖莺声全在柳,讨春人影半依花。楼延野色迎孤塔,障列诗篇近百家。也欲平章风月景,苦无奇句似刘义。"

三是距潜园西百步处的息园,钱炎季弟钱煦葺。钱煦号千舟,得薛氏旧圃十馀亩,重加修葺,凿石筑亭,种竹莳花,以憩息其中。息园所建最晚,存世时间不长,文献记录亦少。范君博《木渎橹枝词》云:"络墙薜荔托幽栖,地近潜园咫尺迷。怀旧分家谁作主,未妨息影一留题。"

至光绪初年，潜园、息园已废圮，惟端园独存。光绪二十八年（1902），富绅严国馨买下端园，由姚承祖率良工修葺一新，更名羡园，俗称严家花园。羡园北临田野，登楼凭窗，远瞩天平，近望灵岩，极游目骋怀之致。园内布置疏密曲折，高下得宜，结构之精，不让城市，况且邻近山林，更得自然之趣。钱基博《邓尉山探梅记》说："遂便道游端园，园地不甚大而构筑颇精，用五色砖砌地成花，蹊径曲折可念。循途入，亭台楼阁，靡所不有，惜其匠心太密，如人眉目不疏朗。其中尤胜者曰环山草堂，面堂堆假山，中有一石，植立作斧扆形，颇奇，殆所谓石之透瘦者耶。下堂，循阶折而左，拾级登望山亭，亭倚园墙，昧知乃攀危登，指示天平、灵岩诸山，嶂者崒者，历历自北而西南，迤环墙外，如拱如瓶，此环山草堂之所为名也。博考园，故钱氏物也，旧主人口照，字端溪，清嘉道时人，工诗，隐居不仕，有高致，士大夫尤重之，既殁，子孙不振，园为阎姓有矣。阎，富绅也，颇为当地所引重，或亦称曰阎园，然而士大夫间仍以端园目之，不忍没旧主人草莱之功也，不亦足以证千乘万骑之隆赫，无以愈以蕨薇之高风也哉，相与太息。眺览久之，乃拾级下，出园。"钱基博说的阎氏，当是严氏，"严"、"阎"两字同音，钱氏未加辨别。时羡园所悬诸额，仍端园之旧。上世纪三十年代，庄俞来游，他在《邓尉山灵岩山记》说："循山塘行，道路修洁，屋宇整齐，水陆巡警咸备，可见木渎之繁盛，不下城市。过严氏花园，马君导入。楼台亭阁，备极曲折，惜尘埃满积，久无居人。见联语题志，知是园旧属钱氏，后归严氏，而名之谓羡园。分东西二部，东园占地不及西园之宽广和，西园尤以环山草堂为最胜，堂临池，池之四周，假山崇叠，花木幽深，炎夏至此，可避却溽暑不少也。"童寯曾往羡园调查，《江南园林志·现状》说："木渎故有潜园、息园，咸丰兵燹，俱成灰烬。惟端园独存，旋归严氏。光绪二十八年，重葺一新，号为羡园。今之友于书屋及延青阁等处，皆端园旧胜。北临田野，登楼凭窗，远瞩天平，近望灵岩，极游目骋怀之致，园内布置，疏密曲折，高下得宜。木渎本多良工，虽处山林，而斯园结构之精，不让城市。惟失修已久，日就颓败。"今之羡园已易地重建，虽已非旧规，但在建造时，参考了童寯《江南园林志》里的羡园平面图和若干照片等，故尚存遗意，在新建的苏派古典园林中，不失为上乘之作。

此外，镇上还有黄习远萧萧斋、盛锦岩东草堂、张锡祚啖蔗轩、王在东环山楼、周灏彩娱阁等，其中故事也说不尽。

镇上除第宅园林外，还有诸多人文故迹，如寺院有明月寺、牧牛庵、法云庵，李果《泛艇木渎》有"梨花明月寺，芳草牧牛庵"之咏，王汝玉《香溪杂咏》亦云："牧牛明月结比邻，古院荒凉日就湮。芳草梨花工点缀，高吟那不忆诗人。"法云庵则以古松著名，即木渎十景之"法云古松"。走马塘的朱墅庙，祀抗倭名将任环，咸丰兵燹后，改祀土地神。南街的渎川城隍庙，俗谓之郡庙，旧时冬仲酬神，江湖卖技咸集，有寻撞、突铦、走索、跳丸、吞刀、吐火、赛马、调熊诸戏，四乡男女老幼都来看热闹，当地人称为"庙场讯"。又，白塔浜的崇政桥，始名西跨塘桥，继名兴福桥，明崇祯三年（1630）重建，改名崇祯桥，冯翼有《崇祯桥记》。明亡后，这座桥常让遗民们感慨万分，姜实节《由木渎入崇祯桥》云："黄叶吹残晚寂寥，疏杨木渎水萧萧。惊心忽下天涯泪，犹有崇祯往日桥。"至康熙间重修时，方改今名。木渎十景的"白塔归帆"就在那里，吴溥《木渎杂咏》云："布帆叶叶送轻舠，却共归鸦落影遥。村市依微灯火出，数声柔橹过溪桥。"

西南诸峰尤蔚然

横山距郡城西南十五里,因其四面皆横得名。又因濒临太湖,势若箕踞,称踞湖山。张封《尧峰山志序》说:"吴郡极南有山焉,绵亘回互四十馀里,曰横山,谓从郡城望之,横列如屏,自其北名之也;一曰踞湖山,以其俯瞰震泽,全领胜概,若箕踞然,又白其南名之。"此外,因上有七墩,称七子山;因山趾有荐福寺,称荐福山;因有五坞,称五坞山。朱长文《吴郡图经续记·山》说:"观是山,镇此邦之西南,临湖控越,实吴时要地。隋开皇中尝迁郡于横山东,亦以是山为屏蔽也。山周围甚广,环以佛刹,如荐福、楞伽、宝华、尧峰之类皆在焉。"沈德潜《横山志序》说:"郡西之山,最著者为穹窿、为灵岩、为支硎。穹窿以仙真传,灵岩以伯主传,支硎以高僧传,不因地之广袤、峰之高峻也。横山在郡之西南,四面共四十里,故名。山之高,亚于穹窿,广倍之,视灵岩、支硎何啻邾莒,而丘坟累累,几同北邙,游人筇屐罕至。由仙真、高僧未尝托迹,而伯主之郊台、酒城,在渺茫想像间,不如馆娃离宫,为儿童妇女之所共识也。"

横山之阳荐福寺旁有五坞,旧名不雅,北宋皇祐五年(1053),节度推官马云、山人仇道三游此山,求其林间之美,丘壑之秀,云景之丽，泉石之怪，因其物象，各以佳名，曰芳桂坞、飞泉坞、修竹坞、丹霞坞、白云坞。堪舆家又言有九龙坞，在山之阴，岷山、福寿山之间。李根源《吴郡西山访古记》卷二说："入九龙坞，坞中山脉九支，自乾元寺派分而下，聚于坞中，坞之得名以此。九坞之名，一曰荐慈坞，二曰茶湾坞，三曰分金坞，四曰直头坞，五曰白塔坞，六曰潜龙坞，七曰笋马坞，八曰大坞，九曰清水塔。志载之芳桂、飞泉、修竹、丹霞、白云诸坞之名，乡人不之知也。"

山近太湖，但港湾曲折，金友理《太湖备考·滨湖山》说："横山在白洋湾、木屐等港之内，离太湖稍远，然在湖中望之，如在湖岸也，载之以为港口之标识。自此而西，绕水东滩，折北转东，过直进港而始有山。"其势离山就陆，横亘蜿蜒，延袤甚广，周回六十馀里。李根源《吴郡西山访古记》卷二说："观七子东下山脉，一北走为楞伽山，二东走为吴山，三西碧山，四陆墓山，五宝华山，六尧峰山东麓；西下山脉，一福寿山，二汤家山，三九龙坞，四万禄山，五花园山、和合山，六凤凰池，七尧峰山西麓。此横山东西山形之大概，不登绝顶不之知也。"

尧峰在横山西南，近有岷山、花园山、凤凰池、小赤壁、紫石池等。相传帝尧时，洪水泛滥，吴人都避居于此，水势汹涌，淹没诸山，惟此山不没，吴人得以存活，故名为尧峰，也写作尧封山。后人在山上筑万众楼、免水院，都含有纪念的意思。

尧是上古传说中的人物，在尧的时代，生产力低下，人们对自然灾害束手无策，只能寄希望于超自然的力量。王充《论衡·说日篇》说："《淮南书》又言烛十日，尧时十日并出，万物焦枯。尧上射十日，以故不并一日见也。"郭璞注《山海经·海外东经》引《淮南子》："庄周云，昔者十日并出，草木焦枯。《淮南子》亦云，尧乃令

《尧峰胜景图》　清姜实节绘

羿射十日,中其九日,日中乌尽死。"这是那时大地干旱状况的反映。但似乎更多的是洪水泛滥,《孟子·滕文公上》说:"当尧之时,天下犹未平。洪水横流,泛滥于天下;草木畅茂,禽兽繁殖,五谷不登;禽兽逼人,兽蹄鸟迹之道交于中国。尧独忧之,举舜而敷治焉。"可知当时洪水的惨怛,人心铭刻綦谿。口耳相传尧治水之事,或使于舜,或使于禹,不少地方都有人们避水山上的故事,如鄱阳的尧山、宜都夷陵的高筐山、济州的浮山等。苏州尧峰仅是其中之一,与其说是感戴于尧的盛德，不如说是表达了当时人们对自然灾害的恐惧。

陈仁锡《尧峰山志序》描绘了尧峰的形胜："初抵寺，白浪千顷，疑震泽；有峰远秀，疑缥缈。山僧曰，此枫落吴江也，郡诸巨浸也，松之泖也，突兀如神人虞山也，美好如姬黛玉峰也。又数里陟妙高峰，三面太湖，而穹窿、阳山率灵岩诸峦障其后。稍下多景岩，西山点点，渔榔并坐。又尝妙高观落日，湖山一岛，桃浪一叶，皆含灵妙，其了无意，况者疆畎耳，沟池耳，村舍耳，夜半月华如雪，湖天渺渺，向之所鄙为田叟野烟牛羊下来之陬，无异万千顷之洪涛也。"山中岩谷窈窕，水木明瑟，蔚然异境，有"奇丽甲吴下"之誉。

尧峰山巅有寿圣寺，东麓有露禅庵，西麓有兴福庵，乡人称寿圣寺为上尧峰，露禅庵为中尧峰，兴福庵为下尧峰，梵宇庄严，宛然小小佛国。

唐末有慧禅师者在山巅建免水院，有万众楼等。北宋时改寿圣寺，有宝云禅师居之。明弘治初，云谷禅师与其徒文通相继住此，重建殿宇。王鏊《尧峰山佛殿记》说："云谷轨行峻特，通亦戒律清修，远近参谒者日众。始相与立山门，缭以石垣，观音、龙王之殿，宝云、碧玉之沼，东斋、西隐，以次修复，而大雄殿费钜，未遽议也。久之，云谷示寂，通矢卒先志，乞诸檀越，一时钜公名士亦多礼焉，于是富者施财，贫者施力，豫章瓴甓，无胫而自至，不召而云集，大雄之殿倏还旧观矣。"万历时又名资庆寺，申时行《尧峰景贤祠记》说："尧峰有寺，曰资庆，盖宋建云，或曰在晋为免水院，故尧时民避水处云。寺据山巅，俯瞰笠泽，缥缈、莫釐诸峰在襟带间，悬崖仄径，清泉秀石，盖尧峰之胜尽在于是。"清顺治十二年（1655），继起弘储禅师自灵岩移锡，重建单传殿、大宗堂、湘云馆、争光塔院等。康熙四十二年

（1703），圣祖赐额宝云寺。咸丰十年（1860）毁，民国初尚存遗构，及释南潜《尧峰常驻饭僧田记》、徐枋楷书并篆额《退翁和尚塔铭》，今已不见踪迹矣。

露禅庵在尧峰东麓，僧湛川创于明万历间，清康熙十三年（1674），僧尚德重修。汪琬《重修尧峰露禅庵记》说："由苏之府城西南行三十里，为尧峰兴福禅院。循禅院东麓折而入竹径，以升乎峰之巅，松篁交翳，泉石旁互，而其地独平衍，可广袤数十丈，则露禅庵在焉。前直具区，西接灵岩，穹窿，东阚楞伽、茶磨诸山，层峦重壑，俯仰左右，游者以是庵为最胜。先是有昆山僧海性号湛川和尚者，来游尧峰，说其山水，择石穴以栖止，即俗所谓大龙洞是也。土人安和尚诚朴，稍馈之食。适大雨雪三日，樵采路绝，山巅无烟火，土人合噪曰：'和尚冻馁死矣。'天霁，往求之，则宴坐穴中，诵佛号如故也，父老悉敬异焉，共酿财构木龛于庵址俾居之。已而施者坌集，和尚始创庵其地，一切像设堂庑、斋寮庖湢之属，释氏所宜有者皆略具，为屋若干区。其后既兴禅院，规制日益弘敞，乃躬往住持其间，而是庵命门人守之。迄今且百年，庵不能无倾坏，诸僧取足自容，且暮香灺，仅得弗绝而已。上人超晓字尚德，和尚之四世孙也，慨焉捐其私橐，庀材鸠役，大治土木，于是易泐支敧，饰其漫漶，而崇其卑庳，庵以绚耀华好。凡春秋之交，士女瞻仰者渐盛，然上人衣盂之储罄矣。"

兴福庵在尧峰西麓，南宋咸淳二年（1266）僧性澄建，明初归并实相寺，正德间毁。僧湛川于万历二十五年（1597）重建。汤宾尹《尧峰兴福庵记》说："予从木渎易小舠抵兴福塘，陈子元禄导予步而升，刹宇靓整，僧众森然礼迎者，其名为兴福庵，庵址在尧峰西麓。繇麓至巅可数里，稍异上，有庵曰露禅，其前左偏有方池二，叠可半亩,其东为龙洞、为观音岩。龙洞者,杰石巍峙如阙,石厂之下平如席,两山环抱如左右垣,太湖尾横汇其口,烟云吐纳,如喉鼻间呼吸,予恋异之不忍去。问之,则湛川海性禅师跌坐初基也。""初创庵于龙洞之西,曰露禅,佛堂僧舍,色色备举,可以居后人之参学者矣。已虑山巅跋涉,接踵为难,卜筑于麓,复宋咸淳中所称兴福庵者,琳宫绛宇,宝像珍龛,与夫应接十方,饥需食,劳需息,疾需养,一切斋庖休舍,靡不完好,加于露禅等等。予自露禅晚归,值其课诵,鱼板之清洁,梵呗之精勤,威仪之恭至,悉中法律,生敬礼焉。"庵壁嵌置王羲之草书《心经》、欧阳询楷书《心经》石刻,前者为集字,笔势飞舞,分刻四石,有王穀祥颂、沈廷训跋,为重建时摹勒上石。崇祯中,里民沈楫等重建大殿,时有饭僧田三百亩。晚清渐废,尚有屋数楹,存大佛像。

1926年,李根源曾过尧峰诸寺,《吴郡西山访古记》卷二说:"由萧家巷登山,对山畔有废寺旧基。达瑷瑾岭,有寺半圮,无僧。南上崖石,严整若行阵,森峭如列戟。至观音崖,门有坊,无字。上为台,有洞,名白龙洞,刻道光乙巳嘉善黄安涛、郡人顾沅、羽士吴三逸题名,沧浪亭五百名贤象赞,即湘舟辑刊也。山顶有废寺墙基,门立宝山陆氏墓道,后建僧塔。至宝云禅寺,即古尧峰圣寿寺,僧弘储塔,徐枋题碣。存碑三,一、《尧峰山寿圣寺重建大雄殿碑记》,明正德壬申王鏊撰,祝允明书;二、《鼎建诸山传法院碑记》,乾隆三十七年释重坤撰,永和书;三、藏经楼旧基旁六尺碑,上刻记,下刻寺产。乾隆癸未僧凤巢造大钟一。宝云井居寺左,径宽丈馀,泉清冽,味甘。住僧三,瑞莲者,山西交城人,出血写阿弥陀佛象请题,聊书数语应之。"

王时敏《尧峰禅院序》说:"予曩者游屐至尧峰,见其四围连峰,千亩成障,寺宇澄肃,焚修净严,谓入诸天胜境。既而仰瞩山麓,更觉殿阁峥嵘,僧行红叶,岚拥白云,绝非人间近玩。乃偕友步屐而上,整衣入殿,礼佛讫,忽听昼漏初传,钟声嘹亮,宛然寒山夜半时也,因徘徊久之,不忍去。"寺庵内外,有清晖轩、碧玉沼、多景岩、宝云井、白龙洞、观音岩、偃盖松、妙高峰、东斋、西隐十景,或再加上铁塔、半峰亭,称十二景。许多年后,其中的一半已经废去,甚至连影迹都不存了,好事者又将露禅庵、千人坐、响泉、松冈、竹径五处补入,凑足十景或十二景。于此,历代题咏不绝,宋僧怀深有《尧峰十景》,明人王宠、王世贞、袁褧、陈仁锡等有《尧峰十二景》,清人汪琬有《尧峰八咏》等,如果纂辑起来,亦甚可观。

南宋乾道八年(1172),周必大来游,《壬辰南归录》说:"饭罢,命车登尧峰,中道有半峰亭,蒋堂赋诗,今废。雍熙二年己酉,大理评事知县事处约记云:'昔在帝唐,以洪水肆暴,吴人族遁于此,俗呼免水顶,苏帅钱传璙易名尧峰。'唐天复以后有僧惠齐,姓朱氏,郡人也,结精舍于此。山下名鲁坞山,蒋堂所居,既死,葬焉,此寺乃奉其香火,蒋之奇壬子岁留题数百字,尚可辨。寺有清辉轩、碧玉沼,寺左观音岩(石像佳,甚可观)、白龙洞(俗云通洞庭)、多景岩、宝云井(皇祐四年长老颢逼凿,在山顶,人以为难,蒋堂有诗),寺右偃盖松(伐)、二铁塔、妙高峰(下视空旷)、东斋(敞甚)、西隐(倒)。同长老了愈遍览毕,由龙洞、观音岩而下,盖寺后路也。"

明嘉靖十四年(1535),华钥游至吴山岭上,见此处崇峦层拥,青翠一片,便乘舆而来,《吴中胜记》说:"过岭三,皆窄峻,不暇指问,及抵尧峰,回顾不知所从来矣。尧峰有寺,寺有吴文定公匏庵之像、王文恪公守溪碑、徐中丞仲山墓藏记、杨仪部南峰所作僧疏。予读之，始知有所谓横山十景，今多废灭。景有龙潭曰碧玉沼，多产异龟；有宝云井，圆径丈许，记云大旱不竭，旬雨则云雾溟濛数里，其中白光一渺，盖龙嘘气也。至是则吴兴、云间诸山隐隐四出，南望湖中，洞庭东西两山如带，而近转顾，则狮山入抱而两阜如球。此外予所欲游者，一览具得其概。北登妙高峰，直一突耳，并北一墩如之。横山之岭凡十数，岭各有墩，墩如之僧云中空，相传古藏军处，岂所谓越城荒垒者欤。下指多景岩，葱然别坞，薄暮不可去，乃东向白龙洞，山西云气微墨，僧云龙作雨矣。风逆不吾及也，寻雨数点而止，洞口巨石如屏，步底有声，僧云其深莫测，近塞之。洞左攀磴抵观音岩，又一景矣。凡此诸峰，尧峰独胜，望独远。尧峰者，文恪云或传尧时有人避水，洪荒之世欲免怀襄之害，理或然也；南峰云此峰最高，故名尧也。按尧字从幸，在兀上，南峰近之。"

对以上两段游记，再可作点补充。碧玉沼在寿圣寺内，水色泠泠，清澈见底，相传下有神螺。宝云井又称宝云泉，也在寺内，相传为僧人宝云所凿，其味甘寒。徐源《宝云井记》说："寺有井，静深可数丈，岁旱□映，清溁不竭，阴雨弥月，则烟雾弥漫，延表数里之远，俨若白浪中浮露青峰也。至风清日明，气皆凝结，团盖不散，如车轮驻野，衣帔腾空，冠于峰巅，如山覆巾。此皆疑井中龙嘘所出，宝云之所由名也。周益公《南归十景》，井其一耳。"寺内还有清晖轩，在苍露台、芙蓉塔之上，树杂崖倾，日月蔽亏，也为胜处。寺西南有多景岩，至于白龙洞，相传洞中有白龙飞出，故以得名。僧人性公于此建云阿居，石厂下平坦如席，为僧人湛川趺坐之处。白龙洞之巅有望湖亭，久废。又有大龙洞，在露禅庵后，自洞口迤逦至观音岩，奇石推为一山之胜。观音岩则在白龙洞之北，岩巅峭突两重，石梁翠壁，幽深奇绝，诸石整如行陈，峭如锋剑。还有一处千人坐，陂陀数亩，父老相传，嘉靖年间营兵曾在这里诛杀倭寇，故天阴欲雨之时，仿佛能听得幽幽鬼哭。尧峰的古迹远不止这些，景色之美更是难以描绘，由于它又濒临太湖，更借得三万六千顷碧波，晴阴雨雪，春夏秋冬，真可谓是风光无限。道光二十五年（1845），黄安涛等游山至夜，便乘舟去光福，见到了另一番景象，《吴下寻山记》说："归途望太湖渔火，或远或近，或聚或散，与星光相混涵，视江村野水、菰烟芦雪中幽幽闪闪者，斯为巨观矣。"

汪琬的尧峰山庄，在山下胡巷村南坨。汪琬字苕文，号钝庵，又号钝翁，学者称尧峰先生，长洲人。明亡后，其不甘为遗民，于顺治十一年（1654）乡试夺魁，次年春闱，又以第二甲高中进士，授主事，迁刑部郎中，因坐累江南奏销案降职。圣祖亲政，迁户部主事，未满三年，又谪江宁西新仓。康熙九年（1670）告病还乡，费白银四十二两，买得尧峰山麓卢氏旧居，略加修葺，于此隐居著述。十八年（1679）又应荐举博学鸿词科，授编修，与修《明史》，在馆仅六十天，以不堪排挤，提出辞呈，一年后准其归里。自此至康熙二十九年（1690）去世，未再出仕。殁后，葬下尧峰陈家库。康熙二十三年（1684）十月，圣祖南巡至苏州，对江苏巡抚汤斌说："编修汪琬素有文名，又居乡不与外事，是诚可嘉。"并御书临董其昌所录诗馀三阕赐之。汪琬以古文名世，疏旷畅达，叙事有法，与侯方域、魏禧称"国初三家"。著有《尧峰文钞》、《钝翁前后类稿》等。汪尧峰是与陈白阳、王雅宜、王渔洋、叶横山一样，都是因爱吴中山水得来的别号。

尧峰山庄面山临水，庭阴丛竹，墙角蔓瓜，松萝环绕，中有皆山阁、锄云堂、梨花书屋、墨香廊、羡鱼池、瞻云阁、东轩、梅径、竹坞、菜畦等处，汪琬自撰《尧峰山庄记》。皆山阁是庄中主要建筑，主人得圣祖赐书后,改为御书阁。《钝翁前后类稿》有《尧山杂咏》四卷,都记录自己在山庄的生活。凡友人过苏州,都不忘去尧峰登门造访。如汪懋麟《同仁趾过苕文兄皆山阁》云:"山鸟惊人绕屋呼,草堂春色在蘼芜。喜看此日红堆径,却讶何时白了须。叠石种花聊活计,参禅讲易判功夫。客来早有三章约,炊黍烹鳞酒不沽。"王士禛《雪后访钝翁》云:"马蹄如踏铁,相忆远冲泥。晴溜排檐滴,山禽隔舍啼。梅花春崦静,残雪角巾低。风物铜坑好,何年约杖藜。"由此看来,汪琬在山中也并不寂寞。

因为有了尧峰山庄,才有南垞草堂和石坞山房。

南垞草堂在胡巷村南垞,主人吴士缙,字公绅,业医,因与汪琬交好,且喜欢尧峰风物,便买宅其旁,并构小园。汪琬《南垞草堂记》说:"《尧峰志》:南北二垞,相传元末顾阿瑛尝避地卜居于此。其事不见他书,未知果然否也。南垞在胡巷村南,予居村中,吴公绅先生屡访予于此而乐之,因买地筑小园,为草堂于其间。堂之前,乔柯数章,文石参列,飞泉从山巅来,穴垣而入,每瀰瀰鸣除下。堂之东为漱石之廊,又东为攬云之阁,又东北为容安之轩。予山居多暇,辄屣步徐吟其中,然其胜未有逾草堂者。"士缙之后,园归贡士金拱辰,益加修整,主人时与名流觞咏其间。

石坞山房在尧峰西麓,主人王申荀,字咸中,号真山,王鏊六世孙。本居城中怡老园,也由于汪琬的缘故,来尧峰卜邻而居。汪琬《石坞山房记》说:"石坞在尧峰之麓,居人不及数家,然其行路所践,皆文石也。晨夕所引以灌稻田,汲之以供食饮洗濯者,皆乳泉也。又加以竹树之美,花药之胜,云霞烟霭出没之奇丽,悉与泉石相映带。王子咸中爱之,遂筑别业,读书其间,暇即探泉源,穷石脉,极其登揽所至而休焉。"园中有真山堂、木瓜房、鱼乐轩、快惬窝、自远阁、梅花深处、面峰台、牡丹径、芍药畦、曝背庐、苇间、松陂、莲溪、藤门等，颇具泉石之胜，主人在这里过着悠闲清淡的生活。汤斌为作《石坞山房图记》，钱澄之、施闰章、王士禛、吴雯、查慎行等皆有诗咏之。百余年后，风流歇绝，颓垣废址，半为鼯鼪狐兔啸聚之所。乾隆二十八年（1763），申荀后人世诚重修，并辟祠堂于其中。

尧峰西为硙碓岭，俗称鸭踏岭，岭下坞中有文石，可作园林叠山之用。其东南有紫薇坞、瑞云坞、褒忠岭、青霞岭，东有长旗岭、感慈坞，北为殊胜坞，又东南为吴山。在这一片郁郁的山林间，颇有胜致，相传如果阴雨弥月，尧峰则烟雾弥漫，望之如青峰浮露于白浪之中，此时此景，会让人想起尧时大水的情景。

尧峰南为宝华山，以有宝华寺得名。梁天监间，吴广施宅为寺，初名宝林，吴越钱氏改宝华，又名智显禅院。北宋大中祥符八年（1015），知州秦羲重建殿堂、经藏，合三百楹，号为胜刹。西域僧憨憨，亦作酩酊，相传于此以锡扣石，清泉为流，称为酩酊泉。周必大《壬辰南归录》说："游宝华寺，未至二里，舍舟而徒，及门已暮，夜遂宿焉，去灵岩止十余里，长老慧现。乙酉早，周览寺宇，修廊华殿，吴中之名刹。按碑志，本梁天监中西域僧酩酊和尚卓锡出泉，今在寺左百步，深才数尺，大旱不竭，寺高泉低，为石槽仰而注之。僧有众寡，视以给用，斋前流多，斋后差少，兹其异也。旧号智显寺，绍圣四年枢密林希请为功德寺，遂加慈严之额。"称慈严智显寺，俗称小灵隐。

宝华山下有宋枢密院使林希宅、明殷文烛读书处丛云阁等。至晚明，则有董其昌的宝华山庄，为其晚年所栖止。天启三年（1623）十月，董其昌作《宝华山庄纪兴六景册》，吴升《大观录》卷十九著录：

《宝华山庄图册》　明董其昌绘

"董玄宰六帧画册，白丽笺，计六帧。每帧或萧疏平淡，天真烂熳；或仿北苑，沈厚雄浑；或烟云缭绕，树带暝色；或垂柳鸥沙，钓竿横艇。尺幅间理趣咸生，丘壑兼到，奏纸草书对题诗词，尤联珠也。"第五开题云："癸亥十月，山庄纪兴，共得六景。玄宰识。"同月又作《宝华山庄图轴》，陆时化《吴越所见书画录》卷五著录："'积铁千寻届紫虚，云端鸡犬见村墟。秋光何处堪消日，流涧声中把道书。'癸亥十月有先墓焚黄之行，先墓在屿洋，小憩宝华山庄多暇，见此侧理，写此图并识。董玄宰。"天启五年（1625）九月，其昌又为王时敏画《宝华山庄八景册》，第八帧题曰："乙丑九月，自宝华山庄还，舟中写小景八幅，似逊之老亲家请正。玄宰。"庞元济《虚斋名画录》卷十三著录："右董玄宰太史画宝华山庄小景八叶真迹，无上逸品。

道光己丑秋七月中浣购于长安琉璃厂之师古斋中，吾家青毡顿还旧观，亦奇缘也。茂卿父书之，以庆佳遇。是日甲辰，橙下志。"此册今藏上海博物馆。

天启某年四月，姚希孟由尧峰去宝华山，途中遇大雨，曾入山庄避雨，《宝华避雨记》说："呼篙工整蓑笠，亟谋归棹，橹声仅两三，祈见岸上双扉半启，拟为村中旧家，仰窥有颜其楣曰'太史宗伯'，走奚奴讯之，知玄宰先生别业也。虽主人不在，苍头衣袯襫而应门，乃颇解事，肃客甚谨。引余至厅中，寻转一廊，登其楼，楼外多嘉树，树杪出垣甍上，稠阴如幄。楼上复筑一小阁，骤跻之，觌面皆浓云，黝黑沉沉，矗峙半空中，窃意云物善腾骞，何卓立移时，且下与水漘相接？谛视之，山也。"寥寥数笔，情景宛然。

出长旗岭，其东有感慈坞，又东为吴山，岭上有吴山院。五代时，吴越王钱镠拥兵浙江及江苏南部、福建北部，统一军十三州。其第六子（一说第四子）元璙被先后任命为苏州刺史、中吴军节度使，天福七年（942）封广陵郡王，未受命而卒，年五十六，谥宣义。后元璙次子文奉接任中吴军节度使，开宝二年（969）卒，年八十一。元璙、文奉父子治理苏州六十馀年，俭约镇靖，郡政循理，也颇得民心。元璙夫妇暨文奉共四世并葬于此，墓园规模宏大，几乎占了整个山坞，吴山院乃为祀墓之所。天圣间，僧惟久几迁其址，先在山麓，后徙山上，治平中赐额寿圣院。明初归并天宫寺，永乐元年（1403）僧善胜重修。不知何朝何年，又改名乾元寺。李根源《吴郡西山访古记》卷二说："山门额题'云台分胜'，有乾隆二十三年吴彭年造钟，嘉庆十六年铁炉，嘉庆二十二年《重修乾元寺碑记》，许宁撰。正殿张之万、李鸿裔、俞樾、洪钧、冯桂芬、朱家宝、陆润庠各书匾一方。客房悬陈銮为别峰上人书'云光法妙'额。殿宇恢宏,七月香期,人山人海,今之胜刹也。"

吴山之腰,别有施水院,华钥《吴中胜记》说:"岭腰有寺,寺有井,僧言凿石得之,宋时龟蛇怪见,寺以井胜,病者汲之,多愈,故名分水岭,又曰施水院,一碑篆《龟蛇记》,甚古,记多与僧言合。"元初天乙法师倡教于此。

吴山东麓罗家浜有申时行墓,那里是申氏的祖茔,墓后有三石,乡人俗称"三台石"。时行字汝默,长洲人,号瑶泉,晚号休休居士。因其祖父从小过继徐姓舅家,时行少时即从徐姓,至嘉靖四十一年(1562)擢进士第一时,榜上题名徐时行,以后才归宗复姓。时行高中后,授翰林院修撰,万历五年(1577)由礼部右侍郎改吏部,未几擢礼部尚书兼文渊阁大学士,累进少傅兼太子太傅、武英殿大学士、吏部尚书、建极殿大学士,继张居正、张四维之后,于十一年(1583)入阁柄政,成为首辅。十六年(1588)加少师兼太子太师、中极殿大学士。因"争国本"即立太子事,受时论非议,于十九年(1591)致仕。金埴《不下带编》卷二说:"申瑶泉时行未壮而仕,未艾而相,未耆而归。勇退于急流,大隐于嚣市。适之为园,休之为庵。署其堂云:'有赋归来顺四时,成功者退;无心毁誉同三代,直道而行。'海内传诵。"时行为人谨慎矜重,为政务承帝旨,故也深得主眷,这是他的为官之道。在美国学者黄仁宇的《万历十五年》里,申时行就是最重要角色。

申时行五十七岁归里,八十岁寿终,在苏州优游林下二十多年。钱谦益《列朝诗集小传》丁集说:"时时与故人遗老修绿野、香山故事,赋落花及咏物诗,丹铅笔墨,与少年词人争强角胜。每岁除夕、元旦,与王伯穀倡酬赋诗,二十馀年不阙。吴趋委巷,歌楼僧舍,词翰流传，互相矜重。太平宰相，风流弘长，至今追想，以为盛事。"他在苏州留下了第宅别墅、家祠义庄，也留下了不少诗文，有《赐闲堂集》四十卷、《外集》十卷。万历四十二年（1614），神宗遣行人存问，诏书到门而卒，赠太师，谥文定。申时行是状元、宰辅、乡贤，但他之所以在苏州家喻户晓，缘的却是弹词《玉蜻蜓》。因《玉蜻蜓》故事知者已多，就不赘述了。

申时行墓极具规模，建筑宏伟。1926年，李根源曾过其地，《吴郡西山访古记》卷一说："遂至申文定公时行墓，地广约二百馀亩，前土积案，山双石标。左右石坊，立万历四十四年应天巡抚工作禁示碑。头门三间，中立明太师申文定公神道，阴镌应天巡抚王应麟等恭建，高丈五。门内石羊二，石虎二。飨堂五间，两壁建丰碑八，一、万历四十三年赐谥，二、万历四十二年遣祭，三、万历四十四年吴夫人合葬谕祭，四、万历四十二年吏部尚书郑继之题奏，五、万历四十二年吴县申报，六、万历四十四年谕祭，七、万历四十二年工部侍郎杜如楚题奏，八、万历四十四年侍读学士何宗彦题奏，高均丈四。石马二，武士二，吴中名墓翁仲皆文像，此为武装，亦属仅见。左右碑亭覆四面碑二，一、谥文定申公碑，二、申文定公谥议，陈懿典撰，葛应典书。中凿大池，池西约二十丈为冢墓，在三台石下。吴中古墓，宏大恢皇，完善无损，此为第一，置之全国，实罕其匹。"及至"文革"，遭受破坏。今除墓冢外，尚存碑亭、享堂、月池等，仍不失为典型的明代显宦墓葬。

此外，在这一片山林平陆间，颇多名人园墅。

在横山北东跨塘兰舟渡对岸，有叶燮横山别业。叶燮原名世倌，字星期，号已畦，学者称横山先生，吴江人，绍袁子，康熙九年

（1670）进士，授宝应知县，以忤江宁巡抚慕天颜落职，遂纵游海内，四十二年（1703）卒，年七十七。其诗文宗韩愈、杜甫，能熔铸古昔，自成一家，著有《已畦集》、《原诗》等。叶燮与汪琬不协，尝撰《汪文摘谬》以攻讦，但两人所居甚近，遥遥相望。《清稗类钞·师友类》说："汪钝翁教授尧峰，门徒数百辈，比于郑众、挚恂。时嘉善叶燮星期方罢官，筑室吴县横山下，远近从学者亦复负笈踵来，廊舍为满。钝翁说经铿铿，素不下人，与星期持论凿枘，互相诋諆，两家门下士遂各持师说不相让。后钝翁没，星期曰：'吾向不满汪氏文，亦为其名太高，意气太盛，故麻列其失，非为汪氏学竟谬甚于圣人也。今汪殁，谁讥弹吾文者？吾少一诤友矣。'因取向所摘汪文短处，悉焚之。"横山别业建于康熙十七年（1678），中有已畦、二弃草堂、二取亭、独立苍茫处等，叶燮均自为记。

在横山西跨塘南青龙涧，有明人徐政凝翠楼。徐政字兰谷，吴县人，处士，如珂曾祖，与文徵明、王宠辈善，尝结吟社于此。后改名茧园，亦称茧村，康熙间其裔孙徐惇复仍居之。民国《吴县志·第宅园林》引《横山志略》："中有经耒堂、如谷斋、碧深梅畛、疏雨林亭、紫香庵、螺龛、饮虹涧诸处，水木峥泓，房廊深静，为山北园亭之冠。惇复遍题诸胜，有《茧村十六字令》，极佳，一时和者甚众。"至乾隆初，贝绍溥得而重修，易名澹园，用赵宧光所题旧额。其子贝模有园中十八景诗，曾孙贝墉有《感旧》、《话旧》二图，题咏颇多。

青龙涧西，有顾嘉誉涧西草堂。嘉誉字来章，号涧西，吴县人，布衣。康熙后期迁居横山下，历二十馀年，于雍正九年（1731）写毕《横山志略》六卷，徐葆光、沈德潜、尹继善、万卓等为之序，今存乾隆十三年（1748）顾氏香雪巢刻本。关于涧西草堂，杨无咎有记，惜未寓目，其布局、景观不得其详。

横山张桥村有画眉泉，柳商贤《横金志·舆地二》孔陟岵续补："泉在山半，距绿□山房甚近，为吴江徐榆村高隐地，三松老人题'涤烦'二字于石。庭有银红山茶一株，高出檐外。相传有画眉鸟时浴其中，故名。"徐榆村即徐燨，字鼎和。其父大椿乃乾隆时名医，字灵胎，医术高明，与前辈叶桂、薛雪无易轩轾。自乾隆二十六年（1761）应召入京放归后，就筑室隐居在画眉泉近处，自作《画眉泉记》说："访得吴山七子墩之下，有画眉泉者。策杖远寻，披荆负棘，得破屋数椽，墙摧瓦落，泉在屋旁。屋内有碑，剥苔审视，知为国初高僧子山所辟。嗣僧不能整饬，售于土人，土人以其无生息，荒圮益甚。于是酬其价直，稍为修葺，仍以老僧一二人守之，以供洒扫。更筑斗室于泉旁，以为坐卧之所，而后其地可得而游览矣。其泉发源于山半石穴中，山腹窈然中空，泉从穴中涌出，作瀑布三折，此为正流。其右有石壁一带，壁高二丈，长则四倍。壁上有隙数处，水从隙出。壁下有石池，水俱汇而归焉。池形如箕，方广三丈，深不满尺，满则泻入涧中。涧水东流，或伏或显，三里而至平地，可溉田十顷。若夫大雨骤注，或连阴数日，则山泉迸发，声若轰雷，近如白龙夭矫，远如皓鹤回翔。壁上细流纷落，恍若珠帘不卷，玉屑腾霏。即或天日久晴，亦复涓涓不绝，药草长滋，点滴清池，声同编磬。其水则芳甘清洌，不染纤尘。缘此泉离姑苏台只二里，吴王游览于此，尝取水应宫中之用，此泉之所以得名画眉也。其山势则两峰如抱，菁葱相映。面临太湖，水光可挹，客艇渔舟，风帆如织。隔湖远浦，树影参差，一塔中悬，为吴江之境，我室庐在焉，举目可睹也。"因大椿自号洄溪道人，撰有《洄溪道情》，在吴江城内有洄溪草堂，故友人亦称其画眉泉别业为洄溪，袁枚《徐灵胎先生传》就说："先生隐于洄溪，矮屋百椽，有画眉泉，小桥流水，松竹铺纷。登楼则太湖奇峰，鳞罗布列，如儿孙拱侍状。先生啸傲其间，人望之，疑真人之在天际也。"

大椿卒后，徐爔仍居山中，不屑为举子业，他虽继承父业，以医名世，却工于词曲，有《镜光缘传奇》、《写心杂剧》传世。后者题名《蝶梦庵词曲》，今存乾隆五十四年（1789）梦生堂刻本，他将一生经历分十八节，每节以一折记之，共十八折，其中《湖山小隐》、《入山》等，均与画眉泉有关。画眉泉周边摩崖甚多，大都出自乾嘉名家手笔，除大椿父子外，有袁枚、果亲王、钱大昕、王昶、潘奕隽、阿桂等，至今尚存三十多处。

皋峰山麓饮马池则有缪彤的耐久园。缪彤字歌起，号念斋，学者称双泉先生，吴县人，康熙六年（1667）举进士第一，授修撰，官翰林院侍进学士。父艰归，淡于宦情，遂不复出，家居二十年，杜门不与世事，惟率乡之后进讲学课文，三十六年（1697）卒，年七十一，著有《双泉堂文集》等。自撰《耐久园记》说："山故有园，园之中，或板扉，或竹篱，取其朴也；或短垣，或土山，取其陋也。以柳枝植于池上，喜其易成阴也；昨冬折芙蓉枝覆以土令植之，不费钱也；土花木石买于山中，不远求也。惟朴惟陋，惟不费钱，惟不求人，故能耐久。"

造园叠山，传统都用太湖石，至明代后期，风气一变，开始用黄石，尧峰是黄石产地，天然苍翠，尤宜于郊园置景。文震亨《长物志·水石》说："尧峰石，近时始出，苔藓丛生，古朴可爱，以未经采凿，山中甚多。但不玲珑耳，然正以不玲珑，故佳。"汪琬《村居十六首》有云："嵯岈怪石卧云烟，次第堪将甲乙镌。赢得太湖为下乘，一村邪许每欢然。"自注："向以太湖石为贵，今则俱尚尧峰矣。"

造园叠山用黄石，比起太湖石来，别有一番山林气象。叶燮《假山说》说："余家横山之阳，面九龙诸山，去山趾仅里许。山多石，石磊磊然，异于世所称太湖石者，盖质中有文，藓蚀斑驳，可喜也。余于暇日命山中人舁至家中，石大小高下不等，于草堂后、独立苍茫室前，盖十馀年积垒之而为山，趾可亩有半，高逾三寻，大峰五六，小峰三倍之，有径有坡，有台有岩，有壑有磐，俯有溪。余旦暮晞发濯足其间，足乐也。"进而论述了自然、绘画和叠石的关系："今夫山者，天地之山也，天地之为是山也。天地之前，吾不知其何所仿，自有天地，即有此山，为天地自然之真山而已，乃画家欲图之而为画，窃天地之貌而形之于笔，斯亦妄矣，然亦各能肖天地之山之一体。盖自有画而后之人，遂忘其有天地之山，止知有画家之山，为倪为王为黄为吴，门户各立，流派纷然。夫画既已假而肖乎真，美之者必曰逼真，逼真者正所以为假也。乃今之垒石为山者，不求之天地之真，而求之画家之假，固已惑矣，而又不能自然以吻合乎画之假也，于是斧之凿之，胶之鋈之，圬之墁之，极其人力而上。盖其人目不见天地，胸不知文章，不过守其成法，如梓匠轮舆，一工人之技而已矣，而可以为师法乎？"《假山说》是清初造园理论的杰作，特别反映了郊园取法自然的原则，又是江南园林选择黄石造园的理论表述。

正因为如此，苏州、湖州、嘉兴等地不断有人来山中买石，以致山容破碎，日趋支离。这种状况必须予以禁止。尧峰僧人势力很大，他们就从佛法上阐述不得采石的道理，"山河大地皆如来藏"，石不损即山河大地不损，而护石与护法、护僧者等。天启六年（1626）筑一亭，文震孟题名护石亭，"远近之人，闻有是亭，咸起悔悟，相戒敛手，无肯揶揄此山之石，且以石之取而未鬻者，复辇而致之山，山之踞以为利者，悉券而鬻之寺"（《护石亭记》）。当时许多人都拥护保护尧峰山石的措施，文震孟说："尧峰半岩美石，如层浪与湖光相映带。有匠石睥睨其侧，山灵夜惊，风景欲煞，居士嘱山僧筑亭护之，因颜之曰护石。此亭不毁，此石永存，即亭毁而名存，后之君子必能护此石者。"赵宧光说："山以石为骨，去石而骨削，何以山为。此山故多灵珑岩壑之美，而有妖妄之徒，挟秦王驱山之势，持斧而睨视，人天共愤，能不重之护惜也耶。此护石亭之一日不可缓也，因题以勖同愿明公。"（《尧峰山护石亭跋》）这已是四百年前的事，当时之人即深知保护自然的重要性，并不为发展地方经济而丧失原则，实在很让人钦佩。这件苏州历史上的往事，也可为今人作镜。

相传姑苏台就在这一片山林之中。

㰚李之战后，越王勾践一方面发展生产，收揽民心；另一方面阴谋亡吴。《越绝书·内经九术》具体为文种的亡吴九术，其第五术就是"遗之巧匠，使起宫室高台，尽其财，疲其力"，以上好木材贡献于吴，夫差大喜，"遂受之而起姑胥台，三年聚财，五年乃成，高见二百里，行路之人，道死尸哭"。姑苏台实乃阖闾时起造，夫差时增筑。陆广微《吴地记》说："姑苏台在吴县西南三十五里，阖闾造，经营九年始成。其台高三百丈，望见三百里外，作九曲路以登之。"《艺文类聚·居处部二》引《吴地记》："吴王阖庐十一年起台于姑苏山，因山为名，西南去国三十五里，春夏游焉。后夫差复高而饰之。越伐吴，遂见焚。"任昉《述异记》卷上夸饰地说："吴王夫差筑姑苏之台，三年乃成，周旋诘屈，横亘五里，崇饰土木，殚耗人力。宫妓数千人，上别立春宵宫，为长夜之饮，造千石酒锺。夫差作天池，池中造青龙舟，舟中盛陈妓乐，日与西施为水嬉。吴王于宫中作海灵

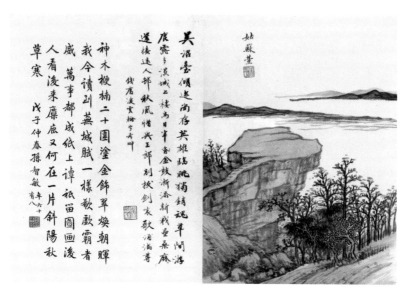

《仿沈周山水图册·姑苏台》　吴湖帆绘

馆、馆娃阁，铜沟玉槛，宫之楹槛，皆珠玉饰之。"《越绝书·外传记地传》记越灭吴后，"徙治姑胥台"。至秦汉时尚存遗制，同书记秦始皇"因奏吴，上姑苏台"。《史记·河渠书》太史公自述："上姑苏，望五湖。"至唐人来游，则久已荒芜，如刘禹锡《姑苏台》云："故国荒台在，前临震泽波。绮罗随世尽，麋鹿古时多。筑用金锤力，摧因石鼠窠。昔年雕辇路，惟有采樵歌。"

姑苏台究竟坐落何处，因前人的探索兴趣甚浓，至少有三说，一说在姑苏山，一说在茶磨屿，一说在胥山。

姑苏山在尧峰、紫石山之北，为横山北出最西之峰，《吴郡图经续记·山》说："姑苏山，在吴县西三十五里，连横山之北，或曰姑胥，或曰姑馀，其实一也。传言阖闾作姑苏台，一曰夫差也。"《吴郡志·山》说:"姑苏山,一名姑胥,一名姑馀,连横山之北,古台在其上。"后人亦称胥台山,或称和合山,"和合"乃"吴王"之音讹也。

茶磨屿在横山东北,又称茶磨山。《石湖志·宫室》说:"姑苏台,在横山东麓,下临石湖,即今茶磨山是其遗址,与拜郊台前后相望,故云两台,上皆平夷,俨然台殿之迹。或谓在姑胥山者,恐非。其说有五,《文献通考》云,石湖在太湖之滨,姑苏台下。此一说也。周益公《南归录》云,初吴王筑姑苏前后两台,相距半里,俗云拜郊台,为城三重,遗基俨然,夫差与西施游乐之处,前有越来溪。此二说也。《图经》云,姑胥山连横山之北,古台在其上。此三说也。宋施清臣撰《吴井洌泉亭记》云,横山治平梵刹之旁,两台对峙。又云,山不可移,则两台未泐;地不可改,则一井未湮。此四说也。宋崔鹗《姑苏台赋》云,横山之下有台岿然,越来溪、越王城皆在台之左右。此五说也。范石湖云,淳熙十六年与客登姑苏台,山顶正平,有坳堂藓石可列坐,相传为吴故宫。所谓山顶正平,石可列坐,正指茶磨山而言。"

以上两说,实质一也。《木渎小志·古迹》说:"姑苏台所在,人言人殊,惟宋崔鹗《姑苏台赋》云:'其东吴城,射台巍巍;其西胥山,九曲之逵。'盖是台本在横山绝顶,于左右望适中,由此西下姑胥,东下楞伽,诸峰峦皆得以姑苏统之。但旧道从西上(自夫差庙登山),宋以后游人多自东来(自百花洲登山),微有不同耳。"且看三段记载,汪琬《游姑苏台记》说:"台址颇平衍,有方石中穿,俗谓吴王用以竿旌者,其旁石壁直下数十尺,矮松寿藤相盘络,类一二百年物。壁上流泉数处,汇为池,其泉清泓可鉴,池畔皆石坡,土人呼为小赤壁,大率泉石拟虎丘而幽僻胜之。"宋荦《游姑苏台记》说:"由别港过两小桥,遂抵台下。山高尚不及虎丘,望之仅一荒阜耳。

舍舟乘竹舆,缘山麓而东,稍见村落,竹树森蔚,稻畦相错如绣。山腰小赤壁,水石颇幽,仿佛虎丘剑池,夹道稚松丛棘,薝葡点缀其间,如残雪,香气扑鼻。时正午,赤日炎歊,从者皆喘汗,予兴愈豪,褰衣贾勇,如猿猱腾踏而上。陟其巅,黄沙平衍,南北十馀丈,阔数丈,相传即胥台故址也,颇讶不逮所闻。"李根源《吴郡西山访古记》卷一说:"土人云,去此二里许和合山半,有姑苏台。至则巨石峭拔,有石池、石壁,皆人工造作,非天然物,台四周隐隐有旧建筑遗迹。"可见只是上山寻访的路径不同,看到的遗址则是相同的。

胥山在胥口上,亦名姑苏山,朱《吴郡图经续记·山》说:"或曰姑苏山一名胥山。"《水经注·沔水》称胥山"下有九折路,南出太湖,阖闾造,以游姑胥之台,以望太湖也"。金友理《太湖备考·滨湖山》也说:"由诸书观之,曰'望太湖',曰'高见三百里',口'在县西三十五里',皆与胥山合,姑苏台当在此山。又《渎上编》载顾龙光《皋峰纪略》云:'峰之尾直抵胥口。'吴王游姑苏之台,正此山也。尧峰麓小紫石山亦名姑苏台,然云高见三百里,则必以皋峰为正。按胥山连皋峰,筑台亦必相属。《洞冥记》所云'横亘五里'也,紫石山无此广袤。"皋峰在胥山东南,实相连也。据说,民国时山顶尚存有石筑基址。顾颉刚《苏州史志笔记补遗》也认为姑苏台应该在胥山一带。

需要说明的是,不管遗址在哪里,姑苏台是一个规模颇大的范围,并非仅一台而已。据对周文王灵台的文献分析,以及今人对楚灵王章华台的实地考察,都是以台为中心,作为"观祲象,察氛祥"(《三辅黄图》卷五)的标志,另由池沼、楼阁、宫殿等组合。相传姑苏台就有春宵宫、海灵馆、馆娃阁等。前人访游姑苏台,犹如"瞎子摸象",其实所经所历,都在姑苏台范围内。

石湖烟波望中迷

石湖距郡城西南十里,为南太湖白洋湾折北而形成的内湾。莫震纂、莫旦增修《石湖志·总叙》说:"石湖在盘门外一十二里,上承太湖之水,下流遇行春桥以入于横塘,南北长九里,东西三四里,北属吴县灵岩乡界,南属吴江县范隅乡界,盖两县交会之间也。当飙风倏起,云涛雪浪,振动林麓,而雾雨空濛之际,则四顾莫辨,如在混沌中,迨风止波平,则一碧如镜。"虽然石湖水面日渐减小,但在民国时仍有风波之险,叶圣陶《三种船》说:"船家一听说要过石湖就抬起头来看天,看有没有起风的意思。到进了石湖的时候,脸色不免紧张起来,说笑都停止了。听到船头略微有汩汩的声音,就轻轻地互相警戒:'浪头!浪头!'有一年我家去上坟,风在十点过后大起来,船家不好说回转去,就坚持着不过石湖。"如今,湖面更小了,又筑了几条堤,潮汐不通,波澜不惊,风平浪静了。

石湖之被广为人知,已在南宋。卢襄《石湖志略·本志》说:"湖之名,宋以前不大显,自阜陵书'石湖'二大字以赐其臣范参政成大,于是石湖之名闻天下。"石湖之得名,当与石姓有关,湖之南有石舍,乃石氏的聚落,后改名莫舍。民间口耳相传,石湖石氏的徙居始祖是石崇。

石崇字季伦，西晋渤海南皮人，尝拜卫尉，谄事贾谧，与潘岳等称"二十四友"。其性奢靡，贵戚王恺与之斗富不敌，贾谧被诛，以党羽免官。时赵王司马伦专权，中书令孙秀索其爱妾绿珠，石崇不允，绿珠坠楼而死，孙秀怨怒，劝赵王矫诏杀石崇。据《晋史》本传记载，"崇母兄妻子无少长皆被害，死者十五人，崇时年五十二"。石崇被杀是在永康元年（300），死的地方是洛阳。然而"石崇南来说"在江南很流行，说石崇并非被诛，流落到吴郡，在湖滨建别墅，湖也因此被称石湖。《横金志·舆地二》孔陟岵续补："自行春桥至北溪桥，中有寺下浜、陈湾浜、卢家浜、张宅浜，相传为石季伦别墅，遭沧桑之变，故湖以为名。"说是石崇死后，也是葬在吴县的，《吴郡志·冢墓》引《吴地记》："兵部侍郎石崇坟在吴县西六里。"高启、周南老等都有凭吊之作。甚至有人径称石湖为石崇湖，明初朱同《舟过石崇湖次韵彦铭》云："山势西来尽，波平接太清。地连天堑重，名盖石崇轻。镜净空无滓，风翻浪忽惊。掀篷莫回首，何限故乡情。"近人高鹤年《名山游访记》第五十三篇记至石湖，称"即古石崇湖也"。应该说，石湖因石崇得名，乃"石崇南来说"的典型事例，也是当地石姓的依托。

春秋后期，吴越争霸，越国经十年生聚，十年教训，终于转弱为强。遂于鲁哀公二十二年（前473）伐吴，大破吴师。大军从槜李北进，至南太湖白洋湾，由一条河道直达石湖，打通了越军主力兵临吴城的通道。这条河道，因此被称为越来溪，朱长文《吴郡图经续记·水》称"盖越王由此水至于吴，故得此名"。洪武《苏州府志·川》特注一笔，越来溪的"来"字当读"厘"，吴音也。越来溪流经南北，南与太湖相通，北与胥江相接。前人有南北越来溪之说，自白洋湾至石湖，称南越来溪；自石湖至胥江，称北越来溪。越兵濒溪筑城，世称越城，与吴大城隔水相峙。相传范蠡功成身退，由此而遁入五湖，也是说得通的。

隋唐之际，在横山之下曾建苏州新城。当隋平陈后，南方各地纷纷起兵，陷州掠县，文帝以杨素为行军总管征讨。杨素感到苏州城突兀平原，无险可守，开皇十一年（591）就在横山下另建新城，未久，民居栉比，自成坊市。《吴郡图经续记·往迹》说："初，杨素迁城于横山也，匠者以楮木为城门之柱，素见之，谓匠者曰：'此木恐非坚，可阅几年？'匠曰：'可四十年不朽。'素曰：'足矣，是城不四十年当废。'至唐贞观中复旧城，果如其言。"一说复归旧城是在武德七年（624）。苏州迁州治、县治于横山，前后三十多年，今尚有新郭、杨素井、杨素桥等遗存。值得一说的是，新郭是新城的东郭，并非在城内。另外，据《石湖志·山水》记载，治平寺前的寺浜，为僧人泊舟处，"近年寺僧开竣此浜，得石门两柱，并门限俱全，亦有古砖如甃砌状者甚多。按周益公《南归录》谓，姑苏台有城三重，若然，此即姑苏台之城基也。又隋时迁郡治于新郭，而治平寺乃吴县治也，所得石门或县治之古迹欤？未知孰是"。横山新城的规模、格局，今已无可稽考。同年，杨素也迁杭州州治至柳浦之西；大业元年（605），杨素和宇文恺还设计营造了洛阳新城，即唐东都。两者都尚存文献，可由此追索杨素的建城思想，推想苏州新城的规制。

石湖之东，田圃相属，水港纷错；石湖之西，冈峦起伏，峰岫骈立。蔡羽《石湖草堂记》说："吴山、楞伽、茶磨并缘于湖，茶磨屿为尤美，北起行春桥，南至紫薇村，五步之内，风景辄异，是茶磨使之也。上为拜郊台，下为越来溪，缘溪曲折，旋入山腹。"吴山、上方山、茶磨屿均为横山的支脉别峰。

吴山是横山的东出之支，自陈湾村有砖街历级而上，约半里许，旧有渐佳亭，又半里许至分水岭，旧有施水坊，树林阴翳，泉石清幽，洒然一佳境也。过此又有砖街，历级而下，则至山西矣。山巅则有乾元寺，即古吴山院也。其山峦绵延，东临石湖，水色山光，淡云疏树，仿佛在图画里。史鉴《登吴山绝顶》云："古庙经年久，荒台落叶深。江湖分向背，城市绕山林。尽道迎秋榜，谁同坐夕阴。樵歌归满路，惊散暮栖禽。"吴山之南有昇犹山，俗称吴山嘴，桃花坞漫

衍六七里，临南太湖白洋湾，吴山嘴是旧时吴江境内惟一山林，曹基《舟泊吴山嘴》有"松陵烟水地，名胜借吴山"之咏，一抹青山，给只见得水港纵横、桑树遍野的吴江人，带来无限遐想，于是便驾一叶扁舟，烟水迢迢地来作一天半日的胜游。

山间颇多深坞，桃花坞在吴山嘴，漫衍六七里，深邃幽寂，居民在古木丛篆中。丹霞坞在陈湾村北，其上即褒忠岭，旧有褒忠寺、金仙寺、丹霞道院等，均已不存。瑞云坞在陈湾村潘家桥南，与丹霞坞相对，上方孤塔立于前，如卓笔然，游人往来，朝暮不绝。徐家坞在吴山岭下，即陈湾村，居民在白云红树间，有清池数亩，号藕花洲。

《上方寺图卷》　明钱榖绘

上方山又名楞伽山，在吴山东北，夭矫起伏，至石湖而止，如老蛟昂首，势欲飞动。上有楞伽寺，浮屠七级，如卓笔然，林木深秀，台殿楼阁，层见叠出。其北高峻耸拔，其形如椅，俗呼拜郊台，台下有治平寺。钱大昕《游上方山》云："果然奇秀占三吴，楼阁空明入画图。半亩疏篁蟠径曲，百寻绀塔倚云孤。山容蕴藉真名士，波影清妍彼美姝。宜雨宜晴宜月夜，石湖元是小西湖。"

茶磨屿在上方山东北，其形如磨，绝顶平坦，广数十亩，如磨砺然。施清臣《建吴井洌泉亭记》说："夷山之巅，碧藓参差，以巍其层；穴原之腹，翠鸳周匝，以宽其汲。"盖指此山而言也。下有石观音岩，面临石湖。

明初僧人妙声《衍道原送行诗后序》这样称赞石湖："吴郡山水，近治可游者，惟石湖为最。山自西群奔而来，遇石湖而止，夫山川之气，扶舆磅礴，郁积而不泄，则秀润清淑，必锺乎人。"

淳熙六年（1179）中秋，范成大《中秋泛石湖记》说："至先、至能自越来溪下石湖，纵舟所如，忘路远近，约略在洞庭、垂虹之间。天容水光，镜烂一色，四维上下，与月无际。风露温美，如春始和，醉梦飘然，不知夜如何，其惟有东方大星欲度篷背，自后不复记忆。"同年重阳，《重九泛石湖记》说："与客自阊门泛舟，经横塘，宿雾一白，垂垂欲雨。至彩云桥，氛翳豁然，晴日满空，风景闲美，无不与人意会。四郊刈熟，露积如缭垣，田家妇子着新衣，略有节物。挂帆溯越来溪，源牧渊澄，如行玻璃地上。"重阳自然要虚应登高故事，于是"携壶度石梁，登姑苏后台，跻攀勇往，谢去巾舆筇杖，石棱草滑，皆若飞步。山顶正平，有拗堂藓石，可列坐，相传为吴故宫闲台别馆所在。其前，湖光接松陵，独见孤塔之尖，尖少北，点墨一螺为昆山。其后，西山竞秀，萦青丛碧，与洞庭林屋相宾。大约目力逾百里，具登高临远之胜"。

自范大成后，石湖名声渐响，成为苏州近郊的游览胜处，蜡屐故事，不可胜数。这里只举元人的一次"花游"，时在至正八年（1348）三月十日，一起游山的有杨维桢、张雨、顾德辉、袁华、马麐、陆仁、秦约、于立、郭翼，还有伎人琼英等。那天春雨潇潇，张雨为琼英赋《点绛唇》词，午后雨霁登山，歇宝积寺，行禅师西轩，张雨题名壁间，琼英折碧桃花而下，杨维桢作《花游曲》，咏道："三月十日春濛濛，满江花雨湿东风。美人盈盈烟雨里，唱彻湖烟与湖水。水天虹女忽当门，午光穿漏海霞裙。美人凌空蹑飞步，步上山头小真墓。华阳老仙海上来，五湖吐纳掌中杯。宝山枯禅开茗碗，木鲸吼罢催花板。老仙醉笔石阑西，一片飞花落粉题。蓬莱宫中花报使，花信明朝二十四。老仙更试蜀麻笺，写尽春愁子夜篇。"诸人皆有和作。春色明媚，挟妓游山，时以为韵事，杨维桢《游石湖记》就说："白乐天守苏，于虎丘一月一游，至连五日夜遨游太湖不以为过。以乐天之官守不为文法窘束，而肆志山水之乐如此，矧无窘于文法者乎？吾党之将俾命匹挟乎女伶，如容满蝉态以迹夫乐天氏之游者，又何过乎？"

李日华《六研斋笔记》卷四说："至正戊子三月十日，会稽杨维桢同贞居张伯雨诸人游石湖，有侑者琼英与坐，各为《花游曲》一章，词情美丽，实一时之盛。莫氏修《石湖志》，乃以为秽而去之。文太史徵仲深为惋惜，特作蝇头细书录成卷，仍为补图，留作山中故实。余谓志乘成于一人之意，修改不常，如此瑰玮之词，托于志，不若托于太史之宝图名翰为不朽也。"文徵明的《追和杨铁崖石湖花游曲》作于正德九年（1514），诗云："石湖雨歇山空濛，美人却扇歌回风。歌声宛转菱花里，鸳鸯飞来天拍水。当时仙伯醉云门，酒痕翻污石榴裙。遗踪无复芳尘步，湖上空馀昔人墓。昔人既去今复来，千载风流付一杯。雪藕紫丝荐冰碗，蛱蝶穿花逐歌板。夕阳刚去画桥西，一片春光属品题。伤心不见催花使，只有黄鹂啼再四。无限春愁谁与笺，玉奴会唱紫霞篇。"并录当时诸和作以寄王守，王守请补图，后六年始成。顾文彬《过云楼书画记》卷八著录《文衡山花游图卷》："全湖风景，历历在目，远望楞伽，焦塔一痕，与夕阳波光相上下，近则宝积诸寺出苍松翠桧间，湖堤游人如织，平头船子系缆行春桥下，犹见当年裙屐之盛。"

莫氏《石湖志·总叙》状写了石湖形胜，并与杭州西湖作了比较："其横山、上方、茶磨、拜郊台诸峰，如屏如戟，如龙蛇狮象，浮清滴翠，气势与湖相雄。两涘皆幽林清树，绿阴团团，而村居野店，佛祠神宇，高下隐见。至其桥路逶迤，阡陌鳞次，洲渚远近，与夫山舆水舫之往来，农歌渔唱之响答，禽鸟鱼鳖之翔泳，皆在岚光紫翠中，变态不一，殆与画图无异，故号吴中胜景。丁晋公、范崇公皆创别业于此，而真、孝两朝皆有宸翰之赐，至今为湖上光。是以历代人才踵生不绝，仕者以功业显，隐者以文行著，而古今名笔，若诗若文，崖镌野刻者亦多。其良辰美景，好事者泛楼船携酒肴以为游乐，无间远近。说者以为与杭之西湖相类，然西湖止水游者，必舍舟于十里之外，而又买舟以游，不若石湖之四通八达，无适而不舟也。每岁清明、上巳、重阳三节，则游者倾城而出，云集蚁聚，不下万人，舟舆之相接，食货之相竞，鼓吹之相闻，欢声动地，以乐太平，此则西湖之所无也。"

袁宏道《上方》则将石湖与虎丘作了比较："去胥门十里而得石

石湖　摄于1930年前

湖,上方踞湖上,其观大于虎丘,岂非以太湖故耶?至于峰峦攒簇,层波叠翠,则虎丘亦自佳,徙倚孤亭,令人转忆千顷云耳。大约上方比诸山为高,而虎丘独卑。高者四顾皆伏,无复波澜;卑者远翠稠叠,为屏为障,千山万壑,与平原旷野相发挥,所以入目尤易。夫两山去城皆近,而游人趋舍若此,岂非标孤者难信,入俗者易谐哉?余尝谓上方山胜,虎丘以他山胜。虎丘如冶女艳妆,掩映帘箔;上方如披褐道士,丰神特秀。两者孰优劣哉,亦各从所好也矣。"

石湖与西湖比,山水风光相当,人文遗迹,虽没有苏小小、白娘娘,但自范成大以降,风流翰墨之士,无不留下履痕,诗文歌赋,汗牛充栋。惟石湖不及西湖距城之近,晚近以来,渐归清寂。与虎丘比,虎丘虽是"大吴胜壤",银勒骄马,花船丽人,笙箫杂闻,欢歌似水,石湖却另有一种林下风韵,龚自珍《己亥杂诗》有云:"拟策孤筇避冶游，上方一塔俯清秋。太湖夜照山灵影，顽福甘心让虎丘。"上方山的丰神特秀，因有石湖碧波的映衬，故得湖山之胜，至于挺拔玲珑的楞伽塔耸峙山巅，更是绝妙的点睛之笔。

石湖北渚有行春、越城两桥相接，行春桥在西，如长虹卧波；越城桥在东，如初日出云。华钥《吴中胜记》说："乙未八月丙申，邀听天山人载酒泛月湖上，戊戌抵吴之行春桥，桥九虹蜿蜒百步，东引越城桥，西跨横山之麓，南逼石湖，烟霏翠霭，流动恍惚，即此便非尘境矣。"

行春桥始建年代，文献无征。据笔者揣测，既名"行春"，很有可能起建于隋唐之际。杨素所筑横山新城，其东门或正与桥相直，所谓行春，即出东门而迎春也。立春是二十四节气中第一个节气，因与农业生产关系密切，遂形成重要的农业礼仪。早在东汉初，迎春就是顺应时序的五郊迎气礼仪之一。据《隋书·礼仪志二》记载，隋继承了后齐的迎气礼仪，按五行观念分别在东郊八里、南郊七里、中兆五里、西郊九里、北郊六里设祭坛。迎春祭祀所用的牺牲均为青色，青帝、伏羲、始祖和勾芒各用牛犊，而从祀的星辰则用猪和羊。可以想象，迎春那天，浩浩荡荡的队伍从新城东门出来，走过行春桥，再往东走八里地到祭坛。

隋唐之际建造的行春桥，应该是木结构或木石结构。由于唐武德七年（624），苏州治、吴县治复迁回旧城，行春桥作为交通设施的作用减弱，甚至废圮了相当时期，故陆广微《吴地记》未记其名，唐人记咏也未提及。至北宋元丰七年（1084），朱长文《吴郡图经续记·桥梁》说："行春桥，在横山下越来溪中。湖山满目，亦为胜处。"当时苏州桥梁大都已叠石甃甓，行春桥想来也不例外，以后又修葺。南宋乾道八年（1172）三月，周必大《壬辰南归录》说："登岸，杖策度行春桥（石桥，极壮大），次度越来溪桥，新修。"

淳熙十四年（1187），知吴县事赵彦真重修，范成大《重修行春桥记》说："太湖日应咸池，为东南水会，石湖其派也。吴台越垒，对立两峙，危峰高浪，襟带平楚，吾州胜地莫加焉。石梁卧波，空山映发，所谓行春桥者又据其会。胥门以西，横山以东，往来憧憧，如行图画间。凡游吴中而不至石湖，不登行春，则与未始游无异。岁久桥坏，人且病涉，湖之万景，亦偃蹇若无所弹压，过者为之叹息。"于是"补覆石之缺，易藉木之腐，增为扶阑，中四周而旁两翼之"，明年五月落成。淳祐十一年（1251），尧山主重建。

明洪武十一年（1378），释善成募资重修竣事，释妙声《行春桥记》说："按状洪武七年四月桥坏，公私大沮，计无所出。盖桥当郡西南孔道，又山水回合，为吴中奇观，据要领胜，桥不可一日废也。明年，优婆塞正宗方事，经始惧，弗克终，乃以属长洲僧善成。成倾诚劝募，寒暑匪懈，由是人孚其化，泉布粟米之施日至。乃大鸠工发材，悉撤而新之，取石必坚，佣工必良，植枋必密以深，以为石湖乃具区之委，至是束为澄渊，湍流剽疾，喜与石斗，弗若是不足以支久也。役且半，会将作有大营缮，尽括匠氏以去，役几中止。秀州人钱玄济素习桥事，机智便巧，并善砻斫，泅深履险，易甚平地，来未期月，而遂以完告。桥之修广制度，一仍其旧，而坚致过之。见者惊喜，以为天实有相之道焉。"

越城桥西接行春桥，跨湖溪之口，即周必大《壬辰南归录》提到的越来溪桥，时新修不久。《石湖志·桥梁》说："淳熙中，居民薛氏重建，越来溪水自此桥北流过横塘。"此后又经多次修葺和重建。张习《重建越城桥记》回忆说："桥之创未可据所可验者，重建于前元之至正，再修于国朝永乐之乙未，风激湖波，旦夜淘啮，岁久渐圮。"

此次重建由吴县知县文贵主持，经始于成化十五年（1479），五月，落成于明年六月，"崇广若干丈，视旧各加以尺计者二，旁增石栏，下衷石址。由是人之所履，物之所载，咸出焉入焉而无少窒也"。以后又多次重修，清同治八年（1869）重修后，桥之南北各镌联一副，一曰："十里荷花香连水，一堤杨柳影接行。"一曰："碧草平湖，青山一画；波光万顷，月色千秋。"

行春桥为九孔连拱平桥，越城桥为单孔石拱桥，两桥相接，乃是石湖上一道秀美的景观，历来咏唱者不绝，文徵明《石湖作》云："落日淡烟消，平湖碧玉摇。秋生茶磨屿，人在越城桥。树色晴洲断，钟声古寺遥。西风吹短鬓，还上木兰桡。"沈景运《石湖烟雨》云："细雨轻烟散石湖，望中景色尽模糊。微分远近山容淡，莫认迷离塔影孤。原野春沾多播谷，平堤水暖遍施罛。越城桥外如观画，是否方

行春桥和越城桥　摄于1930年前

壶海岳图。"

前人向以越城桥为吞月桥,其实误矣。据《石湖志·图像》标注,越城桥为东西向,西接行春桥,东入新郭;吞月桥则为南北向,西为荷花荡,东为越来溪,桥北与横塘路接引,桥南界行春桥、越城桥之间。文震孟《吞月楼疏》说:"石湖之左,有桥名吞月,春秋时名月为越,吴欲吞越也。今四海一家,宁分吴越,则从今名为雅。此桥之外,为治平寺,为行春桥,平湖万顷,与山相映,岚岫郁苍,波光献媚,恍然图画,历代名贤咏歌啸傲,最称胜境。自此桥入,山回水绕,岩谷非一,皆为名公蜕骨之所,春秋祠祀,舟楫往来,悉取道于此。二十年前桥圮复修,有僧不终厥事,草率竣役,水口低隘,不容游舫。凡经此者,或舆或徒,或易小舠,或绕远道,负戴艰苦,人人怨咨。今有长者慨然乐施,欲高此桥,复还旧观。不惟利济普被,抑使水色山光,映带披拂,使吞月之景宛然复现,行春、治平境益增胜。以韵事济物,在因果中所称福慧两修者也。"如果此桥断圮,则陆路不得达石湖也。至清乾隆朝,吞月桥仍在,潘奕隽《石湖春游词》云:"吞月桥边水拍天,范公祠畔柳含烟。朝来一阵开门雨(吴语以晨雨为开门雨,无妨晴也),洗得岚光分外妍。"

行春桥北有荷花荡,又称黄山南塘,广数百亩,各有塍段,当地人遍种荷芰,每当花时,红白弥望,香气袭人,游人鼓棹,如入锦云之乡。唐代苏州进贡的伤荷藕,即出此处。李肇《唐国史补》卷下说:"苏州进藕,其最上者名曰伤荷藕。或云叶甘为虫所伤,又云欲长其根,则故伤其叶。近多重台荷花,花上复上一花,藕乃实中,亦异也。有生花异,而其藕不变者。"据说,凡花为白色的,藕味佳妙,而中为九窍的,食之无滓。唐人赵嘏《秋日吴中观贡藕》云:"野艇几西东,清泠映碧空。褰衣来水上,捧玉出泥中。叶乱田田绿,莲馀片片红。激波才入选,就日已生风。御洁玲珑膳,人怀拔擢功。梯山谩多品,不与世流同。"白居易《六年秋重题白莲》也有"本是吴州供进藕,今为伊水寄生莲"之咏。伤荷藕在历史上声誉隆重,也让后人念念不忘,近人范君博《石湖棹歌》便云:"荷花荡水弄潺湲,啮叶虫伤长藕根。九窍玲珑推绝品,伤荷藕进被承恩。"

石湖的夏日风光,确乎让人流连,姜夔是石湖的熟客,有《次石湖书扇韵》云:"桥西一曲水通村,岸阁浮萍绿有痕。家住石湖人不到,藕花多处别开门。"曲桥水村,浮萍藕花,真恬静如画。

北宋真宗时重臣丁谓,曾家石湖之滨。丁谓字谓之,更字公言,长洲人,淳化三年(992)进士,官至同中书门下平章事,封晋国公。《石湖志·园第》说:"丁晋公宅,在楞伽山下,丁谓故居也,今名丁家山。公建节乡郡,时以为荣。真宗赐以御制诗,尤为盛事,尝刻石立于堂上。今山中尚有子孙名组者,为镊工,尝言先世诰命画像,先人恐惹事,俱火之矣。"大中祥符九年(1016),拜丁谓为平江军节度使,真宗赐御制诗并序,丁谓将之刻石,置于居第厅堂。一说丁家山与丁谓无关,据正德《姑苏志·山下》记载,楞伽山东南麓,"有丁家山,唐人丁公著父丧,负土作冢,故名"。

石湖得大名于天下,因为是有了范成大的石湖旧隐。洪武《苏州府志·园第》就说:"石湖之名,前此未曾著,实自范文穆公始,由是绘图以传。"成大字至能,一作致能,号石湖居士,吴县人。淳熙八年(1181)闰六月,成大将赴建康任,去临安朝辞,孝宗赐御书"石湖"两大字,成大《御书石湖二大字跋》说:"臣惊定喜极,不知忭蹈,眛死奉觞,上千万岁寿,奉宝书以出。越五日,至于石湖藏焉。石湖者，具区东汇，自为一壑，号称佳山水。臣少长钓游其间，结茅种木，久已成趣。"可见成大的石湖旧隐早已有了，并非因御书而建。早在绍兴三十年（1160），成大三十五岁时，吴儆便有《送范石湖序》，"石湖"的别署，正说明他早年曾寄迹石湖，甚至他十九岁去昆山读书之前，一直是住在石湖的。乾道三年（1167），成大在石湖起建别业，第一个建筑便是农圃堂，成大作上梁文曰："吴波万顷，偶维风雨之舟；越戍千年，因作湖山之观。"八年（1172）三月上巳，周必大往游，《泛舟游山录》说："初，吴王筑姑苏前后两台，相距半里（俗呼拜郊坛），为城三重，遗基俨然，夫差与西施宴游之地也。前越王勾践由此攻吴，今号越来溪，溪上筑城，与吴夫差夹溪相持。至能之园，因城基高下而为亭榭，所植多名花，别筑农圃堂，对楞伽山，临石湖。"是日饮酒至夜分，周必大题壁间云："吴台越垒距盘门才十里，而陆沉于荒烟野草者千七百年，紫微舍人始创别墅，登临得要，甲于东南，岂鸱夷子成功于此，扁舟去之。天贻绝景，须苗裔之贤者，然后享其乐耶。乾道壬辰三月上巳，东里周某子充侍家兄子上来游，紫微方要桂林组过家，实为东道主云。"同年，成大又约邻人游石湖，《初约邻人至石湖》云："窈窕崎岖学种园，此生丘壑是前缘。隔篱日上浮天水，当户山横匝地烟。春入莳田芦绽笋，雨倾沙岸竹垂鞭。荒寒未办招君醉，且吸湖光当酒泉。"可见石湖旧隐虽小有建筑，但还是庄园的规模，以山水田野风光取胜。

乾道九年（1173）闰正月，成大在临江军清江县，冒雨游览了向子諲的芗林和任诏的盘园，《骖鸾录》说："始，余得吴中石湖，遂习隐焉，未能经营如意也。翰林周公子充同其兄必达子上过之，题其壁曰：'登临之胜，甲于东南。'余愧骇曰：'公言重，何乃轻许与如此?'子充曰:'吾行四方,见园池多矣,如艿林、盘园尚乏此天趣,非甲而何?'子上从旁赞之。余非敢以石湖夸,忆子充之言,并记于此。噫,使予有伯恭之力,子严之才,又得闲数年,则石湖真当不在艿林、盘园下耶。"可见他对石湖旧隐,虽说"未能经营如意",但自己还是很满意的。

由于成大名重一时,石湖旧隐受到时人的高度赞扬,林光朝《与范帅至能书》说:"越城旧隐,在江东为第一。"杨万里《石湖先生大资参政范公文集序》也说:"公之别墅曰石湖,山水之胜,东南绝境也。"由于石湖旧隐的影响,湖滨又陆续建起不少园墅来,大小不等,各具胜观,春秋游屐甚盛。龚明之《中吴纪闻》便说:"范公文章政事,震耀一世,其地为人爱重。石湖西南一带,尽佳山水,作圃于其间颇众,往往极侈丽之观。春时,士大夫游赏者独以不到此为恨,犹洛中诸园,必以独乐为重耳。"(各本《中吴纪闻》此条存目,据洪武《苏州府志·园第》录出。)

石湖旧隐有农圃堂、北山堂、千岩观、天镜阁、玉雪坡、锦绣坡、说虎轩、梦鱼轩、绮川亭、盟鸥亭、越来城等等,环濒石湖,主要建筑集中在湖之东北越城下,绮川亭在湖之东南石舍,盟鸥亭在湖之西北行春桥西。至于玉雪坡、锦绣坡都是园圃,其中多植名花,以梅、菊、桂为最盛。成大《梅谱自序》有"余于石湖玉雪坡既有梅数百本"之语,花时暗香浮动,疏影横斜,姜夔《除夜自石湖归苕溪》十首之一云:"细草穿沙雪未消,吴宫烟冷水迢迢。梅花竹里无人见,一夜吹香过石桥。"淳熙六年(1179),成大有《重九泛石湖记》记其游赏之乐:"舣棹石湖,扣紫荆,坐千岩观下。菊之丛中,大金钱一种已烂熳秋香,正午熏入酒杯,不待轰饮,已有醉意。其傍丹桂二亩,皆盛开,多栾枝,芳气尤不可耐。"成大撰有《梅谱》、《菊谱》,他的观察经验,主要来自在石湖旧隐和城内范村的培植。

遗憾的是,元人于石湖旧隐已少记述,至明初已无踪迹可寻。袁宏道《园亭纪略》感慨说:"吴中园亭,旧日知名者,有钱氏南园,苏子美沧浪亭,朱长文乐圃,范成大石湖旧隐,今皆荒废,所谓崇冈清池、幽峦翠篆者,已为牧儿樵竖斩草拾砾之场矣。"

在吴山之麓的陈湾村,有南宋时里人卢瑢的南村,俗称卢家园。卢瑢字子玉,吴县人,淳熙中为宣教郎,充两浙西路提举、常平茶盐司,历迁至寺簿,致仕归而筑园。洪武《苏州府志·园第》说:"南村,在越来溪西吴山下,寺簿卢瑢所居,扁曰'吴中第一林泉',有御书'得妙堂'扁,当时有《卢园三十咏》以纪之。"这三十首诗分咏南村、柴关、带烟堤、吴中第一林泉、佐书斋、吴山堂、正易堂、紫芝轩、瑞华轩、静宜轩、玉华台、苍谷、来禽坞、逸民园、植竹处、江南烟雨图、香岩、湖山清隐、听雪傲囊、得妙堂、云村、玉界、古芳、玉川馆、山阴画中、杏仙台、藕花洲、桃花源、曲水流觞,缺其一,已不可考矣。园至明中叶已圮败,惟存藕花洲,卢襄《石湖志略》说:"藕花洲在坞中,积水静深,洲突出水中,术家谓之出水莲花。"(《流衍》)"今惟藕花洲尚存,小石桥刻三字于上。"(《古迹》)文徵明往游,得观其故迹,《陪蒲润诸公游石湖》云:"横塘西下水如油,拂岸垂杨翠欲流。落日谁歌桃叶渡,凉风徐渡藕花洲。萧然白雨醒烦暑,无赖青山破晚愁。满目烟情不极,游人还上木兰舟。"

元里人卢廷瑞的求志居,也在陈湾村,人称卢氏山居。《石湖志·园第》说:"卢氏山居,在陈湾,元临安尹卢廷瑞所居。有《山居八咏》,曰'越溪春水'、'柳涧啼莺'、'分水松声'、'上方塔影'、

'石湖秋月'、'陈湾古桂'、'横山雪霁'、'吴岭梅开',题咏甚多。今有族居南周村,家有芝秀堂。"卢雍、卢襄兄弟即廷瑞后人,居于乡里,人称"二卢宅"。应卢雍之请,李东阳为撰《芝秀堂铭》,王鏊为撰《芝秀堂记》。

明人王宠的别业在石湖东北越城下。王宠字履仁,更字履吉,号雅宜山人,吴县人,早年与兄王守及蔡羽在石湖读书。那里本是王氏祖传田庄,广八十馀亩,王氏兄弟都称那里为越溪庄。据上海博物馆藏王宠《致长兄札》,嘉靖九年(1530)七月,王宠告诉王守,计划在田庄东北隅建屋数间,信中说:"昨日我用七两银拆买了庄上船坊,边新栽四五十竿竹,皆活了,外有一墙障之。欲于竹之北小山之南作三间书堂,旁作二间书室,前作一露台对竹。但不知明春成得否,莫计亦须二十两银,又恐难成耳。"没料想,这个院落当年岁暮就落成了,中有采芝堂、御风亭、小隐阁诸构,仍以越溪庄名之,王宠自作《越溪庄十绝句》记之。王宠对越溪庄是满意的,明年二月《致长兄札》说:"家事虽贫落,越溪风景日增日胜,望之如图画,独此一事慰怀耳。"

越溪庄既落成,去那里的友人更多了,在《雅宜山人集》中留下诗纪的,就有文徵明、蒋山卿、袁褧兄弟、文彭兄弟、王庭、陆治、毛锡畴、朱浚明、董宜阳、张之象、彭年、金用、杨伊志、何良俊兄弟等。何良俊《四友斋丛说·史十一》回忆往事:"王雅宜自辛卯秋在东桥处见余兄弟行卷,是年秋南归,卧疴于石湖之庄,连寄声于张王屋、董紫冈,欲余兄弟一往相见。余与舍弟叔度即移舟造之,雅宜相见甚欢,饭后送至治平寺作宿。寺距其庄三四百步所,寺有石湖草堂,乃蔡林屋与雅宜兄弟读书处也。适陆幼灵芝亦在寺中,遂相与盘桓数日,每日必请至庄中共饭。尔时雅宜虽病甚,必起坐共谈。雅宜不喜作乡语，每发口必官话，所谈皆前辈旧事，历历如贯珠，议论英发，音吐如钟，仪狀标举，神候鲜令，正不知黄叔度、卫叔宝能过之否。可惜年四十而卒，今眼中安得复见此等人。"

嘉靖十二年（1533），王宠病卒，其子子阳继承父业。子阳字玄静，曾供职福建提刑按察使司，娶唐寅女，与彭年、张凤翼、王世贞、袁尊尼、冯时可、屠隆等交善。他于越溪庄又断断续续葺治数十年，张茂贤曾绘《越溪庄图》，王世贞为作《越溪庄图记》，其中说："桥之左迂回可数百步，有乔木榆柳之属，沟水湾环清沘，桑圃数亩蔽其阴，而王子玄静之庄据其阳。一衡门自西入，稍东折而南，为舍三楹，客至可以茶；又进之，舍亦三楹而稍宽洁，可以酒；其又进而小东偏则为亭，可以憩；折而西，傍为书屋，可以宿；亭与书屋皆修竹数千竿环之，亡论寒暑雨月，往往助其胜。而最后因地势成小圃，杂树三之，杂花果二之。大堤樊其背，高二十尺，而時长莫知纪极，不石而岩，不甓而垣，记云隋越公素所筑新郭，睥睨也。其树木大皆数拱馀，竹益茂，萝薜灌莽，郁然深山家矣。"时有不少王宠的仰慕者前来拜谒，如王穉登《过王履吉先生故居》云："水木清华地，千峰紫翠明。野人过竹屋，公子出银罂。遗像风云动，残碑翰墨清。虚堂读书处，一种不胜情。"

约万历末天启初，越溪庄开始败落，徐𤊹《过王履吉石湖故庄》云："蘋叶青青蓼叶残，旧庄零落墨池干。百年谁继风流迹，猿鹤不来烟水寒。"天启六年（1626），姚希孟来游，《石湖泛月记》说："复登舟至越溪庄，乃履吉先生读书地，荒芜甚矣，缅怀昔人，徘徊久之而出。"没想到的是，崇祯九年（1636）文震孟卒，即择地葬于越溪庄故地，徐𥱴《金明池·石湖雅宜庄》自注："今相国文公墓即雅宜旧庄。"

文震孟何以会葬在越溪庄,其墓又何时徙竺坞,则已无可考了。

越城下有张献翼别业。献翼字幼于,后更名敉,长洲人,嘉靖间入资为国子生。其为人放诞不羁,以声伎自娱,行事骇凡俗。他的石湖别业,记载甚略,仅知有稽范斋、浮黛阁诸构。据王世贞《张幼于生志》记载,献翼崇拜梁代隐士何点,人们"盖咸以何点拟幼于,惟幼于亦自谓通隐也,筑室石湖坞中,貌点兄弟像而祠之"。可见别业里有祠堂,祀奉何求、何点、何胤三兄弟。祀奉三何,固然是主人出于敬仰,还有一个原因,就是献翼与兄凤翼、弟燕翼皆有才名,人称"吴中三张",市井间也有"前有四皇,后有三张"之说,以三何为祀,也寄寓了手足之情。万历二十九年(1601),献翼死于非命,钱谦益《列朝诗集小传》丁集说:"万历甲辰,年七十馀,携妓居荒圃中,盗逾垣杀之。"这"荒圃"应该就是他的石湖别业。据徐鸣时《横溪录·古迹》记载,别业中的浮黛阁,明末移建兴福庵,即奎宿楼。

楞伽山下寺下村,又称紫薇村,有里人陈仲孚的溪云山居,仲孚为元末明初全真教学人。释妙声《溪云山居记》说:"家在石湖,当山水佳处,而别筑室于楞伽峰下,开户东向,字之曰溪云山居。环树楒、桂、梧、槚之属,幽花美箭,复相经纬,以碧山为屏,白云为篱,篱之外近与人境接。入其门,则清旷幽閴,超然若排埃壒,而出天外,洒然如执热而濯清泉也。仲孚虽从其教,而无枯槁绝物之偏,日与名人士游从其间,以抚花竹,观鱼鸟,谭咏为笑乐,岂所谓托焉以逃者耶?盖尝玩夫溪泉之流行,山云之舒卷,磅礴而若有得焉者,因以自号,亦以表其山居云。"仲孚子尧道,洪武中知青州府,与其弟舜道创石湖书屋,颇具幽胜之致,中有敦义堂、思斋、葺斋诸构,士林题咏甚多。

紫薇村还有陆昶的紫薇精舍。陆昶字孟昭，常熟人，景泰二年（1451）进士，历官福建参政。韩雍《紫薇精舍为陆主事孟昭题》自注："其地范忠宣公别业，旧号紫薇村。今孟昭卜为先垄，故作精舍，植紫薇，以此名之不忘本也。"诗云："精舍初开近寿藏，就中风景有红芳。丝纶阁下传来种，虚白堂前醉后妆。宿草一杯侵艳色，真檀几炷和清香。名山从此增光价，应赖宣公为显扬。"

楞伽山下还有僧人古泉所筑楞伽小隐，王宠绘《楞伽小隐图卷》，并系以诗。顾文彬《过云楼书画记》卷九著录："此作古树绕屋，修竹当门，堂内一朱衣人踞几，与黄衣老衲坐谈。门外松奏笙簧，泉鸣琴筑，不数鼓吹两部。前峰窣堵坡下，琳宫梵宇隐见丛薄间，夕阳一痕射相轮，作绀碧色，与四山紫翠相映带。'绝境闷兰若，金天建旌幢'，斯之谓矣。画后自跋云：'楞伽之麓，有堂三数楹，堂前有竹数百梃，竹间有泉，余与诸友所游憩而藉以遗世者也。掌之者僧方正，遂谓之曰古泉上人。既为之图，又倡短歌二章，诸友和之云尔。'余谓当时吾吴缁流，若治平之听松、竹堂之无尽、东禅之天玑、马禅之明祥、天王之南洲、宝幢之石窝、昭庆之守山，赖与衡山往还，比诸参寥、宝觉之徒。今古泉之于雅宜，亦复如之。虽有高僧，亦藉文士以传耳。"

明人吕纯如的梅隐则在吴山陈湾村，俗称南宅。纯如字孟谐，号益轩，吴江人，万历二十九年（1601）进士，官至兵部左侍郎，添设加兵部尚书，照旧兼事，寻署戎政。因其名列阉党，崇祯元年（1628）免官，明年致仕，归而筑园。园中有四宜堂诸构，门首凿渠引水通湖，左筑小阁，垒土成冈，因有白鹤飞来而题名鹤坡，伫立坡上远眺，收湖山之胜于襟带间，又有老梅百树，扶疏掩映，游人往来，如在众香国里。时人称园是卢瑢南村后惟一佳境。清初于此建金仙寺，《百城烟水》卷二说："金仙寺在石湖西成湾，旧为吕大司马纯如别业（其子君法坐事籍没），松陵汪仲廉劝缘置，延洞宗蕃光禅师开山。"

清初张大纯、张大绪筑祖茔丙舍于吴山下，号永言斋。因大纯夙抱雅尚，交游广泛，名士往来频仍，故这处墓园就成为他们郊游歇宿的地方，题咏者也就很多。又因大纯与徐崧合辑《百城烟水》，又自辑《采风类记》，将这区区之地反复推介，其声名远播，也是自然的事了。永言斋的主要建筑，仅一堂一楼一亭而已。云绵草堂是主厅，牖延月色，扉纳山光。泛月楼在云绵草堂后，乃登眺玩月佳处，东望石湖，千顷碧波，舟帆隐隐于帘槛之间。志喜亭则在泛月楼西北，墙阴接岫，樵径通幽，曲槛前诸峰环列，宛若翠屏。汪琬《题泛月楼六首序》说："张子成九侍其尊甫丽翁先生与其伯父文一中翰，共营先陇于吴山之麓，前临石湖，后瞩灵岩，其他如楞伽、茶磨、宝华诸境无不映带左右，此吾吴最胜处也。丙舍中构楼，曰泛月，极为幽丽，溪山满目，尤擅登眺之美。诸君子各有赋咏，成九嘱予续貂其后。予闻法不孤起，仗境乃生，维诗亦然，今者凭虚想象，落笔万不能佳，明春小健，当约成九以一叶舟往游，成九其为予烹茗烧笋、市村醪、煮溪鳞以待，俾予得信宿啸歌于楼上，庶或稍出杰句，以慰成九之意乎。"提供了永言斋的故实，惟大纯（字文一）是大绪（字成九）从兄，何以称为伯父，亦不得解。

石湖四周，散布着不少第宅园林。如吴山之麓有永乐间隐士丁敏的朦庵，绕屋皆梅树。紫薇村有崇仁县丞锺文奎的具庆堂，乃奉亲之所。巘下村有永乐中里人张宗道的乐善堂，其子运判葺居之。石湖西南前越来溪南周村，元季有吴仲德者，从六合徙来，于饶稼桥侧建西溪草堂，子孙世守，士林多为题诗；元末某部员外郎薛氏于此建西峰庵，有耕云亭、古岩、素轩诸处；洪武中里人袁畦又于此建静斋，弘治初有芝生之祥，故扁其堂曰瑞芝。后陆巷有元末士人顾谅怡斋、洪武中里人金公信三一斋、张氏芳意轩。横山下有洪武中户部尚书郁新的早年读书处倚山堂，又有王行的楮园，故其自号楮园叟。桃花坞有洪武中涿州同知吴文泰的愚庵，又有永乐中吏部侍郎许斯温的吴山书舍。石湖之南的邵昂村，与莫舍隔水相望，有洪熙初里人许士瞻的昂台旧业，中有勤稼堂，其子增建梅庄、竹溪亭，其孙又建南里书舍、梅竹轩、延清馆、揽秀楼等。

　　石湖东南的莫舍，原名石舍，自后梁开平设吴江县后，向在吴江境，上世纪五十年代才划归吴县。北宋绍圣间，莫氏先世自湖州徙居于此，子孙蕃衍，满村皆莫氏，遂改称莫舍，后范成大于此建绮川亭，士林文谈则称为绮川。《石湖志·园第》引淳祐间广德知军莫子文自撰墓志云："傍家有小园六七亩，植果数十株，种桑四百本，间以菜茹，四时无缺。堂三间曰观心，取乐天之诗；小楼曰得寓，取诸醉翁之记。日与诸弟子侄讲习期间，亲朋过从，不废觞咏，足了一生，真世之幸民也。"莫氏先后建寿朴堂、竹逸亭、代笠亭、东村精舍等。此外，莫舍有元末隐士张璹的南村，中有陶庵、素心堂、瞰碧楼、雪佾亭、茗翠馆诸构。洪武中，其兄张珵为荆州知府，张瑾为工部员外郎，因坐党锢，俱没入官。天顺中，族孙张旭于溪西后陆巷重建，亭斋楼馆，仍揭诸扁。元末兵部员外郎薛某有竹堂和栖月楼，楼瞰小河，叠石成基，坚固异常，子孙售于他姓而不能拆。莫舍还有洪武初苏学训导朱应宸的寄翁亭、蜕窝；宣德中里人沈澄源青的西陂渔隐，中有晴岚暖翠轩，其子沈粲筑彝轩，其孙沈镛又筑冈东小隐。

石湖西横山的几处寺院，历史沿革颇多夹缠，文献记载也有点混淆不清。朱长文《吴郡图经续记·寺院》说："楞伽寺在吴县西南横山下，其上有塔，据横山之巅，隋时所建，有石记焉，白乐天及皮、陆有诗载集中。寺旁有巨井，深不可测，井有石栏，栏则有隋人记刻，盖杨素移郡横山下，尝居此地。又有宝积、治平二寺相联，皆近建也。"据正德《姑苏志·寺观上》记载，治平寺乃"梁天监二年僧法镜建"，宝积寺乃"隋大业四年僧永光建"，都不能算"近建"。楞伽寺又名上方寺，而治平、宝积两寺皆旧名楞伽，范成大《吴郡志·古迹》说："楞伽寺今名宝积寺，与治平为邻，又知古只一寺。"范成大的判断完全可能，横山的寺院，当滥觞梁天监间，以后不断兴建，时分时合，但相距密迩，只是山之上下左右而已。

前代方志记横山佛刹，都将楞伽、治平、宝积三寺分而记叙，也是因三者关系纠缠难理。今既按旧例，又稍加梳理，略作介绍。

横山古已有寺，其名无考。隋大业四年（608），吴郡太守李显在山巅建舍利塔七级，《吴郡横山顶舍利灵塔铭》称李显由于"树因之最，无过起塔；崇福之重，讵甚建幢"，故"在郡城西山顶上，营造七层之宝塔，以九舍利置其中，金瓶外重，石椁周护"。这方塔铭是横山佛迹的重要文献，也是碑刻中的精品，由司户严德盛撰、司仓魏瑗书。范成大还看到过，特记一笔，《吴郡志·郭外寺》说："山顶有塔，隋人所书塔铭，碑石完好，字画秀整，绝类虞、褚。大抵隋人书法，兼传晋宋间造意，甚可珍。"

此塔经多次修葺，北宋太平兴国三年（978）又修，李根源《吴郡西山访古记》卷二说："塔砖正书阳文曰'宋太平兴国三年戊寅岁重修楞伽宝塔'，字体极刚健。"明正统、崇祯时两度修葺，张世伟

《重修上方塔碑记》说："历唐宋迄我明，修废不一，可考者，易塔心木，木穷而刻砖见，并见珠宝、舍利等物，则大明正统年间事焉。其再毁则崇祯壬申之六月，再修则丙子之五月，发愿于孟舒居士张讳世俊，而伟续成之者。工始于丙子九月，取相轮诸铁，毁而未尽，毁者辘轳下之，丁丑四月完铸工，八月上塔心，修第七层。戊寅春修六层、五层、四层，秋修三层、二层。己卯迄庚辰春，完第一层。"此塔虽历经修缮，但塔身结构基本为宋代风貌，全用砖砌，外观似一重楼木塔形式，七层八面，塔刹早毁，仅以葫芦结顶，经千百年岁月风霜，更显苍老古朴。

楞伽寺之名，最早见唐人诗，白居易有《自思益寺次楞伽寺作》，张祜有《题苏州楞伽寺》，许浑有《题楞伽寺》等。其被称上方寺，则已在北宋以后，朱长文《墨池编》卷六著录"隋姑苏上方寺舍利塔铭"。范成大《再游上方》云："僧共老花俱在，客将春雁同回。范叔一寒如此，刘郎前度曾来。"故横山寺院所在的一段，又称楞伽山、上方山，皆由寺名而来也。

会昌灭佛，寺毁，咸通九年（868）重建。入宋后，宝积寺与上方寺并存。周必大《壬辰南归录》说："甲申，大风，至能具饭讫，同跨马游横山宝积寺，寺亦唐馀，本朝祥符中赐额，闻丁谓当国，念其贫，故畀此名。有五代时吴越国碑，称宝大二年，亦足证钱氏尝改元矣。寺旁乃唐致远先陇，五代以来接续葬一山，平江世家惟此为久。次登上方教院，在山之巅，即楞伽塔也。望太湖弥漫，石湖仅如断港。有隋大业四年碑，字画类虞书。"至于治平寺，原址在茶磨山下，旧名楞伽寺，北宋治平元年（1064）改今额。此后上方（楞伽）、宝积、治平三寺并存，明洪武初，宝积归并治平，其名不废，故所记咏建筑、古迹，时有互见。

明初，谢晋有《题宝积寺八咏》，分咏清镜阁、楞伽室、青莲峰、白云径、双冷泉、翠微亭、先月楼、玩古轩。《石湖志·梵宫》记上方寺，则说："始由宝积寺前行，半里许至半山亭，又半里许至翠微亭，入山门左右历级而上，高二十尺为观音殿，殿后又左右历级而上，高如之，为五显神祠，祠后即塔也。观音之左为方丈，有白云楼，右有猛将庙，馀有白云径、清镜阁、双冷泉、楞伽室、藏晖斋、先月楼、青莲峰，皆穿崖倚壑，扶秀探奇，疑非人境也，古今名人多有题咏。"翠微亭在山门前，在亭中四望，景色如画。《石湖志·宫室》说："翠微亭，在上方寺前。伫立四望，石湖胜景，举在目前，南则太湖万顷，渺茫无际，依稀见吴江孤塔之尖，东望点墨一螺，即昆山也。宣德元年，吴县某官重建，改名望湖，则谬矣。"然望湖亭已成事实，杨循吉有《题上方望湖亭壁》，文徵明有《五月望日登望湖亭》等。因为望湖亭是延揽石湖风月的好地方，在那里题壁的人很不少，褚人穫《坚瓠戊集》卷三"望湖亭绝句"条记了一件事："吴俗好游，遇春花秋月，名山胜景赏玩必至，四方辀轩君子过其地者，无不游览。以故回廊粉壁，写怨抒怀，题咏殆遍。有善谑居士题楞伽山殿壁二绝云：'望湖亭在太湖西，多少游人胡乱题。我也胡题题一首，待他泥壁一齐泥。'又，'多时不见诗人面，一见诗人丈二长。不是诗人丈二长，缘何放屁在高墙。'见者绝倒。"此亦足为涂鸦者戒。

治平寺前有越公井，即吴王大井，周必大《壬辰南归录》说："游楞伽治平寺，僧房有日观，稍佳，门外八角大井，视石栏刻字，云隋开皇十年杨素开。"范成大《吴郡志·古迹》说："越公井，今在治平寺前山冈上，径一丈八尺，石栏如屏绕之。上有刻字，多不可辨。又有唐广明元年僧茂乾《述大唐楞伽殿后重修吴朝大井记》，略云，惟兹巨井，《吴志》：坐当横山艮位，越来溪西百步，隋开皇十年，越国公杨素筑城创斯井焉。时屯师孔多，日饮万人。迄来三百馀年，邑则可改，其道不革。按，此即是杨素井。盖素既平陈，尝迁吴郡于山下，至今谓之新郭。茂乾《修井记》题首乃云'吴朝大井'，盖传袭之误，僧辈不能辨也。"南宋淳祐二年（1242），临安知府赵与𥲅建亭于井上，亲书"冽泉"两字扁之，施清臣因作《建吴井冽泉亭记》，认为是"吴朝大井"而杨素疏浚，他说："顾瞻此井埏土内甃，潭焉一规，衡石外围，觚焉八锐，旁留识勒，模款可辨。首建唐楞伽殿后重修吴朝大井，乃广明元年二月，笺演僧茂乾为之记。法镜禅师初造其寺，井则《吴志》言当横山艮位，越来溪西百步，隋开皇十年，越国公杨素筑城浚之，唐刻颠末如此。"隋人刻字在井口圆石板上，据民国《吴县志·金石考一》引《吴郡金石目》，凡二十四字，"大隋大业七年辛未岁七月甲申朔二日乙酉造，邑主王以成"，作八分书，径六寸许。此井迟在明初已废。永乐二年（1404），朱逢吉来访，《游石湖记》说："观吴之冽泉及深沙神池，泉池所甃石已撤毁，所存潢潦一洼而已。"《石湖志·山水》说："今井在治平寺西南房菜圃中，正当拜郊台下。四十年前亦尝见石栏八角者，今皆不存，惟水一泓而已。"

治平寺在明代中叶为最盛，《石湖志·梵宫》说："随冈阜高下而为台殿，僧房凡十所，曰环翠轩，曰深秀堂，曰湖山堂，曰永庆堂，曰云深处，曰得月轩，曰足庵，曰枫岩，曰西林，曰中隐，林木蓊蔚，泉石清幽，有八咏，为石湖梵刹之冠。"嘉靖元年（1522），寺僧智晓建石湖草堂。蔡羽《石湖草堂记》说："辛亥之秋，今天子践阼之初,治平僧智晓方谋卜筑,事与缘合,乃诸文士翕至,赞助经画,不终朝而成。明年改元嘉靖壬午,王子履吉来主斯社。爰自四月缩版,尽六月,九旬而三庑落成。左带平湖,右绕群峦,负以茶磨,拱以楞伽,前荫修竹,后拥泉石,映以嘉木,络以薜萝,翛然群翠之表。于是文先生徵仲题曰'石湖草堂',王子辈以记来属。"其中有竹亭,唐寅有《治平禅寺化造竹亭疏》。竹亭坐落竹林中,翠幄张天,最是幽寂。蔡羽《石湖草堂后记》说:"以吴之胜,湖得其小矣,湖之胜,竹得其小矣,然而皆全焉。湖之观,非楞伽之亭不获尽,至于风雨不侵,人声不至,岩峦巉岏,阴翠蒙翳,暑多其凉,雪多其煦,晨作暮休,饫心醉睇,谓亭克尽之乎,微是堂将无归夫。"嘉靖三十三年(1554),文伯仁绘《石湖草堂图卷》,描写了石湖草堂及周边的景色,湖上有一叶扁舟,两岸卧虹贯渡,山径迂回,山门前寺僧虔诚拱立,似迎候施主状,门后石级缘山而升,草堂掩映于郁郁松林之间,堂上老者端坐,正欲运笔挥毫。正因为石湖草堂与正德、嘉靖间苏州文人有相当因缘,后人立五贤祠于寺内西南房,祀唐寅、文徵明、王守、王宠、汤珍五人。至清乾隆二十七年(1762),高宗南巡,御书题治平寺额曰"水观澄因",联曰:"户外一峰秀,阶前众壑深。"又联曰:"峰顶香云凝妙鬘,湖心宝月印摩尼。"

治平寺旧藏苏轼手帖二纸,《石湖志·翰墨》说:"东坡先生与巴县治平寺僧二帖墨迹,今藏石湖治平寺,赵文敏公及本朝名人皆有题跋,为山中传世之宝,僧辈秘藏,不敢轻出示人,恐为豪有力者取去。人或曰,成化辛丑被锦衣王千户取去矣。"苏轼之帖并非与横山治平寺僧,因与巴县治平寺僧有关,故而珍藏。寺中又藏宋释巨然山寺图,《清河书画舫》卷七下著录:"巨然山寺图,绢本细山水,所谓淡墨轻岚、自为一体者乎。后有虞集、杨维祯、钱薰、吴宽、沈周、陈蒙、文徵明诗，马愈、陈淳同观。旧藏治平寺中，今归太仓周氏，余屡见之。"吴宽云："盖巨然此图，摹写山寺景物，殆预为治平设也。"巨然所画也非治平寺，因藏于治平寺，故也被误为画的是治平寺。

卢襄《石湖志略·梵宇》说，宝积寺"为石湖梵刹之冠，唐人如罗隐、白居易、许浑、皮陆俱曾留题"。唐人所咏者，皆楞伽寺，当时尚未有宝积之名。至明嘉靖时，"寺今渐废，为人葬地，所存者正殿耳"。至晚近仅存遗址了。李根源《吴郡西山访古记》卷二说："出紫薇村，俗呼司号街，寻宝积寺遗址，在紫薇坞中，已废，墙基半存，顾、陆、欧姓界石插遍矣。"

茶磨屿东南有观音岩，有深池在峭壁下，两崖壁立如削，萝木交映，崖间跨以石梁，池水大旱不竭，流丹浸碧，丘壑静深，诚然也是山中景物清胜之处。观音岩又称普陀岩，又称妙音庵、潮音庵、海潮庵，俗称石佛寺，相传南宋淳祐间尧山主开山，有石观音造像一尊，高丈六。郑元祐《石湖十二咏·观音岩》云："碧潭通海眼，崖设大士座。宛如访天台，石梁飞度过。"陈基《观音岩》云："补陀原是海中山，谁遣移来此地安。岩下碧潭常浸月，云根瑶草不知寒。波涵南国秋千顷，景薄西山日半竿。为问此行诗几首，一时收拾与人看。"佛境深远，令人如闻梵音。明洪武中重建，有"石湖佳山水"额。永乐初，朱逢吉《游石湖记》说："崎岖而下，入面湖佛祠，祠裂巨石凿岩洞，幽邃清绝，杂树阴翳，樛枝交其上，岩下泉一池，黝碧深百尺许，鱼洋洋游其中，飞石梁其上，逾数仞。过此而北，岩中立石，斫大士像。前为小轩尤奇，因少憩。"《石湖志·山水》说："石观音岩，在茶磨山下，面临石湖，就岩石琢大士像，立于陡崖裂罅之间，庇以危亭，有水一泓，下视沉沉，静深莫测。跨石为桥，长二丈许，护以扶栏，过者股栗眩视。左右绝壁巉岩，寒藤古木，蔽亏掩映，清气洒然，殆非人景，俗呼为小补陀。前有佛殿，山门临通衢，亦有僧房数间，规制小巧，甚可人意。"

崇祯四年（1631），郡绅申用懋倚山构阁，重建大殿，更名妙音禅院，汤传楹《七子游吴山记》有比较详细的记述："因傍湖而行，游妙音禅院。院背山而立，忍殿后即为山根，平波磐礴，石壁兀起，其下汇为石池，方广数尺，水中落叶纵横，不鉴人影。旁有石门，方寸出水上，不测何许长，亦不测泉底深浅。灵长语予，相传此间为吴夫差葬地。予思夫差国破台焚，生死一剑，不荡为荒烟腐草，亦已厚幸；彼长颈乌喙，肯为之凿山筑室，作此千年计乎？当缘阖闾葬虎丘剑池下，致后人附会为此说耳。从其旁级而上，得一石屋，为古石佛涧，筑坂作池，压岩成梁，都无槛柱垣闼之类，其前仅置朱扉一扇，以蔽风雨，其中就壁刓为莲瓣形，位大士像，其侧累石崚峋，多出人工补缀，其下临石池。此间即非深山，静同太古，可忘昏晓，不惟悄无人声，兼绝不闻鸟声。予与二子顾而乐之，支颐倚石，坐蒲团少憩。更上为补陀岩，一兰若，窗户静掩，窄廊仅容一人往来，三子复倚栏，信口评古人诗文，孤云澹对，益助幽赏。"

乾隆二十五年（1760），高宗南巡，驻跸灵岩寺，书赐石佛寺额曰"普门香梵"，联曰："愿力广施甘露味，闻思远应海潮音。"又赐海潮庵额曰"海潮"。当事又将二十二年（1757）高宗南巡御制诗《罢渔》刻碑，置于庵中。至咸丰庚申毁，后又重建。李根源《吴郡西山访古记》卷二说："至海潮寺，古名妙香禅院，额潘遵祁书。旧寺毁，新建数楹，有乾隆丁丑御书《罢渔诗》碑。普陀岩摩岩三段，一乾隆诗,馀剥泐不明,都元敬'小天台'三字摩岩已无存,上为石观音阁。""文革"初期,庵又遭毁,观音造像上部不知所在,1986年才从涧底捞出,得以整修如旧。

这尊观音造像,乃宋代石雕作品。张朋川《苏州宋代雕刻艺术》说:"殿中的观音像为立像,通高二点六五米。头戴高大宝冠,宝冠下部小而上部大,在宝冠正面中央刻一尊小型的浮雕弥勒立像,顶戴包头披肩长巾。观音像头型长方,双眉细长而弯曲,有一双丹凤眼,鼻挺而鼻头大,嘴唇小而厚。在额头中央饰有圆宝石(此观音头像上饰的宝石已失,留下圆凹孔),双耳的耳垂有铛形装饰。佛像上的衣纹较低平,并且贴身。右臂略抬,右手下垂,左手搭于右手腕上。此观音像这些方面的特点,都是南宋观音造像具有的特点。"又说:"佛像下半身衣服边缘刻的牡丹花卉图案,为宋代全株花牡丹的典型样式。这种样式的牡丹纹常见于宋代瓷器的装饰纹样中,进一步证明了此石观音像为宋代遗物,为江南罕见的大型宋代圆雕像。"如此说来,这尊观音造像与甪直保圣寺罗汉一样,都具有重要的文物价值。

行春桥西本有盟鸥亭,亦称御碑亭,置宋孝宗赐范成大"石湖"两大字碑,岁久废圮。弘治六年(1493),吴县知县史俊重建。七年(1494),继任者邝璠即亭改石湖乡贤祠,于御书碑后立神主奉祀之。莫震纂、莫旦增修《石湖志·图像》有石湖乡贤祠图,祠之建筑体量较大,作长方形,仿佛敞厅,歇山顶,四角发戗,升阶而上,周围以栏,门悬"石湖乡贤祠"额,正中须弥座列十三位神主,两侧有楹联曰:"奎壁增辉,宸翰有碑传不朽;山川出色,乡贤名世祀无穷。"祠之大意尚在,惟孝宗御书"石湖"两大字碑并非在乡贤神主前,而另置于御书亭。这也不难解释,《石湖志》刊刻已在正德、嘉靖之际,御书碑已移置范文穆公祠,为存历史记忆,故图绘如此,此亦为古人实景图所常见。

莫旦《石湖乡贤祠记》说,祠中入祀二十三人,而据《石湖志》之《图像》、《乡贤》记载,入祀则十三人,依次是范成大、莫子文、盛逮、郁新、吴文泰、朱应辰、陈尧道、莫礼、张璹、莫辕、盛启东、许斯温、莫震,图文完全一致。与此几乎同时,石湖东南莫舍绮川亭亦为祠祀之所,《石湖志·祠祀》说:"绮川亭在莫舍村,范文穆公别墅之一也。洪武中,里人莫芝翁建奉文穆及广德知军莫子文二位,久废。弘治六年,吴江金知县洪重建,增奉文穆而下乡贤共一十二人,有记刻石。"去其重复,有薛某、莫谖、张珵、张瑾、李鼎六人。乾隆《吴县志·祀庙》记石湖乡贤祠的入祀名单,也不一样,他们是范成大、莫子文、卢瑢、卢廷瑞、卢守仁、薛某、袁黼、袁黻、顾亮、金问、莫谖、莫礼、莫辕、陈尧道、朱应辰、吴文泰、张璹、王行、李鼎、盛寅、莫震,仍不足二十三位。

嘉靖七年(1528),吴县知县苏佑重修石湖乡贤祠,增祀莫旦、卢雍。二十八年(1549),知县宋仪望再修,越五年遭倭寇之难被毁。万历九年(1581),知县傅光宅重建,又增祀卢襄、袁袠、王宠。

就在邝璠建石湖乡贤祠不久,横金人卢雍在行春桥西茶磨屿东崖买地数亩,建范文穆公祠。卢雍字师邵,号古园,正德六年(1511)进士,授御史,尝巡按四川,有惠政,擢四川提学副使,未仕卒,著有《古园集》十二卷,并另撰《石湖志》,已佚。其弟卢襄字师陈,号五坞山人,嘉靖二年(1523)进士,历官陕西右参议,著有《石湖志略》一卷,今存嘉靖刻本,卷首有《石湖山水之图》,可见当年石湖全貌,全书分本志、流衍、诸山、古迹、灵禀、物产、灵栖、梵宇、书院、游览十目,简核有法,乃属石湖重要文献。卢氏兄弟故家在石湖南周村，故卒后均入祀石湖乡贤祠。

范文穆公祠落成于正德十六年（1521），移置昆山石湖书院旧额，故又称石湖书院。卢襄《石湖志略·书院》说："昆山荐严寺之左，故有石湖书院，又有范公亭，盖公读书处也。其后大臣循行，至则莅焉，额虽存而人但知为抚臣行台而已。予兄弟家食时，往来湖上，每慨公宅里芜废，子孙罔闻，曰他日有馀力，当作书院，以祀公。正德戊寅，兄以御史在告，思毕往志，乃白于家君，请于有司，购茶磨山之地，作书院一区。郡守永康徐公讃以昆山旧额来揭之。经始于己卯，落成于辛巳。湖山负带，树木荫翳，称伟观焉。大学士王文恪公鏊为之记。予兄方图异时投老其间，谈道讲学，以淑乡之后进，不幸赍志而殁，有司并奉其主以配云。书院之设，其一别封限，其二妥神

范文穆公祠

灵,其三宝宸翰,其四重手泽,其五给岁时,其六表休祥,其七择居守。"卢襄对这七条,作了详细解释。

关于卢雍所得并刻石范成大行书《四时田园杂兴》卷子,则可补说几句。此卷系范成大为抚州使君和仲书,毛晋辑《诗词杂俎》本《石湖诗集》一卷有范成大跋,曰:"比尝《夏日》拙句,寄抚州使君和仲同年兄。使君辱和,甚妙,且欲尽得《四时杂兴》,今悉写寄。仆既归田,若幸且老健,则游目骋怀之作,将不止此,诗筒往来未艾也。石湖居士寿栎堂书。"卷子之归卢襄,亦颇奚巧,见王鏊跋,惜碑已漫漶,文字残阙。幸得上海古籍出版社吴建华点校本《王鏊集》,补遗有《石湖诗序》一篇,未注出处,其文字与跋相同,照抄于下:

"卢侍御师邵既作文穆公祠,欲求公遗墨刻之祠中,未得也。闻公尝为《田园杂兴诗》以寄其同年抚州使君和仲,刻之临川学宫,亦已毁于火。庚辰冬,客有自浙东携一卷来者,初亦不知其为贵,识者观之,曰:'文穆真迹也,出入苏、黄,典刑有在。'侍御闻,百方购得之。见其复有'卢氏家藏'四字,益惊且喜,曰:'岂故吾家物乎?'四字下有印章二,一漫漶不可复辨,一曰'建武军节度使之印'。宋世州刺史建节者称节度使。是卷岂即和仲家藏?和仲岂亦卢姓乎?未可知也。独念兹卷始藏卢氏,复数百年,兵火乱离,几经变故而以归焉。复归之卢氏,其不有数乎?岂文穆冥冥之中,来歆庙祀。鉴侍御之诚,特以其家故物完璧归之乎。乃手摹入石,嵌之祠之壁。辛巳五月,王鏊谨题。"

成大此卷,堪称诗字双绝,王世贞跋《范文穆吴中田园杂兴卷》说:"此盖罢金陵阃以大资领洞霄宫,归隐石湖时作,即诗无论竹枝鹧鸪家言,已曲尽吴中农圃故事矣。书法出入眉山、豫章间,有米颠笔，圆熟遒丽，生意郁然，真足二绝。"祠壁石刻，亦为观者所难忘。华钥《吴中胜记》记至石湖，"桥右有亭，亭右有石湖书院，宋参政范文穆公成大之归隐也。书院有文穆《田园杂兴》六十首，翰墨流丽，风裁可想"。姚希孟《登尧峰诸山记》也说："还至行春桥，第礼范文穆公祠，读残碑所刻田园诗数首。"

岁久祠坏，万历四十年（1612）参议范允临重建。陈继儒《重建范文穆公祠堂记》说："范文穆祠，创于侍郎卢公雍，在茶磨山北，行春桥西，有司岁时俎豆如仪，而久且莽废。自学使范公允临来游，得一穹碑于丰草萦蔓之中，宋皇陵手书'石湖'宸翰岿然在焉，于是始复故址，而学使方叱驭滇南，吏事鞅掌，未遑也。既捐产五百亩以益义田，修文正、忠宣遗庙事竣，乃命犹子必溶复建文穆公祠，而从孙弥裕为任董庀。祠有重奎堂、寿栎堂、天镜阁、说虎轩、玉雪坡，皆创建洗剔，顿换旧观，中祀文穆公像，而奉光禄少卿公惟丕、乡贡士公允谦左右侑食焉，盖学使之父若兄也。"

崇祯十二年（1639），江苏巡抚张国维重修。嘉庆二年（1797）范来宗又修，来宗《重建石湖文穆公祠记》说："本朝乾隆十六年后，庄费不足，祠屋日颓。宗乙酉归田，清理义泽，渐有储馀，爰商重建，鸠工庀材，计费千缗，制加坚壮，不日竣事。郡侯任晓村先生，政暇来游湖上，见祠旁有馀地，因捐廉建天镜阁，艺花叠石，有亭有池，以为登眺游憩之所，俾先哲风流，依然未坠。"苏州知府任兆炯重建天镜阁，并自撰《天镜阁记》，有曰："去春，余以公暇偶至湖上，拜公之遗像，见其祠宇颓坏，有志修葺，而公之宗人芝岩太史力任其事，遂于今夏鸠工，复其旧观。断手之日，亲往瞻礼，昔贤灵爽如式凭焉。夫湖由公得名，祠又因别墅而筑。昔人因胜地而乐咏游之，趣后人寻遗墟而想弋钓之中，右军兰亭，东坡雪堂，千载传为名迹，况公生长是邦，一丘一壑，皆夙昔所经营。而湖山澹远，距郭裁十里许。春秋佳日，临眺尤宜。爰于祠之旁地百弓，中建一阁，仍以天镜名之。复就其地之形势曲折，崇而岩之，洼而沼之，敞而轩之，秀而亭之。虽未即如别墅之旧，亦几于具体而微矣。尝试登阁而望之，澄波淼漫，浮岚映碧，楞伽钟梵，泠泠入耳，天光云影，如在大圆镜中。远则具区千里，少伯泛宅之乡；近则天平万笏，文正敦宗之地。想公云车至止，必有眷恋于此者。至于良辰美景，群贤毕集，莫不景仰前修，形诸吟咏。以生山川之色，以增文献之光，亦吴中人士所共乐也。"

范文穆公祠毁于咸丰十年（1860）兵燹，同治间重建。1926 年，李根源来访，《吴郡西山访古记》卷二说："至先贤范文穆公祠，额潘志万篆书。入门有万历年'荣光奕世'横刻置地上。二门壁砌二石，左右分三层，上刻篆额，仅见'皇宋'两篆文，中刻宋孝宗赐文穆'石湖'两大字，钤御印，下层模糊，惟'大拜手稽首谨记'数字尚明，必为文穆自记御书之文，右石则全剥矣。中堂奉宋参知政事资政殿大学士开国侯赠少师崇国公谥文穆范公讳成大神位，两壁嵌六尺高文穆《田家杂兴》诗碑八块，末附至正辛巳长至鄱阳周伯琦、正德辛巳五月王鏊、正德十六年都穆三跋。伯琦使吴，为张士诚留参政事。堂正面右壁嵌二石，一《重修石湖范文穆祠记》，嘉庆三年文正二十四世孙前史官来宗记，钱唐吴锡麒书；左二石，《天镜阁记》，嘉庆三年郡守任兆炯撰，王文治书。"

及至"文革"，祠几遭毁，碑石星散。上世纪八十年代重又整理土木，有门厅、正厅、享堂等建筑，壁间嵌置新旧碑刻，旧石稍完整者仅"荣光奕世"横刻，《天镜阁记》后半石，《四时田园杂兴》七方,其他都残阙。虽然其规制远逊明清盛时,但地仍原处,加之湖光山色,旖旎秀美,不失为怀古吊贤的清静之处。

上方山上的五通庙,历史最悠久,规模最宏大,影响也更深远,繁衍至晚近,迷信种种,尤以"借阴债"为最炽盛。

庙约建于咸淳年间,杨维桢《游石湖记》称其"五王祠",在拜郊台,故有"白发老僧谈故事,五王宫殿是郊台"。后移上方寺内,卢襄《石湖志略·梵宇》记其规制:"门内因山势为殿二重,其前为观音,后为五通,两翼亦各有神宇,岁时禳赛不绝。"至清初,叶方标《上方山记》说:"中享殿三楹,位五方神,后楹祀大士。相传神原发祥于泗州,迁于楞伽,由大士致也。司香火者,黄冠与白足俱半,悉憨而肥。"

自明初以来,上方山五通的神格,渐向淫邪转移,巫觋推波助澜,以邪术惑众,趋事益虔,游船鳞集,肩舆接踵,拜跪无隙地。《石湖志·神宇》说:"五显即五通,又号五圣,婺源土神也。祭赛者远近毕至,四时不绝,虽风雪盛寒时亦然。有因疾病危急而祈祷者,有岁例须还者,有发心自求者。故携壶挈榼,累累而至,牲醴必丰腴,香纸必洁净,惟春秋二时最盛。虽全体猪羊,日不下数十事。庙宇不能容,则陈于天井,天井不能容,则陈于山门外。亦有就船上望山遥祭者。若冬至夜,则城门不闭,男女老稚,填街塞巷,接踵而来,如聚蚁然。亦有以活羊奠毕,就付与住僧者,以故住持僧享用无尽,谓上方山为酒池肉林。先儒有云,庙宇得地之胜者其神灵,人心归附者其神灵,上方兼此二美,所以香火不绝欤?"陆粲《庚巳编》卷五"说妖"条说:"吴俗所奉妖神,号曰五圣,又曰五显灵公,乡村中呼为五郎神,盖深山老魅、山萧木客之类也。五魅皆称侯王,其牝称夫人，母称太夫人，又曰太妈。民畏之甚，家家置庙庄严，设五人冠服如王者，夫人为后妃饰。贫者绘像于板事之，曰'圣板'。祭则杂以观音、城隍、土地之神，别祭马下，谓是其从官。每一举则击牲设乐，巫者叹歌，辞皆道神之出处，云神听之则乐，谓之'茶筵'，尤盛者曰'烧纸'。虽士大夫家皆然，小民竭产以从事，至称贷为之。一切事必祷，祷则许茶筵，以祈阴佑，偶获佑则归功于神，祸则自咎不诚，竟死不敢出一言怨讪。有疾病，巫卜动指五圣见责，或戒不得服药，愚人信之，有却医待尽者。又有一辈媪，能为收惊、见鬼诸法，自谓五圣阴教，其人率与鬼为奸云。城西楞伽山是魅巢窟，山中人言，往往见火炬出没湖中，或见五丈夫拥驺从姬妾入古坟屋下，张乐设宴，就地掷倒，竟夕乃散去，以为常。魅多乘人衰厄时作祟，所至移床坏户，阴窃财物，至能出火烧人屋。性又好淫妇女，涉邪及年当夭者多遭之，皆昏仆如醉，及醒，自言见贵人巍冠华服，仪卫甚都，宫室高焕如王者居，妇女列坐及旁侍者百数十辈，皆盛妆美色，其间鼓吹喧阗，服用极奢侈。与交合时，有物如板覆已，其冷似水。有夫者避不敢同寝，或强卧妇旁，辄为魅移置地上。其妖幻淫恶，不可胜道。"并举了十件发生在苏州的事。

　　早在明代就有毁禁上方山五通之举，弘治时知府曹凤，隆庆间知府蔡国熙，都曾将庙像拆毁无遗，但未久就死灰复燃，愈演愈烈。至清初，五通神信仰更普遍了，王士禛《分甘馀话》卷一"马吊牌"条说："余常不解吴俗好尚有三：斗马吊牌、吃河豚鱼、敬畏五通邪神，虽士大夫不能免。"可知当时苏州祀奉五通的，不仅是普通百姓，连士绅也迷信于此。这是一种危险的趋势，发展下去，小者酿成一方恶俗，大者诱惑人心，聚众滋事，引起动乱，必须革除。康熙二十四年

（1685），汤斌来任江宁巡抚不久，就对五通采取果断措施。叶方标《上方山记》说："紫薇村中有老儒，女为神所魅，儒不胜其愤，投牒于汤。汤按临其地，曰：'神聪明正直而壹者也，而污闺房之稚齿，乃求诸淫昏之鬼以祈福佑，何愚也。'与神约三日，其他徙，否则举而畀诸湖。其乡人夜梦神语曰：'吾弗敢与汤公抗也，将避之。'越三日，果毁其像。"顾公燮《丹午笔记》说："康熙二十四年，诸生范姓被五圣占夺其妻，再三求祷，不应而死。范怒，赴抚辕控告。汤公诣山，坐露台上，锁拿妖神，剥去冠带，各杖四十，投其像于湖。"

汤斌毁像之后，庙中改供关帝。相传五通之母名太母，其像被僧人移匿塔内，漏网未毁。故又供奉如旧。至道光年间，江苏巡抚裕谦尽拆殿宇，但星火未息，又娱神如故。届时巫觋必举行庙会，群巫狂呼疾走，表示"老爷上身"。当时相信五通的人很多，特别是商界、帮会中人，无不以五通神为冥冥之中的保护神，发财之后，企求更发，纷纷前来"还阴债"，故崇祀愈为炽烈。1926 年，李根源过此，《吴郡西山访古记》卷二说："今塔中所奉者，为汤文正毁其祠投其象于太湖水中之好太太也，每年八月十六、七、八三日，香火极盛，远近来者达十万人。吴俗迷信之怪，诚所不解。"1929 年，吴县县长王纳善，效法前人，沉像石湖，虽香火断绝一时，不久又故态复萌。1947 年，高鹤年过此，《名山游访记》第五十三篇说："山脉尽处，上有楞伽寺，殿宇二十余间，供五神，皆称老爷殿，峰巅七级浮图，奉圣母像，据云灵感非常，香火极盛，每年中秋左右，各处来朝拜者，络绎不绝，游人亦多赶香会，肩摩踵接，摊篷延长达数里，湖中船只栉比，一时称盛。"此风至今尚存余绪，只是乡人迎赛而已。

峭石悬空笼细雨

黄山在横塘之西,胥塘之北,山并不高,但突兀平地,苍翠一片,自成景观。黄山今被称为横山,历史上的横山,则别有所指,朱长文《吴郡图经续记·山》说:"横山,在吴县西南十里,志云山四面皆横,盖以此得其名也,又名踞湖山。"因山上有七墩,故俗称七子山。又因山间有五坞,称五坞山。何以黄山会易名横山,或是因为毗邻横塘,还是乡人讹音以传,已不可得其究竟,但易名是晚近的事,至少在民国时仍称黄山,而七子山的本名横山,却被人渐渐遗忘了。

江南自东晋以来,世族凌驾寒门,平陈以后,遣官限制,剥夺他们的特权,由是激起剧变。开皇十年(590),婺州、越州、苏州、饶州、温州、泉州、杭州、交州的豪民纷纷起兵,自称天子或大都督,大者数万人,小者数千人,攻陷州县,隋文帝以杨素为行军总管征讨。当时在苏州起事的是沈玄憎、沈杰,《隋书·杨素传》说:"吴郡沈玄憎、沈杰等以兵围苏州,刺史皇甫绩频战不利。素率众援之,玄憎势迫,走投南沙贼帅陆孟孙。素击孟孙于松江,大破之,生擒孟孙、玄憎。"一说在平乱之后,一说在平乱之前,杨素建州城于横山下。《吴郡图经续记·城邑》说:"杨素帅师平之,以苏城尝被围,非设险之地,奏徙于古城西南横山之东,黄山之下。"同书《往迹》则说,杨素"追击至苏州,移郡邑于横山下,盖欲空其旧城耳"。杨素建新城后,苏州治、吴县治悉予徙迁,未久就民居栉比,自成坊市,时在开皇十一年(591)。

正因为新城在"黄山之下",因此隋末天下大乱,黄山就成了兵家必争之地,相传王世充坑刘元进部三万馀人(一说八千馀人),就在此山的黄亭涧,这是一个极为悲壮的故事。《隋书·刘元进传》记载了这段历史,炀帝兴辽东之役,生灵涂炭,各地纷纷揭竿而起。大业九年(613),刘元进在馀杭起兵,响应杨玄感,"三吴苦役者莫不响至,旬月众至数万","吴郡朱燮、晋陵管崇亦举兵,有众七万,共迎元进,奉以为主。据吴郡,称天子"。官军征讨,屡战屡败,于是炀帝令江都郡丞王世充发淮兵击之。"世充既渡江,元进将兵拒战,杀千馀人。世充窘急,退保延陵栅。元进遣之,人各持茅,因风纵火。世充大惧,将弃营而遁。遇反风,火转,元进之众惧烧而退。世充简锐卒掩击,大破之,杀伤太半,自是频战辄败。元进谓管崇曰:'事急矣,当以死决之。'于是出挑战,俱为世充所杀。其众悉降,世充坑之于黄亭涧,死者三万人。其馀党往往保险为盗"。

在黄山黄亭涧杀降,罪魁祸首是王世充。据《吴郡志·杂志》记载,当刘元进、管崇被杀以后,义军首领准备投降,"世充于通圣寺佛像前烧香为誓,誓不诛杀。吴人闻世充有信誓,一旬之间,归首略尽。世充贪而无信,利在子女资财,并坑斩首八千馀人于黄山之下,时以为负誓"。负誓杀降,终然是没有好结果的。武德四年(621),王世充战败降唐,刚到长安,便被仇人独孤修德所杀。一代枭雄,也落得了身首异处的下场。

隋末战后,黄山沉默了许多年,其间状况少于记载。至南宋乾道三年(1167),庐陵周必大往游,《泛舟游山录》说:"八里至横塘,入般若寺,又数里至黄山,入法云寺,陈国长公主及石驸马葬堂上。寺之轩窗皆可眺望,登塔一级,以窄峻而止。诸峰高下相连,如笔格,俗号笔格山。"从这一记载来看,山上有过一个法云寺,且有浮屠,但苏州诸家旧志于此都未详记。陈国长公主是哲宗赵煦女,历封德康、瀛国、荣国公主,徽宗大观四年(1110)下嫁石端礼,改陈国长公主,又改淑和帝姬。政和七年(1117)卒,谥靖懿,与驸马并葬黄山法云寺。近人范君博《横塘杂咏》云:"黄山一角射朝墩,古冢还寻旧岁村。芳草不愁春寂寞,有情驸马伴鸾魂。"自注:"今寺门外有皇坟,光绪末年,石工宗士诚盗掘得玉如意、玉鱼、金马等物。"

明人皇甫涍《黄山》云:"兹岩亦幽胜,横亘西南天。一径聊步趾,诸峰犹眼前。湖波浩无际,云日争相鲜。霞鹤粲霄色,松风清涧泉。芳菲乱空翠,靡迤浮春烟。回瞰塔寺古,下窥楼堞妍。近寻侈遐讨,投迹期忘年。未事登名岳,俄然意已宣。"由诗中来看,在明嘉靖前后,黄山不但依然有寺有塔,还有城堞蜿蜒,于此西望,可见湖水渺渺,山影依依。至于寺塔及城堞等废圮于何时,志无所记,及至清咸丰以后,因宕户采石的缘故,山上的许多景观都不复再见了,民国《吴县志·舆地考·山》就说:"今皆废,近民间采石已遭残破矣"。傍黄山之民,由于山田硗瘠,都以采石为业,凡色青白理坚细者制作碓磨,凡硕大无朋者,供坊宅柱础之用。因数百年采石不止,山中形成陡壁深渊,1956年在黄山建革命烈士陵园时,就利用了这样的景观,将宕口称为金刚潭,潭深水清,峭壁倒影,可说是成功的借景。

相传黄山上有晋废帝海西公司马奕的陵墓。太和六年（371）十一月，大司马桓温入建康，替谋废立。《世说新语·排调》注引《晋阳秋》说，桓温使人扬言"帝少同阉人之疾，使宫人与左右淫通生子"，污秽后宫，以皇太后令，废晋帝司马奕为东海王，以丞相、会稽王司马昱为帝，即为太宗简文帝；咸安二年（372）二月，又降封司马奕为海西县公，徙居吴县，由吴国内史刁彝防卫，又遣御史顾允监察。《晋书·海西公纪》说："帝知天命不可再，深虑横祸，乃杜塞聪明，无思无虑，终日酣畅，耽于内宠，有子不育，庶保天年。时人怜之，为作歌焉。朝廷以帝安于屈辱，不复为虞。"司马奕就这样苟且地在吴县生活了十五年，于太元十一年（386）十月薨，年四十五。《晋书》说他死后葬于吴陵，吴陵是否就在黄山，没有确凿的证据。有人认为废帝陵在常熟白茆，黄山上则有他生前经营的寿陵。民国《木渎小志·冢墓》说："废帝陵在黄山。清光绪初年，黄山下土人发见隧道古砖文识'太和九年八月'，好事者争购之，而穴深不可测，或疑为海西公墓，嗣为县署封禁。按晋废帝陵自在常熟白茅市，当时又更无他藩在吴，或帝徙居吴县时筑此寿陵，薨后更葬常熟，故制重而穴虚，然不可考矣。"当年兵荒马乱，再加上江南大旱，死人无数，一位被软禁的废帝，实在也无足轻重，他的一些事也就失记了。倒是范成大《吴郡志·杂志》记了一点："咸安二年，桓温矫太后诏，令废帝为海西公，徙居吴县西七里。"司马奕被软禁的地方，大约也就在黄山附近。又说："太元十一年，殂于吴，与庾后合葬吴陵。"庾后即孝庾皇后，太和六年（371）崩，葬于敬平陵，帝废为海西公后，追贬为海西公夫人，后与废帝合葬于吴陵。

还有一位滕德懋,他是葬在黄山的,此人很值得一提。民国《木渎小志·冢墓》说:"滕忠愍公墓在黄山。洪武初,滕德懋为户部尚书,以苏赋最重,量减十万,论斩,后悉其冤,赐葬。"这段记载与《明史·滕德懋传》所记颇有不同,本传说他"洪武三年拜兵部尚书,寻改户部。为人有才辩,器量弘伟,长于奏疏,一时招徕诏谕之文多出其手。以事免官,卒"。似乎他是被罢了官,然后死去。但《国朝献征录》卷三十八有宋濂《兵部尚书滕德懋传》,记他的死,则为"坐事卒",可见他确实是被杀头的。滕德懋的获罪,是他为苏州减去了十万田赋。明初,苏州一府七县田地面积占全国可耕地面积的九十分之一,而税粮额却占全国的十分之一。据梁方仲《中国历代户口、田地、田赋统计》记录,以洪武二十六年(1393)为例,苏州实征米粮二百八十万零四百九十石,占全国实征米粮数的百分之九点五五,平均每亩实征米粮二十八点五三升。正如谢肇淛《五石组·地部一》所说:"三吴赋税之重甲于天下,一县可敌江北一大郡,破家亡身者往往有之。"明代户部下设十三清吏司,分掌各省课赋钱钞之事。时为户部尚书的滕德懋,就利用自己的一点权力,为家乡父老略减去一点负担,这就得罪了朱元璋。朱元璋并从滕德懋等人身上吸取教训,洪武二十六年下诏:"户部吏不许用江西、浙江、苏松人。"这个诏令在明代一直被遵循贯彻。于此有人也有异议,谢肇淛《五石组·事部三》就说:"国朝立法太严,无论宗室,即驸马仪宾,不许入仕,其子不许任京秩。此虽别嫌明微之道,亦近于矫枉过正者矣。即如户部一曹,不许苏松及浙江、江右人为官吏,以其地赋税多,恐飞诡为奸也。然弊孔蠹窦,皆由胥役,官吏迁转不常,何知之有?今户部十三司胥算皆吴、越人也,察秋毫而不见其睫,可乎?祖制既难遽违，而积弊又难顿更，故当其事者默默耳。"至于滕德懋后来被平反昭雪，谥忠愍，赐葬黄山，想来也是朱元璋的怀柔政策所致。滕德懋过去很少被人提起，实在也是苏州历史上应该纪念的人物。

此外，北宋佞臣高俅也葬在黄山，徐鸣时《横溪录·古迹》说："俅，狎邪小人，又其冢无所考，姑附录。万历间镇人赵应奎葬父黄山北麓，掘地得古碣，书宋高俅墓，下即其冢，仍封之。苏志载郡城西北隅有高师巷，相传俅所居处也。"高俅本是苏轼的书童，笔札颇工。元符末年，随枢密都承旨王晋卿办事，时徽宗赵佶为端王，正龙潜府邸之时。某日，王晋卿遣高俅去端王府送篦刀（梳子），端王正在园中蹴鞠，而高俅正擅长此道，于是便时来运转了。王明清《挥麈后录》卷七在记了高俅这段际遇后说："逾月，王登宝位。上优宠之，眷渥甚厚，不次迁拜。其侪类援以祈恩，上云：'汝曹争如彼好脚迹邪？'数年间，建节，循至使相，遍历三衙者二十年，领殿前司职事，自俅始也。"高俅就是这样靠着踢球的脚下功夫平步青云的。这在《水浒传》中更有生动的描写。这样的人是很难做点好事的，《靖康要录》卷七说："高俅初由胥吏，夤缘幸会，致位使相，检校三公，不思竭力图报，乃敢自恃昵幸，无所忌惮。身总军政，而侵夺军营，以广私第；多占禁军，以充力役。其所占募，多是技艺工匠。既供私役，复借军伴。军人能出钱贴助军匠者，与免校阅。凡私家修造，砖瓦泥土之类，尽出军营。诸军请给，既不以时，而俅率敛又多，无以存活，往往别营他业，虽禁军亦皆僦力取直，以苟衣食。全废教阅，曾不顾恤。夫出钱者既私令免教，无钱者营生废教，所以前日缓急之际，人不知兵，无一可用。"钦宗即位，高俅罪当诛杀，但竟然让他躲避过了。高俅究竟如何来到苏州，又如何葬在黄山，如今已难以稽考，但还有一点蛛丝马迹，《挥麈后录》卷七说："靖康初，祐陵南下，俅从驾至临淮，以疾为解，辞归京师。当时侍行如童贯、梁师成辈，皆坐诛，而高俅独死于牖下。"这需要作点注释，靖康元年（1126）正月，金兀术取汤阴，攻濬州，宋军仓猝奔溃，濬州失陷，金兵渡河，道君（徽宗）出东京通津门东下，至南京（今河南商丘），直至泗上。时童贯、高俅等率胜捷军至，以为扈从，即渡淮至扬州，又过长江至京口。是年四月，形势缓和，道君回京。高俅是在临淮（今洪泽湖）称疾先回东京的，这是在南下路上，还是在回京途中，已不可考，但他的出走，或许便是道君的授意。因为道君尚未到达东京时，钦宗就下诏，贬窜"六贼"及其党羽，除蔡京徙儋州安置，道死潭州外，其馀五人王黼、朱勔、李彦、童贯、梁师成以及蔡京之子蔡攸等，在各地一一被诛杀。高俅暗地里从洪泽湖转道来到苏州，死后便葬在黄山。当时北方烽烟滚滚，京都一片恐慌，一个已经失势的佞臣，他的下落，大概很少有人去关心了。这当然是臆想，至今没有史料去证实。

　　黄山之西的山腰有两个石洞，深约三四丈，俗称虎洞，相传很多年前有老虎出没，这说明几百年前的苏州一带，生态环境与今日是大不相同的。

好风将梦过横塘

横塘,在苏州古城西南九里,黄山之东,胥江、枫江、越来溪在此合流,经贯南北,分流东西,为古运河重要的转运之地。由此北上,经枫江至枫桥,由枫桥折东,经阊门塘,可至阊门;由枫桥折西,上溯浒墅关,经望亭,沿江南古运河北上镇江。由此南下,经越来溪至石湖,再由石湖至东山,入东太湖。由此东出胥江,可至胥门,再由胥门拐南折东沿下,经平望、嘉兴,沿江南古运河南至杭州。由此西出胥江,经木渎,由胥口入西太湖。又有彩云桥横卧枫江之口,贯通了南北的陆路。正因为处于水势潆洄之地,四通八达,往来频繁,这里便渐渐繁衍为一个人烟稠密的集镇。故徐鸣时《横溪录·横塘镇》说:"水南北为纵,路东西为衡,故名横塘。"

文震孟《横塘普福桥疏》描绘了那里的形胜:"姑苏有横塘也,所从来远矣。自孟东野有诗云'未随洞庭酌,且醉横塘席'。而后来韵士名人往往登临咏歌不置,于是横塘之名,遂与灵岩、石湖、虎丘、天池、天平诸名胜等。盖自胥江斜出,波回水远,至此而西,万山环翠,若卫若迎,融结信非偶然者。"

横塘虽处于特殊的地理位置,但向无设置驿站的记载,至清同治末年，始在横塘镇北彩云桥东堍置驿亭，遗址至今尚存。这座驿亭南对胥江，北倚枫江，坐北朝南，临水而筑。亭的平面略呈长方形，面阔四点六米，进深五点五米，高四点七米，六架梁，歇山卷棚式板瓦顶，檐角出戗，四角有花岗石方柱，南北石柱间各立木两根，周砌砖墙，南北各辟一门，东西各辟一窗。亭内东西沿墙置长条石凳，以供憩息。亭南石柱上刻同治十三年（1874）六月无名氏撰联一副："客到烹茶，旅舍权当东道；灯悬待月，邮亭远映胥江。"其中情味，实在颇可作一番追寻。

至晚清，延续三千多年的驿站制度，已不能满足日益增长的邮传需求，又耗费巨大，流弊丛生，有识之士就纷纷提出要裁撤驿站，改设邮政。但哪能一蹴而就，故郑观应《盛世危言·驿站》就说："今也驿站行之已久，其弊日滋，惟当局者以一旦难以裁撤，其人亦难以安置，鳃鳃焉动多顾虑。或谓驿邮各行其事，各不相涉，此一说也；或谓并驿于邮，附邮于驿，此亦一说也，而皆属有见。惟当轴者仍不免有回护驿务之意，而实则深知驿弊无法能除之耳。顾必除之而后行邮，则邮政终无行期矣。开创之初，何不兼行并设，尚无窒碍也哉。"横塘驿亭的建造，应该就在这样的背景下。就其规模而言，或许不仅是一个亭子，但并无馆舍等设施，乃属"并驿于邮，附邮于驿"的水陆递运驿。因为它是江南古运河沿线惟一尚存的驿亭遗迹，受到邮传史研究者的重视。

旧时横塘是苏州西郊水陆交通枢纽，为游湖入山所必经。明人李流芳《江南卧游册题词·横塘》说："去胥门九里，有村曰横塘，山夷水旷，溪桥映带村落间，颇不乏致。予每过此，觉城市渐远，湖山可亲，意思豁然，风日亦为清明。"从城中而来，至横塘，近水远山，

横塘驿亭

历历在目,和风细雨,洗净尘嚣。苏州人是特别喜欢郊游的,乾隆《吴县志·风俗》说:"吴人好游,以有游地、有游具、有游伴也。游地,则山水园亭多于他郡;游具,则旨酒嘉肴、画船箫鼓咄嗟而办;游伴,则选伎声歌尽态极妍。富室朱门相引而入,花晨月夕,竞为胜会,见者移情。"故一到横塘,就可发现苏州人勃发的游兴。某年暮春,汪士慎过横塘,有《横塘》一首,描写了仕女嬉游的盛况:"水漾残红柳亸腰,南风吹到彩云桥。凭栏初试新团扇,个个蛾眉学淡描。"潜庵《苏台竹枝词》亦云:"齐女门前柳若丝,谁人解唱竹枝词。朱唇斗艳横塘路,正是吴娃打桨时。"彩舟画楫,衔尾相接,游女嬉戏,团扇新试,蛾眉淡扫,一片争艳斗妍景象。然而看山游湖,或许也会夜泊横塘,则又是另一番景象了,清初诗僧宗渭《横塘夜泊》云:"偶为看山出,孤舟向晚停。野梅含水白,渔火逗烟青。寒屿融残雪,春潭浴乱星。何人吹铁笛,清响破空冥。"渲染了横塘夜间空漠静寂的气氛。白天的喧闹,夜晚的静谧,正说明这个集镇仅是邻城的水陆要津枢纽,并非繁华的商埠。

范成大在苏州时,或居城中,或居石湖,扁舟往来,都要经过横塘,他有《立秋后二日泛舟越来溪三绝》,其中一首云:"一川新涨熨秋光,挂起篷窗受晚凉。杨柳无穷蝉不尽,好风将梦过横塘。"又有《水调歌头序》,记下了途中见闻:"四郊刈熟,露积如缭垣,田家妇子着新衣,略有节物。挂帆溯越来溪,源牧渊澄,如行波璃地上。菱华虽瘦,尚可采。"真是一派田园风光。横塘既为水埠,故古人都于此迎送客人。范成大友人很多,如杨万里、姜夔、周必人等都来拜访他,告别时范成大总要到横塘送行,有《横塘》云:"南浦春来绿一川,石桥朱塔两依然。年年送客横塘路,细雨垂杨系画船。"所写春天送客,淡淡入笔,情深意长。

正德五年(1510),文徵明有《横塘诗意卷》之作,自题曰:"百叠春云百叠山,杏花三月雨班班。分明记得横塘路,一叶轻舟载雨还。正德庚午春仲坐雨停云馆题画,文壁。"此卷后为汪珂玉收藏,据《珊瑚网》卷三十九著录,李日华跋曰:"花光、惠崇喜用王洽泼墨法,写湘西山水,极有神韵,二米实祖述之,非创作也。衡山公此卷苍秀婉逸,直追二衲,不入南宫彀下。诗笔亦以涪翁手腕,鼓国初高、徐口颊,俱可宝也。紫雪。"汪珂玉跋曰:"此画并仿燕穆之山水卷,余得之梁溪华氏,李翁九疑过而见之,鉴赏不去口,因题其后云。玉水。"惜乎此卷似已不在人间,无可一睹画中景象矣。

横塘普福桥，颇为有名，因是横塘表识，称为横塘桥，又因桥上有亭，俗称亭子桥。桥横跨塘之东西，其水三面合流，贾舶皆会于此。普福桥始建何时，无可稽考。《吴郡志·桥梁》已著录"横塘桥"，范成大另有《自横塘桥过黄山》云："阵阵轻寒细马骄，竹林茅店小帘招。东风已绿南溪水，更染溪南万柳条。"可见它的历史确实很悠久了。

据《横溪录·桥梁》记载，明洪武二十年（1387），普福桥由僧人明壁募资大修，"累石为环，上覆以砖，下穿三洞，盖震泽之水至此合流北注，势湍急也。广二丈，高三丈有奇，长二引。上建亭一楹，供大士，竖七佛石幢。四麓各一井，井各一亭，亭各一颜，东北曰'百雉回翔'，西北曰'万峰耸秀'，东南曰'玉宇悬河'，西南曰'宝云供极'。形家言，四井乃四'口'字，建亭桥上，如'工'字，合之乃'罒'字形也"。"罒"是"器"的俗字，见《张迁碑》，这个字将桥亭和四井亭的位置关系，交代得十分清楚。岁月无情，约万历末桥亭倾圮，四井亭除西北者外，其他三亭所在均为民居、庵堂所占。文震孟发起重建桥亭，天启三年（1623）秋八月募修落成，亭东悬文震孟题"普福桥"额，亭西悬赵宧光题"横塘渡"额，清初又另额"横塘古渡"。何以要在桥上建亭，文震孟认为关系到郡城的风水，《横塘普福桥疏》说："间尝考昔之姑苏，陆门有八，以象八风；水门有八，以法八卦。故刘宾客诗有'二八城门开道路'之句，而许用晦亦云'共醉八门面画舸'。今乃塞蛇匠两门不启，而胥江之水自正西来，堪舆家所谓武曲帝旺者也，复无水道以导其祥。以故姑苏之民，外华而内匮，貌腴而实瘠，冠裳之族鲜世济者，仅赖兹桥横锁水势，使折而聚于胥江之浒，稍留峥嵘秀朗之色。是故前人建亭以镇之，奉

横塘普福桥　摄于 1930 年前

大士以永之,厥旨深矣。后之眺览者,徒谓众山浮黛,一水飞清,以为登临歌咏之场,而孰知一桥之微,所系于郡城者若是哉。"

入清以后,普福桥又多次重修,工程最大的一次是在康熙四十六年（1707）,明年复建桥亭,凡縻银八百两。彭定求《重建横塘普福桥记》说:"桥之广长若干,悉依旧式,而增高累尺,铺砌坚完,轩甍焕烂,望若绳直,履若砥平。"这座被称为"山程第一胜景"的普福桥,修废举坠,终于重现了它的旧观。遗憾的是,普福桥因桥洞低矮,妨碍航运,于 1969 年拆除,改建为敞肩式单跨水泥桥,那水泥桥也于 2004 年被轮船撞坍了。

普福桥已矣,如今只能根据留下的图像来欣赏它的绰约风姿。沈周的《游西山图卷》、《苏州山水全图卷》、《姑苏十景册》，文徵明的《横塘》（册页残本），徐扬的《盛世滋生图卷》等都画到横塘，普福桥是横塘的标志，自然也都画到了，但都是写意笔墨，只能了解个大概。二十世纪前期拍摄的照片，则给人更加真实的认识。普福桥的造型风格独特，为典型的宋代三拱石桥形式，亭作单檐歇山殿庭式，面宽三间，砖木结构，前后半墙设木窗，可以随意开闭。它既可供行人歇息小坐，临窗赏景，又可为行人避风躲雨、乘凉吃茶提供方便。其实，普福桥更像一座庙桥，晚近以来，不但亭内供奉观音，还供奉五路财神，为行人纳福迎祥，且在外观之，黄墙青瓦，翘角飞檐，桥亭的四角挂着铜铃，风过处，声音清亮。可惜的是，这些铜铃早在嘉庆初年修亭时已经不知去向。由于普福桥轻盈秀丽，平卧波上，远山有意，近水含情，四周田野如画，故风景特胜。

还有一座彩云桥，跨彩云港，正好是越来溪北流，由此而往枫桥运河。故袁裒《修彩云桥疏》说："彩云桥者，据横塘之灵境，跨吴会之通津，盖四达之所经趋，九衢之所辐辏者也。"桥始建无考，但南宋时已有了，范成大《水调歌头序》说："淳熙己亥重九，与客自阊门泛舟，经横塘，宿雾一白，垂垂欲雨。至彩云桥，氛翳豁然，晴日满空，风景闲美，无不与人意会。"早在元明间，彩云桥就废圮了。洪武中姚贵重建，乾隆《吴县志·人物·好义》说："姚贵字道贵，不饮酒啖肉，时彩云桥未建，济涉称艰，贵捐千金独成之，一乡称为善士。正统中，巡抚周文襄忱闻贵善，召见，以道人称之而不名。"万历元年（1573）夏日新重建，康熙二年（1663）僧诚实重修。1928年又重建，作三孔薄墩半圆花岗石拱桥。1992年，京杭运河改道拓宽，将彩云桥移建胥江之上。

宋人贺铸，字方回，自号庆湖遗老、鉴湖遗老，卫州人（今河南汲县），孝惠皇后族孙。曾通判泗州，移太平州，管勾亳州明道宫。大观三年（1109）以承议郎致仕，侨寓苏州。他在城内昇平桥筑企鸿轩，又在横塘东北隅筑别墅，因此常常一叶扁舟，往来其间。他有一阕《吴门柳》咏道："窈窕盘门西转路。残阳映带青山暮。最是长杨攀折苦。堪怜许。清霜剪断和烟缕。　春水归期端不负。依依照影临南浦。留取木兰舟少住。和风雨。黄昏月上潮平去。"他最有名的那阕《青玉案》，也是在横塘道上所作，词曰："凌波不过横塘路。但目送、芳尘去。锦瑟华年谁与度。月桥花院，琐窗朱户。只有春知处。

飞云冉冉蘅皋暮。彩笔新题断肠句。试问闲愁都几许。一川烟草，满城风絮。梅子黄时雨。"此词结句化用唐人"楝花开后风光好，梅子黄时雨意浓"而成，语意联属，天衣无缝，受到读者的赞赏，因称他为"贺梅子"。厉鹗《论词绝句十二首》之一云："贺梅子昔吴中住，一曲横塘自往还。难会寂音尊者意，也将绮障学东山。"黄氏《蓼园词评》说："是此词作于退休之后也，自有一番不得意，难以显言处。言斯所居横塘，断无宓妃到，然波光清幽，亦常目送芳尘，第孤寂自守，无与为欢，惟有春风相慰藉而已；次阕言幽居肠断，不尽穷愁，惟见烟草风絮，梅雨如雾，共此旦晚耳，无非写其景之郁勃岑寂也。"这段议论是符合词人初衷的。旧时横塘镇上有座梅子桥，就得名于"贺梅子"。民国初年，卫顾德曾往寻访，《恕庵石湖棹歌》云："词人别业在横塘，遗迹堪寻亦渺茫。惟有小桥今尚在，题名梅子好推详。"范君博《横塘杂咏》亦云："路转横塘七里西，几家临水听鸡啼。人来古渡停船问，梅子桥头迹已迷。"由此可知梅子桥的存废。

横塘除贺铸别墅外,镇西有明人袁裵的别业黄山草堂。袁裵字永之,号胥台,嘉靖五年(1526)进士,在兵部武选司主事任上,因刑部失火,下诏狱,谪戍湖州千户,后又诏复,官至广西按察使佥事,二十二年引疾致仕。他回苏后,弃城中宝林寺东的第宅不住,隐居横塘,建黄山草堂,亭台楼榭,独具幽胜,中有列岫楼,可眺览湖山之胜。吴维岳《衡藩重刻胥台先生传》说:"既归,屏居横塘,买田百亩,艺秫树桑,辟读书园,群生徒讲肄其中,以求称言偃文学之乡。暇则邀昆季友朋登陟游泛,任意为适。每值令节,园花杂开,举觞浮白,留连竟晷,盖与世益落落也。"文徵明为其题李白句作门榜:"宅近青山同谢朓,门垂碧柳似陶潜。"凡十四字,袁裵每字赋五绝一首,即《横塘别业十四首》,一一状写园中景色。文徵明是黄山草堂的常客,袁裵殁后,又应其子尊尼之邀往游,不由感慨系之,《袁鲁仲邀予登列岫楼予自胥台没数年不登矣》云:"故人湖上有高楼,十载清樽续旧游。飞翠窗中仍列岫,片帆天际见归舟。依然绿树啼黄鸟,无赖青山笑白头。不尽阿戎淹恋意,渚云江草两悠悠。"袁裵勤于著述,有《皇明献实》、《吴中先贤传》、《袁永之集》等,陆师道《袁永之集序》称其"少时接文、祝之清芬,挹唐、王之膏馥,沈思孤诣,日进不已,故著作棐然云"。他的为人更有可取之处,文徵明《广西提学佥事袁君墓志铭》说:"君阔达高明,议论英发,能以辨博胜人,人莫能屈。然实无他肠,志同道合,即倾倒无间。"这可以举个例子,嘉靖十三年(1534),袁裵曾刻《唐伯虎集》二卷,袁裵在序中说:"裵童时,尝获侍高论,接杯酒之欢。哲人已远,九京不作,抚颂遗文,慨仰遐烈。爰加搜撷,庶存梗概云尔。"这是唐寅别集的第一个刻本。黄山草堂的风雅,因人琴之亡而烟消云散,及至明末,这处园墅已沦为菜圃。

与袁袠同时的赵荣，晚年也归隐横塘。民国《木渎小志·人物四》说："赵荣字孟昌，与祝允明、卢雍、袁袠为友，垂老开田园，尝与诸贤徜徉其中，雍赠诗曰：'他年若说隐君子，君是横塘第一人。'允明以其勤稼政，为赋《且耕之歌》，遂号且耕翁。侄栋亦高士，性近颠，尝以横塘无纪载，嘉靖末年采访古今遗事成帙云。"赵栋所撰《横塘记》，一说作者是赵荣，今已散佚无存。

晚明徐鸣时，字君和，横塘人。自少失怙，寄食萧寺，为句读师，藉以修脯奉养母亲。由于从游者日众，以致屋小不能容纳，于是便在隙地筑室，取杨万里"老夫稼圃方双学"句意，题名双学室。他与徐枋、吴应箕、陈子龙、夏允彝等先后加入应社。崇祯八年（1635）拔贡，选除武宁知县，有善政，卒于任上，门人私谥贞隐先生。他存世的著作，仅有《横溪录》八卷附《溪山吟》一卷，乃横塘一带方志，具有相当价值。

唐寅墓在横塘王家村。唐寅事迹，众所周知，恕不赘述。嘉靖二年十二月初二日（1524年1月7日），唐寅病卒，落葬城西祖垅，即今墓所在。

崇祯十七年（1644），汲古阁主毛晋斥资重修唐寅墓，雷起剑《重修唐解元墓记》说："崇祯甲申暮春既望，余与徐元叹、叶羽遐、毛子晋、马人伯、孙月在、释石林放舟于吴门之横塘。羽遐指野水丛薄间曰：'是为唐伯虎先生之墓，童乌之嗣既乏，若敖之鬼已馁矣。今其墓牛羊是践，是可悲。'余遂与诸友人披棘拜之。访于田夫之邻者，问其遗族，云：'族并乏，止有城内桃花坞一老妪，尚是伯虎侄孙妇之孀者。'余与友人凄然叹曰：'是朋友之罪也。千载下读伯虎之文者皆其友，何必时与并乎。理厥封树，构数楹而祠之，是在吾侪今日耳。'子晋欣然任之，同侪各赋诗以纪。阅两月而祠成，更勒石以遗千古之有心者。"

清康熙三十二年（1693）冬，阊门内居民在准提庵西掘得一碑，大书"明唐解元之墓"六字，右旁分书"中议大夫赞治尹直隶苏州知府天水胡缵宗书"，左书"嘉靖五年岁次丙戌冬上浣吉旦，弟申立石"。虽然此碑来历可疑，苏州市民却颇为轰动。明年，江苏巡抚宋荦重葺其墓，尤侗为撰《重修桃花坞唐解元祠墓记》，并构才子亭，作为一个具有象征意义的纪念所在。是年四月四日举行公祭，参加者有尤侗、何棣、余怀、庄朝生、孙旸、孟亮揆、朱典、缪彤、韩菼、彭定求、蔡方炳等。在尤侗写的《公祭明解元唐伯虎先生文》中有"筑其墙垣，间以台榭，春草池塘，桃花兰若，先生居中，可消长夜"诸语。所有题咏，辑为《重表唐解元遗墓诗》一卷。沈季友《重表唐解元遗墓诗并序》说："康熙癸酉暮冬，予寓居家阮明生之鹤圃，即唐六如先生之故墅也。闻其墓毁没于野人草舍中，近在数武，乃往观焉。明日适赴宋中丞漫堂之招，谈及先贤遗垄零落至此，中丞遂于今年春首躬诣墓上，捐金表之。予重过吴门，复寓其地，瞻拜之馀，喜而有作，并索诸同学和歌，以纪胜事云。时甲戌重五前十日。"

嘉庆六年（1801），吴县知县唐仲冕修葺横塘唐寅墓，他在《重修横塘唐解元墓碑记》中说："考横塘旧有墓地三亩，故老犹能指其丘垅，不可废也。历年已久，侵葬者树皆合抱，姑即其可厘正者封植而题识焉。墓中埋一碑，墓前立一碑，建石亭、石绰楔各一。墓地仅存四分有奇，以诏唐六如墓注名户籍，付县中司漕吏代纳其赋。"这次修葺，确定了墓地范围，虽由原来的三亩缩小为四分多，但从此由县衙代纳赋税。据李根源《吴郡西山访古记》卷二记载,此碑碑阴刻唐家邕七律二首,下镌坟山图,筑石亭覆之,亭联曰:"花坞菰村双丙舍,春风秋月一才人。"唐仲冕还做了一件事,他将各家题咏桃花坞祠墓的诗什,编成《花坞联吟》三卷;将各家题咏横塘祠墓的诗什,编成《墨亭新赋》一卷,两书都在嘉庆间由果克山房刊印。

1957 年,重修唐寅墓,清除荆棘,整理墓道,重立石坊,坊上额"唐伯虎墓"四字,并于墓地四周种植桃花数十株。及至"文革",破坏殆尽,仅存土冢一丘而已。1985 年起再修,恢复嘉庆唐墓旧观,并筑屋三进,分署"桃花仙馆"、"六如堂"、"梦墨堂"、"闲来草堂"等,似与一位落寞文人的归宿很不相称。

据徐鸣时《横溪录》所附《溪上吟》记载,当地有"横溪八景",它们是"越溪晚渡"、"兴福晓钟"、"花园春色"、"彩云秋月"、"龙渚渔舟"、"黄山翠霭"、"贺铸别墅"、"蔡经故宅"。其中"蔡经故宅"是拿来凑数的,仙人哪有什么"故宅",只是后人所建的小庙而已,且早就废圮,留下了一个仙人塘的地名。

远钟孤棹宿枫桥

由横塘经由枫江北上，即枫桥镇，镇因枫桥得名，在阊门外七里运河之侧。自古以来，那个集镇就是热闹去处，凡乘舟而行，由苏州北上，或南下苏州，都要经过的。

唐人张继的《枫桥夜泊》，给枫桥带来绝大名声，诗云："月落乌啼霜满天，江枫渔火对愁眠。姑苏城外寒山寺，夜半钟声到客船。"第二句，龚明之《中吴纪闻》、吴曾《能改斋漫录》、胡仔《渔隐丛话后集》、洪迈《万首唐人绝句》等作"江村渔火对愁眠"；第三句，欧阳修《六一诗话》、祝穆《古今事文类聚》作"姑苏台下寒山寺"。这首诗虽说是千古绝唱，但其中颇多疑窦，需要作点辨析。

作者张继，新旧《唐书》无传。计有功《唐诗纪事》卷二十五"张继"条说："继字懿孙，襄州人，登天宝进士第。大历末，检校祠部员外郎，分掌财赋于洪州。"关于张继的籍贯、职官、交游、经历等，傅璇琮《唐代诗人丛考》有专文考辨。除《枫桥夜泊》外，张继另有《阊门即事》、《游灵岩》、《春申君祠》，或为同一时期所作，当在安史之乱以后，年代不可确考。

诗题《枫桥夜泊》，高仲武编《中兴间气集》作《松江夜泊》；

祝穆编《古今事文类聚前集》作《枫桥寺》。《中兴间气集》乃唐人选唐诗的重要刊本,选至德至大历间二十六家诗一百三十馀首。松江者,吴淞江古称,陆广微《吴地记》说:"松江,一名松陵,又名笠泽。"钱大昕《十驾斋养新录》卷二十"松江"条说:"唐人诗文称松江者,即今吴江县地,非今松江府也。松江首受太湖,经吴江、昆山、嘉定、青浦,至上海县,合黄浦入海,亦名吴松江。唐时未有吴江县,则松江上流为吴县南境。"松江并不流经枫桥,故既称《松江夜泊》,与今寒山寺无涉也。"枫桥寺"则是寒山寺的旧称,程师孟《游枫桥偶成》云:"晚泊枫桥寺,迎风坐一轩。好山平隔岸,流水漫过门。朱舫朝天路,青林近郭村。主人头似雪,怪我到多番。"陆游《宿枫桥》云:"七年不到枫桥寺,客枕依然半夜钟。风月未须轻感慨,巴山此去尚千重。"并见祝穆《方舆览胜·平江府》、绍定《吴郡志》、绍定《平江图》石刻等著录。

枫桥,顾祖禹《读史方舆纪要·南直六》说:"枫桥,在府西七里,《吴地记》说:'吴门三百九十桥,枫桥其最著者。'今为水陆孔道,商民错聚于此。"绍定《吴郡志·桥梁》说:"枫桥在阊门外九里,自古有名,南北客径由,未有不憩此桥而题咏者。"旧称封桥,洪武《苏州府志·桥梁》引周遵道《豹隐纪谈》:"旧作封桥。王郇公居吴时,书张继诗刻石,作'枫'字,相承至今。天平寺藏经,多唐人书背,有'封桥常住'四字朱印。知府吴潜至寺,赋诗云'借问封桥桥畔人',笔史言之,潜不肯改,信有据也。翁逢龙亦有诗,且云'寺有藏经',题'至和三年'。曹文埴写'施封桥寺',作'枫'者非。"朱长文《吴郡图经续记·寺院》也说:"近长老僧庆来住持,凡四五十年修饰完备,面山临水,可以游息。旧或误为封桥,今丞相

枫桥　摄于1930年前

王郇公顷居吴门，亲笔张继一绝于石，而'枫'字遂正。"但唐人已称枫桥，如杜牧《怀吴中冯秀才》云："长洲苑外草萧萧，却算游城岁月遥。惟有别时今不忘，暮烟疏雨过枫桥。"或唐宋时枫桥与封桥并称。枫桥之"枫"，似有别解，因此处并无枫树。王端履《重论文斋笔录》卷九说："江南临水，多植乌桕，秋叶饱霜，鲜红可爱，诗人类指为枫，不知枫生山中，性最恶湿，不能种之江畔也。此诗'江枫'二字亦未免误认耳。"俞樾重书张继诗刻石，在碑阴跋曰："唐张继《枫桥夜泊》诗，脍炙人口，惟次句'江枫渔火'四字，颇有可疑。宋龚明之《中吴纪闻》作'江村渔火'，宋人旧籍可宝也。此诗宋王郇公曾写以刻石，今不可见。明文待诏所书，亦漫漶，'江'下一字不可辨。筱石中丞属余补书，姑从今本，然'江村'古本不可没也。因作一诗附刻，以告观者：'郇公旧墨久无存，待诏残碑不可扪。

幸有中吴纪闻在，千金一字是江村。'"江村者，松江沿岸村落更切也。

寒山寺，洪武《苏州府志·寺观》说："寒山禅寺，去城西十里，旧名普明禅院，在枫桥，人或称为枫桥寺。"正德《姑苏志·寺观上》说："寒山禅寺，在阊门西十里枫桥下，旧名妙利普明塔院。宋太平兴国初，节度使孙承祐建浮图七成。嘉祐中改普明禅院。然唐人已称寒山寺矣，相传寒山、拾得尝止此，故名，然不可考也。"附会寒山、拾得之始作俑者为释道衍姚广孝，永乐十一年（1413）作《寒山寺重兴记》说："唐元和中，有寒山子者，不测人也。冠桦皮冠，著木履，被蓝缕衣，掣风掣颠，笑歌自若，来此缚茆以居。暑暍则设茗饮，济行旅之渴。挽舟之人，施以草屩，或代其挽，修持多行甚勤。寻游天台寒岩，与拾得、丰干为友，终隐入岩石而去。希迁禅师十此创建伽蓝，遂额曰'寒山寺'。"诗僧寒山，生卒年不详，据余嘉锡《四库提要辨证》卷二十"《寒山子诗集》"条推定，其先天至大历、贞元间在世，晚于张继。故文嘉《寒山寺》有云："名岂寒山得，诗曾张继留。"诗中"寒山"者，荒寒之山也，如谢灵运《入华子岗是麻源第三谷》云："南州实炎德，桂树凌寒山。"王维《辋川闲居赠裴秀才迪》云："寒山转苍翠，秋水日潺湲。"白居易《和杜录事题红叶》云："寒山十月旦，霜叶一时新。"杜牧《山行》云："远上寒山石径斜，白云深处有人家。""寒山寺"者，荒寒山中之梵刹也，如韦应物《寄恒灿》云："独寻秋草径，夜宿寒山寺。"方干《途中言事寄居远上人》云："白云晓湿寒山寺，红叶夜飞明月村。"刘言史《送僧归山》云："夜行独自寒山寺，雪径泠泠金锡声。"李流谦《再游蒋山》云："寒山寺里立斜晖，只有垂杨自在垂。"所咏均非枫桥之寺。

不管如何，到了南宋，随着张继《枫桥夜泊》影响的深入，枫桥寺才兼称寒山寺，程俱《和叶翰林阻雨枫桥》云："淹留寒山寺，河湾俯清沧。"周弼《枫桥寒山寺》云："江枫吟咏工，幽寺冷遗踪。不改前朝路，犹闻半夜钟。地凉汀月皎，村迥水烟浓。试问谁曾见，惟应独有松。"自此以后，南来北往的游人，凡过枫桥，都要去寻访，临流抒啸，信手拈来，无非是霜天钟籁。如王士禛《渔洋山人自撰年谱》卷上记顺治十八年（1661）事："是春，以例往松江谒直指，次浒墅。闻邓尉梅花盛开，遂轻舟入太湖口，自光福玄墓，留圣恩寺四宜堂，信宿而返。舟泊枫桥，过寒山寺，夜已曛黑，风雨杂遝。山人摄衣著屐，列炬登岸，径上寺门，题诗二绝而去，一时以为狂。"这两绝即《夜雨题寒山寺寄西樵礼吉》，诗云："日暮东塘正落潮，孤篷泊处雨潇潇。疏钟夜火寒山寺，记过吴枫第几桥。""枫叶萧条水驿空，离居千里怅难同。十年旧约江南梦，独听寒山半夜钟。"

建炎四年（1130），平江毁城，枫桥寺则安然无恙，孙觌《平江府枫桥普明禅院兴造记》说："建炎盗起，官肆民庐，一夕为灰烬，而枫桥寺者，距州西南六七里，枕漕河，俯官道，南北舟车所从出，而岿然独无恙，殆有数焉。"此后屡建屡毁，但香火未绝。道光时发生了一起食物中毒事件，薛福成《庸盦笔记·述异》"蕈毒一日杀百四十馀人"条说："寒山寺在姑苏城外，唐人诗已累累见之，千馀年来，为吴下一大禅院。道光年间，寺僧之老者、弱者、住持者、过客者，共一百四十馀人，忽一日尽死寺中。既已无人，乡保为之报县。县令前来相验，适一灶下养死而复苏，县令问：'诸僧今日食何物？'对曰：'食面。'县令复详询煮面之人与浇面之汤，灶下养对曰：'今日值方丈和尚生日，特设素面以供诸僧。我适见后园中有蕈二枚，紫色鲜艳，其大径尺，因撷以调羹浇面。但觉其香味鲜美异常，未及亲尝，忽然头晕倒地，不省人事。今甫醒而始知诸僧食面死矣，不知是何故也？'县令使导至后园采蕈处，则复见有蕈二枚，其大如扇，鲜艳无匹。命役摘蕈，蕈下有两大穴。县令复集夫役，持锹镢，循其穴而发掘之。丈馀以下，见有赤练蛇大小数百尾，有长至数丈者，有头大如巨碗者。盖两穴口为众蛇出入之所，蕈乃蛇之毒气所嘘，以自蔽其穴者。诸僧既皆食之，故无一生。灶下养仅嗅其香味，故幸而复苏。县令乃命储火种，发鸟枪，一举焚之，蛇之种类尽灭，而寒山寺由此亦废。"

咸丰十年（1860）兵燹，金阊十里，一炬靡遗，寒山寺圮败殆尽。叶昌炽《寒山寺志自序》说："同治辛未，先师冯林一宫允重修《苏州府志》，授简昌炽，以释道之宫见属。奉命惕若，退而搜讨文

献,咨于故实。尝棹扁舟,出游郊郭,问所谓'寒山寺'者,断甃颓垣,鞠为茂草。无论宋碑不可得,即文、唐两碣,亦沦于灌莽之中。"

光绪三十二年(1906),巡抚陈夔龙捐俸集资,拓门构堂,铸钟建楼,寺院稍具规模。至宣统三年(1911),巡抚程德全、布政使陆锺琦又募修扩建,重建大殿,构以曲廊。陆锺琦《重修寒山寺记》说:"越明年辛亥□月,全寺落成。于是殿宇庄严,水木明瑟,亭延秋月,楼对春山,霜钟应门,兰舟牵岸。凡夫层轩杰阁,曲榭回廊,因寺为园,罔不毕具。其规模之宏远,能使游观者视听一新。"邹福保《重修寒山寺记》说:"今中丞云阳程公来抚三吴,政通人和,百废俱举。公暇偶偕宛平陆方伯暨在官诸君子议葺寒山寺,不数月而工竣。金绳宝地,焕然一新,缭以长廊,间以精舍,而钟楼岿然高耸,

寒山寺　摄于1933年前后

为一寺标识。林木扶疏，以禅房而兼野趣，几为吴下精蓝之冠。"

至上世纪三四十年代，寒山寺又萧条荒寒了。

1935年的潇潇秋雨中，柯灵曾来访游，《枫桥的梦》说："我们相将跑过三重山门，一直跑过大殿，却没有遇见一位僧人，也没有进香的善男信女。殿上是炉冷香烬，让几尊不知是什么称号的佛像，寂寞地倚在壁角；有的瞪起眼睛，似乎要向我们诉苦抱怨。大殿后边的情景似更衰落。一间破屋里，除了满挂着流苏似的蛛网尘须，简直一无所有。屋前有一条走廊，环通到后面，我们依廊走去，希望万一再能发现点什么。走廊是在一个荒败的院落中间，满院子的断瓦颓垣，探头在瓦缝间的疏疏的秋草，廊上还点缀着一点人矢和兽粪。在我们默然走着的时候，正有寒蛩鸣秋，在静中唧唧作声。"

1946年暮春，有赵德厚者也来访游，《探访寒山寺》说："这是天经地义，每所寺院应该有大门的，寒山寺的大门倒了，是改在后一进，大门倒塌不知起于何时，现在看来，两边竖立着的颓垣，当中就仿佛小小的城缺口，不知又起于何时，开辟给老和尚跑警报？老鸦吱吱地在树上叫，寺内非常凋零，除中层小小的一幢大雄宝殿是光绪末年新建，和背后侧边的一座钟楼稍微粉刷外，一切厢房内室，陈破不堪，那些古碑古迹，被搥帖的人弄得油乌墨染，看去多不顺眼！原先镶在大门头上的斗大三个'寒山寺'大字，却利用在房背后砌了大山墙，令人看了，非常心酸！这就是中国的名胜！古迹！"

这位赵先生，还记下了他在钟楼里看到的一段文字，那是住持培元写给游客看的："本寺唐钟炼冶超精，云雷奇古，波砾飞动，扣之有棱，于民国初年被日人盗去，康有为先生遂有'钟声已渡海云东，冷尽寒山古寺风，勿使丰干又饶舌，化人再到不空空'之咏。此钟为日人所铸还者，窃盗经过，铸明钟身，可资证明，尚恳十方善士，护法宰官，共起追究，以保国粹。"当时抗战刚结束，国土重光，向日人的掠夺，发难追究，确乎体现了一种民族的精神。

上世纪五十年代以来，寒山寺经多次全面整修，近年又有巨钟之铸，大碑之立，纯属夸饰之举。游人慕名而来，礼佛听钟，寻幽访古，哪在乎什么巨钟大碑，反倒有点小孩穿了成人帽鞋，颠颠然，跂跂然，既不相称，又有点好笑。

叶昌炽的《寒山寺志》是一本重要文献，它对寒山寺的沿革、文物、碑石、人物等作了考述，并选录了历代碑志诗文，虽是薄薄一册，却可助游兴。

枫桥的园墅，今所知最早有北宋时的三瑞堂，主人是孝子姚淳。龚明之《中吴纪闻》卷二"姚氏三瑞堂"条说："阊门之西，有姚氏园亭，颇足雅致。姚名淳，家世业儒，东坡先生往来必憩焉。姚氏素以孝称，所居有三瑞堂，东坡尝为赋诗云：'君不见董召南，隐居行义孝且慈。天公亦恐无人知，故令鸡狗相哺儿，又令韩老为作诗。尔来三百年，名与淮水东南驰。此人世不乏，此事亦时有。枫桥三瑞皆目见，天意宛在虞鳏后。惟有此诗非昔人，君更往求无价手。'东坡未作此诗，姚以千文遗之。东坡答简云：'惠及千文，荷雅意之厚。法书固人所共好，而某方欲省缘，除长物旧有者，犹欲去之，又况复收邪？'固却而不受。此诗既作之后，姚复致香为惠。东坡于《虎丘通老简》尾云：'姚君笃善好事，其意极可嘉，然不须以物见遗。惠香八十罐，却托还之，已领其厚意，与收留无异。实为它相识所惠皆不留故也。切为多致，此恳。'予家藏三瑞堂石刻，每读至此，则叹美东坡之清德，诚不可及也。"这是一段苏轼在苏州的故事，姚淳以孝闻于里，先墓上有甘露、灵芝、麦双穗之异，故名堂曰"三瑞"，拟请苏轼品题，苏轼为之赋诗，歌咏了姚氏的孝道，但既不受千文之酬，也不受十八罐香，谢绝了姚淳的好意。这个故事，表扬了苏轼的清德。

寒山寺前有座江村桥，始建无考，清康熙四十五年（1706）里人程文焕重建。乾隆时江村桥畔有王庭魁的江村山斋，庭魁字岗龄，工诗善画，多藏名迹，因宗仰文徵明，改江村山斋为小停云馆。其婿袁廷檮，字启蕃，号渔洲，读书博涉，授例得贡生，无仕进之志，独喜为五七言诗，尝与王鸣盛等觞咏，精于鉴赏，收藏书画甚富，著有《渔洲吟草》。园归廷檮后，易名渔隐小圃。袁枚《渔隐小圃记》说："吾宗有贤曰渔洲居士，居士有园，曰渔隐小圃，在枫桥之西，袤广百弓，客之往来于吴会者，可以泛杭而至。去年予初游目，见有所谓无隐山房者，仿山谷答长老之旨，植桂甚繁；足止轩者，仅容二人膝语，甚奥；燕睇堂者，长庑重橑，可以张饮会宾，甚恢宏；列岫楼者，遮逦穹隆、灵岩诸峰，甚旷。其他，馆曰鸟催阁，曰来钟亭，曰小衡山，池曰戏荷，率皆回峰纡流，有屟屣晃漾之观。"廷檮卒于乾隆五十一年（1786），年五十一。园归其弟廷梼，江藩《汉学师承记》卷四有传："袁上舍廷梼，字又恺，一字寿阶，吴县人也，有六俊之后，为吴下望族。饶于资，筑小圃于枫江，有水石之胜。又得先世所藏五砚，为楼弆之。蓄书万卷，皆宋椠元刻、秘笈精钞，以及法书名画、金石碑板，贮于五砚楼中。又得洞庭山徐尚书健庵留植于金氏听涛阁下之红蕙，种之阶前，名其室曰红蕙山房。遇春秋佳日，招云间汪布衣墨庄、胡上香元谨、同邑纽布衣非石、顾秀才千里、戈上舍小莲为文酒之会。时钱竹汀先生主紫阳书院，王西沚先生、段大令懋堂三寓公亦时相过从。袁大令枚、王兰泉先生往来吴下，皆主其家。于是四方名流，莫不拿舟过访，诗酒流连，应接不暇。"廷梼对渔隐小圃重加修葺，园景更胜于前。据王昶《袁又恺渔隐小圃记》记载，园广约百步，有贞节堂、竹柏楼、洗砚池、梦草轩、柳沚倚、系舟、水木清华榭、五砚楼、枫江草堂、小山丛桂馆、吟晖亭、稻香廊、银藤簃、挹爽台、锦绣谷、汉学居、红蕙山房诸景，"于是春秋佳日，吴中胜流名士，复命俦啸侣无虚日，而远方贤士大夫过吴者，拿舟造访，填咽于江村桥南北。樽酒飞腾，诗卷参互，非冈龄所能逮矣"。五砚楼为主人藏书处，以藏元明间袁氏所遗五砚得名，登楼且可远眺，钱大昕《五砚楼记》说："其楼四面洞达，迥出埃壒。灵岩、天平之紫翠，望之如可摘也；支硎、法螺之钟磬，招之若相答也。前俯澄碧，旁植花竹，挹风土之清嘉，屏丝管之嘈杂，予盖尝徘徊徙倚焉，而不能去也。"廷梼卒于嘉庆十四年（1809），年四十七，留下的著作有《说文解字校录》、《红蕙山房吟稿》等。此后渔隐小圃为查氏所得，易名绉云别墅，园池渐渐荒芜，惟旧楼尚存，菜花黄时，园外一片金黄，故戏称为菜花楼。

渔隐小圃外，枫桥还有段玉裁的一枝园、顾广圻的思适斋、徐德源的劲节楼、陈莘田的养素园等，如今都早已踪影难觅了。

南宋江南是全国最大的粮仓，谚语有所谓"苏湖熟，天下足"，"苏常熟，天下足"，江南稻米，运销各地。明代中期后，江南商品经济向纵深发展，以水稻栽培为主体的农业结构发生了变化，大量耕地改种经济作物，以经济作物及其加工业为主体的新型结构，逐渐成为主业，因此江南地方由输出粮食变为输入粮食。晚明黄希宪《抚吴檄略》卷一说："吴所产之米，原不足供本地之用，若江广之米不特浙属藉以济运，即苏属亦望为续命之膏。"商品粮大量输入，使得米市兴旺，顾炎武《天下郡国利病书·江南八》以嘉定为例："县不产米，仰食四方。夏麦方熟，秋禾既登，商人载米而来者，舳舻相衔也。中人之家，朝炊夕爨，负米而入者，项背相望也。"这就在江南形成了以苏州为中心的米市，而苏州米市以枫桥为最大。郑若曾《江南经略·枫桥险要说》说："枫桥尤为商舶渊薮，上江诸郡及各省菽粟棉花大贸易咸聚焉，南北往来，停桡解维，俱在于此。"乾隆《江南通志·舆地志·关津一》说："枫关，阊门西七里，为南北冲要，地介吴、长二县，各省商米豆麦屯聚于此。"乾隆《吴县志·市镇》记苏州有四大市，大市（在乐桥）、月城市（在阊门内）、南濠市（在阊门外）和枫桥市，枫桥市"为储积米豆贩贸之总处"。枫桥米市的流通量极大，如雍正年间，湖广、江西在枫桥集散的米粮在一千万石左右，这个数量超过漕运米粮的总额。如果年景正常，湖广、江西米粮供应如常，枫桥米价也比较平稳，如果供应不足，米价就会上涨。福建、浙江仰赖枫桥米市，如果需求量增加，米价必将随之波动。因此，当时苏州流传一首民谚："探听枫桥价，买米不上当。"枫桥米市的衰落是在太平军兵燹之后，无锡取代苏州，成为江南米市的中心。

枫桥既为苏州西北门户，自是设险之地。为防御倭寇进犯，嘉靖三十六年（1557）在枫桥东堍建敌楼，防御倭寇。乾隆《吴县志·城池》说："枫桥敌楼，在枫桥堍下，方广周十三丈有奇，高三丈六尺有奇，下垒石为基，四面甃砖，中为三层，上覆以瓦，旁置多孔，发矢石铳炮。嘉靖三十六年巡按御史尚维持、知府温景葵、知县安谦建。"道光九年（1829）题名铁铃关，明年巡抚陶澍改建为文星阁，以昌文运。因年久失修，砖石剥落，杂树丛生。如今已经多次重修，游人可登眺枫江两岸的秀丽风光。

狮子山头云漠漠

狮子山，省称狮山，在古城西郊，西距金山五里，东距郡城十五里。整座山体多裸露岩石，状如蹲伏的雄狮，巍峨壮观。

狮山本名岸崿山，别作茬雄山、茬碓山、岸巅山、岸岭山、笮岭山等，"岸崿"同"岞崿"，意谓山势高峻而不平；因其坐落鹤邑墟，又称鹤阜山。袁康《越绝书·外传记吴地传》说："茬碓山，故为鹤阜山，禹游天下，引湖中柯山置之鹤阜，更名茬碓。"绍定《吴郡志·山》说："鹤阜山亦名岸崿山，世传禹治水时，令童男童女入太湖，引出此山，欲以填水，至鹤邑墟不肯进，因此以名。或云即师子山也。"

相传狮山本在太湖中，名为柯山，大禹治水，将其向东牵引，就到了现在的地方。大禹在苏州治水的传说很多，然而最具体生动的引山治水故事，却为狮山所独有。从中也可见《禹贡》导山说的神话背景，堪称是很有意思的文化载录。

此山酷似狮子，头在南而尾在北，雄踞平畴，以连绵不绝的群山为依托，巍然壮观，气势非凡。不但其形肖狮，且狮子面前有所戏之球，有所系之铃，有所牵之索。正德《姑苏志·山下》说："山右有土阜,曰铃山,左曰索山,皆以狮子名。山南顶上,有巨石二如楼,云是狮子两耳。自元以来,凿石且尽。"在狮子下巴处有一林紫竹,仿佛是狮须,《木渎小志·山》说:"狮颏下有紫竹,倒垂如须,可作扇骨及箸。"洪武《苏州府志·山》称"山上有石巷",石壁夹道,仿佛深巷一般,诚然也是狮子山的胜致。

万历二十三年(1595),袁宏道在吴县令任上,曾往一游,《崿崞》说:"余登华山,曾一过其处,巉岩怪石,摩牙怒爪,森森欲攫人,为之屏息股栗。形家言,此山与胥门相直,甚不利于郡城,诸门皆有水关浮梁,而胥独无以此。闻往时有违众作桥者,桥成,郡中士大夫废放略尽,遂相率毁桥。"这个说法很流行,以致胥门外长期不敢造桥,直到乾隆五年(1740)才起造了万年桥。

尽管狮子山有"凶煞"之说,但早在六朝,就有游踪,在唐代往

狮子山 摄于1911年前

游者更多,如白居易、张祜等人都曾尽兴而游,至明清更盛,这与处于苏州西郊名胜之中很有关系,王鏊《天平范氏坟》有云:"衰年不减登临兴,福地灵山搜欲罄。城西诸峰吾所嘉,就中尤爱天平胜。亭亭一盖倚苍冥,俨若端人人自敬。狮山奔伏象山回,支硎秦台皆退听。横山当面横作屏,背拥莲华互相映。林林万石相拄撑,倚插半天欹不定。"狮山近处有支硎塘,源出支硎山下,东流过狮山、何山间,至高攀桥,合彩云塘,其旁即北御道。凡游西郊诸胜,南来北往,或车或船,都要在此经过。清秀水人钱载《将游支硎、华山、天平诸胜,先夕系船狮子山下,风雨骤作,天明益横,不得登岸而赋长歌》咏道:"流莺呼人,暮出亚字城,径飞艓子循山行。王僚墓头松影黑,篱鷃啄崖栖鹳惊。中宵新叶,都作枯枝声,是雨非雨,乱扑篷窗棂。拥衾吹火沈沈听,溪流正急开已明。可怜溪边五里十里,不知何处好花树。推篷一片万片,朱朱白白,浮下桥门英。我所思兮,华山天池莲叶馨。支公住处,鹤亭马涧秋暑清。其南独峰模糊青,中有白云一线泉琮琤。灵岩之高,何啻三百六十丈,今者不见,但见苍烟横。我岂不能支竹伞,两脚紧系芒鞋轻。又岂不能坐待风雨歇,竹杠兜子舁双丁。天公无赖勷老生,今日独雨昨日晴。今日虽雨明日晴,已送归棹树鸠鸣。"

历代咏唱狮山,佳作不少,如徐有贞《登狮山》云:"麦黄天气爽如秋,乘兴聊为岝崿游。香径踏花来洞口,小舟送酒过溪头。横塘树色连龙坞,茂苑烟光接虎丘。绝胜竹林觞咏处,即今谁数晋风流。"缪宗俨《狮山》云:"崖口众山断,横岭何突兀。起伏势峥嵘,雄伟卓于骨。巉石抉爪牙,灌莽动毛发。惊风入松林,震若吼声发。疑参马祖禅,嘘嘘欲出窟。"归庄《登岝崿山泛月归枫桥》云:"枫江待雪雪不作，且以晴天登岸崿。舟行尽处步寒原，梅林欲花绕山脚。山巅䰟硊无林木，石磴巉绝劣容足。贾勇直上赖一筇，俯瞰翠微之佛屋。山象猛兽威棱大，蹑而跨之不跌蹉。狂夫岂是法王身，遂登半天狮子座。远近群峰列眉黛，渺渺晴空起微霭。城中城外七浮图，一一入眼无隔碍。竦身疑在虚空境，夕阳照我千寻影。月落空庭竹倍修，何况振衣在绝顶。下从坦道入招提，僧厨饭罢月渐西。同游莫愁归路遥，来时舟藏山前溪。载得斜月鼓枻去，回首青山隔烟雾。急呼斗酒解劬劳，不辞仍向枫桥去。"乾隆二十七年（1762），高宗南巡，虽未驻跸狮山，却御制《题岸崿山》云："柯峰云自具区移，卷筈牵沟尚有基。天造山川讵人力，凿哉吴语太传奇。"四十九年（1784）南巡，又御制《岸崿山咏事》云："行水犹无事，牵山岂有斯。湖深沟那凿，峰太跖奚遗。徒见石刻峭，依然树芘庥。千秋纷纪载，曾几不虚词。"可见他是不相信"牵山"神话的。

狮山东南，也就是在狮子的正前方，还有一座小山，诚如狮子所戏之球，称为球山。《木渎小志·山》说："东及南有球山、索山，皆附会狮子得名。"球山古称放山，《越绝书·外传记吴地传》说："放山者，在莋碓山南。以取其长之莋碓山下，故有乡名莋邑。吴王恶其名，内郭中，名通陵乡。"这条记载很重要，可知阖闾建吴大城时，将狮山一带纳入郭中。

球山下有思益寺，乃吴中古刹，乾隆《吴县志·僧坊二》说："思益寺，在狮山下，唐开元中有异僧胜光居此，为殊胜道场，山人祈祷思之必应，故名思益，因建大殿。"唐人张祜有《题苏州思益寺》云："四面山形断，楼台此迥临。两峰高崒屼，一水下淫渗。凿石西龛小，穿松北坞深。会当来结社，长日为僧吟。"又有《题胜上人山房》云:"清昼房廊山半开,一瓶新汲洒莓苔。古松百尺始生叶,飒飒风声天上来。"白居易也有《自思益寺次楞伽寺作》云:"朝从思益峰游后,晚到楞伽寺歇时。照水姿容虽已老,上方筋力未全衰。行逢禅客多相问,坐倚渔舟一自思。犹去悬车十五载,休官非早亦非迟。"据辛文房《唐才子传》卷四记载,"祜字承吉,南阳人,来寓姑苏。乐高尚,称处士,骚情雅思,凡知己者悉当时英杰"。其"性爱山水,多游名寺,如杭之灵隐、天竺,苏之灵岩、楞伽,常之惠山、善权,润之甘露、招隐,往往题咏唱绝"。孟棨《本事诗》说:"诗人张祜未尝识白公,白公刺苏州时,祜始来谒。"或许他们曾结伴同游狮山。

宋室南渡,有寿圣公主薨于途中,就葬在球山,并改思益寺为思忆寺。徐崧、张大纯《百城烟水》卷二说:"宋高宗南渡,值寿圣公主薨,择葬球山,因赐今名。"乾隆《吴县志·僧坊二》说:"宋高宗南渡,妹寿圣公主薨,葬山右,故又称皇妹山,敕赐思忆讲寺。"时至今日,当地人仍称球山为皇妹墩。

寿圣公主系徽宗之女,高宗之妹,但"寿圣公主"的封号存疑,在徽宗的三十四个公主中,没有一个称"寿圣公主"的。据《建炎以来系年要录》卷二十五记载,建炎三年(1129)秋七月戊寅,"恭福帝姬薨,追封隋国公主,上皇第三十四女也,薨年四岁"。同年同月的前些天在金陵也死了一位太子,应该是高宗之子,《建炎以来系年要录》同卷说:"元懿太子旉薨,太子病未瘳,有鼎置于地,宫人误蹴之,扑地有声,太子即惊搐不止。上命斩宫人于庑下。少顷,太子薨,年三岁,诏辍五日朝,殡金陵之佛寺。"南渡之时,宫辇一片乱纷纷,过得江来未能喘息,即使是太子、公主之薨,也只能草草。太子殡金陵之寺,公主即殡平江之寺,就时间路程来说,也是说得通的，至于旧志何以将恭福帝姬，也就是隋国公主讹为"寿圣公主"，已不可考了。

思忆寺以后的情形，方志略有记述。《百城烟水》卷二说："元季寺毁。洪武间彻庵智、宣德间定峰勒重建，有郑雍言碑。后废归王氏，复请圣胤、松山、启云诸师驻锡。清乙酉灵白桢公（启云之徒，云栖履公长嗣）继住重建。（自戊子至今，殿庐像设，事事毕举。金太傅题方丈为座云堂。事详余《梵刹记略》）"乾隆《吴县志·僧坊二》说："元僧彻庵建观音大殿，铸铜钟。明嘉靖间，申文定公时行诸生时读书于此，及抡大魁，造大殿，手书'佛指分狮'额。本朝康熙八年重修。"康熙四十四年（1705）圣祖赐"法音寺"三字匾额。

狮山之南有落星泾，落星即陨星。《越绝书·外传记吴地传》说："莋碓山南有大石，古者名为坠星，去县二十里。"乾隆《吴县志·水》说："自香水溪分派，绕出西山而东为上沙，水其北流为落星泾，东流为沙泾。"落星泾是乘船游览狮山的主要水道。

吴王僚是葬在狮山的，陆广微《吴地记》说："岸峉山在吴县西十二里，吴王僚葬此山中。"吴王僚，姬姓，一名州于，吴王馀眛之子，而公子光，则是吴王诸樊之子。据《史记·吴太伯世家》记载，公子光以为"吾父兄弟四人，当传至季子。季子即不受国，光父先立。即不受季子，光当立"。于是暗暗招纳智勇之士，包括刺客专诸等，准备篡位。"四月丙子，光伏甲士于窟室，而谒王僚饮。王僚使兵陈于道，自王宫至光家，门阶户席，皆王僚之亲也。人夹持铍。公子光详（佯）为足疾，入于窟室，使专诸置匕首，于炙鱼之中以进食。手匕首刺王僚，铍交于匈（胸），遂弑王僚。公子光竟代立为王，是为吴王阖庐。"僚被刺是在鲁昭公二十八年（前514年），死后便葬于狮山。因为阖闾葬在虎丘,僚对阖闾自然十分仇恨的,苏州有谚语"狮子回头望虎丘",确乎大有深意。相传吴王僚墓在山之西,近人范君博《枫桥杂咏》云:"岸崿山西展古坟,残碑尺五卧斜曛。摩挲旧字虫沙劫,一剑如何竟及君。"在范君博生活的年代,或许还见到过墓前残存的碑碣,但这碑碣,当然也是好事者弄出来的。

1926年,李根源访游狮山,《吴郡西山访古记》卷二说:"由是登岸崿山绝顶,俗名狮子山。去夏偕松滋韩君达斋玉辰、族兄希白学诗、同里杨君美周大华、昭通辛生丞贵、昆明张生卓元登此,达斋有登岸崿绝顶放歌百韵。今余山巅独踞,有怀故人,能无怅惘。下至祖师殿,即旧石佛寺,有咸丰七年香炉一,殿后道光十七年洗心泉摩崖。下至法音寺,即古思忆寺,访吴王僚墓,寺虽颓败,大丛林基址尚在也,照墙砖刻湘舟顾沅书'宏畅宗风'四字。吴王僚墓在寺之何处不可得,亦无从访证。又登球山,访宋高宗妹寿圣公主墓,无迹可寻。"

晚近狮山有一桩胜事,就是光绪二十九年(1903)的"招国魂"。范烟桥《茶烟歇》"狮子山招国魂"条说:"清光绪二十九年十月朔,关中梁柚隐,吴中杨韫玉、朱梁任、包天笑等若干人,登苏州郊外狮子山,为诗文以招国魂。其事甚密,而当时文人革命思想之活跃,此见其端。朱梁任先生最激烈,书年曰'共和纪元第四十六癸卯十月辛亥朔',而署名曰'黄帝之曾曾小子',诗曰:'维有胡儿登大宝,岂无英雄复中原。今朝灌酒狮山顶,要洗腥膻宿世冤。'"包天笑记得更详细,《钏影楼回忆录·吴中公学社》说:"有一天,朱梁任忽然发起要到苏州郊外狮子山去招国魂。这种玩意儿,现在想想,也大有痴意。我问:'何以要到狮子山呢?'他说:'我们中国是睡狮,到此时候,睡狮也应该醒了。'偏偏祝心渊、王薇伯等都附和他,还拉了我和苏曼殊,我当时也是好动不好静的人,曼殊是无可无不可的。这种事有几位老先生,真以为我们发痴了。于是由梁任去雇了一条小快船,因为在苏州作郊游,并无车马,总是要坐船的,还由他备了一些祭品,到狮子山去了。记得那时候,重阳已过,正是九月中,一路黄花红叶,秋色漫烂,久居城市中的人,身心为之一畅。爬上狮子山的山巅,扯了一面'招我国魂'的红旗。朱梁任还带了一枝后膛枪(因他的父亲是个武举人,实在当时家藏枪械也不禁的),向北开放了一声巨响,引得狮子山下的乡下人,莫名其妙,以为洋鬼子又来打猎了。这天,只有朱梁任最严肃,我们不免都带有一些游戏态度。我当时还做了几首《招国魂歌》,在狮子山头,同人大声歌唱。"

据范烟桥说,那招魂幡"为一白布,上绘雄师狰狞状,意谓睡狮已醒,将一吼惊人也"。包天笑说是一面红旗,上有"招我国魂"四字。王西野《朱梁任和狮子山招国魂》则说,那招魂幡是一条镶白边的黑布,大书"魂兮归来"四字,并绘有一头狰狞雄狮,1937年在可园举办的吴中文献展览会上展出过。

揽胜何山缅古情

何山在狮山北,正德《姑苏志·山下》说:"何山在狮山北一里,其地旧名鹤邑墟,故山名鹤阜山。"《越绝书》、《吴郡志》都将狮山称鹤阜山,怎么何山也称鹤阜山?其实并没有错,因为两山相距很近,都在鹤邑墟的范围内,鹤阜山的概念,包括这两座山。六朝后期至初唐,将这座小山题名何山,有两个说法,一是说何楷曾读书于此,后舍宅为寺;一是说何求、何点兄弟葬于此地,都是因何姓得名的。

何楷,晋吴兴人。廖用贤《尚友录》卷七说:"吴郡城南何山,以楷尝读书于此,后为吴郡太守,因以其姓名山。"何山在城西,不在城南。相传何楷舍宅为寺,即所谓宣化寺,叶梦得《避暑录话》卷上说:"镇江招隐寺,戴颙宅;平江虎丘云岩寺,王珣宅;今何山宣化寺,何楷宅。既皆为寺,犹可仿佛其处。何山无甚可爱,浅狭仅在路旁,无岩洞,有岩出寺在西北隅,然亦不甚壮观。招隐虽狭而山稍曲幽邃,有虎跑、鹿跑两泉,略如何山皆不能为流,惟虎丘最奇,盖何山不如招隐,招隐不如虎丘。平江比数经乱兵破残,独虎丘幸在。"一说何山在浙江乌程县南十里,即何口山,《太平寰宇记·江南东道·湖州》

说：" 昔曰何山，亦曰金盖山，晋何楷居之，修儒业。楷后为吴兴太守，改金盖为何山。" 宋人汪藻《何氏书堂记》说："吴兴环城皆水，独西南冈岭相属十馀里，而得浮图氏之居二焉，东曰道场，西曰何山。何山立于宋元嘉中，道场近出于唐末五季之初。"又说："寺有《何氏书堂图记》，相承以何氏为晋何楷，楷尝读书此山，后为吴兴太守，以其居为寺，而名其山。颜鲁公书《杼山碑》亦曰：'寺西南有何楷钓台。'则楷尝居此山无疑。然楷之姓名，于晋史无所见，惟《宋书》言何子平曾祖楷为晋侍中而已。"由此看来，苏州何山得名于何楷，恐亦非是。

苏州何山之得名，应该还是由于何求、何点，正德《姑苏志·山下》说："因梁隐士何求、何点葬此，改今名。其坡有资福寺。"其实还可以追溯得更早一点，《太平寰宇记·江南东道三·苏州》说："在岧崿山东一里有晋司空何充墓。"《吴郡图经续记·事志》说："晋何求字子有，弟点字子皙，嗣字子季，简穆公尚之孙也。何氏过江，自晋司空充并葬吴西山。"何嗣原名胤，因避太祖赵匡胤讳改。

何充字次道，庐江人，王导妻姐之子，明帝庾皇后的妹夫。初辟大将军王敦掾，因忤王敦，左迁东海王文学。成帝即位，迁给事黄门侍郎。苏峻反，东奔勤王，封乡都侯，出为会稽内史，有德政，后与庾冰同参录尚书事。康帝立，出领徐州刺史。穆帝即位，辅助幼主。居宰相，以社稷为己任。何充正直敢言，选用人才以功臣为先，不以私恩树亲党。但他性好释典，崇修佛寺，被世人讥讽。何充之卒在永和二年（346），就葬在狮山之东，后来那里就成了庐江何氏的祖茔，久而久之，才有了何山这地名。

何求、何点、何胤三兄弟，《南齐书》、《梁书》有传。恕不赘录。

《苏州山水全图卷·何山》　明沈周绘

引录朱长文《吴郡图经续记·事志》的记载，颇侧重他们在吴中的事迹："求，除中书郎不拜，隐居吴之波若寺，足不逾户，人罕见其面，后隐武丘山。齐永明四年拜太中大夫，不就，卒。点，不入城府，性率到，好狎人物，遨游人间，不簪不带，以人地并高，无所与屈，大言踸踔，公卿礼下之。或乘柴车，草屦恣心所适，致醉而归。累召中书侍郎、太子中庶子，不就。点少时尝病渴利，后在吴中石佛寺建讲，于讲所昼寝，梦一道人，形貌非常，授丸一掬，梦中服之，自此而差。梁武帝与点有旧，赐以鹿皮巾并召之，点以巾褐引入华林园，帝赠诗酒，仍诏拜侍中，辞疾不起。子季以会稽山多灵异，往游焉，居若邪山云门寺。初，子季二兄求、点并栖遁，求先卒，至是子季又隐。世以点为'大山'，子季为'小山'，亦号曰东山兄弟。又谓点为

'孝隐'，子季为'小隐'，世号何氏三高。子季年七十馀，乃移还吴，居武丘山西寺，讲经论，东境守宰经涂者，莫不毕至。梁武帝诏为特进不起，给白衣尚书禄固辞不受，卒年八十六。"

这何氏三兄弟，虽然人生道路有所不同，但克终皆隐。他们之所以归隐，家庭悲剧是一个重要原因。他们的父亲何铄，曾官宜都太守，但患有精神病，在一次发病时，将妻子也是三兄弟的母亲王氏杀了，根据当时的法律，何铄被处死。这事给三兄弟心灵里留下了深深的创伤，改变了他们的人生观念，因此先后走向山林寺院，在那里寄托自己的理想和感情。

何胤葬在何处，史无所记，何求、何点是葬在何山的。明人皇甫汸《和伯氏过何山怀二何之作》云："灵山征往迹，居士葬何年。哀壑苍烟断，空林落日悬。禅关二隐地，花路五云天。共尽悲十古，凄凉夜鹤旋。"诗中提到的寺院，时称资福寺，在何山之坡，一度香火颇盛，但在明末已颓败几尽。徐崧《过何山资福禅院》云："尽说何山寺，谁知资福门。残僧多菜色，古路入云根。瓦砾香台圮，藤萝乱木昏。双碑犹在壁，风雨剥苔痕。"

当时葬在何山一带的，并不仅是庐江何氏一族。经田野考古发现，这里是两晋墓葬集中的地方。其中之一，即为傅玄家族，出土了不少有价值的文物。如有两件谷仓罐，通高都约半米左右，一件是青瓷百戏纪年谷仓罐，年代为西晋元康二年（292），它的盖部为似一庄园式建筑，有阙门和门屋，口沿周有小罐四个，罐肩塑人像二十个，分别作吹管、抚阮、弹琵琶、奏琴、吹笙、耍球、舞蹈等状，罐腹有朱雀、仙人骑神兽、鱼、羊、狗、马、鹿等，均为贴塑，也有模印人物间杂其中，在肩部堆塑中有龟趺驮碑一座，上刻纪年铭文"元康二年润月十九日超会稽"；另一件是青瓷人物楼阁谷仓罐，年代为西晋元康五年（295），它的顶盖作重檐楼阁状，屋角卷翘，屋面饰以划纹，代表瓦楞，楼四周有花窗院墙，四周有龙形吻首各一，口沿圆润，沿外口对称有小罐四，并塑檐屋两座，肩部有佛像八尊，头戴帕结，身披袈裟，双手合抱，下坐莲花蒲团，这件谷仓罐为佛教在江南的流播，提供了物证。

1966年，何山下发现局部暴露的四座六朝墓葬。其中一座较大，甬道、墓门、墓室基本安好，墓室为穹窿顶，顶部最高处距墓底平面约三米，显得较为宽敞，两侧有壁龛，墓砖中间隔砌纪年砖，上有"晋太元十二年"铭文。在这座墓里，先后出土大型青瓷壶一件，体形规整，釉色晶莹，堪称精品；铁镜一件，纹饰已模糊不清；铜镜一件，纹饰为变形四神，内圈饰灵龟形，周边为水浪纹；青瓷盘口唾盂一件，宽可盈握，造型规整，釉色嫩绿，十分精美；垂权形六面铜印一枚，分镌"张田夫"、"臣金期"、"臣田夫"、"白记"等字样，其他尚有青瓷钵及铜钉数十枚，经考证，墓主为吴地望族张氏。与此墓毗邻，又有另一座晋墓，可能为同族集葬，有青瓷三足砚、青瓷小盏、褐釉盏、铜印章等出土，最为珍奇的是一对滑石猪，作匍匐状，玲珑可爱，刻工圆熟简洁，属当时民间工艺品的代表作。根据纪年砖铭文，可以确定两墓为东晋孝武帝司马曜时先后入葬，距今已有一千六百多年的历史。

然而何山作为墓葬吉地的历史，并不始于东晋。1980年，在何山西南麓的缓坡上，发现东周墓出土文物，分布在东西宽五米，南北长八米，距地表约二米的同一平面上。出土青铜器三十三件、陶瓷器两件，为同一墓葬内的随葬品。这批青铜器的一部分，与苏州城东北出土的鼎、六合程桥东周墓出土的戈等相一致,具有明显的吴国器物特征,时代属春秋晚期;另一部分则造型精美,与安徽寿县蔡侯墓、长沙浏城桥一号墓、河南淅川下寺墓出土的青铜器相一致,还有铭文佐证,可以肯定为春秋晚期的楚器。铜盉在吴地从未有过出土,此次发现两件,一件铜盉形制为直口,斜腹,曲尺形足,饰蟠螭纹,器身满饰精细、对称的蟠螭纹样,均配有兽面纹膝蹄足,象鼻式器把手或兽头形器流等,造型古朴庄重。另一件提梁盉,扁鼓形腹、兽面膝蹄足,夔龙形提梁,前带夔龙首流,后设夔龙尾饰把,周身密布蟠螭纹,精细而匀称,盉肩部有篆文铭书一行八字,"楚叔之孙途为之盉",铭文中的"途"为人名,与芳子冯同出楚王族,为王室成员。因此这件提梁盉,正是"吴人郢都"的历史见证。何山墓中的随葬品,兵器占了总数的百分之六十以上,可见墓主一定是军人,这些楚器或许便是掠回的战利品,生前使用,死后随葬。因此,何山东周墓出土文物的发现,为研究吴楚历史提供了实物佐证。

旧时何山有迎神赛会,称何山会。顾颉刚《苏州史志笔记·神祠》"张天师与祀典"条引王伯祥语:"此地迎神赛会曰何山会,仪式甚盛。原与七子山、高景山同为女巫肆乱之所。后来恐被查封,乃请于张天师,加入祀典。其神曰何太文,曾代理都城隍。自此之后,不为淫祀矣。"何山会起先也属淫祀,为了躲避查禁,请出张道陵来,这就改变了何山会的性质,成了天师道宗教活动的道场,虽然也以符箓驱鬼治病为手段,但就不能禁止了。

大吴胜壤说虎丘

虎丘在天下山水名胜中,确是个异数。

它坐落苏州城外西北隅,海拔仅三十四点三米,方圆不到十九公顷,真渺乎小哉,范成大《吴郡志·虎丘》就说:"遥望平田中一小丘。"但自古以来,虎丘声名卓绝,不但誉为"吴中第一名胜",且推崇为天下名山之一,就以图绘来说,如明万历三十七年(1609)夷白堂刻本《新镌海内奇观》、崇祯六年(1633)墨绘斋摹刻本《天下名山胜概记》、光绪二十一年(1895)沈氏石印本《天下名山图咏》等,都有虎丘之图。坊刻图绘的流传,正反映了它在民间的广泛影响。

一座小丘能跻身天下名山之列,自然是有原因的。

首先,虎丘的自然风光独绝,虽突兀平壤,旁无延伸,却能环顾远眺;虽不高峻,却曲折幽深,树木葱郁,池涧错置。朱长文《虎丘唱和题辞》说:"虎丘之景,盖有三绝。望山之形不越冈陵,而登之者见层峰峭壁,势足千仞,一绝也;近临郭郛,蠱起原隰,旁无连属,万景都会,西联穹窿,北亘海虞,震湖沧洲,云气出没,廓然四顾,指掌千里,二绝也;剑池泓渟,彻海浸云,不盈不虚,终古湛湛,三绝也。"虎丘不但有"三绝",还有"九宜",李流芳《江南卧游册题词》说:"虎丘宜月,宜雪,宜雨,宜烟,宜春晓,宜夏夜,宜秋爽,宜落木,宜夕阳,无所不宜,而独不宜于游人杂沓之时。"这"三绝"和"九宜"说的都是自然之美。

其次,虎丘的人文遗迹丰富,自春秋吴国直至晚近,层层累积,构成独特的历史文化背景。若说帝王踪迹,有吴王阖闾、秦始皇、吴主孙权、清圣祖玄烨、清高宗弘历;若说佛门往事,有王氏舍宅,生公说法,宗顺开山,隆祖兴复,山寺废兴无常,而灯灯相传不替;若说风流艳史,唐有真娘,宋有徐兰,至明末清初更有卞玉京、董小宛、陈圆圆、沙嫩儿;若说文人渊薮,或寄寓,或经由,或宴集,或登临,贞珉翠墨,琳琅满目,诗文书画,汗牛充栋。故朱长文在"三绝"之后又补充了几句:"兼是绝景,冠以浮屠,僧舍精庐,重楼飞阁,埼礒崚嶒,梯岩架壑,东南之胜,罕出其右。故自晋唐至于圣

朝,儒先文士,宗工逸客,风什相继。"

第三,就是它的地理位置,谢肇淛《五石组·地部二》说:"山川须生得其地,若在穷乡僻壤、轮蹄绝迹之处,埋没不称者多矣。如姑苏之虎丘、邹之大峄,培塿何足言?而地当舟车之会,遂令游咏赞赏,千载不绝,岂亦有幸不幸耶。"苏州自古繁华,其西北阊门内外,被《红楼梦》第一回称为"红尘中一二等富贵风流之地",由阊门迤逦七里山塘,就到虎丘山下。因此,虎丘是最近郡城的一处名胜,游屐密迩,也就是当然的事了。袁宏道《虎丘》就说:"虎丘去城可七八里,其山无高岩邃壑,独以近城故,箫鼓楼船,无日无之。凡月之夜,花之晨,雪之夕,游人往来,纷错如织。"一年四季,游人云集,熙来攘往。不仅如此,但凡文人雅集、官绅祖饯、社团集会、艺人献技,莫不选址于此。

正由于这个缘故,虎丘虽是蕞尔之地、培塿之区,却成为数得上

虎丘全景　摄于上世纪三十年代

的天下名胜所在。

虎丘突兀平畴,景象很是奇特,张恨水《湖山怀旧录》就说:"此山之所以奇,在平畴十里,突拥巨阜,山脉所自,乃不可寻。"苏州西南诸山均属天目山馀脉,而虎丘却不同,据地质研究,这是一亿四千万年前的中生代侏罗纪后期"燕山运动"所形成的火成岩。苏州的火成岩山丘,除虎丘外,还有狮山、何山、真山等,山体都不大。火成岩复经海水冲刷,就成了流纹岩,如虎丘的千人石、点头石、试剑石都是其典型。在此后的一亿多年中,今苏州一带又经多次海侵、海退的变迁,最后稳定为滨海陆地。到上古时代,当先民见到这座小山时,它正处于海边,仿佛是给波浪推到岸边的,因此称它海涌山。

海涌山既由火成岩构成,又经海水的冲刷和风雨的剥蚀,就呈现石骨嶙峋的山貌,之后植物在山体自然生长,久而久之,迟在春秋后期,就形成岩壑相间、石林交织、山低林密,鸟栖兽藏的风貌。

吴王阖闾在时,海涌山一带已为王陵区。《越绝书外传记·吴地传》说:"阖庐子女冢,在阊门外道北。"《太平御览·礼仪部·冢墓四》引《吴地志》:"阊门外女坟者,吴王阖闾女墓,乃以文石为椁,藏金玉珍玩,以人从死。高坟深池,池水成湖,故名曰女坟。"阖闾夫人墓亦当在此,任昉《述异记》卷上说:"阖闾夫人墓,中周回八里,别馆洞房,迤逦相属,漆灯照烂,如日月焉。尤异者,金蚕玉燕各千馀双。"

鲁哀公九年(前486),阖闾率军攻越,兵败欈李,受重伤而亡。太子夫差继位后,就为父王营造陵墓。《越绝书·外传记吴地传》说:"阖闾冢,在阊门外,名虎丘。下池广六十步,水深丈五尺。铜椁三重。汞池六尺。玉凫之流、扁诸之剑三千，方圜之口三千。盘郢、鱼肠之剑在焉。十万人治之。取土临湖口。葬三日，白虎居上，故号虎丘。"可见阖闾冢四周皆深池，再有一池水银以防腐，套在棺外的铜椁有三重，规制很高了。墓室的情况不得而知，《述异记》卷上记墓中有石铭曰："吴王之夜室也。呜呼！平吾君王，弃吾之邦，迁于重岗，维岗之阳，吾王之邦。"当然这是谁也不知道的事。春秋侯王的墓葬都是凿山为穴，下葬后堆土。夫差为把虎丘整成巨大的坟山，对山体作了伤筋动骨的破坏。顾苓《赠虎丘子旅上人序》说："吴王夫差凿其巅，锢三泉，而封干将、镆邪于其下。"早先的虎丘要比现在高一点，山巅有峰石矗立，但让夫差给铲削了。

至于阖闾葬后三日，有白虎蹲踞其上，白虎从何而来？《吴地记》引《吴越春秋》："金精化为白虎。"这是说由于随葬了大量金银器和宝剑，墓穴封闭后，金气上扬，幻形为白虎。从科学观点来看，这自然是妄说，想来也是夫差他们编排出来，有意散布的，因为阖闾厚葬，地宫多宝物，为防盗墓，编个有虎守墓的神话出来，可以起震慑作用。

当吴国之世，虎丘一带不许樵牧，不供游观。吴国灭亡后，那里更冷僻，人烟稀少。由于长时期的风雨剥蚀，被封土埋没的山岩重又裸露，有的地方被雨水冲成沟壑和溪涧，再加上野生植物遍山滋长，又恢复了自然山体的面貌。到了东晋咸安初，有王珣、王珉兄弟来山下建造别墅，此距阖闾落葬已八百多年了。

王珣，字元琳，小字法护，琅琊临沂人，乃丞相王导之孙，吴国内史王洽之子，谢安侄女婿，王羲之从侄。大司马桓温辟为主薄，从讨袁真，封望海县东亭侯。隆安元年（397）进尚书令，加散骑常侍。卒赠司徒，谥献穆。其工书法，传世有《伯远帖》，今藏北京故宫博物院。

王珉，字季琰，小字僧弥。初辟州主簿，历官至侍中，代王献之为长兼中书令，世称献之为大令，其为小令。卒后，追赠太常。时人有"法护非不佳，僧弥难为兄"之语，才名过其兄，工行书，所作《此年帖》、《十八日帖》、《何如帖》等刻入《淳化阁法帖》。

王氏兄弟当时住在城内日华里，即今景德路一带。由于东晋私家造园已渐成风气，故就择地虎丘各造一个别墅。王珣造在东南的东山浜，王珉造在西北的后山，两家隔山而居，往来要绕山乘船。王珣还在山巅造了一座琴台，王劭《舍利感应记》说："苏州于虎丘山寺起塔，其地是晋司徒王珣琴台。"王珉则在今大殿前栽了一株杉树，《吴郡志·古迹》说："虎丘寺古杉在殿前，相传为晋王珉所植，唐末犹在，形状甚怪，不可图画。"当时虎丘的情形，王珣《虎丘山记》说："山大势，四面周岭，南则是山径，两边壁立，交林上合。蹊路下通，升降窈窕，亦不卒至。"可知山上林木茂密，山道高低曲折，保持了原始生态。

在王氏兄弟营建别墅之前，已有西域僧人在那里从事佛教传播活动。据《虎阜志·名迹一》记载，生公池东南有翻经台，晋梵僧于此重译《法华经》。翻经台西有罗汉台，晋有罗汉于此受戒。罗汉台南有池钵池，相传罗汉翻经时洗钵于此。只是他们的影响不大，法名失传，仅留下一点遗迹而已。当时佛教在江南已很兴盛，寺院也陆续建造起来，而舍宅为寺是当时流行的风气，被认为是大功德。两兄弟的父亲王洽就是虔诚的佛教徒，《广弘明集》就收录他的一通《与林法师书》，王珣小字法护，王珉小字僧弥，可知他们家族是信仰佛教的。

在舍宅为寺的流风下，两兄弟将他们在虎丘的别墅连同日华里的宅邸都施舍给佛门。

两兄弟舍宅是在哪年呢？陆广微《吴地记》、朱长文《吴郡图经续记》、范成大《吴郡志》等均说是咸和二年（327），元人高德基《平江记事》更明确说是"东晋成帝咸和二年二月二十五日"。事实并非如此，咸和二年，王洽年仅五岁，何来两兄弟舍宅之事？疑是"咸安二年"之误。咸安二年（372），王珣二十三岁，王珉二十岁，才有舍宅的可能性。据《佛祖历代通载》卷六记载，"戊辰，王珣与弟珉舍宅为寺，今虎丘是也"。"戊辰"乃太和三年（368），也有这个可能。

王氏兄弟一东一西两处别墅，分别改建为两座寺院，合称虎丘寺，也称东西虎丘寺。建寺不久，西域沙门僧迦提婆就来讲经和译经，《开元释教录》卷三说："时尚书令卫军东亭侯琅琊王珣，雅有信慧，荷持正法，建立精舍，广招学众。提婆既至，珣即延请，仍于其舍讲《阿毗昙》，名僧毕集。提婆宗致既精，词旨明析，振发义奥，众咸悦悟。其冬，珣集义学沙门释慧持等四十馀人，更请提婆于是寺，译中增二阿含，罽宾沙门僧伽罗义执梵本，提婆翻为晋言，至来夏方讫。"这应该是虎丘寺较早有影响的佛事活动。当时，虎丘寺还有西域僧人支昙籥，据《法苑珠林·呗赞篇·音乐部》记载，支昙籥是月支国音乐家，他将佛经编成六言歌词来唱，对民间的佛教传播起了很大作用。

当时，王氏兄弟十分敬重名僧道壹，延请他为虎丘寺住持。道壹是竺法汰高徒，随师姓竺，贞正有学业而晦迹隐智，隆安中病卒，院中事务由其弟子道宝料理。道壹有师弟道生，人称生公，乃佛教史上有名的高僧,鸠摩罗什门下有"四圣"、"十哲",他都在列。这里只说他与虎丘的关系。义熙五年(409),他至建康,住青园寺,当时凉译大本《涅槃》尚未传到南方,只有六卷《泥洹》先于义熙十四年(418)在建康译出,其中说除一阐提皆有佛性,"一阐提"指不信佛、无善根者。道生分析经文义理后,提出"一阐提人皆得成佛",旧学大众以为他违背经说,将他摈出僧众,于是遂至吴郡。相传他在虎丘聚石为徒,讲《涅槃经》,说到一阐提有佛性,群石皆为点头。直到元嘉七年(430),大本《涅槃》传到建业,其中果然说"一阐提人有佛性",与他先前的主张完全相合,大众才佩服他的卓越见识。

南朝的虎丘,仍以自然风光著称,王珣之孙王僧虔《吴地记》说:"虎丘山绝岩耸壑,茂林深篁,为江左丘壑之表。吴兴太守褚渊昔尝述职,路经吴境,淹留数日,登览不足,乃叹曰:'今之所称,多过其实,今观虎丘,逾于所闻。'"虽然赞誉虎丘的人很多,但都难尽其妙。当时虎丘的生态环境良好,野生动物很多。据《南史·何胤传》记载,萧梁时,何胤在西寺讲经论学,"有虞人逐鹿,鹿径来趋胤,伏而不动。又有异鸟如鹤红色,集讲堂,驯狎如家禽"。

萧梁是江南佛教大发展时期,武帝崇信佛教,在境内大造佛寺,"南朝四百八十寺"的盛况,就在那时形成的。在这样的大背景下,虎丘寺也发生了大变化。当时东寺住持是僧若,西寺住持是僧旻,两位都精于佛学,又善讲经,深受朝廷和地方人士的尊重。他们开始沿着山麓扩建寺宇僧寮,东寺向西、向北扩展,西寺向东、向南扩展,逐渐形成了"寺里藏山"的格局。高德基《平江记事》追述当时景象说："山在寺中，门垣环绕，包罗胜概，先入寺门，而后登山。故张籍有诗云：'老僧只怕山移去，日暮先教锁寺门。'后人有诗云：'出城先见塔，入寺始登山。'僧志闲亦云：'中原山寺几多般，未见将山寺里安。'盖以天下名山胜刹，皆山藏寺，虎丘乃寺里登山，海内福地，未尝有也。"

梁陈之际，虎丘山上出现了最早的塔，张正见《从永阳王游虎丘山》有云："远看银台竦，洞塔耀山庄。"江总《庚寅年二月十二日游虎丘山精舍》亦云："贝塔涵流动，花台偏领芬。"至于起造岁月、建筑形制等都无从考证，从中国佛塔建筑史来看，六朝塔大多为方形楼阁式木塔，以三层高为最常见。由于虎丘独立平野，遥遥就能望见，起着重要的地标作用，建了塔就更显著了，且成了苏州的一个象征，故剥蚀了要修复，毁废了要重建。

六朝文人已将虎丘作为诗酒文会之地，据《南史·顾越传》记载，顾越一度栖隐于虎丘，"与吴兴沈炯、同郡张种、会稽孔奂等，每为文会"。他们留下的诗文，对推广虎丘在全国的影响有很大作用。如顾野王《虎丘山序》说："若兹山者，高不概云，深无藏影，卑非培塿，浅异棘林。秀壁数寻，被杜兰与苔藓；椿枝十仞，挂藤葛与悬萝。曲涧潺湲，修篁荫映。路若绝而复通，石将颓而更缀。抑巨丽之名山，信大吴之胜壤。"这个评价流播深远。

隋开皇九年（589），隋灭陈，江山一统。次年，江南发生动乱，文帝命越国公杨素率大军征讨。平乱前后，杨素放弃苏州古城，在横山之东另建新城。虎丘距新城二十多里，水道间之，没有直达的交通线，就开始冷落起来了，且山寺遭到破坏，山上的木塔也被烧毁了。恢复之初，有高僧智聚住持东寺，人称其为"释门之瑚琏"，山上的

虎丘断梁殿　摄于 1920 年

塔重又建造起来了。时值文帝为母庆寿，诏天下建舍利塔，分三次共一百十三座，第一次在仁寿元年（601），长安及三十州建塔三十一座，苏州置塔于虎丘寺，塔基在王珣琴台故址。据刘敦桢、张驭寰等考证，这批大隋舍利塔统一设计，均为方型楼阁式木塔，高仅三层，体量不大。

隋唐之际，虎丘寺还有一位高僧智琰，八岁出家，遍历名刹，陈亡，归虎丘，面岩壑者三十载，杨素、苏威皆尝驻节山中，接其绪论，炀帝镇维扬，具币招致。因避兵，迁徙不常。唐武德七年（624），苏州总管李世嘉迎还山寺，月月举行法会，每次有五百多名信徒参加，直至贞观八年（634）圆寂。由于智琰的努力，虎丘寺开始兴旺起来。

唐代虎丘出现了不少新景观，元和四年（809），李翱来游虎丘，

《南来录》说："息足千人石，窥剑池，宿望海楼，观走砌石。"望海楼在剑池上，走砌石是从千人石上山的石阶。另有剑池西南的陆羽井，今山街尽头的真娘墓。前来游赏、雅集、宴饮的人更多了。如李白来过，留下一篇《虎丘山夜宴序》。杜甫也来过，《壮游》有云："王谢风流远，阖闾丘墓荒。剑池石壁仄，长洲芰荷香。"还出现了一位扑朔迷离的人物清远道士，考其事迹，当是玄宗时人，自作《同沈恭子游虎丘》，称"余本长殷周，遭罗历秦汉"，如此说来，他至唐已两千岁，但颜真卿信矣，将他的诗刻在虎丘崖壁上，还和了一首，后来皮日休、陆龟蒙等也有和诗。养鹤涧、炼丹井、回仙径三处，都是后人附会的清远道士遗迹。

德宗以后，有将虎丘改作"武丘"之举，说是为避高祖李渊祖父李虎的讳，然而有改有不改，并不统一。戴易《虎丘表忠补序》对此作了考证，认为唐代避皇帝名讳，缺笔少划就可以了，李虎不是皇帝，没有避讳的资格，因此执行起来也就并不严格。还有将虎丘改作"兽丘"的，归有光《与沈敬甫书》说："兽丘即虎丘，唐讳，亦云武丘也。"顾炎武《日知录》卷二十六提到《梁书》时说："书中亦有避唐讳者，《顾协传》以虎丘山为武丘山，《何点传》则为兽丘山。"这是一个关于避讳的有趣故事。

宝历元年（825），白居易来任苏州刺史，前后写下许多赞美苏州的诗。他尤其欣赏虎丘，常去游览，《夜游西武丘寺八韵》有云："领郡时将久，游山数几何。一年十二度，非少亦非多。"因为常去，就发现了一个交通问题，从阊门到虎丘，阡陌纵横，都是田野、泥路和沼泽，即使到了虎丘，从东寺到西寺，也要坐船。李翱《南来录》就说过，他住东寺，想去西寺，因"水涸，舟不通，无马道，不果游"。

因此，白居易上任不久，就开始修筑从今山塘桥至西山庙桥这段塘路，水陆并行，时称武丘寺路，即今之山塘。他还沿堤栽种花木，并在河道宽阔处种植莲荷，美化环境。这项工程完成后，就成为阊门外到虎丘的必由之路。白居易不但修筑了塘路，还环绕虎丘开河，后人称"环山溪"。隆庆《长洲县志·山部》说："公又缘山麓凿水四周，溪流映带，别成仙岛，沧波缓溯，翠岭徐攀，尽登临之丽瞩矣。"这就是虎丘的东溪、西溪、后溪，与南面的山塘连接，就圈定了虎丘的四至界限，同时舟楫可得以周游，方便了全山的交通。

会昌五年（845），好道术的武宗下诏禁止佛教，计天下拆寺四千六百馀所，还俗僧尼二十六万馀人，又拆招提、兰若四万馀所，放奴婢十五万人，皆充两税户，史称"会昌灭佛"。武丘寺也不例外，东西两寺悉归乌有。次年，武宗因服方士金丹，一命呜呼。宣宗接位，宣布会昌所废佛寺允许修复，听由僧尼居住。但晚唐苏州屡遭兵燹，在兵荒马乱、生民流离之际，要想恢复寺院，谈何容易。

至钱氏吴越国时，江南寺院才逐渐重建起来。当时虎丘东西两寺早已荒芜不堪，或基址已被侵没，重建寺院，只好改建到山上去了，《吴郡图经续记·寺院》说："盖自会昌废毁，后人乃移寺山上。今东寺皆为民畴，西寺半为榛芜矣。"后唐长兴三年（932），吴越王钱镠之子元璙任苏州刺史、中吴军节度使，他对重建虎丘寺功莫大焉，《吴郡志·古迹》称其"每游虎丘山寺，前路引望，则喜动颜色。比至山，必规画修缮，今寺多其经意处也"。就在元璙时，今五十三参之上建了大殿，大殿两侧各建一小殿，即所谓"梁双殿"。《吴郡志·古迹》说："梁双殿，在虎丘寺大殿前，二小殿相对，最为古迹。"因大殿屡毁，两小殿则相对完好，一直保留到淳熙中，范成大认为它"最为古迹",就推断它建于萧梁,故以"梁双殿"名之,其实是错误的。后晋天福七年(942),元璙殂,其子文奉接任父职,继续进行虎丘寺的基础工程,七层砖塔也建了起来,据出土文物证明,塔始建于后周显德六年(959),北宋建隆二年(961)落成。千人石上的"佛说大佛顶陀罗尼经幢",立于"显德五载"(958),说明当时已有施主前来捐建经幢。

太平兴国三年(978),苏州等吴越十三州纳入宋的版图。虎丘寺本是律寺,宋初禅宗盛行,不拘形式的修持形式,大受士大夫欢迎。至道中,苏州知州魏庠将虎丘寺改为禅寺,敕赐寺额"云岩禅寺",并延禅宗名僧清顺住持,正德《姑苏志·人物·释老》说,清顺来住,"乃启禅派,今虎丘开山第一人也"。

北宋前期的云岩寺已颇为壮观,天圣二年(1024),王随《虎丘云岩寺记》说:"彼美招提,实为绝境。粉垣回缭,外莫睹其崇峦;松门郁深,中迥藏于嘉致。"故"允所谓浙右之壮观、天下之灵迹者矣"。此后,寺院规模不断扩大,皇祐初升格为"十房住持"。元丰七年(1084)成书的《吴郡图经续记》,对当时虎丘有具体介绍,《寺院》说:"寺中有御书阁、官厅、白云堂、五圣台,登览胜绝。又有陈谏议省华、王翰林禹偁、叶少列参、蒋密直堂真堂。寺前有生公讲堂,乃高僧竺道生谈法之所。旧传生公立片石以作听徒,折松枝而为谈柄。其虎跑泉、陆羽井,见存。比岁,琢石为观音像,刻经石壁。东岭草堂亦为佳致,惜已废坏。"在山麓的西寺遗址上,也建了西庵禅院,同书说:"西庵禅院在虎丘西,本属云岩,后别为院,盖亦古西寺之地,近岁颇增葺。"明道间,杨备作《姑苏百题》,咏虎丘五首,分别是虎寺、剑池、试剑石、生公讲堂、真娘墓,应该是当时虎丘的主要景点。

苏轼在神宗时，因反对王安石新法，出为杭州通判兼浙西铃辖，常来苏州视察，来则必游虎丘。当时虎丘的景象，他在《虎丘寺》中描摹甚切，有云："入门无平田，石路穿细岭。阴风生涧壑，古木翳潭井。湛卢谁复见，秋水光耿耿。铁花秀岩壁，杀气禁蛙黾。幽幽生公堂，左右立顽矿。当年或未信，异类服精猛。胡为百岁后，仙鬼互驰骋，窈然留清诗，读者为悲哽。东轩有佳致，云水丽千顷。熙熙览生物，春意破凄冷。"他谪居黄州时，与知州闾丘孝终熟识，闾丘致仕回苏，苏轼时往拜访，《次韵王忠玉游虎丘绝句三首》有"老守娱宾得二丘"句，自注："郡有闾丘公，太守王规父尝云：'不谒虎丘，即谒闾丘。'"王规父名诲，熙宁间知苏州。至南宋淳熙时，龚明之《中吴纪闻》卷五"闾丘大夫"条说："东坡尝云：'苏州有二丘，不到虎丘，即到闾丘。'"王诲这句话变成苏轼的了。至淳祐时，罗大经《鹤林玉露》将这句话改作"过姑苏，不游虎丘，不谒闾丘，乃二欠事"（《钦定历代诗馀》卷一百十五引）。至清康雍间，储大文《仰苏楼记》将这句简缩为"昔文忠公尝谓'至苏州不游虎丘为欠事'"。到上世纪八十年代，这句话又变化了，成了虎丘的一句广告词："大诗人苏东坡说，到苏州而不游虎丘，乃憾事也。"虽然这压根儿不是苏轼的话，但附会在他身上，也是合乎情理的。

南宋绍兴初，云岩寺的第一位住持是绍隆，乃高僧圆悟弟子，临济宗传人。自绍隆来后，云岩寺便成为临济宗道场。据《五灯会元》卷十九《虎丘绍隆禅师》记载，绍兴五年（1135），平江知府李光将绍隆请来，明年他就圆寂了，时间虽短，但对云岩寺的贡献很大。黄潜《重修虎丘云岩禅寺记》说:"绍兴间,长老大比丘隆公以圆悟嫡子坐镇兹山,席法鼎盛,东南大丛林号为五山十刹者,虎丘遂居其一。"这除了绍隆的感召力外,他的后继者也有很大功绩,"大慧以法门兄弟相依最久,翻经有台,声容俨然。继以雪庭、瞎堂、松源、笑翁诸宿德倡道其中,而宗风愈振,纂承基绪,代不乏人"。

南宋虎丘增辟了三畏斋、陈公楼、千顷云阁、致爽阁等处,重建了东岭草堂。山上山下的建筑,与自然风光、古迹遗存融为一体,家之巽《千顷云记》就说:"寺视山势为高下,广袤规置,不能平置,而梯空驾虚,俯仰避就,各有态度。"绍熙初,范成大作《虎丘六绝句》,分咏点头石、千人坐、白莲池、剑池、致爽阁、方丈南窗。理宗时,僧虚堂作《虎丘十咏》,分咏剑池、生公讲台、花雨亭、千人石、点头石、憨憨泉、试剑石、吴王冢、白莲池、小吴轩。应该是当时的主要景点。前来游览的人更多了,《吴郡志·风俗》说:"春时,用六柱船,红幕青盖,载箫鼓以游,虎丘、灵岩为最盛处。"这是虎丘历史上的一大变异,开始更广泛地走向民间,类乎开封大相国寺,当然更别有山水之胜、古迹之幽。

元至元十二年(1275),元军占领平江,由于没有大的战事,城市破坏较小,虎丘僻处城外西北隅,几乎未受到影响,但寺中部分建筑因年久失修而倾圮。后至元四年(1338),普明来任住持,将整个云岩寺修造一新,黄溍为撰《重修虎丘云岩禅寺记》。至正十一年(1351)早春,顾瑛与倪韶、释良琦、陈惟允来游,顾瑛《游虎丘杂咏诗序》说:"时积雪弥旬,旭日始出,乃登小吴轩,凭高眺远,俨然白银宫阙在三山玉树间,兴不可已。遂留宿贤上人松雨轩数日,由是得历览山中清胜,乃赋小诗十首以纪斯游。"这十首五绝分咏千顷云、小吴轩、剑池、试剑石、五台山、生公台、塔影、致爽阁、真娘墓、陆羽井。

元末群雄竞起，至正十六年（1356），张士诚取平江路称王。次年他受到朱元璋、方国珍的夹攻，为加强外围防务，下令在虎丘起城。《隆平纪事》说起筑于至正十七年（1357）六月，而主持筑城的周南老则说在是年冬季，有《至正丁酉冬督役城虎丘连月余赋诗八首录呈居中禅师》记之。明年春，郏经偕友来游，城已成矣，郏经诗有云："虎丘山前新筑城，虎丘寺里断人行。"从游诸人均有和作，吕敏有云："山上楼台山下城，朱旗夹道少人行。"曾朴有云："阊阖冢上见新城，无复行人载酒行。"张士诚筑城乃属防御工事，四周以水为堑，城墙乃板筑，从半山腰围起。《虎阜志·杂记》引文《志》："张士诚环山为城，山之东及前旧有溪，乃复开山后及西，相接为堑，而前则跨南北为桥，以通出入。士诚败后，撤桥而壅之。"当时住持是僧宁，字居中，《虎阜志·名僧》说："元末淮张之乱，筑城虎丘，兵戈旁午，宁腊高望重，撑拄法门，寺赖以全。"他通过张士诚幕僚陈基、吕敏等人说项，对山寺作了尽可能的保护。

十年后，朱元璋兵围苏州，张士诚据城死守，常遇春以虎丘城为驻兵地。士诚亲自领兵出阊门，要夺回这个据点。遇春下山迎击，两军在山塘大战，结果士诚大败，山塘也遭受兵燹。

明初，云岩寺因积欠田赋，被籍没入官，继而开恩将山寺发还，但近万亩田产全被充公。洪武三年（1370），僧至仁来住云岩寺，当时寺中经济紧迫，开支无着，在历史上是少有的衰落期。但至仁确有号召力，香客日益增多，又有施主来捐钱舍田了。《虎阜志·名僧》说："仁开堂接纳，丛席始振。五年，中行复公来继。十六年，道立中公来继。三公实能宏道振业，有兴复功。"云岩寺逐渐恢复了旧日气象。二十七年（1394）某个冬夜，僧舍起火，延烧及塔，因山上风大，火势炽盛，及天明，寺院大多烧毁，七层塔檐被烧毁，平远堂、致爽阁、天王殿、小吴轩等也成了一片瓦砾。当时住持是僧起，字灭宗，《虎阜志·名僧》称其"专力宗门，不问俗事"，对废墟般的云岩寺听之任之，一晃十年过去。

永乐初，苏州僧正司派普真前来住持。普真字性海，上任后就整肃仪规，树立寺院威望，赢得施主信任，资金有了着落，就着手重建山寺。杨士奇《虎丘云岩禅寺重修记》说："永乐初，普真主寺，始作佛殿，寺僧宝林重葺浮图七级。继普真者宗南，作文殊殿。十七年良玠继宗南，是年作庖库，作东庑，明年作西庑，作选佛场，又明年作妙庄严阁，三年落成。盖寺至良玠始复完作。"前后三任住持相继，至永乐二十二年（1424），重建的云岩寺始具规模。普真还请王宾编纂《虎丘山志》，虎丘有志就是这时开始的。

可是仅隔九年的宣德八年（1433），寺又失火，因扑救及时，被烧的主要是僧舍、大雄殿和塔。时苏州僧纲司都纲守定兼任云岩寺住持，守定号南印，临济宗传人，既是高僧又是僧官。寺遭火灾后，巡抚周忱、知府况锺等都捐俸作表率，各方捐助便源源而来。至正统三年（1438），云岩寺塔修葺一新。十年（1445），大雄殿也落成了。

正统十三年（1448），英宗赐云岩寺《大藏经》一部，由巡抚周忱护送到寺。当时住持大㚈，字照岩，在宋御书阁旧址建藏经阁。周忱《敕赐藏经阁记》说："所司以帑廪羡馀度材庀工，为层屋五楹，高六十五尺，广七十九尺，深如高瓴，函以龛匮，设供以几案，雕绘金碧，靡不坚完。"阁后，大㚈构一轩，以待往来休息。又建香积堂、伽蓝殿、海泉亭,相峙于殿塔之左右前后。

自南宋以降,虎丘就是一个集进香、游赏、娱乐、买卖的地方,至明前期恢复了生机,杨士奇《虎丘云岩禅寺重修记》说:"余闻虎丘据苏之胜,岁时苏人耆老壮少闲暇而出游者必之于此,士大夫宴饯宾客亦必之于此,四方贵人名流之过苏者必不以事而废游于此也。"弘正以后更兴盛了,杨循吉《游虎丘寺诗序》说:"吴人承前代风流之馀,故尝知来游于此,具酒肴,载管弦,各自以其辈至,叫呼欢笑,旷达而豪放者则有之矣,鲜有以文字为乐者也。"可见寻常百姓来得更多了。

嘉靖三年(1524),胡缵宗来任苏州知府,游览虎丘后,觉得能让游客休憩眺览的建筑还是太少,于是出资建造仰苏楼、悟石轩、大吴轩三座楼阁,更推动了虎丘的兴旺。黄省曾《吴风录》说:"虎丘则以太守胡缵宗创造台阁数重,增益胜眺,自是四时游客无寥寂之日,寺如喧市,妓女如云。"

值得一说的是,自明初至万历六年(1578),出入云岩寺在后山。张紫琳《红兰逸乘·古迹》说:"尝见明文衡山、唐六如、文嘉、袁尚统、居节所写虎丘图,皆画后山景,闻前辈云,明朝虎丘山门在今后山也。"这是因为明初拆掉土城后,南面的山街被民居堵塞,游人只能改由北面上山。凡从山塘去虎丘,到了斟酌桥,要乘船从东溪转入后溪,从北面中和桥、小武当上山。《虎阜志·寺院》引文《志》:"前山门,近年百步街两旁,居民占塞。万历六年,粮道徐某清厘,始复旧观。"从那时开始,南北就都可上山了。

自嘉靖以降,虎丘新建、重建、修葺了不少建筑。士绅张昞重修了万佛阁、西方殿、伽蓝殿、天王殿、中山门、断梁亭、大山门、千手观音殿、大悲阁、转藏殿，在后山重建了玉皇阁。前南京礼部尚书吴一鹏在西岭建了宋三贤祠，祀范仲淹、胡瑗、尹焞。住持通密重修了千佛阁，苏杭织造孙隆请神宗赐《大藏经》一部，置于阁中。在白莲池东新建了四贤祠，祀夏原吉、周忱、王恕、海瑞。元和知县江盈科在平远堂遗址新建了五贤祠，祀韦应物、白居易、刘禹锡、王禹偁、苏轼。职方郎中申用懋在剑池南建三泉亭，又为其父申时行建祠。住持正元又重修了云岩寺塔和天王殿。天启六年（1626），户部主事马之骏修复了倾危的千顷云阁，重建了平远堂。此外，还新建了大佛殿东的望苏亭、东山浜的妙音阁、石观音殿南的月驾轩、梅花楼旁的戒珠堂、便山桥南的塔影园、后山的竹林精舍等。

天启六年，苏州有一桩大事。是年三月，魏忠贤遣派缇骑来苏州逮捕周顺昌，引起了一场声势浩大的苏州市民抗暴斗争。十八日那天，万馀人聚集雨中抗议，缇骑两人被击毙。事后颜佩韦等五人挺身投案，闰六月被处极刑。这就是历史上著名的"开读之变"。崇祯初，东林冤案平反，苏州市民将五位义士重新殓葬于山塘青山桥畔原普惠生祠，吴默题"五人之墓"四大字，张溥为撰《五人墓碑记》。自此以后，凡游虎丘，凭吊五人墓成为一个内容。

崇祯五年（1632），虎丘又有一桩大事。是年三月，复社领袖张溥在虎丘召集复社第三次集会，较崇祯二年（1629）的苏州尹山集会、三年（1630）的南京集会，规模更大，其他文社也闻讯赶来，与会者达数千人。陆世仪《复社纪略》卷二说："癸酉春，溥约社长为虎丘大会。先期传单四出，至日，山左江右晋楚闽浙以舟车至者数千馀人，大雄宝殿不能容，生公台、千人石，鳞次布席皆满，往来丝织，游于市者争以复社会命名，刻之碑额。观者甚众，无不诧叹，以为三百年来从未一有此也。"

崇祯二年（1629）十一月，云岩寺再次起火，大雄殿、万佛阁、观音阁、方丈楼观一夕而毁。寺僧持簿劝募，稀有应者。直到崇祯九年（1636），巡抚张国维首创捐俸，钱谦益为作《重修虎丘云岩寺募缘疏》，筹措资金，才开始陆续修复，至十三年（1640）竣工。

清康熙二十年（1681）平定"三藩之乱"，二十二年（1683）收复台湾，全国统一。二十三年（1684），圣祖第一次南巡，虎丘历史翻开了新的一页。十月二十七日，圣祖临幸虎丘，住持超源率徒众恭迎，步行入山门，由五十三参登大雄殿，礼佛毕，至平远堂，住持献茶，然后至塔下、千顷云、双井桥、悟石轩、可中亭、点头石等处，薄暮时分，遍山张灯奏乐，才登舟回銮。圣祖第二次到虎丘是二十八年（1689）二月三日，圣祖经憨憨泉、丁人石，登万岁楼，至悟石轩，入禅堂，至平远堂，由雪浪轩过剑池石梁，还至万岁楼前，时玉蝶梅初开，芳香袭人，圣祖在树下徘徊良久。此后的康熙三十八年（1699）、四十二年（1703）、四十四年（1705）、四十六年（1707），圣祖都临幸虎丘。最后一次来时，山上已造了行宫含晖山馆，其址在今致爽阁到拥翠山庄一带及其西侧，规模很大，有宫门、朝房、二宫门、奏殿、龙楼、花厅、东西群房、十八间廊、御书房以及各个寝宫等，并将致爽阁和月驾轩都划入其中。至乾隆朝，高祖仿效乃祖，自乾隆十六年（1751）至四十九年（1784），也六次临幸虎丘。据《虎阜志·宸翰》记载，圣祖御制诗共五题，赐额十五方，赐联八副；高宗御制诗二十七题，赐额五方，赐联四副。这不但让虎丘有了新的看点，也将它的名声推向了新的高度。

云岩禅寺经康熙三十六年（1697）、乾隆五十五年（1790）两度重修和扩建,全山建筑多达五千多间,规模宏大,气象雄伟。据《虎阜志》记载,其时有三座山门、妙庄严阁、千佛阁、大佛殿、千手观音殿、云岩寺塔、法堂、方丈室、钟楼、禅堂、大藏殿、祖师堂、石

虎丘云岩寺塔　摄于1857年

观音殿、三大士殿、藏经阁、伽蓝殿、隆祖塔院以及僧舍、斋堂、香积厨、浴堂、库房等。山中景点多达两百多处，《虎阜志》卷首列出十景，各有一图，依次是"白堤春泛"、"莲池清馥"、"可中玩月"、"海峰雪霁"、"风壑云泉"、"平林远野"、"石涧养鹤"、"书台松影"、"小吴晚眺"、"西溪环翠"。

　　清代增添的主要建筑，还有在山街西的海宴亭，顺治十七年（1660）为庆祝都督梁化凤击退郑成功而建，钱谦益、吴伟业分别为撰《海宴亭颂》；在二山门东南的丘南小隐，为编修汪琬别业，内有乞花场、山光塔影楼等；在白莲池东的二姜先生祠，巡抚汤斌建于康熙二十四年（1685），祀明给事中姜埰与其弟行人姜垓；在西溪东的西溪别墅，为陆龟蒙后裔陆肇域建；在东山浜的蒋氏塔影园，为贡士蒋重光别业，嘉庆时改白公祠，光绪时改李鸿章祠。

　　及至咸丰十年（1860），太平军占领苏州，忠王李秀成在城外建十座营垒，虎丘是其中之一，于是又筑土城、开壕沟。太平天国是政教合一的政权，奉上帝耶和华为天父，耶稣为天兄，其他偶像都指为"妖"。因此山中的佛殿、像设、经藏、祠庙等均遭罹难，寺僧驱逐殆尽。同治二年（1863），淮军会同戈登洋枪队合围苏州，为扫清太平军外围，炮击虎丘，山上除了塔和二山门外均被摧毁。这是近代虎丘的一次浩劫。

　　由于战争创伤巨大，虎丘的修复进展缓慢。清末仅重修了石观音殿，重建了天王殿和大殿。光绪十年（1884），洪钧等在月驾轩旧址建造了拥翠山庄。

　　民国初年，虎丘修复和新建的建筑都很有限，仅知住持中照重修了正山门，金天羽等在拥翠山庄北新建冷香阁，申氏后裔申振刚重建了申公祠，士绅蒋柏如等在三讲官祠旧址创办了私立敦仁小学，苏州联合救火会将郡厉坛旧址辟为救火会公墓，苏州商团在丘南小隐旧址建造了商团纪念碑林，后更名云集山庄。

就在上世纪二十年代，已有"虎丘十八景"之说，哪十八景？说法不一，但大同小异。按 1929 年许云樵《姑胥》所说，十八景是鸳鸯冢、断梁殿、憨憨泉、真娘墓、蜒蚰石、试剑石、千人石、石观音殿、陆羽泉、剑池、双吊桶、二仙亭、白莲池、生公讲台、点头石、五十三参、仙人洞、虎丘塔。

1930 年，虎丘寺住持宣楞在山上重建了致爽阁。1933 年，为纪念"一二八"殉难将士，在致爽阁下建一墓亭，号为"国魂冢"，遗址在今雪浪亭。1935 年，公葬诗人陈去病于山麓拥翠山庄之西。值得一提的是，由于山塘街因商业繁华而日见狭窄，不便驶行马车，1928 年苏州市政筹备处决定，开辟一条从留园马路向北延伸的新马路，1930 年竣工，初名军工路，后改虎丘路。从此这条马路成为车马通达虎丘的主要途径。

1935 年，苏州士绅刘正康等发起成立了虎丘名胜整理会，做了三件实事，一是改建了山前的斟酌桥和望山桥，以方便人力车；二是修筑了正山门至二山门的一段道路，并将二山门至千人石的一段泥路，改为石子路；三是沿环山溪建造了环山路。

1937 年 11 月，日军占领苏州。沦陷后的苏州是敌伪的重点经营区，一度呈现畸形繁荣，虎丘仍是苏州旅游的主要去处。抗战胜利后，时局动荡，民生凋敝，虎丘更是败落了，赵清阁《小巧玲珑记苏州》说，虎丘"简直是废墟中的一堆泥"，其情形可以想见。

上世纪五十年代，虎丘进入了恢复发展的新阶段。

当时虎丘是寺院、小学、商铺、民居杂处之地，正山门内宛如窄弄，称山门巷。山上的旧迹，不少已近荒圮，尤其是云岩寺塔，塔身倾斜开裂，有倒塌之虞。1953 年春，塔底层发现塔墩崩塌，住持楚光向苏南文管会报告，引起了政府重视。同年 6 月，市政府文教局设苏州市园林管理处，同时成立苏州市园林修整委员会，决定重点整修虎丘、留园等名胜古迹。虎丘正式由园林管理处接管，虎阜小学、农业社生产队及寺僧先后迁离，开始了有计划的大规模整修。

自 1953 年到 1966 年前，虎丘的整修情况大致有五个方面。一是抢修和加固了日益倾斜的虎丘塔，使之基本稳定。二是疏浚了环山溪的东、西、北三溪，在二山门前开了南溪，并跨南溪架设了海涌桥。三是新建和重建了放鹤亭、孙武子亭、花雨亭、东丘亭、涌泉亭，并疏通第三泉，改善了山上水系。四是在后山重建了玉兰山房、通幽轩，修葺了百步趋，并将后山的土城残基改建为环山路。五是植树造林，绿化面积之广，几近覆盖全山。

1966 年，"文革"发动，虎丘在劫难逃，损失惨重。石观音殿、隆祖塔院圮，二山门元塑金刚像被毁，显德经幢被推倒击碎，"生公讲台"、"千人座"等石壁题名都被凿去，千手观音殿内的檀香木观音像被焚毁，厅堂轩亭中的字画楹联无一幸存。

1978 年大地春回，1980 年起开始全面整修。1989 年《虎丘名胜重修记》介绍说："重建小吴轩、千顷云、揽月榭、分翠亭诸胜，并于东山庙遗址新建万景山庄，同时重修云岩寺塔，修复经幢、摩崖石刻等，共用五百馀万元。"需补充的是，这一期间，还重修了冷香阁、大佛殿、玉兰山房、御碑亭、钱处士墓、陈去病墓、环山路等。在"文革"中缺落的联额，有的按原样修复，有的则请今人补题完备。

植树造林的成绩尤为显著，至本世纪初，全山森林覆盖率达百分之九十九，绿化率达百分之九十二以上，林木种类计有七十三科一百十五种，其中树龄超过百年的古树有百馀株。

以上回顾了虎丘的历史，以下介绍如今的主要景点。

虎丘寺正山门临山塘街，作龙吻脊硬山顶，面阔三间，坐北朝南。它有三个门宕，左右旁门是住持祖善于清乾隆二十二年（1757）增辟的。门前左右有两口井，人称"双泉"。这座山门有两奇，所谓"照墙有河隔，入门先见塔"。一是说照墙之奇，因山门前有石阶码头，乾隆五十五年（1790）住持祖通就将照墙建于河对岸，照墙作八字形，砖额"海涌流辉"四字，更显出山寺的气势。一是说门宕之奇，1918 年住持中照重修山门时，将中间一门改为上圆下方的券首门宕，并将前后门宕对直虎丘塔，让人在山门前，就能见到浮图当空、孤峰挺秀的景象。正山门主间悬吴曾善书"古吴揽胜"额，两侧联曰："水绕山塘，笑旧日莺花笙歌何处；塔浮海涌，看新开图画风月无边。"门厅悬"虎阜禅寺"金字竖匾，为圣祖第六次南巡时题。两侧墙上嵌置乾隆二年（1737）《奉宪勒石永禁虎丘染坊碑记》等十一方，记录了乾嘉时期苏州社会经济情状。

过正山门西偏，原为郡厉坛，民国取消祀典，坛就荒废了。1926 年，苏州救火联合会为公葬殉职会员史金奎，将此坛改建为救火会公墓，前立牌坊，联曰："仗义急公，殁可祭社；赴汤蹈火，死而为灵。"墓碑"史金奎义士墓"，为金天羽书。后又葬入会员顾士杰。1995 年，公墓改建为义士陵园，史、顾两墓前各建方锥形石塔，西部立碑《义士陵园修建记》，记述了建园缘起和重修经过。

义士陵园北原有鸳鸯冢，又称杨烈妇墓。王铎《鸳鸯圹碑》说：

"长洲蠡口倪士义妻杨氏,夫死于崇祯十四年十月二十七日,誓不渝志,豫命修圹,题曰鸳鸯,石骨铁心,终不可夺,遂到死于是年十一月十八日。"大夫士庶捐金葬之,题其门曰:"身膏白刃风斯烈,骨葬青山土亦香。"咸同后荒芜,邑绅重行修葺,筑亭以蔽之,石柱镌吴荫培撰联:"梁案齐眉愧高士,吴山埋骨傍真娘。"1956年开凿环山溪南段时,将墓亭北移。2002年为建西溪环翠景观,又迁至拥翠山庄以东,称鸳鸯亭。

由正山门迤北,环山溪横亘于前,跨溪有海涌桥,对直二山门。桥建于1956年,为花岗石拱桥,两侧有十二栏柱,上雕各式蹲狮,石板中央有祥云旋子浮雕,雕刻堪称精美。

过桥即二山门,作单檐歇山式,面阔三间,进深两间。相传也有两奇,所谓"元朝天将,山门断梁"。"元朝天将"指山门内左右有两尊护法金刚,俗称哼哈二将,旧志说是"元刘总管"所塑。刘总管指刘元,字秉元,曾从尼婆罗国雕塑家阿尼哥学塑佛像,尽得其传,历官至正奉大夫秘书卿,并未授以总管。这两尊神像塑得高大威猛,栩栩如生,是否确为刘元所塑,尚缺文献依据,但为元代所塑则无疑。惜两像于1966年被毁,今像是后来补塑的。"山门断梁"是指殿正中的主梁用两根圆木,由次间顶部悬挑到主间中间接合的,并在挑出的两头用一排丁字形斗栱来承托。这种梁架的做法,俗称"琵琶吊"、"棋盘格",在建筑史上别具一格,故二山门又称"断梁殿"。二山门主间将军门前后悬匾,前匾曰"大吴胜壤",传为顾野王手迹,乾隆时佚失,光绪三年(1877)裔孙顾曾寿觅得残迹后补全。后匾曰"含真藏古",为梁漱溟书。山门前后各有楹联,前联曰:"塔影在波,山光接屋;画船人语,晓市花声。"乃移用顾禄抱绿渔庄联语。后联曰:

"翠竹苍松全寿相，清泉白石养天和。"原系清高宗为行宫撰联，由启功补书。内墙嵌置至正七年（1347）黄溍撰《虎丘云岩禅寺兴造记》等四方，都是修建山寺的记录。外墙嵌置隆庆二年（1568）《禁挟妓游山碑》等六方，为研究明清苏州社会史的重要文献。

从二山门起，山势渐高，故俗称"山口"。自此而上，山街东侧有一口井，上有六边形青石井栏。旧志所记"宋绍圣年吕升卿题字"，早已不存，今西侧圆石上镌正书"憨憨泉"，相传宋人所书。井栏正面亦有正书"憨憨泉"，乃康熙四十四年（1705）所镌。憨憨乃梁天监间僧人，《虎阜志·名僧》称其"来住虎丘，泉随涌出"。咸同兵燹后，憨憨泉湮失。光绪十三年（1887）重又发现，加以疏浚，加盖井亭，亭久已不存。上世纪八十年代初在泉之建"不波小艇"，作旱船造型，卷棚歇山顶，南北向三间。艇南敞开如戏台，额曰"海不扬波"。

沿山街再上，东侧有一椭圆形大石，中有一道笔直的裂痕，好像被劈开似的。旁有竖石镌隶书"试剑石"三字，本亦为吕升卿书，年久蚀失，清人王宝文重书。古代地质科学不发达，不知这道裂痕是垂直节理发育的结果，因此就引出故事，或说是阖闾试剑处，或说是秦始皇试剑处，这当然都是野话。

山街西侧，有一上尖下圆的大石，形似仙桃，乃属火山岩的球状风化石。1954年在山下发现后移置于此，寺僧果严题"石桃"两字。再上，西侧又有一大石，形似枕头。相传晋高僧竺道生曾倦倚此石，故称"枕石"。因为它一头大而圆，一头略尖，有点像蜒蚰，俗呼"蜒蚰石"。游人对它的兴趣最大，范君博《虎丘柳枝词》云："世间多少痴儿女，瓦砾纷投卜弄璋。"自注："今妇女怀孕者多投瓦砾于其上,占卜男女,中者为男,坠者为女,颇为可笑。"

过枕石而北,山街东有亭翼然,亭下大石上镌"香魂"两字,即山中艳迹真娘墓。关于真娘最早的记载,见李绅《真娘墓诗序》:"真娘,吴之妓人,歌舞有名者。死葬于吴武丘寺前,吴中少年从其志也。墓多花草,以蔽其上。"唐人题咏真娘墓的诗很多,其中白居易的一首《真娘墓》最被人称赏,诗云:"真娘墓,虎丘道。不识真娘镜中面,惟见真娘墓头草。霜摧桃李风折莲,真娘死时犹少年。脂肤荑手不牢固,世间尤物难留连。难留连,易消歇。塞北花,江南雪。"据范摅《云溪友议》卷中记载,当时题真娘墓的诗栉比鳞臻,有举子谭铢过其地,更题一首云:"虎丘山下冢累累,松柏萧条尽可悲。何事世人偏重色,真娘墓上独题诗。"自此以后,经游者稍息笔矣。至元末,高启《赋得真娘墓》有云:"断碑山寺里,小冢竹林边。"可知已墓荒碑断了。明季兵燹,断碑也沦弃了。清康熙三十三年(1694),新安人张潮在墓前重立"古真娘墓"碑,但后来也不知去向,甚至连墓在哪里也茫然了。乾隆九年(1744),泰州人陈镳在东山庙后厕中发现唐真娘墓断碑,又在寺僧的帮助下找到了墓址,他在《重修真娘墓记》中说:"葬残碑于穴中,树新石于旧地,覆以小亭。"这座亭子毁于咸同兵燹,同光重建时,在土中发现了张潮题碑,就把它补嵌在亭的南墙上。今亭东墙中央是陈镳所题"古真娘墓"碑,南旁是张潮题碑。两侧石柱有清人沈本千集吴文英句联曰:"半丘残日孤云,寒食相思陌上路;西山横黛瞰碧,青门题返月中魂。"亭西石柱联曰:"香草美人邻,百代艳名齐小小;茅亭花店宿,一泓清味问憨憨。"这是乾隆朝大学士刘墉的旧联,由今人重书。

由真娘墓北上,至山街尽头,视野为之一宽,只见一片由西南向东北倾斜的盘陀大石铺展眼前，面积一千多平方米，即是负有盛名的千人石。千人石是典型的流纹岩，含有氧化亚铁成分，故呈紫绛色，雨后尤其鲜明。相传当年阖闾墓告成，夫差为防泄密，将一千多工匠骗到石上饮酒庆功，酒酣之际，刀斧手突然杀出，工匠全部遇害，一时血流成河，渗入石中，形成了永不消褪的血痕。又相传竺道生说法于此，故又名千人坐。千人石北壁有石刻"生公讲台"四篆字，分置四石，相传为唐李阳冰书，或说宋蔡襄书，或说宋邵必书。其西有石刻胡缵宗篆书"千人坐"三字。

千人石上有两座经幢，一座是后周显德五年（958）高阳许氏捐建，幢八面，刻《佛说大佛顶陀罗尼经》，原幢毁于"文革"，今幢是1981年据旧影复制。另一座是明万历二十年（1592）由寺僧净杼、通密募建，幢四面，刻《金刚般若波罗蜜经》，由苏州石刻名手章藻书刻，"文革"中亦遭罹难，幸残损不多，1981年修复。

千人石东北有白莲池，据正德《姑苏志·山上》说，当生公说法时，"池生千叶莲花，故名"。池中有矶，名钓月矶。矶上有方石，王宝文篆"点头"两字，即所谓点头石。池上有采莲桥，西接千人石，东连点头石。又有净土桥，明弘正间寺僧宗洗所建，《虎阜志·名僧》称其"捐衣资立石阑四十柱于莲池，又建净土桥、石佛二躯"。桥由五条花岗石排列而成。

花雨亭在白莲池东，为四角攒尖顶的石柱方亭。相传生公说法时，不但顽石点头，白莲盛开，天上也纷纷飘下花瓣来。亭在宋元时尚存，久废，且亭址无考，上世纪五十年代建亭于此。亭西有涧谷，水流潺湲，与白莲池相通，相传清远道士养鹤于此，故名养鹤涧。宣德间住持守定在涧东筑放鹤亭，毁于咸同兵燹。1955年在旧址重建，为五角攒尖顶石亭。养鹤涧南,还有古木寒泉亭。《虎阜志·名迹二》引文《志》:"在剑池南,悬虚而成。修林翳翳,阴涧潺潺,前荣遐瞩,极疏旷焉。元至元四年,僧普明重建。"亭在清乾隆前已废。今亭 1991 年重建,为六角攒尖顶木结构敞亭。

千人石东北隅,有上大佛殿的磴道,前身是唐代走砌石,五代末在山上建寺,砌石阶五十三级,故称"五十三参",晚明番禺人黎遂球题名"玲珑栈"。袁枚《随园诗话》卷一说:"虎丘山坡五十馀级,妇女坐轿下山,心怯其坠,往往倒抬而行。"

千人石北侧有一方形石亭,四角攒尖盝顶,三面敞开,南面额枋题"二仙亭"。外柱联曰:"昔日岳阳曾显迹,今朝虎阜更留踪。"内柱联曰:"梦中说梦原非梦,元里求元便自元。"亭内壁置像碑两方,《纯阳吕祖师白叙碑》和《希夷陈祖邻序附传碑》。"纯阳吕祖师"即吕洞宾,名岩,唐蒲州人,经锺离权点化成仙,乃属"八仙"之一。"希夷陈祖"是陈抟,五代真源人,隐居山中辟谷修仙,闭门高卧,百日不起,却能知天下事,宋太宗赐号希夷先生。乾隆十一年(1746),虎丘三仙阁道士吴静安声称,吕洞宾和陈抟扶乩降坛,于是就刻了这两方像碑,嵌置三仙阁壁上。此事哄传一时,前来进香的人络绎不绝,三仙阁就此热闹起来,且改名吕仙阁。嘉庆三年(1798),因吕仙阁坍圮,有王世陛、王曰柱两兄弟在千人石北造了这座石亭,将两方像碑移置于此。1966 年亭中两碑俱毁,1981 年据拓本复制重立。

二仙亭之西,石壁上有两方石刻,一方两字,合为"虎丘剑池",正德《姑苏志·山上》说,这四个擘窠大字乃颜真卿所书。据黄本骥《颜鲁公年谱》记载,颜真卿一生来过虎丘两次,开元九年(721)十三岁，随母至苏，《刻虎丘清远道士诗因而继作》有云："不到东西寺，于今五十春。"五十年后为大历六年（771），故刻清远道士诗及作和诗，均在此年，这四大字亦当题于此年。至明万历间，"剑池"这方石刻不见了，剩下"虎丘"一方也因年久剥蚀，"虎"字中断。这时，户部主事马之骏因主管浒墅关税务，常来虎丘游览，见到石刻缺失，便图修复。先是在土中找到"剑池"原石，居然完好，就请章藻勾摹"虎丘"两字，重刻于另石。万历四十二年（1614）二月刻成，便将两石一起复归原位。因"虎丘"两字是补刻的，故有"假虎丘、真剑池"之说。一说"虎丘剑池"四字为蔡襄书，

"虎丘剑池"石刻之西，有一道围墙，筑于民国前期，中开圆洞门，额曰"别有洞天"，入洞门便是剑池。

虎丘剑池　摄于1920年

进入洞门，景象顿异，只见两面石壁陡立如削，半空石桥飞架，下临一泓清泉，气势险奇，仿佛置身绝崖深壑，顿觉寒气森森。西崖壁上有"剑池"两大篆字，为元周伯琦书。旁有明高启《阖闾墓》诗，也是篆字。西南崖壁上刻行书"风壑云泉"四大字，相传为宋米芾书。东崖壁题名甚多，有两方值得注意，一方曰："长洲令吾翕、吴令胡文静、昆山令方豪，闻剑池枯，见吴王墓门，偕往观焉。万年深闷，一旦为人所窥，岂非数耶，命掩藏之。正德七年上元前一日志。"另一方曰："正德七年正月，郡守三山林侯擢任云藩，相与与饯之虎丘。于时剑池水涸，得亲［睹］阖闾之幽宫，千年神秘，一朝显露，可悼也已。林侯名庭□，字利瞻，同游者为少傅王鏊、解元唐寅、孝廉陈□□，少傅之子延喆、延龄。"此事发生在正德七年（1512）正月，因剑池干涸，北端露出一个人工穴口，一时哄传，诧为异事。剑池下有墓门，北宋时就有发现，顾禄《桐桥倚棹录·山水》引《丛编》："虎丘剑池是阖闾埋玉处，一潭清泠，深不可测。宋戊子岁，忽干暵，中见石扉，游人竞下探之，惟见石扉上题诗二绝而已。""宋戊子岁"是庆历八年（1048）。

剑池的形成，有种种说法。唐陆广微《吴地记》说："秦始皇东巡，至虎丘，求吴王宝剑，其虎当坟而踞，始皇以剑击之不及，误中于石，其虎西走二十五里，忽失。于今虎疁，唐讳虎，钱氏讳疁，改为浒墅。剑无复获，乃陷成池，古号剑池。"这是说剑池是秦始皇发墓形成的。唐李吉甫《元和郡县志·江南道一》说："阖闾葬于此，秦皇凿其珍异，莫知所在。孙权穿之，亦无所得。其凿处，遂成深涧。"这是说剑池是秦始皇、孙权相继发墓形成的。《虎阜志·辑略》引宋朱长文《馀集》："剑池，盖古人淬剑之地。"这个说法在其他文献里未见记载。宋王禹偁《剑池铭序》说:"虎丘剑池,泉石之奇者也。《吴地记》引秦王之事,以为诡说,考诸旧史,则无闻焉。"铭有曰:"池实自然,剑何妄传?"认为剑池是天然生成,不是人工开凿的。

1955年,因疏浚剑池,戽干池水,出清污泥,见到了池底的真实情况。张墍山等在《苏州风物志》中作了介绍,大意谓"剑池两壁自上到底切削平整,池底也很平坦,没有高低欹斜现象,显然是由人工开山劈石所凿成"。"于池北最狭处,发现一个'∧'式形洞穴和向北延伸一丈多长的隧道,可容身材魁梧的人单独出入,举手可摸到顶,从上到下方正笔直。不难推断,也是人工开凿而成"。"前面有用麻砾石人工琢成的长方石板四块,一块平铺土中作底座,三块横砌叠放着,好似一大碑石。每块石板的面积约二尺半高,三尺多宽。第一块已脱位,斜倚在第二块上。第二块石板面上有凸出如碗口大小的铁锈疤痕迹。这些石板门的石质不同于虎丘本山的火成岩,表面平整。由于长期受池水侵蚀,显露出横斜稀疏的石筋。根据形制分析,这是一种洞室墓的墓门。剑池是竖穴,南北向,池底的石穴是通路,这和春秋战国时代的墓制形式是完全相符的"。这就很清楚了,剑池是利用山岩的垂直节理发育,向下开凿出来的,目的是保护墓室。

在二仙亭上方半坡处,从"风壑云泉"东侧拾级而上,有一石亭,六角攒尖顶,顶结石葫芦,即可中亭。亭始建年代不详,元后至元年间经普明重修。"可中"之名,也典出竺道生。《法苑珠林·说听篇·感应缘》说,道生"后还都,止青园寺,宋太祖文皇帝深加叹重。后太祖设会,帝亲同众御于地筵,下食良久,众咸疑日晚。帝曰:'始可中耳。'生曰:'白日丽天,天言始中,何得非中。'遂取钵食，于是一众从之，莫不叹其枢机得衷"。这是发生在建康青园寺的事，故雨花台昔有可中亭，如何会移来虎丘，总有点牵强附会，明人就改名可月亭，见徐源《虎丘山志序》、都穆《游郡西诸山记》等。但有人认为"可中"比"可月"好，毕竟与在虎丘说法的竺道生有关，于是两名并存。今亭东石壁有"可中亭"三字，为康熙元年（1662）曲沃人卞元书。

从可中亭上行，折西便是双井桥。自建寺山上后，寺僧就改用剑池水了。宋时寺僧数百人，用水量大，上下汲水相当劳累。南宋隆兴二年（1164），有陈敷文者小住虎丘，见僧人汲水，登降百级，喘吁力屈，不暇息肩，于是出钱二十万，跨两崖建楼，在楼底开洞加栏，用吊桶向下取水。既方便又安全，且风雨无阻，大大减轻了寺僧的劳动强度，为感谢施主，寺僧称它为陈公楼，右朝请郎王晓为撰《虎丘陈公楼记》。过了几十年，陈公楼坍圮了。住持僧霭在原址造了一座平梁石拱桥，长七米，宽三点三米，下距池水约十米。桥面上开两个井洞，并安上辘轳用吊桶取水，故称双井桥，俗呼"双吊桶"。据明谢时臣《虎丘春晴图》、清潘思牧《虎丘山图》等描绘，桥为典型廊桥样式。廊久已不存，晚近为游人安全起见，安装铁栏、井栅。

双井桥东即悟石轩，明嘉靖四年（1525）苏州知府胡缵宗建，原为两层楼阁，坐北朝南，初名得泉楼，御史朱实昌额以"悟石"两字，典仍出"顽石点头"，故辟楼上为生公阁。轩坐落于山顶南崖，杨应诏《游虎丘记》说："轩侧有剑池，侧立数千尺，两崖壁削如剖。崇祯二年（1629）大火，悟石轩亦付烬灰。后由苏州知府史应选重建，范允临题额。清康熙二十八年（1689），圣祖第二次南巡前，将悟石轩改建为万岁楼。顾湄《万岁楼记》说："盖轩基当正中之位，俯瞰千人石,前临山门,左右峰环砂拥,回廊曲涧,适符众星拱极之形。"也就是说,它的位置在山丘高处的中心,具有象征意义。万岁楼毁于咸同兵火,光绪中在遗址重建悟石轩。今轩为 1956 年又重建。轩五间,三明两暗,有落地罩隔出左右耳室。轩北廊有草书联曰:"烟雾常护林峦胜,台榭高临水石佳。"乃移用圣祖题行宫龙楼联语。轩南有平台,可凭栏观景。轩北有紫藤小院,墙上嵌雍正十二年(1734)徐陶璋撰《虎丘悟石轩万岁楼碑》。

从千人石西侧拾级而上,有一圆洞门,砖额"第三泉"三字,为申璋书。进入洞门,只觉崖峭池深,景象幽奇,石崖和水池构成了一方苍古的空间。池周石壁呈赭色,天然纹理,状如铁花,苏轼有"铁花绣崖壁"句,故名铁花岩,石壁镌清康熙时两江总督范成勋题"铁花岩"三大字。铁花岩下有天然石涧,相传陆羽于此品水,以为天下第三,故名第三泉,石壁镌明人芝南题"第三泉"三字。又名陆羽井、陆羽石井。岁久淤塞,范成大绍熙二年(1191)作《再到虎丘》,自注:"虎丘石井在张又新东南水品第三,今寺僧不能名其处,妄指寺中一土井当之。经藏后有大方井,旧名观音井,上有石柱,为挂辘轳之处,疑此是古石井。今井已堙塞百年,柱亦徙他用,累讽住山者多邈然,今以语壁老。"住持如璧接受范成大的建议,明年便疏浚了古石井,《吴郡志·土物》说:"时郡守沈揆虞卿闻之往观,大喜,为作屋覆之,别为亭于井傍,以为烹茶宴坐之所。自是古迹复出,邦人咸喜。" 1955 年疏浚时,发现底部有一口深约两米的青砖井,井砖为狭长的六朝砖,可见隋前已有此井了。明正德间,长洲知县高第重疏第三泉,并筑"品泉"、"汲清"两亭于其上。至万历后期,泉已淤塞,且两亭俱毁,申用懋捐资再次疏浚,并在其上筑三泉亭。亭在第三泉西，架立于两崖之上，为四角攒尖顶石亭，咸同间毁，1925年重建。三泉亭西侧高处有一倚墙而筑的木构半亭，卷棚歇山顶，亭内墙上嵌置乾隆四年（1739）《重修三泉亭文昌阁记》。

三泉亭南即申文定公祠，祀申时行，硬山顶，面阔三间，坐西朝东，建于万历四十八年（1620），咸同间毁，1920年重建。1953年后一度改设为小卖部。今祠内南北墙嵌《申文定公祠记》和瞿中溶《立大士像题记》，又有陈继儒撰《三泉亭记》，乃从三泉亭移来的。

申公祠南有石观音殿，原名应梦观音殿。张大纯《采风类记》卷四记载了它的来历："宋湖州臧逵侍亲秀州，得瘵疾，斋素诵观音经，梦白衣人针耳，疾遂愈。逵欲为观音像，祈梦见之。一夕梦示行道相，逵觉而画焉，所谓应梦观音是也。后得美石，令弟宁造像，覆以石室，今应梦观音殿是也。"殿建于北宋熙宁七年（1074），当时左仆射曾公亮等八十馀人，各书《妙法莲华经·观世音菩萨普门品》，共九十行，勒石十馀方嵌置殿壁。此殿屡遭火厄，石壁坼裂，但石像和碑刻基本完好。"文革"中，像碑均被击碎，殿被拆除，改建为茶室。今重建者，前后两进，面阔三间，有廊屋和庭院。门前有砖额"古石观音殿"，院中保存了石观音殿的残存，廊屋中新刻白描观音图，置今人撰书《虎丘石观音殿遗址保护记》等。

石观音殿南，即冷香阁，为歇山顶两层楼阁，上下皆面阔五间，东、南、西三面有环廊，庭中植有红绿梅数百株。阁建于1919年，金天羽《冷香阁记》说："岁戊午上元，天微雪，余挈二子跨驴至山塘寻梅，梅无一本焉，憩于拥翠山庄。庄之背，选地得隆阜，思种梅三百，建阁于其上。"这个想法得到友人费树蔚、汪家玉等人赞助，于是鸠工度木，明年春落成。"冷香阁"三篆字为十五龄童洪衡孙书，分镌三石，嵌置东外墙。内东墙和后墙嵌置萧蜕书《冷香阁记》，以及经费收支报告刻石共九方。阁下主间悬丁愚《虎阜全图》，左悬费树蔚律诗四首，右悬陈文伯梅花四轴。阁上主间悬陆铁夫《虎阜全图》，左悬李宝章律诗四首，右悬刘照等梅花四屏，俱为一时名流所作。五十年代初辟为茶室。"文革"时，阁中书画、联额、陈设全毁。今阁中陈设已布置一新。楼下主间悬苏渊雷"巡檐索笑"额，两旁联曰："漠水光中塔影，梅花香里钟声。"楼上主间悬俞平伯"旧时明月"额，两旁联曰："梅华三百树，有远山怀抱，高阁冯陵；榛莽一泥丸，赖名士题碑，英雄葬剑。"主间后悬"冷香阁"额，两旁有长联曰："大吴仍巨丽，最惆怅恨别惊心，感时溅泪，安得生公说法，点头顽石亦慈悲；高阁此登临，试领略太湖帆影，古寺钟声，有如蓟子还乡，触手铜仙总凄异。"乃张一麐旧联，由今人补书。后墙有"八仙过海"瓷画挂屏四条。西廊墙上嵌置今人撰书《重修三泉亭记》。旧时登冷香阁，西可眺望灵岩、天平诸山，东可一览千人石景色。早春梅开，幽香一片，尤为游赏佳处。

云岩寺塔，巍然耸立于山巅塔院中。它与杭州西湖雷峰塔属同一类型，为七级八面楼阁式砖塔。1956年在修塔时发现，塔砖有"武丘山"、"弥陀塔"、"己未建造"、"庚申岁七月羊日僧皓谦督造此寺塔"等铭文。"己未"是显德六年（959），"庚申"是建隆元年（960），"弥陀塔"或是这座新塔的名称。又出土经箱上有"建隆二年十二月十七日入宝塔"诸字。由此可以证明，塔始建于后周显德六年，北宋建隆二年（961）落成。至道中改云岩禅寺后，此塔遂称云岩寺塔。自南宋至晚清，曾遭七次火焚，历经元明四次大修和十多次维修。由于塔刹早毁，原塔高度不明，今塔高四十七点七米。

塔之外形，完全是仿楼阁式木塔，屋檐、平座、柱额、斗栱等用砖按木构形式制造构件拼装起来。塔的结构平面作正八边形，自内向外依次为塔心方室、塔心、回廊、外壁，壁外有倚柱、槏柱，支撑平座和腰檐。每层楼面都有梯洞，有木楼梯供上下。各层都有精美的藻井和浮雕式彩塑，彩塑大都为牡丹图案。

　　如今它的外观，很像一支巨大的玉米棒，但在咸同兵燹前，却不是这样，据明清绘画以及咸丰十年（1860）前外国人拍摄的照片来看，它顶有塔刹，每层有木结构平座和腰檐，每层檐下悬有塔铃。塔刹的堕落，腰檐和平座的被烧毁，必在咸同之际。虽然至今仍保持劫后的面貌，却也更显得古朴苍凉。

　　塔的倾斜，据在第七层发现的"福禄寿"砖来看，约始于明末，当时塔身已向西北倾斜，故在修整时改变重心，将第七层倾向东南。咸同兵燹后，倾斜愈厉。至上世纪五十年代初，倾斜已达两米多。1957年采用高压水泥枪灌嵌砖缝、用钢筋围固塔身的方法，取得很好效果。八十年代又进行了以加固地基、基础为中心的抢修工程，阻止了它的继续倾斜。

　　五十年代和八十年代的两次维修，在塔中发现不少珍贵文物。在第二层发现长方形石函，每面浮雕佛像五尊，并镌有"金字法华经"等字；石函内置鎏金镂花楠木经箱，上有"建隆二年男弟子孙仁郎镂"等字；经箱内有经七卷，包以黄袱，每卷绢面上都写有捐舍人姓名等字；经箱内还有绣花经帙、银丝串珠、木珠、菩提珠、小珍珠串、小挂饰、象牙等；石函顶部及前后有陶香炉、檀香、青瓷碗、油盏等物；经箱上钱囊里有唐开元至宋初的钱币共十种，重三十五公斤。第三层发现倒梯形正方石函，石函内有罩形铁函，铁函内有铁制金涂塔，塔身中空，内藏"迦叶如来真身舍利"；石函外有越窑青瓷莲花碗一只、铜佛像四尊、铁制莲瓣形佛龛、檀香雕三连佛龛、铜镜四面、古钱十公斤等。第四层发现残石造像、无头石佛以及刮泥木刀、木楔等劳动工具。另外在塔壁泥灰中发现竹钉，上粗下锐，帽头并绕麻丝，在古建筑材料中罕有发现。在塔下出土铁刹覆钵，以及"朱明寺大德塔"残碑。此碑上有"大历四年"、"宝历元年"等百馀字，朱明寺碑如何会出现在虎丘塔下，也是一个疑问。

致爽阁在塔院西，最早在塔院北，始建于南宋，坐东朝西。四山爽气，日夕西来，就是"致爽"的由来。嘉靖三年（1524），胡缵宗移建于北宋小五台遗址，改名大吴轩，后复名致爽阁，文徵明题额。万历间申时行曾悬魁星像于阁上，以祈苏州文运昌隆，故又称文昌阁。康熙后被圈入行宫内，咸同时毁于火。上世纪三十年代寺僧宣楞重建于此，作歇山顶，面阔三间，坐西朝东。中为主厅，主间后隔有板屏，四面有回廊，可凭眺风景。

雪浪亭在致爽阁东，为卷棚歇山顶石柱方亭。其名源自明代在剑池上的雪浪轩，有范允临书额。此处曾是名僧洪恩的住处，其号雪浪，自题画像偈有曰："雪浪庵中不死人，走向江南说消息。"轩毁于咸同兵燹。今亭建于原轩之西，在前"国魂冢"遗址上。今亭柱刻于右任旧联："登高丘而望远海，倚长剑以临八荒。"

巢云廊在致爽阁东南，剑池西崖上方，为一沿岩壁走向的曲廊，临崖俯水，千人石诸景一览在目。廊名借乾隆间僧祖通所建的巢云阁，阁在铁花岩上，居高临下，有身处云天之感，故名。1990年建巢云廊于此，两端各为方亭式，北端为卷棚歇山顶方亭。廊顶作卷棚式，侧有栏杆。

虎丘五十三参 摄于 1920 年

大佛殿坐落在五十三参之上，原三山门旧址。原殿为明初住持普真重建，洪武二十七年（1394）毁于火。永乐间僧性海重建，《虎阜志·名僧》引茹《志》："视旧加高，作重檐，改向前，使去塔远也。"永乐十九年（1421）都指挥使童福海重建，门额上题"虎丘云岩禅寺"，内塑四大天王像，故改称天王殿。清顺治四年（1647），总兵杨承祖再次重建。咸同兵燹毁后，同治十年（1871）郡人陈德基募建，改供佛祖如来，上悬陆润庠书匾"我佛慈悲"。殿前偏东悬日本和尚日照所铸大钟，乃胡雪岩捐送。1966 年，殿内佛像及香供设施俱毁，1980 年恢复了主间佛像一堂，供游人瞻仰和信徒参拜，但不举行佛事活动。今大佛殿作鱼龙吻脊硬山顶，面阔五间，中三间为佛殿。主间中央筑有高台，上塑如来坐像和阿难、迦叶侍立像。两侧墙上挂有沈子丞绘十八罗汉画像。殿内悬"香界连云"大匾，原为清圣祖御书，今集字复制。殿柱上有金字楹联："古栝荫垂苔磴润，瑞莲香袭镜池清。"本是圣祖题于禅堂，由原住持楚光补书。

大佛殿东原有千手观音殿，明嘉靖三十一年（1552）建，清乾隆十九年（1754）重建，五十九年（1794）重修。殿内有檀香木雕刻的四面千手观音像，每面有手二百五十只，每手心有一眼，故又称千手千眼观音。王昙室人金礼嬴作长联曰："水光三昧，月光三昧，为勘破廿四圆僧眼目，当年海国潮音，耳观门门，装几个居士宰官婆子相；现夫人身，现命妇身，且放下八万母陀手臂，今日虎丘山寺，春风面面，看一班红男绿女大家参。"咸同间殿毁，光绪间重建。千手观音像于 1967 年被焚毁，空殿亦因梁柱遭白蚁蛀蚀被拆除。

1980 年在千手观音殿遗址建千顷云阁，作硬山脊顶，坐北朝南，面阔三间，南有走廊，东西门宕上有砖额"浮翠"、"骑云"。原千顷云阁在塔院西，南宋咸淳八年（1272）住持德垕所建，阁名取苏轼"云水丽千顷"句。家之巽《千顷云记》说："前为轩，居东面，以延纳空翠，收拾平远，然后畦畴畎浍之交错，遥岑平湖之隐现出没，风帆陆车、樵歌渔唱之断续欸乃。"沈周尝作《千顷云图》，今藏美国克利夫兰美术馆。在阁中可览西北田野山水风光，袁宏道《虎丘》说："千顷云得天池诸山作案，峦壑竞秀，最可觞客。"沈复《浮生六记·浪游记快》也说："吾苏虎丘之胜，余取后山之千顷云一处，次则剑池而已。"原阁在康熙年间划入行宫，遭咸同兵燹毁。

今千顷云阁西，大佛殿北，有一矩形木构砖亭，鱼龙吻脊歇山顶，即御碑亭。此地本有御书阁，北宋景祐四年（1037）建。元初改为妙庄严院。明僧良玠重建后，又称万佛阁。崇祯初毁于火。清圣祖南巡，在虎丘留下宸翰，康熙二十八年（1689）于此建御书亭。后来高宗也六次临幸，因此御书亭扩建为三座，形成"山"字形。咸同兵燹毁后，光绪十三年（1887）江苏巡抚崧骏于此建御碑亭。亭内并列诗碑三方，中碑阳面是圣祖《虎丘》，阴面为高宗《虎丘云岩寺》；东西两碑均为高宗诗，东碑为《恭奉皇太后游虎丘即景三首》、《虎丘山》，西碑为《庚子仲春虎丘寺五叠苏东坡韵》、《甲辰暮春上浣六叠苏东坡韵》。1957年重修，两方残碑嵌置亭后墙上。

五贤堂在御碑亭东南，又称五贤祠，明万历二十六年（1598）长洲知县江盈科建于平远堂遗址，祀韦应物、白居易、刘禹锡、王禹偁、苏轼五人。崇祯二年（1629）遭火而毁，马之骏重建。岁久倾圮，清乾隆二十一年（1756），元和县学司训费天修重建于东山浜，雷铉为撰《唐宋五贤祠碑记》。乾隆六十年（1795）移建后山竹亭之北，后来也废圮了。今五贤堂是 1982 年新建的，作硬山顶，面阔三间。门宕砖额祝嘉书"旷代风流"四字。堂内悬顾廷龙书"五贤堂"额。主间北墙正中有今人绘《五松图》。柱联曰："朝烟夕霭，诸岚收万象之奇，公等文章俱在；雅调元衿，异代结千秋之契，谁堪俎豆其间。"乃明人陈元素所撰，今由郑逸梅补书。东侧墙上嵌韦、刘、白三方像碑，西侧墙上嵌王、苏两方像碑。南墙西段嵌置万历三十八年（1610）孙继皋撰《虎丘重修五贤祠记》，1982 年在重修小吴轩时被发现。堂西廊壁嵌有两方明碑，一方是崇祯十六年（1643）袁枢撰《关帝祠阁碑记》，一方是吴一鹏书巡抚陈静斋等人的虎丘诗。

平远堂在五贤堂南，初建则在塔院北致爽阁旁，元后至元四年（1338）住持普明改建，题额"平林远野"，因为坐落山巅，确可望远。岁久坍圮，至明万历间，江盈科就在它的遗址上建五贤祠。今平远堂址为关帝祠，崇祯十一年（1638）张国维重修，清圣祖南巡时，赐额"云光台"，后毁于咸同兵燹。1931 年，住持宣楞在祠址上建再来室五楹。1997 年在再来室原址重建平远堂，借名而已。堂作硬山脊顶，面阔五间，坐北朝南。门墙上为鸡瓦脊玻顶，门内有东西宽三十二米的长方石平台。

小吴轩在五贤堂东，临崖而筑，卷棚歇山顶，面阔三间，坐西向东。轩始建于北宋，乃层楼高轩，用木支拄以架岩，凭虚而建，初名小吴会，朱长文《虎丘唱和题辞》说："一登此山，坐小吴会，叹赏不已，形于咏歌。"南宋已称小吴轩，范成象《水陆堂记》说："架壑为梁，结楼翚飞，直小吴轩相对如翼。""小吴"者，取《孟子·尽心章句上》"孔子登东山而小鲁,登太山而小天下",意谓在这里俯瞰东南,苏州城就显得小了。储大文《仰苏楼记》说:"过苏而不登虎丘,俗也;登虎丘而不登小吴轩,亦俗也。"轩南有望苏台,为四方形的石砌平台。

万家烟火在小吴轩北,坐落山巅东北端,非阁非轩,作卷棚硬山顶半敞式廊庑,面阔三间,坐西朝东。东为一排美人靠,于此放眼远眺,古城内外尽收眼底。

后山与前山相比,另有一番风光。家之巽《千顷云记》说:"丈室尽山之背,一目千里,以故遐披远眺,空蒙浩渺之趣,乃在寺后。"顾诒禄《静观斋恭记》则说:"吴中山水之明丽,莫胜于虎丘,而虎丘之胜,空蒙浩渺,尤在山后。遥望绣壤平畴,纵横交错,青芽黄穗,层叠参差,行帆野艇,出没波间,忽隐忽现,云开雾卷,虞山如拱几案,东眺马鞍,历历如睹。昔人诗谓'虎丘山后胜前山',不虚也。"

按《虎阜志》首卷《后山图》标注,后山有静观斋(即千顷云阁)、御碑亭、致爽阁、三畏斋、十八折、玉兰山房、三元殿、大士庵(即和靖读书台)、陆羽楼、小武当、中和桥和三天门。据《桐桥倚棹录》记载,应该还有响师虎泉遗址、通幽轩、小竹林、韵玉楼、三元殿等处,但景点不如前山多。前后山景的差异,实与山体的构成和环境有关。前山多泉石而后山多堆土;前山山麓多市廛民居,后山山麓则多水荡田野。风光迥然而集于一山,实在也是虎丘之所以为虎丘。

从历史上看,东晋时前后山麓各有一寺,东寺交通方便于西寺。自白居易开了环山溪,后山就不难去了。五代末移寺山上,筑造了走砌石，游人大多由南面上山，后山就冷清了许多。但自南宋尹焞在后山寓居后，吸引了不少士人学子，也就另有一番气象。明洪武至万历二百多年间，因南面山街堵塞，就大都改由北面上山，后山就热闹起来了，建筑也大有增加，如有玉皇殿、真武殿、玉兰山房、大士庵、三元殿、祖师殿、陆羽楼等二十八殿。但在清咸丰十年（1860），太平军据山起城后，后山建筑大多被毁。后山的整修是从上世纪五十年代开始的，现在看到的规模，几乎都是 1980 年后陆续重建和重修的结果。

尽管沧桑无常，但后山有两处山道始终存在，那就是百步趋和十八折。百步趋是略呈弧形的山道，从今"书台松影"向东南方上行，可通向千顷云阁，石阶共有一百零八级，故称百步。始辟年代不详，想来本是自然山道，铺就一级级石阶应该是明初以后的事。十八折在百步趋之西，这是用黄石条砌成的驳岸，边上有栏杆，随山势高下分为五个阶层，层与层的走势，曲折如"弓"字形，故称十八折。据《虎阜志》卷首《后山图》标示，每层转折都作直角拐弯，可知清代前期已是如此。这是后山另一条登山通道，从小武当攀越十八折，也可到达山顶。

从小武当上行，上驳岸石阶平台，就到了通幽轩。通幽轩是宋理学家尹焞寓所的一部分，但原轩在西边，那里最早是王珉的西寺，宋时称西庵。尹焞字彦明，河南人，早年师事程颐。尝应试，见试题为诛元祐诸臣议，不答而出，终身不应举。靖康初种师道荐召京师，赐号和靖处士。绍兴初历崇政殿说书、礼部侍郎兼侍讲。上书力斥与金议和，乞致仕。绍兴九年（1139）正月至平江，黄士毅《和靖先生年谱》说："寓居虎丘西庵，扁上方所居之室曰三畏斋。"十年（1140）

九月就往桐庐，十二年（1142）卒于会稽。虽然他在苏州不到两年，对苏州学界却很有影响。嘉定七年（1214），士人于西庵为他建祠。两年后移建于西庵上方，端平初改为和靖书院。明嘉靖间仍建祠于原址，遭咸同兵燹毁。

1959年，重建通幽轩于今址。此地本是陆羽楼遗址，乾隆五十四年（1789），苏州磨坊同业公所购得其地，建磨坊公所，因中奉马牛王神像，亦称马牛王庙，作为磨坊业集会议事之所。旧时农历除夕，例为清偿一年债务之日，还不了债的人便趁马牛王庙祭神之机，藏身于此，故俗呼此庙为"赖债庙"。今通幽轩就造在庙址上，硬山顶，面阔三间，坐南朝北，东西各有附房一间。

通幽轩东北，有和靖读书台和三畏斋，本都在西庵故址，一度改为大士庵，毁于咸同兵燹。今和靖读书台和三畏斋都是2004年重建的，合成"书台松影"景区。三畏斋作硬山顶，面阔三间，坐北朝南。室内悬"三畏斋"额，乃尹焞自题，"三畏"者，语出《论语·季氏》："君子有三畏：畏天命，畏大人，畏圣人之言。"廊西南有亭，名松籁轩。和靖读书台在东面平台上，有石桌石凳，边上大石上篆"和靖读书台"五字。

玉兰山房在通幽轩上方，以朱勔所植玉兰而得名。袁学澜《吴郡岁华纪丽》卷二"玉兰房看花"条说："吴中虎阜山后玉兰房之树，宋朱勔自闽所构，未及进御，移植于此。明天启间，为大风所摧，后复浸长。乾隆初，翠华临幸，时尚未花，吴民窨火烘之，雪蕊齐放，老干被灼枯萎。今孙枝已高数丈，花时素艳照空，望之如云屋琼台，诚胜观也。"山房始建年代不详，明人陈序炳《虎丘玉兰》有云："琼树迎春发，排枝拂佛寮。"则可知玉兰之侧已有建筑。这株玉兰直到咸丰初,依然花开如云。咸同兵燹后,玉兰并山房全毁。今玉兰山房建于1959年,坐北朝南,卷棚歇山顶,面阔三间。

玉兰山房东,经百步趋,可望见绿树丛中的涌泉亭,那是为纪念南朝高僧惠响而建造的。惠响,吴兴人,俗姓怀。《虎阜志·名僧》称其"常住虎丘,不得甘泉,乃俯地侧听,云:'此有泉,当凿石为井。'泉涌三丈。或谓虎为之跑,因名虎跑泉"。惠响天监中住在西寺,所谓"虎跑",当是他豢养的小虎。不久,他应邀入京说法,梁武帝尊之为师,人皆称其响师,此泉也改称响师虎泉。此泉至万历时犹存,上有八角井栏。后一度湮没,明末清初重又发现,顾苓《泉上留题序》说:"虎丘东北偏,凿地得泉,正当《续图经》所注虎跑泉处,即王随《记》中响师虎泉也。"但不久还是湮失了。今涌泉亭建于1959年,为卷棚歇山顶石柱方亭。

山麓的拥翠山庄,在二山门内山街西侧,自南向北山势渐高,所以它的建筑呈阶梯形布置,高下错落,以石阶连为一体。其间植有柏、桂、银杏、石榴、黄杨等,绿树掩映,修篁摇曳,以副"拥翠"之意。清光绪十年(1884),洪钧与友人彭翰孙、文焯等同游虎丘,看到憨憨泉上的西坡很荒凉,于是就共同出资在那里建造一座园林。杨岘《拥翠山庄记》说:"于泉旁笼隙地亘短垣,逐地势高低,错屋十馀楹。面泉曰抱瓮轩,磴而上曰问泉亭,最上曰灵澜精舍,又东曰送青簃,而总其目于垣之楣,曰拥翠山庄。"

抱瓮轩是山庄第一进,大门两侧墙上有"龙"、"虎"、"豹"、"熊"四个石刻大字,为陶茂森书于咸丰八年(1858)。轩作硬山顶,面阔三间,东墙外即憨憨泉,轩后有边门通井台。轩西有一片柏树林,林中有南社诗人陈去病墓,为半圆状砖墓,筑有罗城和墓道,墓碑镌"陈佩忍先生讳去病之墓",为柳诒徵所书。

问泉亭是一木结构方亭,作卷棚歇山顶,内置石桌石凳。北面倚岩为墙,嵌置《吕祖百字碑》等。前有楹联曰:"雁塔影标霄汉表,鲸钟声度石泉间。"原是清高宗题大雄殿联,由今人补书。亭西北两面立有湖石数峰,形似龙、虎、豹、熊,花坛中有石榴、紫薇、黄杨等,形成一方雅致的小天地。亭西为月驾轩,硬山顶,半敞式,狭长如舟。主间有"月驾轩"额,陆润庠书联曰:"在山泉清,出山泉浊;陆居非屋,水居非舟。"南次间墙上嵌隶书"海涌峰"巨碑,为嘉庆元年(1796)钱大昕书,光绪十三年(1887)出土,江苏巡抚崧骏特予建屋保护,碑旁有朱福清题识:"光绪丁亥十三年得是碑于山麓,请于中丞崧公,建榭保护。名人笔墨,历劫不瘗,书以志之,永垂不朽。归安朱福清题。"所谓"建榭",即将"月驾轩"旧额移置此处。

送青簃,硬山顶,面阔三间,前有一字轩廊。本送青簃在灵澜精舍东,为陈恪勤公分祠。恪勤是陈鹏年谥号,其字北溟,湖南湘潭人,清康熙四十七年(1708)任苏州知府,因多有惠政,城内有祠,为何还建分祠于此呢?原因亦与虎丘有关。据吴翌凤《逊志堂杂钞》丙集记载,陈鹏年守苏州,重游虎丘,曾赋诗两首,"时总督噶礼务欲尽去僚属之异己者,以两诗为诽谤,逐句旁注而劾奏之,摘印下狱。圣祖谕曰:'诗人讽咏,各有寄托,岂可有意罗织,以入人罪?'命复其官。寻擢霸昌道,仕至河道总督,谥恪勤"。陈祠废后,建涌翠山庄,移额于此。1924年苏州镇守使朱熙改作陆文烈公祠。文烈是陆锺琦的谥号,其字申甫,顺天宛平人,宣统三年(1911)在山西巡抚任上,全家死于辛亥革命。其子陆光熙是革命党人,从日本赶回来动员父亲反正，也被误杀。祀陆锺琦于此，正是传统"旌忠"的规矩。陆祠废后，仍名送青簃。今厅上有联曰："松声竹韵清琴榻，云气岚光润笔床。"原为清圣祖题行宫联，由今人补书。前侧廊墙嵌碑三方，曹允源撰《陆文烈公祠碑记》、费树蔚撰《陆文烈公祠碑书后》和杨岘撰《拥翠山庄记》。

灵澜精舍是山庄的主建筑，硬山顶，面阔三间，前有界廊，廊前原有柱联曰："水绕一湾，幽居足适；花围四壁，小住为佳。"主间悬"灵澜精舍"额，原为俞樾书，并有跋曰："岁在甲申，文卿阁学、修庭观察诸君访得憨憨泉，遂筑室其上，小坡孝廉以此四字名之。"柱联原为洪钧撰书，曰："问狮峰底事回头，想顽石能灵，不独甘泉通法力；为虎阜别开生面，看远山如画，翻凭劫火洗尘嚣。"联额均由今人补书。

虎丘西南麓，乾隆时有"西溪环翠"一景，见《虎阜志》首卷。西溪即白居易所开的环山溪西段，晚唐诗人皮日休、陆龟蒙曾泛舟其上，有诗唱和。乾隆五十一年（1786），陆龟蒙后裔陆肇域在西溪东南侧建一别墅，其中仿建了甫里陆龟蒙祠中的清风亭、桂子轩、斗鸭池、菊畦、竹堤等八景。又另建了西溪草堂、环翠阁、四美楼等，还种植不少花木。西溪别墅等建筑毁于咸同兵燹，这一带夷为蔬圃。2002 年，在这里重建西溪环翠景观，次年落成，可分"镜台云梦"、"西溪环翠"、"篱门幽竹"三区。

虎丘东南麓，古称东山浜。东晋时为王珣别业，其舍宅后，即为虎丘东寺之址。五代末建寺山上后，这里就开始冷落了。但也陆续建有短簿祠、东山庙，大德庵、隆祖塔院等。1950 年，东山庙一带划归虎丘中学分部。1980 年学校迁徙后，辟建万景山庄。

虎丘东山庙　摄于1940年

这座山庄坐南朝北，门前临河处有四柱石碑坊。石坊南额曰"塔影浮翠"，柱联曰："水墨云林画，松风山谷诗。"石坊北额"吴岳神秀"，柱联集清陈鹏年句："春风再扫生公石，落照仍衔短簿祠。"山庄入口为东西两圆洞门，"万景山庄"四字隶书题于门墙正中上方。门厅后有宽阔的长方形门宕，有额"亦山亦水"。入门便有一座大型黄石假山，两股飞泉泻入山前池中，淙淙有声。拾级北上，为一大平台，上有一座面阔三间的四面厅，作鱼龙吻脊歇山顶。明间前后皆为长窗，馀为短窗。堂上悬有大匾，题"万松堂"三字，系集文徵明字。这里本是东山庙遗址，原殿及遗物早已毁佚，惟石狮一对历劫犹存，今移置山庄门外。万松堂后有一厅堂，卷棚歇山顶，面阔三间。周围有檐廊，设砖细坐栏。堂前平台上和堂东外摆满了树木盆景，品种繁多，式样各异。松风明月堂东侧高处有一馆阁，卷棚歇山顶，面阔三间，东西朝向，悬额"集锦阁"。

隆祖亭在万松堂东南，为四角攒尖顶石柱亭，亭中悬虚云法师1953年所题"天下临济祖庭"额，并跋曰："《虎丘山志》载，明文震孟氏为隆祖塔院题此六字。院圮书佚，兹特重书，榜诸庭庑，千秋薪火，永式前徽。"隆祖塔院原址就在此地，有一墓塔，塔前有石坊，上题"临济正传第十二世隆禅师塔"，建于南宋绍兴六年（1136），元至大二年（1309）重修，赵孟頫撰塔铭。清乾隆五十一年（1786），僧祖通重建。1966年，墓塔及坊被毁。今在原址建亭，以志纪念。

山庄东南临水处，原有大德庵，即洞明禅师塔院，因圮败不堪，于1955年拆除。旧时近处有瑶碧山房，建山庄时重建，作卷棚硬山顶，面阔三间，陈列黄蜡石、英石、木化石、太湖石等山石盆景。山房东侧水池中，建清绮亭，为卷棚歇山顶方亭。又建蘋香榭在清绮亭北，为卷棚歇山顶水榭，面阔三间，陈列墨石、黄龙石、白太湖石、三江石、彩陶石、灵璧石等山石盆景。

今山庄陈列苏派盆景精品六百馀盆，集中体现了苏派盆景的艺术特色。举其代表作，如雀梅树桩"虎踞龙蟠"，树龄约四百年，高两米，主干虬曲半卧，叶密而有层次，气韵苍劲，有"雀梅王"之誉；圆柏树桩"秦汉遗韵"，树龄约五百年，高一点七米，主干古拙枯涸，但枝叶茂密，如老柯逢春，生意盎然，盆为明紫砂莲花盆，几配古青石九狮墩，明珠古椟浑然一体，惜今已老枯而死；榔榆树桩"龙湫"，树龄约两百年，桩高零点七九米，桩干枯朽，皮色斑驳，但枝叶繁茂苍翠，朽干纹理如瀑布下泻，形若雁荡山龙湫，配以明紫砂盆，益感古意森森；刺柏树桩"奇柯弄势"，树龄约五百年，桩干枯涸，极有沧桑感，侧枝横生，枝繁叶茂，顶冠如盖，生机蓬勃。

近年在山庄东部辟苏州盆景艺术陈列馆，介绍了中国盆景源流以及与苏州盆景的关系，苏派盆景的历史和特色，苏派盆景制作工艺，苏派盆景名家周瘦鹃、朱子安、叶菁等人的贡献，并展示了自明至上世纪的各式盆器精品。

相城春暖锦如霞

苏州古城北隅，西起望亭，东至相城，在清雍正二年（1724）分县前向属长洲县，分县后分属长洲、元和两县。就地势而言，由西而东，渐次低下，尤其是东北一带，河道纵横，湖泊密布。隆庆《长洲县志·水部》说："长洲之境，七百馀里，民多濒水以居，田资以治，然诸湖异潴，河渠纷错，畜泄流行，于是乎在，固水利所关也。"

那里的主要河道，有元和塘、望虞河、西塘河、济民塘、冶长泾、永昌泾、黄埭塘、朝阳河、界泾河、南雪泾、渭泾塘、北河泾、蠡塘河、洋泾河等。这里只介绍元和塘、望虞河两大工程。

元和塘，即常熟塘，唐元和二年（807）开浚，故名。南起苏州齐门外，北至常熟翼金门外，与外城河相连，全长三十九公里。朱长文《吴郡图经续记·水利》说："至唐元和中开常熟塘，古碣仅存，颇称灌溉之利，其郡守氏李（不著名），廉使氏韩（韩皋，元和三年为浙西观察使）。"又讹作云和塘，正德《姑苏志·水》说："云和塘，本名元和，唐郡守李素所治，成于元和四年，故名。后讹元为云，今但呼常熟塘。南连运河，北入常熟界。"唐将仕郎前左威卫录事参军刘允文撰《元和塘记》，朱长文尝见其碑。

望虞河，1958年开挖，起自苏州、无锡交界处的太湖沙墩港，沿两市边界向东北行，从北桥枫塘泾出鹅真荡进入常熟界，过嘉菱塘、张墓荡，绕虞山西北麓，在王市花庄村耿泾口北侧流入长江，全长六十点二公里。因途经望亭、虞山，故称望虞河。

那里的主要湖泊，有漕湖、裴家圩、长荡、鹅真荡、蓍泽湖、尚泽荡、阳澄湖等。

漕湖，在古城西北二十里，在黄埭、北桥两镇交界处，西部水面今属无锡后宅。本名蠡湖，因与蠡渎相通，故名。《太平寰宇记·江南东道四·常州》说："蠡渎，西北去县五十里，范蠡伐吴开造。"又说："太伯渎，西带官河，东边范蠡渎，入苏州界，淀塞年深，粗分崖岸。元和八年，刺史孟简大开漕运，长八十七里，水旱无虞，百姓利之。"正德《姑苏志·水》说："其称漕湖，不知所始，或云以通漕运，故名。其西属无锡县，其浸皆属长洲。漕湖之东为永昌泾，为黄埭塘，为东钱泾、西钱泾，其北为冶长泾，为鹅肫荡，诸水互流，并流云和塘。"华幼武《早发漕湖》云："漕湖东南大星起，潋潋光晶射湖水。两髯摇橹逆风行，浪花激船洒飞雨。我时起坐推篷窗，天地暗惨开鸿庞。扶桑日出东海沸，波涛滉漾珊瑚光。回风扬帆舟子喜，唱歌迳度三十里，楼阁参差见吴市。"今湖面积九点零七平方公里。

裴家圩，在黄埭、东桥两镇境内，今改名春申湖。民国《黄埭志·水道》说："黄埭乡水道最宽处为裴家圩，面积五六方里。从裴家圩经九图圩，出鱼池衖至破楚门，计程三十馀里。"今湖面积一点三五平方公里。

长荡，在古城西十里，周二十里，城西诸流多汇于此，潴为巨浸，后多为豪民所据，遏水畜鱼，河流渐狭，又西北达于运河。其间

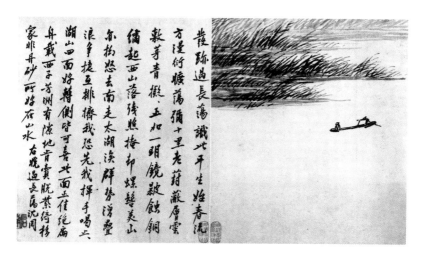

《吴中山水图册·过长荡》　明沈周绘

支港四通,势甚浩旷。长荡内有青黛湖,也称青苔湖,顾禄《桐桥倚棹录·溪桥》说:"青黛湖,在长荡内。两岸居民多浚池育鱼,故土人呼为鱼池路。路旁皆栽杨柳,以固池防。春夏之交,泛舟于此,浓青烟景,绝妙一幅文氏画图。"沈周《过长荡》云:"发迹过长荡,识此平生始。春流方漫衍,旷荡弥十里。老葑蔽层云,敷芽青拟拟。正如一明镜,皴蚀铜绣起。西山欲临照,掩却螺髻美。山亦拗怒去,南走太湖涘。群势涌叠浪,争捷互排挤。我恐先我去,挥手喝止止。湖山四面好,转侧皆可喜。此面正佳绝,扁舟载西子。芳洲有隙地,肯卖脱紫绮。移家非丹砂,所好在山水。"

鹅肫荡,今作鹅真荡,古称濠湖,也称鹅湖,在古城西北二十馀里。张内蕴、周大韶《三吴水考·苏州府水利考》说:"濠湖,俗名鹅肫荡,北与常熟、无锡分界,西北纳常州无锡诸水南入漕湖、长荡及黄埭荡,分注元和塘。"今湖面积五点一九平方公里,沿湖水道十四条,望虞河贯穿其中,与漕湖相连,其东南属北桥,西北属无锡荡口。

蓍泽湖,一名施泽湖,在相城镇东北。民国《吴县志·舆地考·水》说:"广六七里,南连阳城东湖,至元和县境;北通潇泾,至常熟界;东通巴城湖,至新阳泾;西通官泾塘口,至阳城中湖。"

盛泽湖,旧称尚泽湖,在相城镇西南。《三吴水考·苏州府水利考》说:"尚泽湖,在县东北,广四十里,南通彭渰,北通相城河,西通元和塘,东通阳城湖。"民国《吴县志·舆地考·水》说:"盛泽湖,一名盛泽荡,在阳城湖西,广五六里,分为二,南曰清漪荡,北曰尚泽荡,其东有盛坝门,为湖水泄入阳城湖要道。"

阳澄湖,旧称阳城湖,又称杨澄湖、洋澄湖,南北长十七公里,东西宽十一公里,今湖面积一百十九平方公里,为太湖平原第三大湖。民国《吴县志·舆地考·水》说:"在县东北二十里,上接吴淞江,东通巴城湖,北通施泽湖,东流入新阳县界,西北近相城,南出娄江,北近常熟昆承湖。长洲诸湖,此为最大,广七十里。自横泾以西,莲花朵以东,彝亭以北,阳城村以南,为东湖。莲花朵、阳城村以西,石狮泾、承天庄以东,为中湖。官渎在其南,相城在其北,承天庄在其东,邢店港在其西,为西湖。虽分为三,实一湖也。"元人袁华《阳城湖》云:"海虞之南姑苏东,阳城湖水清浮空。弥漫巨浸二百里,势与江汉同朝宗。波涛掀簸月惨淡,鱼龙起伏天晦蒙。雨昏阴渊火夜烛,下有物怪潜幽宫。度雉巴城水相接,以城名湖湖不同。想当黄池会盟后,夫差虎视中原雄。东征诸夷耀威武,湖阴阅战观成功。陵迁谷变天地老,按图何地追遗踪。我来吊古重太息,空亭落日多悲风。虎头结楼傍湖住,窗开几席罗诸峰。鸣鸡吠犬境幽閴,嘉木良田青郁葱。渔郎莫是问津者,仙源或与人间通。时当端阳天气好,故人久别欣相逢。玻璃万顷泛舟入,俯览一碧磨青铜。莼丝鲈鲙雪缕碎,菱叶荷花云锦重。恩赐终惭鉴曲客,水嬉不数樊川翁。酒酣狂吟逸兴发,白鸥惊起菰蒲中。相国井湮烽火暗,郎官水涸旌旗红。此中乐土可避世,一舸便逐陶朱公。更呼列缺鞭乖龙,前驱飞廉后丰隆。尽将湖水化霖雨,净洗甲兵歌岁丰。"这首长歌追溯了阳澄湖的历史,咏唱了湖上的风光。

早在万历年间,申时行就题阳城八景,分别是"慈云晓霁"、"孙墓斜阳"、"界溪晚渡"、"澄湾夜月"、"断桥落雁"、"鹜峰烟雨"、"淀渚渔灯"、"莲池避暑"。民国《相城小志·川泽津梁》又有题阳城湖十二景,分别是"彭堰渔灯"、"蚬山春日"、"荻渔孤箬"、"相城云树"、"高湖雪艇"、"蕈泽泥舟"、"断桥夜月"、"阳城击罩"、"芦苇落雁"、"湖心双埂"、"罟船乘浪"、"鸭阵归湖"。这些景观大都是从自然风光入眼来点击的。其中"蚬山春日"指的是湖西岸的白蚬山,民国《吴县志·舆地考·水》说:"白蚬山在城东三十里阳城湖滨,渔户堆螺蚬于土阜上,日积月累,渐次成山,远近过者,照耀如晴雪云。"

清嘉道以后,阳澄湖以清水大闸蟹闻名,当"九雌十雄"之际,以蟹簖障流,悬灯于水畔,则胥胥而来,雄者膏多,雌者黄实,为宴席隽品。宝山人袁翼写过一篇《湖蟹说》,这是较早记录阳澄湖蟹的文献:"吴中蟹品,推昆山阳城湖中为一,土名横泾蟹,然有东西之别。西湖即阳城湖,东湖即傀儡湖。东湖以尖脐胜,西湖以团脐胜,是皆吕亢之所未图,龟蒙之所未志也。阳城弥漫数百里,分汇东湖成

阳澄湖

千顷巨浸，凉秋八月，湖水既平，绝流设籪，划艇垂饵，夕阳西坠，渔篷云集，波心之灯影千艗，沙嘴之纬萧四牵。既而水气若练，月华疑霜，榜人夜语于荻洲，吴歌远答于菱荡。余尔雅熟读，监州愿无，来往西湖。虽非橙黄橘绿时，常作浮白持螯之想。壬午十月，泊舟真义，售数篱归家，盛以巨瓮，啖以胡麻，夜不烛以火，恐其爪之惊触也，望后必煮食，恐其黄之渐虚也。在吾邑黄歇浦中者，为沧海长卿，随潮入溆，食江水而肥。团者爪短，而甲筐微圆；尖者爪长，而甲筐微匾。郭索登盘，想涪翁之大嚼；醹醳开瓮，恐邠老之催租。海虞人争购以乱湖蟹，舍是则自郐无讥矣。"

阳澄湖东的相城镇，约宋室南渡后渐成聚落，至明初，与黄埭、王墓、尹山并称长洲县四大市。其得名之由，正德《姑苏志·古迹》

说:"相传子胥初筑城时,先于此相地尝土,而城之下湿乃止,其地因名。"这当然是"相传",至今相城之"相",读 xiāng 而不读 xiàng。民国《相城小志·古迹坊廛》进而说:"相传伍子胥拟筑城于相城,砖已运置,因土柔地低而罢,将砖铺砌河东街道。"这更是瞎三话四,当时城垣都是板筑土城,哪有什么城砖,砖街更是宋代以后才见于城市。王謇《相城小志序》说:"窃意吴民世称子胥为伍相,以越摇君、古巴王、摇城、巴城之例推之,即以相为子胥之称号亦无不可,正不必援《公刘》'相其阴阳'、《洛诰》'来相宅'之义曲为之解也。相城当有明中叶,韩襄毅、徐武公咸来寓居,正德之朝,更得石田翁以高隐其间,地以人重,又何殊鲁望之于甫里,文穆之于石湖,俟斋之于涧上哉。"历史上的相城人物,宋元间有王皋、王原、王智、张伯颜,明清两朝相城的进士,有都穆、刘布、高玉驹、高翔麟,此外还有王宾、刘珏、沈周、都印、王锜、陆肇域等,更有僧人道衍(姚广孝)、道士席应真,还有一位精于造船的史匠,与姚广孝、沈周、都穆称"相城四绝",还有将沈周、姚广孝、席应真称儒、佛、道三个代表人物

清宣统三年(1911)筹办自治,合五都为一区,称湘城镇,1912 年并入吴县,称湘城市。湘城这个地名,一直延续至今。民国《相城小志·沿革》介绍了相城市的概况:"全市地广,南北二十余里,东西十余里,东南襟带洋澄,西南抱抱盛泽,南眺虎阜,北望虞山,湖山环映,天然清旷。辖区五,领图五十有二,制村七十有三。北界常熟,东接昆山,南连五潦泾,西毗陆墓南北桥。地势东北低洼,田多筑圩为卫,西南高亢,间有稍低之处。米麦两种,为物产大宗。河底一村,独有依渔治生者,约百馀家,馀均以田为业。工商艺术,只西

区二十一、三十二图少数织麻，著名相城杜夏布。秋冬农隙，或设簖捕蟹，或结网罗鹜，近以所产不丰，故业之者渐少。洋澄湖素产金爪蟹，频年物稀价昂，一快朵颐非易易也。风俗，乡村俭朴，男耕女馌，镇稍华缛。镇有六，曰相城，曰太平桥，曰陆巷，曰消泾，曰强芜，曰车渡。相、太两处，商店约占居户之六七，略见繁盛，消泾兴而强芜、车渡废，陆巷则年来崔苻不靖，又以南塘、蛇泾两村富户他徙，几一蹶不可复振矣。"

相城具有独特的江南水乡景象，姚士蘅《相城记序》说："按此镇去郡约四十里许，田最下，赋最重，民无伎俩，岁困征输，俗鲜咿唔，人多暴戾，坦守僻处乎一隅，闻名而至其郊坰，固荒陬草泽之区哉。然地方百里，壤跨三都，即三区之址，人民在上，四面襟湖，百川潆汇，街衢旷达，市贩纵横，亦俨然一都会也。每于春夏之际，云霓乍起，忽尔雷轰雨霈，龙奋蛟腾，玉浪银涛，上浮碧汉，使天孙濯锦于河畔，风伯饮马于津桥，非皆冯夷波澜之馀哉。而秋冬之际，霜露戒严，一旦水国生寒，洲胶浦冻，冰山雪巚，高出苏台，俾琼枝荸甲于长林，玉树生花于茂苑，毋乃黍谷回阳之渐乎。泉自甘而物肥，土本湿而草茂。银鱼无骨，著美于河鲜；黄雀多脂，称珍于美味。震泽绿鳗，腴同禁脔；阳城紫蟹，品越侯鲭。茆柴之酒杯浮，藜藿之羹鼎沸。地饶浮泽，业尚渔樵。剖竹为梁，人擅绝流之簖；沤麻结网，野罗竭泽之鱼。渔子沙头，风送腥膻疑羯虏；砦潭基上，蛙喧鼙鼓讶渔阳。柳陌桃溪，不减上林春色；园蔬圃竹，无非田舍生涯。灌蛙无待于决渠，壅捞每勤于荷锸。时逢布谷，鸟竞催耕；妇有惊佣，虫喧促织。新获登场，举目尽堆螺髻；宿春满囷，鼓腹咸享膏粱。绕篱扁豆成棚，遍野香芹献薂。芦城如障，休夸粉蝶连云；著泽为池，不羡黄河如带。民皆习水，女惯操舟。纵建虏之鸱张，插翅安能飞渡；即符氏之枭雄，投鞭曷以断流。烟波万顷，风月双清。牧笛低吟，桡歌远唱。处处桑枢蓬户，安如广厦高堂；家家草榻秧衾，暖若重茵叠褥。允乐避兵之所，奚忧兵警之虞。"在这样的地方，战火难以蔓延，故俗谚有道是"相城宜兴可以避兵"，当地不少人家就是避乱逃难而来定居的。即使在抗战沦陷时期，新四军伤病员还可躲进芦苇荡中，现代京剧《沙家浜》的故事原型，就发生在相城阳澄湖畔，而不是常熟的那个"沙家浜"。

旧时相城也有八景，略作诠释。

"妙智名刹"，即妙智庵，乾隆《长洲县志·寺观》说："梁天监中僧西铭创，宋宣和间僧紫章修。明初姚广孝为僧居此，既贵重修，有敕赐碑文。"姚广孝重修妙智，是在永乐二年（1404）六月回乡时动议的，他在《相城妙智庵姚氏祠堂记》中说："每念相城故里，陇墓既无，祖业何在，岁时祭扫，曾不可得，言于此，无任哀悼。惟妙智庵独存，庵乃宋宣和间赐紫法章大师所建也，距今三百三十余年，其间兴废非一，僧亦零落殆尽，仅存修学一人守其香烛。俄学来告曰：'庵宇年远，梁木腐坏，不堪修理，虽欲革故鼎新，无力为之，奈何？'余谓学曰：'妙智乃吾昔受经之所，吾合为也。'即捐赀购材，倩佣力撤去故宇，重为创造，虽非大规模，比旧壮丽有加。始于十二年甲午秋八月，完于十三年乙未秋八月。复敦良匠雕妆西方三圣像位，于两廊塑十八大阿罗汉像，列于观音殿之左右。至于翻经之室，庖湢之所，几榻椅案，凡器用之物，无不毕备。于是设立祖父母祠堂于西廊，可岁时遣人祭祀，庶可以寓吾孝思也。"明清间屡修，光绪时姚文璐还募修大殿。1954 年因改建粮库而废，今尚存部分遗构。

"少师遗像"，姚少师祠在妙智庵内。永乐时姚广孝在庵中建姚氏祠堂，后改姚少师祠，悬其像。姚广孝生前就有画像，不止一幅，造像也不一样。王世贞《吴中往哲像赞》说："按王文恪公纂吾吴志，谓公不娶卒不蓄发。而于他纪闻又云，尝见其像大兴隆寺，红袍纱帽，秃顶而肥。今像乃永乐三年笔，七十有三矣，面皱瘦而白须飘然，恐未真，乃以意摹得之。"田艺蘅《留青日札》卷二十七"姚广孝"条也说："今寺中有方面、红袍、玉带、髡顶、戴唐帽像者存焉。"画像上都有他的自赞自跋，蒋一葵《长安客话》卷一"姚少师影堂"条说："京师有姚少师画像，面大方肥，红袍玉带，髡顶上戴唐帽。今崇国画像犹是僧服，姿容潇洒，双睛如电光之灿。像赞云：'看破芭蕉柱杖子，等闲彻骨露风流。有时摇动龟毛拂，直得虚空笑点头。'盖本色衲子语。跋云独庵老人自题。独庵，少师别号也。"《日下旧闻考·郊坰·西十四》引《郊亭诗话》："北京仰山寺有姚少师画像，自赞其上，云：'这个秃厮，忒无仁闻，名垂千古，不值半文。'"又《逃虚子诗集补遗》有《少师真容自跋》曰："幼读东鲁书，长习西方教。抹过两重关，何者为悟道。不厌山林空寂，不忻钟鼎尊荣。随缘而住，任迟而行。犹孤蟾之印沧海，若片云之浮太清。了无他说，即此便是人间。我更何如，手里素珠一百八。"他的自赞自跋，既体现了释儒兼容的思想，也知道后世会对自己如何评价，很有自知之明。至于妙智庵姚少师祠所悬之像，当是摹本无疑，但究竟是哪一本，则不得而知了。

"虹桥断渡"，虹桥跨中十八都九图，久废。民国《相城小志·杂记祥异》："虹桥在妙智庵西，今名虹桥湾，桥久颓废。相城龟形，妙智庵基为头，灵应观为股，观桥为尾，虹桥、坍石桥、济民桥、天福桥为足。今虹桥已废，观桥改为石桥，一足已断，尾亦重压，且有黄石墙压其臀股，自难活动也。"

"通仙宝坊"，通仙桥即观桥，在灵应观南。王时敏《重修相城灵应观记》说："石梁横亘，颜曰通仙；宝坊岧峛，额名灵应。"可见观桥、宝坊、灵应观山门在一条直线上。坊已久废，且少记载。观桥至今仍在，清光绪十六年（1890）张毓庆重建，为南北走向单孔石拱桥，长二十八点七米，宽三点八五米，拱高三点九五米，拱券用纵联分节并砌置法，金刚墙以条石叠砌，中加丁头石。东西明柱各有联语。桥身由武康石、青石、花岗石混砌，可见历代修葺的痕迹。

"灵应古观"，即灵应观，乾隆《长洲县志·寺观》说："灵应观在县东北五十里相城，宋咸淳二年道士赵志清奉敕建为道院，元延祐间真人苏斗南能呼吸风雷，名闻当宁，升院为观。明洪武初归并圆妙观，席应珍奉母终养，以孝称。周鹤林以祈祷著绩。隆庆间里人马倖修，天启癸亥道士金寰宇重修。本朝康熙十七年赵弘科募增集元堂，二十四年建文昌阁。"王时敏《重修相城灵应观记》称席应真"博通渊微，旁及儒释兵法，莫不洞晓，孝友和敏，望而知为神仙中人者。先提点苏城白鹤观，郑明德为之记，及老归相川灵应观，奉母终养二十馀年，姚荣国铭其孝行"。姚广孝对他很是敬重，久而久之，一道一释就成了忘形交。正德《姑苏志·人物十·名臣》说："时相城灵应观道士席应真者，读书学道，兼通兵家言，尤深于机事。广孝从之，执弟子礼，于是尽得其学。然深自退藏，人无知者。"

"内史祠堂"，即陆云土地庙，乾隆《长洲县志·坛祠》说："陆内史祠，在相城益地乡，祀晋大将军右司马云。"陆云字士龙，吴人，永宁二年（302）成都王司马颖表为清河内史。徐有贞《晋大将军右司马陆士龙祠记》称其"因督粮过吴娄地，见岁祲，以所督粮储尽赈饥民。忤成都王颖，颖将杀之，而孟玖素忿怨于云，由是云遂遇害。虽死一身，能救万民，民感其德，名其塘曰济民，以衣冠葬杨城湖之滨，人呼为陆墓村，立祠于相城市中，至今民祠之不绝"。明成化中，里人沈贞吉重建。

"渔沙落雁"，本是水乡寻常景象，相城更有渔子沙口，民国《相城小志·川泽津梁》说："渔子沙口，相城东岸迎仙桥内，昔时渔舟聚泊于此，鱼灯密布，光明如昼，盖古之鱼市也。"

"石田古墓"，沈周墓在西庵桥东塊西牒字圩内。沈周卒于正德四年（1509）八月二日。七年（1512）十二月二十一日，庶出沈复和孙沈履，将沈周之柩安葬于祖茔，王鏊撰墓志。1921年，施兆麟请吴中保墓会立石保护。1928年，后裔沈彦良建碑亭一座，嵌置张宜撰《故沈良琛妻徐氏墓志铭》、《故孺人徐氏墓志铭》，施兆麟撰《沈氏碑刻亭记》等。今墓地已经整理，占地约五亩，封土高三米，竹树环绕，环境静谧。

相城历史上，有过不少有名的第宅园林，择要介绍如下。

刘珏的寄园在北雪泾，于宅旁累石为山，颇多幽胜，仿卢鸿一草堂，厘为十景，曰笼鹅馆，曰斜月廊，曰婵娟室，曰螺龛，曰玉局斋，曰啸台，曰扶桑亭，曰众香楼，曰旃檀室，曰啸铗堂，图成各系以诗。齐门外小洞庭亦刘珏所居，吴宽《完庵诗集序》说："完庵先生刘公，少为刑部属，出金山西按察司事，居三载，即弃官归吴中，年始五十耳。公神情萧散，无冠裳之累。其家长洲之野，江湖之上，日玩云水不足，引水为池，累石为山，号小洞庭，与客登眺，以乐兴至，辄瞪目为吟哦声。"韩雍有《刘佥宪廷美小洞庭十景》诗咏之，每景均有注，隔凡洞："洞庭林屋洞天中有大书'隔凡'二字镌之石上，小洞因效之以名。"题名石："古之文士游名山，必有题咏，小山虽不足观，而徐武功、陈祭酒诸公亦尝来游，各有绝句，以题其石。"捻髭亭："珏尝学诗，即山之西麓开亭，曰捻髭，粗句多于此构成，盖取卢延逊'吟安一个字，捻断几茎髭'之句。"卧竹轩："'莫笑田家老瓦盆，自从盛酒长儿孙。倾银注玉惊人眼，共醉终同卧竹根。'杜少陵诗也。小山东构轩于丛竹中，号以卧竹，酒阑宾散，时醉卧林下，则知少陵之诗不我欺也。"蕉雪坡："唐王摩诘尝画袁安卧雪图，有雪中芭蕉，盖其人物潇洒，意到便成，不拘小节也。珏亦尝有志绘事，故名其坡。"鹅群沼："晋王逸少观鹅而得腕法之妙，山阴道士尝举鹅相赠。珏学书久而未成，因名其沼，以著景仰昔贤之私云。"春香窟："以刺梅木香杂品花卉结成一室，花时宴坐其中，幽香袭人可爱。"岁寒窝："以桧柏结成之，岁徂则苍翠郁然，用是名窝，盖重其有后凋之操也。"橘子林："山之四旁皆植橘柚。"藕花洲："山下有洲皆植莲。"

王城所居在太平桥，有所谓荻溪十景，曰槐庆堂，曰奉萱堂，曰读书斋，曰鸣琴馆，曰舞鹤庭，曰勤稼轩，曰秋香径，曰友竹亭，曰玩鱼池，曰鸣鹿囿。

沈周的有竹居在西宅里。王鏊《石田先生墓志铭》说："相城居长洲之东偏，其别业名有竹居。每黎明门未辟，舟已塞乎其港矣。先生固喜客，至则相与宴笑咏歌，出古图书器物，摸抚品题，酬对终日不厌间以事。"沈周尝自绘有竹居图，郁逢庆《书画题跋记》卷十著录石田有竹居小幅："'小桥溪路有新泥，半日无人到水西。残酒欲醒茶未熟，一帘春雨竹鸡啼。'此余有竹居即景诗也。画亦曩岁笔，非自不知少嫩，盖为天泉强之而留其踪，观者无深笑焉。"" '隐侯何处觅，家在水云边。鹤瘦原非病，人闲即是仙。诗题窗外竹，茶煮石根泉。老我惟疏放，新图拟巨然。'成化庚寅夏六月五日过启南有竹居，为作山水小幅，复赋是诗于上。后四日宿庆云精舍，天泉出启南画索题，遂以前诗塞其白间，观者幸恕予懒。完庵刘廷美书。"

王廷礼的阳湖草堂在太平桥。张益《阳湖草堂记》说："阳湖在吴城之东北，漫衍数百里，亦一巨浸也。太原王氏世居湖上，得擅山水之秀。曰廷礼者，彦洋甫之子，质美而好问学，事亲之暇，不废诗书，间因所居之偏构堂数楹，苫覆以茅，粉垩无饰，窗户几榻，务皆朴素。置六经群籍凡数千卷，牙签锦轴，插架堆席，而文房所需之物，莫不毕具，日藏修于其中焉，爰以阳湖草堂为扁额。"

王武的谢鸥草堂在黄埭，归庄《谢鸥草堂记》说："吴之王勤中，文恪公之后，以善画名，及余与之交，又知其能诗。尝取陆鲁望"裁诗谢白鸥"之句，颜其别业之堂，曰谢鸥草堂，属余记之。其言曰：草堂在望齐门外四十馀里，村名永昌，东西聚落，烟火相接。先是，先君以世将乱，买田筑室于此，为避地之计。乱后民多窜徙，林庐芜废。余为治荒秽，得还旧观。又佃户负租，归我以屋，因得而廓之为草堂。阳山在其南，自北迤西，则虞山及梁溪诸山皆在望，而前临洪流，俗名漕河，以漕船所经也。河之中，波涛烟霭，帆樯众罾，历历在目，皆足供我丹青图写，而数点闲鸥，日夕相对，尤似与主人有情，兴至吟咏，欣然自得。此谢鸥之所由名也。"

陆氏庄房在陆巷，民国《相城小志·第宅园林》说："有假山池沼之胜，更有白皮松、修竹、杉木等类，均甚古苍，惜都荒废，且已折毁矣。"

相城还有一处沈周遗迹,即画师圩,民国《相城小志·古迹坊區》说:"画师圩,明沈石田尝于此学画虞山,屡画屡变,遂投其稿于河,相传河水至今随山变色。"沈周于此写生,虞山明秀,投影近水,阴晴雨雪,随之变化,实在是很自然的事。

陆墓,因有陆贽墓而得名。陆友仁《吴中旧事》说:"吴郡城北五六里有一大冢,在官塘之西,相传为唐陆宣公墓,故其地名陆墓,水名陆塘。淳熙间,有于墓旁得遗刻,与所传合,郡人周虎、张震发皆纪其事。或者谓公虽郡人,生于嘉兴,宝华寺乃公故宅。自贬忠州别驾,薨于忠州,其丧不曾还吴。按《忠州图经》,陆宣公墓在玉虚观南三十步。岂尝藁葬于此。又谓公已归葬,而忠州特设虚冢尔。"不管如何,陆墓这个地名悠悠千载而不变,古人不忌"墓"字,今人却感到触眼,改陆墓为"陆慕",不知何所取义,也是无知的表现。

陆墓窑业,自古闻名,但起始无可稽考。《吴郡志·冢墓》说:"吴孙王墓,在盘门外三里。政和间村民发墓,砖皆作篆隶,为'万岁永藏'之文,得金玉瑰异之器甚多,有东西银杯,初若灿花,良久化为腐土,又得金搔头十数枚,金握臂二,皆如新,并瓦薰炉一枚,与近世陆墓所烧略相似。"可知南宋时陆墓窑业已很兴旺。约宁宗时,万俟卨的孙子万俟绍之过陆墓,作《陆墓寺》云:"距城才五里,野景自萧然。塘水清环寺,窑烟黑翳天。市多沽酒旅,桥列卖鱼船。欲酹宣公冢,渊陵几变迁。"从"窑烟黑翳天"一句,就可知当时陆墓窑厂之多。沿至明清时期,陆墓的窑业更兴旺了,陈文述《登舟》云:"驿树吴桥转,窑烟陆墓沉。"叶昌炽《泊陆墓镇》题注:"相传为陆宣公墓。居民多以陶为业,两岸累累皆瓦当,铸蟋蟀盆甚精。"诗云:"传芭何处为招魂,目断浮云蔽日昏。钟虡神京终奠宅,衣冠故国漫争墩。陶家烧土还成市，齐女思乡别有门。今日虫天正安隐，秋风看制半闲盆。"

有人认为，陆墓的窑业，影响了当地风水。吴诏生《齐门陆墓镇浚河筑坝修桥碑记》说："里人告余曰：镇有古井十口，旧名十泉街。文风所系，窑户烟火，昼夜不绝。以水济火，不使偏胜。日久湮塞，侵及基础。数十年来，文风寂然，无一人试有司者。"钱思元《吴门补乘·乡都补》也说："陆墓窑户如鳞，凿土烧砖，终岁不绝，地脉焉得不伤？"

直至晚近，陆墓依然窑业不衰，同时带动了邻近乡村的窑货烧造，民国《吴县志·物产二》说："今五滦泾乡民皆以烧窑为业，所造砖瓦，不亚陆墓。"故一出齐门，就遥遥望见窑厂参差，囱突林立，烟雾弥漫，沿河一带则堆满了各种窑货，如砖瓦、缸甏、锅罐、盆盎、瓶盂等等。

虽然陆墓的生态环境受窑业影响，自然风光几乎无可称道，但当地的从业者，都藉以温饱度日。韩奕《陆墓》云："杨柳郭西门，人家水上村。丰年随处乐，生聚向来繁。晚饭莼全滑，村沽酒半浑。逢人询旧俗，乔木几家存。"陆粲还记了一个故事，《庚巳编》卷四"戴妇见死儿"条说："长洲陆墓人戴客，以鬻瓦器为业，颇足衣食。止生一子，极爱之，衣裘饮博，恣其所需。"在当时而言，生活确实要比生态重要得多。

水云乡在旧城东

《书·禹贡》说："三江既入，震泽底定。"意谓太湖得以治理，乃由"三江"导之入海。"三江"之说，众说纷纭，最切合苏州形势的解释是松江、娄江、东江。东江早就淤塞，遗迹无存。松江古称笠泽、南江，又称松陵江、吴江、吴松江，自元至正十五年（1355）华亭府改松江府后，改称吴淞江，源出太湖瓜泾口，自夹浦桥迤逦而东，过镬底潭，自大姚分支，东入陈湖，经淀山湖入嘉定界，又东北流合黄浦入海，全长约一百二十五公里。娄江即古昆山塘，因北宋至和二年（1055）昆山主簿邱与权疏浚，改名至和塘，前人又雅称芙蓉塘，它西起娄门，汇合城河，东经沙湖、唯亭，入昆山界，又入太仓界，称刘家河，今称浏河，由河口入长江，全长约七十七公里。

整个吴淞江流域，形成河港纵横交错、湖荡星罗棋布的水上交通网络，行舟水上，四通八达。元释圆至《平江府陈湖碛砂延圣院记》说："大抵一州之间，民里往来，以水为径，不独资之以生而已。"其间乡镇村墟，也联络贯通，或湖泊，或芦荡，或溪港，春夏秋冬各有景致，令人心胸豁然。袁学澜《江乡清夏记》说："余旧居吴淞间，水村多平桥野汊、复港重湖，人家聚落，半在茭区芦荡间，烟波无际,弥望青苍。"那里的人家几乎都有河埠或船房,上城下乡,走亲访友,收租送粮,踏青扫墓,游山进香,都摇着橹,撑着篙,顺着或宽或窄的水道前往。

苏州城东无高山,仅存零星的小丘土墩而已,而湖泊众多,除阳澄湖外,主要有沙湖、金鸡湖、独墅湖、镬底潭、黄天荡、澹台湖、尹山湖等。

沙湖,在娄门东二十里,今湖面积仅二点二平方公里。正德《姑苏志·水》说:"沙湖一名金沙湖,湖虽小,而与松江诸水吞吐,青丘、戴墟二浦在焉。"湖上波涛驰突,舟行者时濒于危。元人杨维祯《过沙湖寄顾玉山》云:"五月落残梅子雨,沙湖水高三尺强。大风开帆作弓满,白浪触船如马狂。唱歌卖鱼赤须老,打鼓踏车青苎娘。故人相见在娄下,坐对玉山怀草堂。"明弘治九年(1496)工部主事姚文灏筑堤障之,吴宽《沙湖堤记》说:"若距郡城东二十里曰沙湖,凡太仓、昆山、嘉定、崇明之人之所必经者,其广袤各数十里,横绝道上。其北多腴田,其中多舟楫,人以为患者尤甚,旁有盗薮,以行劫为业,客舟为风波所阻,集于岸下,多不能免,人益患之。昔人欲筑堤以捍水者久矣,皆以土石所施,无所附丽,其功难成,遂置之"。既筑堤,"其阔为丈三,长为丈三百六十,隐然如城,坚壮可久,而水势汪汪安流成渠,人皆称便"。后人看到在筑堤时留下古碑一方,褚人穫《坚瓠戊集》卷三"沙河碑"条说:"娄门东北三十里沙湖,湖北为塘,嶐然有碑,碑广四尺许,长四倍,四面如之,三面镌《相视歌》,歌有前后。皆筑塘时相劝劳之语也。今已剥落,不可辨。其东面记民谣曰:'远挑新土才稀罕,露尽黄泥始罢休。两岸马槽斜见底,中间水线直通头。'弘治丁巳督理浙西水利工部主事姚文灏立石。"沙湖西南有龙墩，相传古时有龙显形于此。旧时那里有东岳庙，每当神诞，画船灯火，笙歌彻夜，为里中胜会，观者如堵。

阳澄湖南、沙湖之北有一个集镇，曰唯亭，即春秋时夷亭。宋程大昌《演繁露续集·谈助》"夷亭"条说："平江尝有谶语曰：'水到夷亭出状元。'传闻日久，莫知所起，而夷亭本是港浦，水到之说亦不可晓。淳熙庚子，浙西大旱，河港皆涸，海潮因得专派捷上，直过夷亭。来年辛丑，黄由果魁多士，由平江人也，人谓此谶已应矣。至甲午年，卫泾荐魁焉，人大异之。予问夷亭何以名夷，虽其土人不能知也。偶阅陆广微《吴地记》而得其说，盖吴阖闾时名之也，阖闾尝思海鱼而难于生致，乃令人即此地治生鱼，盐渍而日干之，故名为鲞，其读如想。又《玉篇》、《说文》无鲞字，《唐韵》始收入也。鲞即鱼身矣，而其肠胃别名逐夷，为此亭之，尝制此鱼也，故以夷名之。《吴地志》仍有注释云：'夷即鲞之逐夷也。'熙宁四年郏亶奏言平江水利，所记昆山支港有夷亭，即其地矣。"此说夷亭由来颇当，后世别作唯亭、维亭、怡亭、彝亭等。

至明末清初，唯亭已是人烟稠密、比屋万家的巨镇，经济繁荣，人文荟萃。其范围含今唯亭、胜浦、跨塘、斜塘诸镇。朱琦《元和唯亭志序》说："其地在娄江上，北滨阳城，南接吴淞，青丘、戴墟环绕在襟带间，居人稠密，百货骈阗，固吴中巨镇也。"冯桂芬《元和唯亭志序》说："镇在元和之境，娄江之滨，水木明瑟，土田膏腴，士女骈阗，凫雁充庑。六通四辟，接邮传于姑苏；百廛九市，分都会于阊阖。神丝委粟之征，栖庙被泽；青衿组带之彦，蹈德咏仁。人尽土著，采风重其朴淳；龙以红绕，望气占夫灵杰。"

道光《元和唯亭志》卷首有八景图，试为阐述。"石桥夜月"，石桥是驷马泾桥，万历四十三年（1615）长洲县令胡士容重建，乃唯亭标志。"古寺乔柯"，上塘东市的延福寺，为唯亭最大寺院，寺前有一水回环，如金钩挂月，乃南宋开庆间僧法印创建，明嘉靖末里人归大同重修，清康熙二十八年（1689）僧心达再葺，乾嘉间又续建斗姥阁、文昌殿、写经轩、魁星阁、华祖殿、肝胃二气许仙官殿等，旧时有后冈银杏、宋版《法华经》、梅花涧、半舫楼、分水堤碑五古迹。分水堤碑原置寺浜西堤上，宽三尺许，高一寻有馀，碑镌"分水堤"三大字，为元昆山学正王梦声书，梦声居官时，尝卜居于此，开渠筑堤，立碑以示不忘故土，其严州分水人也。"元泾听潮"，状元泾桥左有问潮馆，俗称湖亭，以符"潮到唯亭出状元"之谚。"渔沼荷风"，乃当地寻常景致。"金沙落照"，说的是沙湖。"曲水环山"，阳澄湖南的唯亭山，高约六丈，相传为吴王养鱼处，山上有关帝阁，山麓有重元寺、锦绣庵、乡厉坛等。寺始建无考，相传唐时为巨刹，寺废后，惟存会昌三年（843）造佛顶尊胜陀罗经幢于寺前山场衖，周约二围，高丈馀，字法浑成，在颜、柳之间。"阳城渔艇"，湖光潋潋，渔帆点点，诚然是本地风光。"青丘野眺"，青丘浦的水乡景象让人沉迷，元隐君周仲达、诗人高启都住在那里。

此外，镇北湖滨有明处士郑景行别业在，徐有贞《南园记》说："园在阳城湖之上，前临万顷之浸，后据百亩之丘，旁挟千章之木，中则聚奇石以为山，引清泉以为池，畦有嘉蔬，林有珍果，掖之以修竹，丽之以名花，藏修有斋，燕集有堂，登眺有台，有听鹤之亭，有观鱼之槛，有撷芳之径。"镇西有松江古闸，北宋至和二年（1055）疏浚昆山塘时发见，昆山主簿邱与权《至和塘记》说："初治河至唯亭，得古闸，用柏合抱以为楗，盖古渠，况今深数尺，设闸者以限淞江之潮势耳，耆旧莫能详之。"镇上东市有霖雨桥，又名阜民桥，跨至和塘，俗称大桥，清康熙三十二年（1693）尤本立募建，道光三年（1823）沈吉等倡捐领募重建。霖雨桥北有乙未亭，邱与权修昆山塘成，勒石纪事，建亭覆之，是年为乙未，亭故名乙未。清道光十五年（1835），里人沈巽等请于巡抚林则徐，捐资重修至和塘沙湖石堤，堤成，陈銮撰记，勒碑筑亭，是年又逢乙未，亭仍以乙未名之，追踵邱公往迹也。六泾泉在镇西六泾桥下，汲之烹茶，其味清冽。

唯亭山西北有草鞋山，形如草履。经上世纪七十年代考古发掘，确定其为新石器时代居住遗址，发现了以几何印陶文为特征的原始文化和不同时期原始文化依次叠压的地层关系，清理居住遗址十一个灰坑和二百零六座墓葬，出土不同质料的生产工具、生活用具、装饰品共一千一百多件，包括玉琮、玉璧、镂孔壶、四足兽形器等珍贵文

唯亭山

物。九十年代又进行水田考古发掘,在距今六千年的马家浜文化时期地层中,发现了浅坑、水沟、水口和蓄水井组成的遗存,并在地层土和土样中发现丰富的水稻植物蛋白石,确证这里的水稻属人工栽培而非野生。因此,这是太湖流域一处具有代表性的新石器时代重要文化遗址。

金鸡湖,旧名金泾溇,又名金镜湖,距葑门十馀里,出黄石桥即是,今湖面积六平方公里,分西溇、东溇、麋渍、龙溇四个水域,东溇水尤浩瀚,与澄湖相为吞吐。光绪十五年(1889)元和知县李超琼修葑门外官塘,筑金鸡湖长堤,拨赈款一万四千五百两有奇,堤成而民便之,称为李公堤。尤先甲《重修金鸡湖堤工记》说:"金鸡湖水势浩瀚,袤延广阔,波涛险恶,驾舟过之,每蹈不测。邑尊李公恻然悯之,爰创建一堤。筑土石五六里,以杀水势;植杨柳数千株,以固堤防。风有所蔽,而水波不兴;途无所危,而行旅皆便。帆樯若织,履险如夷。"李超琼《岁暮巡乡舟中杂诗》有云:"金鸡湖上晓晴开,解缆今朝向北来。澄绝沙河风浪静,波痕绿到唯亭回。"金鸡湖偏西与朝天湖相接,南为独墅湖。

独墅湖,在葑门外东南十五里,又称渎墅湖、独树湖,独墅淹,为太湖东泄的重要调节咽喉,今湖面积六平方公里。正德《姑苏志·水》说:"黄天荡之东为独墅湖,为王墓湖,为朝天湖,三湖连缀,中微隘如川,其实一水也。"其北连金鸡湖,与娄江相连,南通尹山湖。每遇风波,几至断渡,东南最险处也。华幼武《宿独墅》云:"独墅三更月,孤舟万虑人。东行聊慰意,北望总伤神。水阔风烟远,秋高稌黍新。尚怜鱼菜美,庶以奉吾亲。"

镬底潭,在独墅湖东南、澄湖之西。乾隆《元和县志·水利》

说：" 镬底潭，潭之首即陈湖尾也，又为吴淞江横经之道，比诸河为深。一名蛟龙浦，一名车坊漾。其北口为高家店，过江田村，东南为大姚，出口为陈湖，西折为摇城湖。"郑若曾《江南经略·镬底潭险要说》说："葑门之东南三里有瓦屑泾，在蔑渡桥北，从此泾入，历黄天荡，六里至渎墅湖，又三里至镬底潭，又东八里至陈湖，又东南至淀山湖，又东南至泖塔湖、陈湖，旷野难于设备，镬底潭有村落，聚兵于此，则东可以控贼，从松江、三泖而来之患。"吴一鹏《宿蛟龙浦口》云："蛟龙浦口夜停船，微雨初收月满川。只恐蛟龙时崛起，忽生风浪搅愁眠。"元人袁易就隐居于镬底潭。袁易字通甫，长洲人，不乐仕进，荐署徽州路石洞书院山长，居镬底潭，构静春堂，藏书万卷，时或棹舟载笔，游于江湖，赵孟𫖯为绘《卧雪图》，称其与龚璛、郭麟为"吴中三君子"，其著有《静春堂诗集》、《静春堂词》等。园中艺兰，自作《满庭芳》咏之，小序说："余家园有兰花，花开时未著叶，粲然可爱，勉夫同赏，讯余此花于谱中何所属，余以为木兰之别种也。"其后裔袁学澜《静春别墅诗序》说："筑静春草堂于吴淞之滨，壅水成池，周于四隅，累石为山，杂树花竹，堂中有书万卷，皆公手所校定，每风止雨收，辄载笔床茶具，泛小艇于烟波苍漭间。赵松雪慕其高节，尝作《卧雪图》遗之。其地去余家一二里，今堂址已废，惟左江右湖，烟波浩渺之景，犹可想见其雅情高韵云。"明都宪沈林的茂恩堂也在镬底潭，马廷用有《茂恩堂记》。

黄天荡，在葑门外，因1957年起开始围垦，并筑鱼池，其西北部渐成陆地，今湖面积仅存一点四平方公里。民国《吴县志·舆地考·水》说："黄天荡在城东葑门外，即朝天湖东南，收口为新塘，凡六里，通独墅湖。新塘之中，为浪打穿，向与独墅湖合，有风涛之

传奇《荷花荡》插图　明刻本

险。明太仆卿吴默筑堤障之，今赖以安，亦曰皇天荡。唐乾宁三年，杨行密救董昌，遣兵与钱镠兵战于皇天荡，败之，进围苏州，即此。"元张宪《黄天荡》云："昆明劫烧成灰火，临平菂湖拨不开。黄泥万顷下无底，海眼一丝通往来。南徐江边海鳅走，江神顿足黄龙吼。便翻银汉濯泥沙，要使妖蛇先授首。"

黄天荡西北隅有荷花荡，《百城烟水》卷三说："荷花荡，在葑门外二里，其东南接皇天荡。"《吴中水利全书》卷十八引曹胤儒《苏州府水道志》："瓦屑泾在灭渡桥北，从此泾而南，荷花荡在焉，又东南为黄天荡。"它的位置应该就在杨枝荡一带。《醒世恒言》第四卷《灌园叟晚逢仙女》的正话，就以荷花荡为背景。说是爱花老翁秋先，住在"平江府东门外长乐村中"，"篱门外，正对着一个大湖，名为朝天湖，俗名荷花荡。这湖东连吴淞江，西通震泽，南接庞山湖。湖中景致，四时晴雨皆宜。秋先于岸傍堆土作堤，广植桃柳。每至春时，红绿间发，宛似西湖胜景。沿湖遍插芙蓉，湖中种五色莲花。盛开之日，满湖锦云烂熳，香气袭人，小舟荡桨采菱，歌声泠泠。遇斜风微起，偎船竞渡，纵横如飞。柳下渔人，舣船晒网。也有戏儿的，结网的，醉卧船头的，没水赌胜的，欢笑之音不绝。那赏莲游人，画船箫管鳞集，至黄昏回棹，灯火万点，间以星影萤光，错落难辨。深秋时，霜风初起，枫林渐染黄碧，野岸衰柳芙蓉，杂间白蘋红蓼，掩映水际。芦苇中鸿雁群集，嘹唳干云，哀声动人。隆冬天气，彤云密布，六花飞舞，上下一色。那四时景致，言之不尽"。六月二十四日荷花生日，郡人都要去荷花荡游赏。袁宏道《荷花荡》说："荷花荡在葑门外，每年六月廿四日，游人最盛，画舫云集，渔刀小艇，雇觅一空。远方游客，至有持数万钱无所得舟，蚁旋岸上者。舟中丽人，皆时妆淡服,摩肩簇舃,汗透重纱如雨。其男女之杂,灿烂之景,不可名状。大约露帏则千花竞笑,举袂则乱云出峡,挥扇则星流月映,闻歌则雷辊涛趋。苏人游冶之盛,至是日极矣。"张岱也有荷花荡之游,《葑门荷宕》说:"天启壬戌六月二十四日,偶至苏州,见士女倾城而出,毕集于葑门外之荷花宕。楼船画舫至鱼艓小艇,雇觅一空。远方游客有持数万钱无所得舟,蚁旋岸上者。余移舟往观,一无所见。宕中以大船为经,小船为纬,游冶子弟,轻舟鼓吹,往来如梭。舟中丽人皆倩妆淡服,摩肩簇舃,汗透重衫。舟楫之胜以挤,鼓吹之胜以集,男女之胜以溷,歊暑燀烁,靡沸终日而已。荷花宕经岁无人迹,是日,士女以鞋靸不至为耻。六月二十四日荷花荡,已成为太平岁月的美好记忆。

澹台湖,距城十里,因澹台灭明得名。灭明字子羽,春秋鲁国武城人,孔子弟子,为孔门七十二贤人之一。司马贞《史记索隐·仲尼弟子列传》于"澹台灭明南游至江"下注曰:"今吴国东南有澹台湖,即其遗迹所在。"陆广微《吴地记》说:"宅陷为湖,湖侧有坟。"澹台湖亦是太湖水口,水自西而来,至此形成湖面。吴曾《湖程纪略》说:"鲇鱼口水,一派直进五龙桥,达盘门运河,绕城至娄门,东下至和塘;一派在五龙桥外折而东,入澹台湖,经宝带桥而下吴淞江,皆洪流也。太湖之尾闾,其在此乎?"

澹台湖西水口,有五龙桥跨其上,桥始建于南宋淳熙间,因处五水合流处,又名五泓桥,俗称龙桥。郑若曾《江南经略·五龙桥险要说》说:"跨鳖塘者有五龙桥焉,离盘门七里,在塘半途,东通宝带桥,西通跨塘,乃郡南之关纽也。"袁学澜有《五龙桥》两首,诗云:"野镇倚江郊,春山远翠交。地连新郭市,门接太湖梢。灯草通商贩,鱼虾佐客肴。午餐船暂泊，篷底句频敲。""龙桥留胜迹，凫渚浪黏天。晓担蓑衣市，春帆笋当船。进香循旧俗，游兴话今年。前路灵岩近，钟声树杪悬。"同治二年（1863）毁，十年（1871）复建，以后又多次修葺。今桥全长九十四米，桥顶宽五米，桥堍较顶略宽，桥下七孔边缀，中五孔在水中，为同治原构。有桥联曰："锁钥镇三吴，下饮长虹规半用；支条锺五水，远涌飞骑扼全湖。"随着城南新城建设，另筑新桥与古五龙桥并行，由于新桥高大，古桥常常被人忽略。

澹台湖东水口，与运河交汇，有宝带桥跨其上，与运河平行，世传唐苏州刺史王仲舒所建。据《新唐书》本传记载，元和五年（810），仲舒"徙苏州，堤松江为路，变屋瓦，绝火灾，赋调尝与民为期，不扰自办"，并无建桥之事。所谓"堤松江为路"，因当时松江受太湖来水，风涛冲激为患，沿江筑堤障之，既作挽舟之路，同时也可供传驿驰骋。筑堤遏水，实际并不科学，故当水口一段屡被冲毁，后人就改堤为桥。陈循《重建宝带桥记》说得很明白："按河自汉武帝开，以通闽越贡赋，首尾亘震泽东堧百馀里，风涛冲激，不利舟楫。唐刺史王仲舒始作巨堤障之，以为挽舟之路，实今为郡之要道也。然河之支流，断堤而入吴淞江，以达于海者，堤不可遏，桥所为建也。"最初之桥，乃木结构连拱平桥，至南宋绍定五年（1232）改石结构连拱平桥。洪武《苏州府志·桥梁》说："宝带桥，去郡城十五里，正舟车往来之冲，桥界澹台湖，故木不能支久，过者危之。绍定五年，郡守邹应博始易以石，南北长三十馀丈，望者疑横带然，遂更今名。湖山满目，亦胜境也。吴人呼为小长桥。"宝带桥之得名，由此而来。元初报恩寺僧人善住《宝带桥》云："借得他山石，还将石作梁。直从堤上去，横跨水中央。白鹭下秋色，苍龙浮夕阳。涛

声当夜起,并入榜歌长。"由于修葺不继,至明代前期倾圮,因地当孔道,就架木以济行旅,每有覆溺之患。正统十一年(1446),巡抚周忱、知府朱胜等募资重建,陈循《重修宝带桥记》称"桥长千三百二十尺,洞其下凡五十有三,而高其中之二,以通巨舰"。据陈仁锡《重修宝带桥记》引施霖旧碑,嘉靖三十七年(1558)曾重修。清康熙九年(1670),桥被大水冲圮。十二年(1673),巡抚玛祜、布政使慕天颜、知府宁云鹏重修。同治二年(1863)八月,英国人戈登率常胜军与太平军作战,为使坐轮通过宝带桥,下令拆去大孔,致使一半桥孔连续倒塌。十一年(1872),江苏省水利工程总局重建,南北两块各置石狮一对,北块又建石塔和石亭,亭内置《重修宝带桥记》碑刻,张树声撰,应宝时书,碑阴列当时修葺江浙诸桥工程及助捐人姓氏。碑先立于桥北关帝庙前,后建亭覆之。1937年"八一三"事变后,日军空袭,桥南端六孔被炸毁。至1956年修复,1982年又作全面维修。今桥宽四点一米,全长三百一十七米,桥下五十三孔联缀,

宝带桥　摄于 1920 年前

主桥长二百四十九点八米。南端引桥长四十三点八米，北端引桥长二十三点四米，桥堍呈喇叭形，宽六点一米。桥两端原有石狮一对，现剩北端一只，桥北有石亭、石塔各一座。第二十七孔与二十八孔间的水盘石上也有石塔一座。其桥身之长，桥孔之多，结构之精巧，造型之秀丽，为中外桥梁史上所罕见，它是中国今存桥孔最多、桥墩最薄的古代石拱桥。

尹山湖，又称尹山淹，距城东南二十五里，在旧尹山市东北，今郭巷境内，其南通吴淞江，北接独墅、王墓、朝天三湖，东通北深港，湖广十馀里。上世纪四十年代起围垦，招农民承租耕种，六十年代后期辟为五七干校等。2006 年，启动退田还湖工程，在原湖中心区域取土，历时两年，形成一个水面超二平方公里、岸线长八公里的新尹山湖。

相传尹山湖乃沉沦而成，潘贞邦《胥台掎古杂录》说："据当地老农言，当尹山湖返湖归田时，曾发现湖底有石砌之街道，残砖连绵，似系当年之市街。并在一处见有瓷罐数十，启示之，均系药物，中未着水，药香犹存，盖药材店也。又有一处取得瓷碗数十只，铜勺、铁锅等炊具，足见当年有人居此。据传其地古名青州，一夜成湖。语此者，名李福根，彼亦曾得湖底大碗四只，迄今犹存云。"吴淞江流域的陵谷变迁，迄今似还少于研究，尹山湖形成于何时，亦不能知道。

  尹山湖以尹山得名，山甚低矮，形如覆笠，枕运河之滨。山上有崇福寺，陆广微《吴地记》说："崇福寺，梁天监三年武帝置，周朝废之。宝应元年重置。"元末废圮，明洪武初重建，寺中有来木池，相传神僧永隆于此运木。成化十六年（1480）建塔院、享堂。崇祯间又圮，清康熙二十一年（1682）重建。咸丰十年（1860）毁，同治十三年（1874）始结茅三楹，以供香火。南宋乾道八年（1172），周必大往游，《壬辰南归录》说："俄顷至尹山，以小舫入崇福寺，同主僧惟妙访何仔园亭，其子夏卿及侄婿韦启心相候，园地虽狭，种植甚繁，海棠盛开，闻牡丹多佳品。"清初，吴三桂婿王永宁据拙政园为府第，中有斑竹厅，为三桂女所居，康熙二十一年籍没后，拆斑竹厅移建崇福寺西斋堂。袁学澜《尹山崇福寺》云："停桡古寺绿阴遮，僧院泉香坐试茶。比户蚕眠桑叶老，隔墙人语爨烟斜。读书台寂泥衔燕，斑竹厅荒草吠蛙。绣伴同来闲伫立，春庭默看做丝花。"

  山上旧有澹台子祠，祀澹台灭明。相传宋室南渡后，尹焞读书其中，遂以其袝祀。明初练埙设义塾于其中，改名澹台书院，宋濂有《长洲练氏义塾记》记其事，称练埙、练簴兄弟在尹山"作堂三楹，间以为讲习之所，旁为四室，以供寝处庖湢。延儒士高平范焕为师，俾里中子弟就学焉"。年久而废，清康熙中，崇福寺僧始谋重建，彭定求作疏募资，雍正初始落成，黄之隽有《重建澹台书院碑记》。咸丰十年（1860）毁，同治中移建郭巷。

尹山之西，正运河流经，上有尹山桥，接吴江塘路。始建无考，明宣德时周忱巡抚江南时重修，正德《姑苏志·宦迹六》称其"重建宝带、尹山、夹浦、三里诸大桥，起百废坠，不能指数"。至天顺六年（1462），知府林一鹗重建，钱溥《重建尹山桥记》说："尹山距吴城东南十里许，有土岿然，起若覆笠，而枕于运河之阳。旧有石梁跨其上，废凡四十馀年，有司惮其工巨而费殷，仅驾木为梁，既高且危，每风雨晨夕间，商旅提携、樵苏负荷而往返者，不无奔仆跌溺之虞。都宪万安刘公巡抚东吴，丛务既饬，大慰人望，爰命郡守黄岩林侯曰：'是尹山为民涉之病，盍易木以石乎？'捐俸以倡之。桥不逾年而底于成，长凡二十二丈三尺，高四丈二尺，而广视其高三分之一。以石计四千五百五十，以工计四千九百有奇，坚致宏壮，视昔有加。"道光年间又重修，梁章钜《尹山桥》云："逼仄扁舟过，湾环支港通。人家绚斜照，波影澹垂虹。烟意疏篁外，秋声断苇中。回思闲读画，真景转匆匆。"同治九年（1870）里人重修。据《苏州词典》记载，桥长七十二米，高十四米，是苏州地区最高的石拱桥，一般帆船从桥下而过，无须放倒桅杆。桥的南北楹柱上各有桥联，南侧联曰："远道望松陵，一桁山光分旭彩；回波通笠泽，连檐云影压春潮。"北侧联曰："明镜夐双流，十里津梁萦宝带；长虹规半月，万家烟树溯金阊。"概括了桥的优美造型和周边景色。1981年，尹山桥被航道部门拆除，令人扼腕叹息。

甫里风月梦已残

甪直古称甫里,约在晚唐形成聚落,因僻处江湖之远,几乎四面环水,即使发生战事,兵马难以深入,故有"里人老死不见兵革"之说。里中风俗古茂,耕织渔捕,自给自足,繁衍生息。迟在元末,市廛逐渐兴盛,柳贯《暑中迁寓甫甲精舍》有云:"过桥稍接鱼虾市,泛艇遥连雁鹜乡。"高启《甫里即事》有云:"人看旗出酒市,鸥送船归钓家。"桥畔鱼虾成市,街上酒旗招摇,正可见得水乡集镇经济的发萌。

甫里早年建置不可考,自明初起,甫里一镇划为两区,一是甫里,属长洲县吴宫乡;一是六直里,属昆山县全吴乡,即今昆山南港。甫里、六直里仅一水之隔,且有桥相连,却向属两县。至清雍正初,析长洲县东南地置元和县,又析昆山县置新阳县,甫里属元和县,六直里仍属昆山县,其东北一隅则属新阳县,形成了"一乡而控三县之治"的格局。这一带旧有甪直浦,"甪"字的由来,与俗传的甪里有关,齐召南《水道提纲·太湖源流》就认为"甪直浦即古甪里"。虽郑若曾《江南经略·长洲县备寇水陆路考》已称甪直镇,但直到清乾隆年间,甪直镇这个地名才正式落实下来了,《江南通志・舆地・关津一》说:"甪直镇,元和县东北四十里,接昆山界,旧名甫里。"有好事者将甪直与怪兽甪端挂带起来,还在镇口广场上塑了一个甪端,真是莫名其妙,难免遭数典忘祖之讥。

据乾隆《吴郡甫里志》卷首《甫里水道图》标注,甪直地处诸水环绕之中,有人说是"五湖之厅",有人说是"六泽之冲"。"五湖"是指澄湖、矾清湖、金鸡湖、独墅湖、阳澄湖,"六泽"是指吴淞江、清水江、南塘江、界浦江、东塘江、大直江。甪直就坐落在吴淞江南的一个内湾里。

在整个吴淞江流域,甪直是个大集镇,在明中叶已与陈墓、许市、陆墓并称长洲县四大镇。由于环境安定,风气纯朴,物产丰饶,生活富足,官府的行政管理相对松弛,这里就成为隐逸遁世者的理想选择。郑文康《思诚斋记》说:"苏城葑门东去一舍许,有沃壤焉,曰甫里,茂林阴翳,平畴环绕,清江浸其后,室庐数百家,烟火相接。虽古聚落,米粟布帛鱼虾蔬果之饶,过于山川野县,矧无官府轮蹄之缪辖,心目爽豁,民不作伪。自唐天随子肥遁其地,甫里之名,遂闻于天下,不求闻者,亦多隐其间。"凡过甪直者,都会有世外桃源的感觉。

早在明万历间,马良臣《甫里赋》就归纳了里中景观,分甫里内外八景和六直八景。内八景都在镇上界浦以西,"以言乎内之八景,则甫里归帆兮月皑,张林去履兮露浼,保圣晨钟兮鲸音,枫庄远望兮林缋,牛墩晴烟兮草靃,鸭塍春雨兮水汇,西庄商集兮舣舟,南浦渔歌兮欸乃,是皆有以暴景象之融融,显风光之在在也"。外八景都在镇外,"言乎外之八景,则寝浦风樯乱噪鸦,大姚夕照绚彤霞,盖濠酒肆帘高贴,陈湖秋月境更嘉,碛砂钟震将暮景,范青雪浪舞瑶葩,席墟渔火燃如爇,雁泊朱墩月未斜,是皆可以入王维之画笔,赛杜甫之浣花者也"。六直八景则都在界浦以东,"至于六直之八景,则赵灵之清胜,大直之平流,少里村墟之幽僻,横塘商贾之绸缪,凌庄之菱歌,石礓之鱼讴,双庙帆桅之行驶,浮桥竹市之鸣飚。莫不云蒸霞蔚,柳陌花洲,或舟而浪逐,或步而汗游,可以醉日,可以豁眸,诚地脉之盘郁而他乡之无侔耶"。清乾隆二十七年(1762),彭方周以元和县丞驻署甫里,也归纳了八景,它们是"分署清泉"、"西汇晓市"、"鸭沼清风"、"吴淞雪浪"、"海藏钟声"、"浮图夕照"、"长虹漾月"、"莲阜渔灯",选择的都是当时镇上有代表性的景点。

用直东南最大的湖泊是澄湖,旧称陈湖、沉湖,广十八里,周六

十里。今澄湖面积四十五平方公里，周围有进水港二十一条，出水港二十四条。吴淞江环行西北，由大姚、席墟、碛砂诸港分流入湖，湖西黄泥兜也是来水之港。湖水向东经蛇长泾等河港入明镜荡、长白荡、急水港，再汇入淀山湖。

澄湖一带，本为聚落，陷而成湖。周王烈《游陈湖记》说："陈湖一名沉湖，父老相传曰故邑聚也，陷为湖，然不知何王之代，今湖中尚有街有井有上马石，土人居其傍者，水涸时往往获古镜钱盂之属，文字漫灭弗可识。是耶非耶，图志皆无考。"乾隆《吴郡甫里志·都图》说："陈湖相传旧本陈州，沉为湖，迄今湖水清浅时，底有街井、上马石等物，舟人往往见之。"陶煦《周庄镇志·胜迹》也

吴淞江

说:"《太平广记》载此为陈县,有狮眼流红之说,事实近诞。然当水涸时,其中街衢井灶历历可辨,馀如上马石、墓道、田亩界石不胜枚举,且有拾得铜锣、铁链及器皿什物者。又湖滨寝浦禅林明弘光元年所铸钟,有'天宝六年春地陷成湖'等字,其为沉也无疑矣。"经考古发掘,在澄湖出土的文物中,最早的印纹陶文化发生期属于良渚文化时期,距今四千年以上,最后遗存在北宋。它由聚邑而最后沉沦为湖,约在北宋大观元年(1107)至南宋乾道六年(1170)这六十三年间。时陈湖属秀州,至乾道时已成为秀州四大湖之一,《宋史·河渠志七》就说:"秀州境内有四湖,一曰柘湖,二曰淀山湖,三曰当湖,四曰陈湖。"

陈湖之得名,陈州、陈县之说,无可稽考。其来源或有两:一、湖滨为陈氏世居,不晚于宋代,陈仁锡《居第考记》说:"自葑溪泛大荡,过渎墅、镬底潭,历高店,又十里迳入大姚。其陂为荡,夏日荷花烂熳,一棹径穿。岿然峙者为东湖寺,一曰大觉寺。折而西北下,波涛万顷,曰陈湖,故又曰陈湖陈氏。"至明代,陈瑚、陈璃、陈钥、陈键、陈淳、陈津这一脉均居陈湖。二、本系沉湖,"沉"、"陈"两字谐音。今人改名澄湖,则毫无道理也。

旧时有陈湖八景,崇祯末长洲知县李实有《陈湖八景诗》咏之,依次是"碛砂晓钟"、"大姚夕照"、"盖濠酒肆"、"席墟渔火"、"寝浦归帆"、"潇田落雁"、"摇城秋月"、"张陵暮雪"。三百八十年过去,山川变迁,这八景都只能去想象了。

澄湖水面辽阔,又为交通要道,释圆至《平江府陈湖碛砂延圣院记》说:"陈湖在长洲东四十里,当华亭、吴江之间,两界民舟之东西行者,鱼衔而蚁接。然其水混江际海,以云为涯,旦而放舟,日昃而后至岸，其浪波潮汐之壮，足以败舟帆而宿奸宄。"周王烈《游陈湖记》也说："湖之大四十馀里，上承淞江，泄其馀波，以停蓄于此，从云间、甫里往还者，风帆不绝。"一旦风高浪作，行船就有覆溺之虞，这时便要驶入避风港，湖东北处，有一沙洲，称为碛砂，上有碛砂寺，可供旅人歇宿，故行船避风过夜往往都停泊在那里。张夏《碛砂寺记》说："至陈湖之汪瀚，方三十馀里，当华亭、吴江诸邑水程之要，石尤作恶，樯橹有摧折之忧，往来行旅，中流遇险者多，就碛砂一港碇泊，举火栖宿，赖斯寺为风波雷雨之庇者甚大。是寺不但为此方佛化之所依，实有济于远人者也。"很多年后，由于湖水冲积，碛砂逐渐与用直东南连了起来。

碛砂寺，旧名延圣院，规模宏壮，为郡邑丛林之冠。相传寺初创于萧梁，然史无详记，确切可信的是，南宋乾道八年（1172）由寂堂禅师名师元者所建。释圆至《平江府陈湖碛砂延圣院记》说："宋乾道八年，寂堂禅师来自华亭，得湖中费氏之洲，曰碛砂，乃庵其上，为中流之镇。民利其留而惜其势之犹小也，更为大招提宫室居之，于是穹殿涌堂，屹流崛兴，据津瞰汜，碇泊凑附。既成，因所请，故额曰延圣院，而定其传为甲乙之居。寂堂没，其子孙立浮图以祀其舍利，又刻三藏之经而栖其板于院北之坊。其后，碛砂四面沙益延而水日却，东北皆为田，属于岸。延圣子孙益蕃衍富盛，其才贤者争以学术自缘饰，时节众会，文物布述，粲然矣。宝祐六年，延圣大火，独忏殿与寂堂之塔不火。咸淳初，住山可枢按火所毁，募其徒分而构之，益为壮靡以加旧观。迨今吉公之世，延圣院复成，吉为六世之勤，未能有记以留不朽，使其老清懋买石以请于余。"圆至又有《延圣院观音殿记》，记前至元二十四年（1287）住持惟吉重建观音殿，

"殿之中，菩萨西向，天王侍于前，南北相向立，凡二十躯。其髹彤刻饰工材之价又若干，则出于里豪顾氏。盖湖滨之壮，招提延圣为甲，而延圣之屋百有馀室，无能与殿比隆者"。

明永乐十五年（1417），僧志端（一作智瑞）又重修碛砂寺，殿宇更加恢宏，香火更加炽盛，来的人也更多了。沈周《游碛砂寺》云："双幢落日倚渔汀，北下孤舟此暂停。野客偶惊门外犬，老僧随掩石边经。沙洲古寺藤萝紫，大殿遗基荠麦青。今夜试留湖上枕，疏钟高浪不堪听。"吴宽《过碛沙寺》云："日斜湖上过，野寺倦登临。老树风声合，颓垣雨迹深。蛟龙潜近浦，鸟雀避丛林。不见笻溪叟，诗禅久绝音。"嘉靖初，寺遭大火，主要建筑全毁，归有光过此，有《碛砂寺》云："望见石柱立，知是招提址。莲宇已燹荡，土墙何迤逦。淡淡远天色，梅花带寒雨。溪回竹树交，风吹鸟雀起。日暮湖波深，苍茫白云里。"寺僧自然有重兴之望，冯犹龙为作《碛砂古寺募缘重建疏》，因明末清初时局动荡，重建工程无从谈起。直到康熙六年（1667），有天童僧狮侣来此，复筑数椽。张夏《碛砂寺记》说："康熙六年，为之剪其荆棘，至冬募资得湖南王氏大厅五间，明年秋鸠工竖之，位在大殿基之后，成堂七楹，先以供圣像，并安其众，而后将从事于兴复焉。然近寺居者，止兵燹馀黎，无大姓富室，皆渔耕为业，又水旱频仍，衣食不给，虽知兴起于善，而力无堪任，悉檀者益财殚力痡，远迩如此，又不独碛砂之地尔也。"就这样，一个江南闻名的大丛林就悄然无声地消失了。

据旧志记载，碛砂寺除殿宇之外，有灵槎亭、文笔峰、洗墨池等，寺既不存，这些景观自然也都废圮了，正如陈时鹏《过碛砂废寺》所云："湖滨萧寺感沧桑，洗墨池边野草黄。鸟啄钟虡僧寂寂，风翻贝叶树苍苍。千秋香火留馀烬，几年寒烟带夕阳。只有断碑埋古墓，年年不换旧时妆。"

值得一说的是，碛砂寺有两大典籍遗存。

一是《碛砂藏》，与《开宝藏》、《崇宁藏》、《毗卢藏》、《圆觉藏》、《资福藏》并称宋六大藏经，在中国印刷史和佛教典籍史上，具有里程碑式的重大意义。据日本奈良西大寺藏碛砂宋版《大般若波罗蜜多经》卷一记载，《碛砂藏》的开雕是在南宋嘉定九年（1216），主持者是"干造比丘了勤"。迟在端平元年（1234），碛砂延圣院设大藏经局，也称大藏经院、大藏经坊，乃是刊刻大藏经的专门机构。局中有"干缘刊大藏经板"者，负责组织雕刻经板等事项；"藏主"者，负责大藏经目录的管理，"劝缘"或"都劝缘"者，负责募缘。宋代助缘刻经的，大都是当地或附近州县的百姓。元大德元年（1297）以后，助缘以官吏富绅、高僧大德为主。整部《碛砂藏》的刊刻，约竣事于元至大三年（1310）。据圆至《延圣院观音殿记》记载，"院有刻经室"，当时摹写、刻板大概都在那里，吴宽《过碛沙寺》自注："寺西有蛟龙浦，中有藏经坊，僧云鸟雀不入坊中。"这部藏经共六千三百六十二卷，以千字文排序，经折装，置五百九十函，每开六行，行十七字，校勘精审，误字极少，书法仿黄庭坚，扉画精美，像式多至八种以上。1930 年至 1935 年，上海影印宋版藏经会据西安开元、卧龙两寺藏本，刊行《影印宋碛砂藏经》，惟改经折装为线装。

二是《碛砂唐诗》。宋末元初汶阳人周弼有《三体唐诗》，专选唐人七言绝句、七言律诗和五言律诗，故以"三体"称之。这是诗歌史上一个重要的唐诗选本。范晞文《对床夜话》卷二说："周伯弜选唐人家法，以四实为第一格，四虚次之，虚实相半又次之。其说四实，谓中四句皆景物而实也。于华丽典重之间有雍容宽厚之态，此其妙也。昧者为之，则堆积窒塞，而寡于意味矣。是编一出，不为无补后学，有识高见卓不为时习熏染者，往往于此解悟。"这本《三体唐诗》，碛砂寺僧圆至为之注，住持魁天纪斥资刊刻，都穆《南濠诗话》说："长洲陈湖碛砂寺，元初有僧魁天纪者居之。魁与高安僧圆至友善，至尝注周伯弜所选《唐三体诗》，魁割其资，刻置寺中，方万里特为作序，由是《三体诗》盛传人间。今吴人称'碛砂唐诗'是也。"这个碛砂寺刻本，又称《唐诗说》或《笺注唐贤三体诗法》。

元代中叶，碛砂上另有福严寺，也是一座大刹。郑元祐《送初上人游方序》说："吴以水为国，汇其腹者具区，区别派而湖者曰陈湖。湖当淞江之南，大浸几四十里，涛波荡天，而其北烟林苍翠，出州渚之上者，碛砂也。砂有积，蓝曰福严，创始于国朝至大间，飞楼杰阁，视城甲刹，略不少让。其徒居之，既研精于其教法，又复购吾儒书数万卷，自六艺经传子史百家之言，每延儒之老于文学者，日讲肄之，俾其徒知仁义道德元与其学不相悖戾，所以开明其心焉。"可见福严寺与碛砂寺一样，也有研究儒典和诗学的风气。

澄湖之滨有大姚村、大姚山，大姚之名，乃由摇城而来。《越绝书·外传记吴地传》说："摇城者，吴王子居焉，后越摇王居之，稻田三百顷，在邑东南，肥饶，水绝，去县五十里。"赵琦美《铁珊瑚网》卷十一著录王云浦《米元晖大姚山图跋》："大姚去姑苏城东南三十里，临诸江湖，江则吴淞江、姚城江、白蚬江、小龙江，湖则有陈湖、叶宅湖、车坊漾、独墅埯是也。大姚地可百亩，浮诸水之间，有小山，高不满数丈。上有古刹，依山之颠，曰文殊院，正殿有文殊坐狮子像，甚奇古，周围有深渠数匝，乃诵经行道之迹也，唐宋名公留题甚多,皆刻诸石,以置于壁间。"文殊院的故实,已不可考,元末明初长洲人虞堪《题文殊院壁》云:"文殊兰若旧,珠树网罗交、殿古馀狮座,林空见鸟巢。天花时作供,野菜日充庖。忽忆香山语,令人愿结茅。"可知院在当时尚存。

山上另有大觉寺,梁天监间僧道邦建,寺有东明禅院,最称幽胜。寺中有大井,陈仁锡《居第考记》说:"大觉寺一巨井,通陈湖,泉白而甘,来自梁天监,泥沙数十年,先祖敬斋公鸠工凿其故道,蔽以石亭,额曰福泉,居民赖之。"大觉寺久已废圮,今仅存古银杏一株,旧屋数椽。寺前香花桥,今称大觉寺桥,据嵌置在金刚墙上的《□□禅师塔铭》记载,其建于北宋庆历七年(1047),元至正十一年

大觉寺桥

（1351）重建。桥作单孔梁式，面为武康石，基础为青石，金刚墙以块石错缝累叠而成。桥面由五块略带拱势的石梁组成，两侧各有一块略高，作成沿口。沿口石侧面雕饰图案，东为二龙戏珠，西为宝珠、蝙蝠、仙人、天马等。梁头雕捧钵金刚力士，形象古朴生动。2006年作全面整修，恢复了引桥、踏步、桥栏、抱鼓等。今桥身全长十五点五米，中宽三点三米，高二点八米，跨径三点九米。大觉寺桥是苏州今存最古的石梁桥，乃北宋构建，当时正处于由石结构替代木结构的转型期，故具有较高的文物价值和建筑艺术价值。

甪直之南，有张林山，也称张陵，其实只是一个土阜，尽管低矮，也有两个峰头，当地人称为东山、西山，相传是开挖五百三十亩潭时，起土堆叠起来的。山上树木丛生，且有几处古迹、几处寺祠。

清人戴颖昉《张林西山记》说："夫张林虽系土阜，而西襟吴淞，南带陈湖，左右环亘数十里许，风雨昼暝，波光摇夺，远近时作蔚蓝色，以故一登斯丘，辄令人生濠濮间想。至其层冈梯石，前后逶迤，广可三四十亩，自麓至巅，高亦不下数十仞，于中纡回曲径，竹屿花坞，则又似王珣别墅、灵运家园，天成丘壑，不经人位置者，岂汉人陵寝风流固如是耶。山阴俱平畴广亩，每当艳春，绿莎紫荇，席地蔽天，与锦簟绣缛相似，踏青燕胜者鳞次不绝。中藏堤如带，面山行者可里许，堤尽乃得小桥，桥横小渡，多芙蕖菱芡之属。渡桥而左，为义井亭，由亭中仰瞻山腰，相去不悬径丈，而绀宫碧殿，恍惚云霄，不啻刘安鸡犬翘首青羊城阙也。出亭数武有台，高百尺，好事者构为优人歌舞场，绮丽偿巧，藻夺天工，榜曰'湖山揽胜'。舍台而东，披榛莽，倚灌木，循路蜿蜒，层折而上，苍松老桧，夹道成列。绿阴尽处，见石狮蹲跪萝卉中，则为神庙棘门也。门以内，径渐平，树亦明净,四围用湖石阑槛,庄严雕镂。面南嵯峨有贤圣祠,社旗赛酒,虽寒暄雨雪无间焉。庙门壁庋赵松雪碑,苍藓肃蚀,字迹不能句,相传庙基即汉张仓墓。嗟乎,在今日汉官威仪渐灭殆尽,犹得问丞相旧规乎。殿西旁构画栋三楹,葳蕤小阁,横峙菁葱顽碧间,远眺西山落日,幽绝尘外,惜无一二苨蒭黄冠、六时钟磬,与春鸟鸣蛙相鼓吹,为此山缺典。递西而嶷然耸翠,四面巉岩,类鬼斧劈削,回顾东来殿阁,夷若平地矣。旁有巨石数十屯,置陂阪间,纵横错落,或椎如野兕,或蹲如倦虎,或圆如鼍、长如蛇、削若兔者,其状不可悉数。向南则皆深沟,灌莽丛篁,密箓阴罩,万家坟陇,秋来桐黄柏赤,五采相鲜,隆冬不废春色。樵夫牧竖从山下行者,视峰顶炉烟,常如绛云在霄,天香袅袅下坠襟袖间。再登西山颠,遥望数村茅屋,板桥流水,苍凉黯澹,正似一幅云林粉本,即余今之寓所也。恨乏支公买山钱,学江湖散人长老于此。去西三里许,即碛砂古寺,唐名人诗社,楚则岳阳,吴则聚会于此,故唐诗中碛砂藏板迄今,虽琳宫梵宇荡为煨烬,而湖声咽咽犹似夜半霜钟也。若乃风日朗丽,婆娑其巅,南望巨浸,见鸥凫出没,渔罾竞渡,不减陈州旧治车马喧阗、肩摩毂击之态,为问昔时包侍御官衙吏署簿书、讼牒至今犹在乎?"

这样一个土阜,居然也有如此胜色,是作者描摹佳妙而忘乎所以呢,还是过去确有这样的景致,总之,很久以前就看不见了,叶圣陶在《甪直闲吟图题记》中仅说:"镇外四五里有张林山,名为山而无石,灌木丛生,高树无多,假日晴明,我三人偶或一往,聊寄游山之意。"

值得一提的是,1979 年在张林发现张镇墓碑,碑为方形青石,承于龟座之上,志文近百字,字迹清晰,书体笔画方折,起落有序,结构严谨,乃是我国现存最早的楷隶书体真迹,为研究汉隶到楷书的发展演变,提供了实物。

追溯甪里的造园历史,很是悠久,晚明更进入辉煌时期,但如今早已烟消云散,影踪难觅了。

春秋后期就有吴王离宫,此吴宫乡所由名也。一说是夫差所幸,朱长文《吴郡图经续记·往迹》说:"又有吴宫乡,陆鲁望以谓在长洲苑东南五十里,盖夫差所幸之别观,故得名焉。"一说是阖闾所幸,乾隆《吴郡甪里志·古迹》说:"阖闾浦,即阖闾离宫也,在甪里西南,一名合塘,为苏松水路之要津。"至初唐,卫万有《吴宫怨》咏道:"君不见吴王宫阁临江起,不卷珠帘见江水。晓气晴来双阙间,潮声夜落千门里。勾践城中非旧春,姑苏台上起黄尘。只今惟有西江月,曾照吴王宫里人。"可谓吊古情深,语极凄婉,末两句尤神韵天然,为人称绝,后被李白偷去,写入《苏台览古》。晚唐陆龟蒙《问吴宫辞序》说:"甪里之乡曰吴宫,在长洲苑东南五十里,非夫差所幸之别馆耶?披图籍不见其说,询故老不得其地,其名存,其迹灭,怅然兴怀古之思,作《问吴宫辞》云。"沈德潜《吴宫赋序》也说:"相传茂苑东五十里有吴宫,系甪里之乡,吴淞江滨,非馆娃离宫也。"吴宫里有梧桐园,任昉《述异记》卷下说:"梧桐园在吴宫,本吴王夫差旧园也,一名鸣琴川。"其址约在甪里塘北地名枫庄的村落。"螳螂捕蝉,黄雀在后"的故事就发生在梧桐园里。另外,古诗"梧宫秋,吴王愁",更是情景交融的名篇,高启依其意,作《梧桐园》云:"桐花香,桐时冷。生宫园,覆宫井。雨滴夜,风惊秋。凤不来,君王愁。"据佚名《甪里志·古迹》记载,梧桐园中还有一处琵琶泉,闺秀郑允端《题吴宫古井》云:"吴王废苑千载馀,尚有寒泉一掬清巧匠凿成推引手，断弦牵出辘辘鸣。涓涓多似江州泪，轧轧疑如出塞声。一曲难湔亡国恨，空留古井不胜情。"

至南宋时，甫里园墅有陈氏五湖田舍、马先觉小园、姚申之水云千顷亭、叶茵顺适堂等。

陈氏五湖田舍，在陈湖大姚村，米友仁尝绘《大姚村图》，澄心堂纸本，图上墨树三攒，屋四五间，云气与冈阜相抱，四面空阔皆水，自题诗三首，款署"绍兴戊午季春十一日，书于大姚五湖田舍，元晖"。又有《云山图卷》，绢本，青绿山水，作江天阔渺之景。近处坡陀平岸，密柳浓阴，其间水阁幽深，纸窗高掩，下泊客舫，内有朱衣者。对岸五峰耸峙，飞鸟成行，蓼花菰草于沙渚水际之间。卷前上首自题诗款："霄壤千千万万山，东南胜地孰跻攀。古来作语咏不得，我寓无声缣楮间。绍兴己未，除守琅邪，待次平江，寓居大姚村妹家戏作。懒拙翁元晖。"友仁之妹适陈湖陈谦之，其时已有五湖田舍之名。朱存理《珊瑚木难》卷三录元人王云浦《米元晖画湖山烟雨图跋》，称"米南宫弟兄尝居于其地，旧址犹可考"，其实米氏只是寄寓而已。据陈仁锡《居第考记》记载，明代时，庄园中有傍湖楼、偕老堂诸构，"余尝三宿傍湖楼，夜半闻涛，如在玉山中，晓来推窗，绿竹霏霏，烟雾自湖上起"。当陈淳居住时，"海内问奇之客，楫楫相望，乃建阅帆堂，自题'五湖田舍'，有茂林修竹、花源柳隩、鹤圃鸭栏、酒帘渔艇诸胜，又构碧云轩，自谓'燕坐碧云轩甚适，日日得如此，正东坡所谓一日是两日也'"。陈淳字道复，长洲人，文徵明弟子，所写花草，极为生动，誉为沈周后第一人，与徐渭并称"青藤白阳"。中年以后始画山水，取法湖山，烟林云壑，墨气浓淡，一笔出之，可称独具风神。《木渎小志·古迹》称陈淳五湖田舍在善人桥白阳山下，误矣。

马先觉小园，先觉字少伊，昆山人，绍兴三年（1133）进士，官浙西常平干官，以承议郎主台州崇道观，号得闲居士。其《索笑图并序》说："余有小墅在甫里之东，将营草堂，种梅以娱老，命陈良士图其意为作陋质，幅巾藜杖，巡檐玩香，殊有逸趣，因号索笑图，且赋诗以志之。""索笑"者，梅花也，园多梅树，具疏影横斜、暗香浮动之观。

姚申之水云千顷亭，申之字崧卿，昆山人，隆兴元年（1163）进士，与范成大是忘形交。时和战之议相争于朝，壮志难抒，遂高隐不仕，筑别业于此，著有《水云千顷集》。自作《水云千顷亭绝句》云："云影翻随宿雁回，斜晖独对晚潮来。小桥低处通船过，一队鹅儿两道开。"

叶茵顺适堂，茵字景文，甫里人，与徐玑、林洪相唱和，萧闲自放，江湖间诗人也。所居草堂三楹，自作《题顺适堂》云："甫里相望江尽头，得邻而隐了浮休。落花流水元无碍，野鹤孤云尽自由。顺里委心彭泽赋，适时乘兴剡溪舟。区区世上分蛮触，对客忘言茗一瓯。"叶茵于宝祐五年（1257）刻陆龟蒙《甫里先生文集》，所著《顺适堂吟稿》，刊本甚多，流传至今。

元代甫里园墅也多，如徐处士的清宁庵，在张林西山，处士不知其名，庵中有无碍斋、怡闲亭、蒙泉亭等，赵孟𫖯为之题额。陆德原的笠泽渔隐，在吴淞江畔，中有杞菊轩，人故以杞菊先生称之。马麐的醉馀草堂，在锺巷里，具亭池竹木之胜。刘元晖的快雪斋，不详其所在，庭前有老桂一株，花时香溢四远。蔡子坚的雪篷，也在吴淞江畔，佚名《甫里志·园第》引王原吉诗："岁晚天空玉一蓑，满船书画压银河。鲛人室露双冰鲤,神女峰沉几翠螺。梦里客星辞帝座,樽前小海度渔歌。烟波浩荡真堪乐,日咏东家绿树多。"从诗中来看,雪篷制如舟楫,临水而筑,仿佛真在烟波里。

明代甫里,园墅建造最为兴盛,著名者先后有虞堪南轩、马勖东园、马绚松石园、王世臣锦潭庄、许自昌梅花墅等。

虞堪的南轩,其址已不可考。虞堪字克用,一字胜伯,号青城山樵,长洲人,虞集之孙,元末隐居不仕,以咏诗绘画自娱,洪武十年(1377)入滇为云南府学教授,卒于任,著有《希澹园诗集》等。南轩为虞堪早年所居,具芳池竹木之胜。

马勖的东园,在眠牛泾北,永乐年间建,张大猷题额。园中有一玲珑湖石,名翠云朵,经文人咏唱,名声大著。赵文《翠云朵歌》云:"崆峒氤氲山气积,天寒岁暮凝为石。巧斫浑疑鬼工擘,何年移植高轩侧。矞如奇云含古色,炯若芙蓉堕空碧。广不逾丈高寻尺,烟雾隔窗生几席。山人爱山人未识,丘壑年来饱胸臆。自言太山高有极,何如小朵盘而特。雨后翠光寒欲滴,尚有幽泉泻苍璧。户庭不出成山泽,我亦平生有山癖。恨不移家山水国,明日还携素心客,借榻看山坐忘食。"可惜的是,清康熙三十六年(1697),翠云朵被尼僧毁碎后填砌池岸。胡国观《吴淞江绝句》有云:"梅花别墅已榛芜,竺典空传皓月孤。更问眠牛泾上客,东园还有翠云无。"

马绚的松石园,在通明道院南,嘉靖初年建,园中有青莲阁、坐月亭、古松、湖石、菊畦、竹径、鹅池、鹤渚、鱼梁、鹿柴诸胜,赵骥白有《松石园十咏》,梁辰鱼有《甫里马冀才园林十咏》,将园中景物一一描绘,可见构筑精致,有山林田野之趣。其中青莲阁可登临远眺,清乾隆时尚存,且犹是旧额。

锦潭庄，万历间王世臣、应徵父子筑。别墅沿千亩潭，天光上下，云烟万状，逶迤曲折，风景如画，有桥六座，有亭三座，三亭分题"六桥分胜"、"鸢飞鱼跃"、"水天一碧"，主人于水上植荷花数千本，故取名锦潭，庄亦以名之。金阶升《游千亩潭记》说："己卯秋尽，明甫载予游，溯洄由吴淞之半渗而取道以入，溪流奥隐，篱落深疏，更数十折而窈然极目，不复知桃花源何境矣。潭之四际，值亭榭以瞰清流者几；垂虹之卧波者几；溪湾水角，别具洞天，穴而进者几；玉屿中浮，围流相簇者几；茅檐鸡犬，林幕烟云者几；参霄之干，参差拱立，若抗若垂，或攫人而伺者几。潭口扃截外流，时其启闭，主人爰命决塞，放舟中流，啸傲凫鸥之上下，逐鳣鲔之潜泳。或陟远堤，放志于苍莽；或驾短舸，览奇于幽口。其为景物也，旷无断续，澹不经营，疏密无恒，隐现相得，吴地多金谷，视此皆笼槛中物耳。"

尤侗与主人相熟，曾多次往游，《千亩潭记》说："癸未七月之晦，予与王子禹庆避暑于千亩潭。其明日，泛舟潭中，日影有无，天光上下，水痕一碧，又澹澹之。予顾而言，此湖妆抹不下西子，但惜无青青者扫眉黛耳。言已棹转，忽于树隙中见远山数点，澹冶如笑，不觉喜笑，几坠水也。亡何风起青蘋，小雨丝丝，飞上衣袂，遂急回舟，故予诗云：'旧雨迟新客，远山卜近邻。'盖纪实也。至八月九日，有事归，计居此潭者十日，恨不及一见芙蓉城，然四堤杨柳依依学小蛮舞，有牵衣惜别意。"这是崇祯十六年（1643）的事，未久，即国变乱离，尤侗再度往游，时正"秋风迟暮，芙蓉晓妆矣"，"水湄清浅，莲衣摇落，荇藻交横，一折入曲湾，遥望两岸芙蓉，艳若锦宫城，仿佛朱楼美人映户窥客，空中芦花荻花，随风而飞，枫叶点点，从溪旁流出,不减御沟红",由此而感慨,"今日者,北望神京,甘泉烽矣,西望长安,潇池弄矣,汉家宫阙,半入西风残照中,日月几何,沧桑一变。则斯游也,正晋人所云'风景不殊,举目有江河之异',抚今感往,惟有河水淙淙,助我涕泣,其能如如昔日之临流赋诗、优游永日耶"。

又过了许多年,旧观不再,竟成寒烟荒草,刘蕃《千亩潭记》说:"无几何时而四郊多垒,桑沧变迁,缙绅之家,门可罗雀,登临歌舞,阒无其人。潭之四围,杨柳摇曳依依者,已翦伐过半,其芙蓉夹岸,艳丽夺朱楼美人,亦复西风憔悴。"锦潭庄的楼阁亭桥不存,千亩潭里的荷花却依然年年盛开,金阶升《千亩潭观荷》云:"千亩潭中千朵莲,潭虽千亩莲一湾。一湾水旁列亭榭,亭中有个莲花仙。莲花仙是水中仙,太乙莲舟漾碧天。载酒时从江上还,用里先生正叩关。莼羹鲈脍罗杯盘,笑谈风月正无边。亭亭碧葆弄漪涟,一朵才舒色倍妍。君子欲言仍莞尔,美人含笑正嫣然。风翻碧浪层层馥,雨溅银珠颗颗圆。甘脆不堪成大嚼,休夸玉井大如船。荷花才破芙蓉鲜,绿杨影里闻鸣蝉。芦苇萧萧烟水寒,莲花仙醒时吟赏。醉时眠,拂拂香风吹梦觉,起来落笔皆云烟。千亩潭,莲花仙,亭前种得一亩莲,聊结夏秋诗酒缘,西湖十里空浪传。赢得胡儿走马看,何不剪取吴淞半江水,灌溉潭中九百九十九亩田。"目睹这样的景象,谁会想到这里曾是一处风光绮丽如同西湖一般的地方。

梅花墅在甫里历史上最负盛名,在今姚家弄西,为许自昌建。地广百亩,潴水蓄鱼,榆柳纵横,花竹秀擢,辇石为岛,中有得闲堂、杞菊斋、浣香洞、小酉洞、招爽亭、锦淙滩、在涧亭、转翠亭、碧落亭、流影廊、维摩庵、漾月梁、秋水亭、竟观居、浮红渡、涤砚亭、湛华阁、滴翠庵、浥露桥、宿花亭、藏书楼、溪上村、映阁、樗斋、莲沼、鹤籞、蝶寝诸胜。使之名声大张,且誉延至今日,缘的是锺惺的《梅花墅记》、陈继儒的《许秘书园记》和祁承㸁的《书许中秘梅花墅记后》,这是三篇晚明小品佳作,为人们稔熟。锺惺举当时名园为例,如邹迪光惠山愚公谷,徐氏拙政园,范允临天平山庄,赵宧光寒山别业,"所谓人各有其园者也。然不尽园于水,园于水而稍异于三吴之水者,则友人许玄祐之梅花墅也"。梅花墅实在是水乡古镇上一个颇具规模的水园,且节录锺惺所记,以一窥园貌。

"大要三吴之水,至甫里始畅,墅外数武,反不见水,水反在户以内,盖别为暗窦,引水入园。开扉坦步,过杞菊斋,盘磴跻映阁"。"登阁所见,不尽为水,然亭之所跨,廊之所往,桥之所踞,石所卧立,垂杨修竹之冒荫,则皆水也"。"迹映阁所上蹬,回视峰峦若岫,皆墅西所辇致石也。从阁上缀目新眺,见廊周于水,墙周于廊,又若有阁亭亭处墙外者。林木荇藻,竟川含绿,染人衣裙,如可承揽,然不可得即至也。但觉钩连映带,隐露断续,不可思议"。"乃降自阁,足缩如循,褰渡曾不渐裳,则浣香洞门见焉。洞穷得石梁,梁跨小池,又穿小酉洞,憩招爽亭,苔石啮波,曰锦淙滩。指修廊中隔水外者,竹树表里之"。"折而北,有亭三角,曰在涧,润气上流,作秋冬想,予欲易其名,曰寒吹。由此行峭蒨中,忽著亭,曰转翠。寻梁契集,映阁乃在下。见立石甚异,拜而赠之以名,曰灵举。向所见廊周于水者,方自此始,陈眉公榜曰流影廊。沿缘朱栏,得碧落亭。南折数十武,为庵,奉维摩居士,廊之半也。又四五十武为漾月梁,梁有亭,可候月,风泽有沦,鱼鸟空游,冲照鉴物。渡梁,入得闲堂,堂在墅中最丽,槛外石台可坐百人,留歌娱客之地也。堂西北,结竟观居，奉佛。自映阁至得闲堂，由幽邃得宏敞，自堂至观，由宏敞得清寂，固其所也。观临水，接浮红渡，渡北为楼，以藏书。稍入为鹤籞，为蝶寝，君子攸宁，非幕中人或不得至矣。得闲堂之东流有亭，曰涤砚，始为门于墙，如穴，以达墙外之阁，阁曰湛华"，"向所见亭亭不可得即至者是也。墙以内所历诸胜，自此而分，若不得不暂委之，别开一境。升眺清远阁以外，林竹则烟霜助洁，花实则云霞乱彩，池沼则星月含清，严晨肃月，不辍喧妍"。"虽复一时游览，四时之气，以心准目，想备之，欲易其名曰贞蓑。然其意淳泓明瑟，得秋差多，故以滴秋庵终之，亦以秋该四序也"。

梅花墅自然以梅花著名，钱允治《梅花墅歌赠许元祐》有"君园名署梅花墅，种梅已自成千树"之咏。王韬《漫游随录·古墅探梅》说："墅本以梅花名，冬时花开，弥望皆是，不逊香雪海也，暗香疏影，浮动月华中，别开静境。自选佛场兴，月榭云房，风景顿异，不过二十年间，已有沧海桑田之感。余少时，尚存数十枝，老干纷披，著花妍媚。"可惜的是，道光二十九年（1849）的一场大水，那些梅树都被淹死了。

晚明时的梅花墅，乃江南士人聚集之地。因为主人既有富足家财的传承，自己又是一位精明的出版家，生活颇为阔绰，有戏班，有美婢，有佳酿，有精馔，有下榻之室，有抚琴之居，更有这样一个人间难得的园子，天下名士也就接踵而来了。凡有客来，他都热情款待，在闳爽弘敞的得闲堂里，设歌舞之席，陈继儒《许秘书园记》说："每有四方名胜客来集此堂，歌舞递进，觞咏间作，酒香墨彩，淋漓跌宕，红绡于锦瑟之旁。鼓五挝，鸡三号，主不听客出，客亦不忍拂袖归也。"对于许自昌的生活，士人们是颇为钦羡的，陈继儒便说：

《漫游随录图记·古墅探梅》 清张志瀛绘

"今玄祐不妄想而坐得之,又且登阁四眺,远望吴门,水如练,山如黛,风帆如飞鸟,市声簇簇如蜂屯蚁聚,而主人安然不出里门,部置山水。朝丝暮竹,有侍儿歌吹声;左弦右诵,有诸子读书声;饮一杯,拈一诗,舞一棹,沿洄而巡之,上留云借月之章,批给月支花之券;袍笏以拜石丈,弦索以谢花神。此有子之白乐天,无贬谪之李赞皇,而不写生绡、不立粉本之郭恕先、赵伯驹之图画也。"

梅花墅为许自昌侍亲而筑,时在万历三十六年(1608),父亲许朝相八十寿辰。至天启元年(1621),陈继儒、锺惺各为撰记,使之名声益彰。天启三年(1623),许自昌去世,其子元溥继为园主。张采《梅花墅诗序》说:"江水周流,泖泖作势,中栽竹木,构亭榭,引桥接流,修廊断续,遂极雅胜。先生以娱亲辟园,园成忽殁,孟宏偕诸弟读书其中。先生养志,孟宏继志,游闲之地,孝思寓焉。"

晚明风烟离乱,虽然梅花墅依旧,但已无复当年屣履麋集的盛况了,门庭冷落,深院寂寞,碧波残叶,红阑尘埃,蛛网结于屋角,破帷在冷风里轻轻飘动,一个衰败了的高门大族,再也没有能力来维持这样一个园墅的开销,于是便有舍墅为庵之举。梅花墅的大部分舍为海藏庵,一部分则许氏后人自己居住,然只是当年梅花墅的一角,仅有半亩之地,有诗两首为证,蒋楷《题梅花墅为许箕屋》云:"怅望昆明劫火馀,十年不入子将车。隔墙钟鼓闻仙梵,半亩松筠读父书。过客已知居有竹,临渊休叹食无鱼。此生若不飘零去,常向兰亭共禊除。"马万《留别许不远于梅花墅》云:"剪取名园半亩宫,著书何必恨途穷。与君相约须春晓,灵举风前映阁中。"其他散为民居,如沈氏且闲居就是,顾时鸿《且闲居秋景八咏序》说:"沈子容轩雅工诗,其尊大父允仪先生构书舍,颜之曰且闲居,盖即许中翰梅花墅故址也。庭前则桂树连蜷,叠石成小山,其远峰之高出者曰灵举,岁久苔积,苍翠欲滴;旁凿方池,曰小沧浪,甃间置石鱼,引泉喷薄,作瀑布状;仰见荫阁,时有弹棋者,子声丁丁;然迤而东,古槐蟠屈,下覆石砌,少憩觉阴翳可爱。他若风簧拂槛、落叶堆床,皆眼前景,可罗致几席。"顾时鸿等拈题分赋,有且闲居秋八景,分别是"灵峰积翠"、"沧浪浸月"、"古墅槐荫"、"石鱼喷水"、"小山桂露"、"银床落叶"、"荫阁棋声"、"疏帘竹影",似乎尚可流连,但也毕竟只是梅花墅的一角。

  梅花墅终于成为一个逝去的梦,人们绘之以图,咏之以诗,追忆它的胜观和雅韵,王韬《漫游随录·古墅探梅》记他见过的一幅梅花墅图,"余所见一本,顾元昭临庄平叔笔也,工妙绝伦。中翰长孙王俨字孝酌题长歌一篇,叙其始末。图后归甲中严氏,乞人题咏,韦君绣光黻二律最佳。其一:'绢海胶山迹尚存,伤心家国不堪论。梅开古雪春无主,钟度寒霜月有痕。土地祠留黄主簿,伽蓝神奉顾黄门。祇园香火消尘迹,能报平泉祖父恩。'其二:'樗斋隐迹感沧田,回首香云涌白莲。易代谁知丁卯宅,长歌忍溯甲申年。辋川画手师前辈,甫里高风替后贤。六直至今南下水,暮潮呜咽绕禅天。'"咸丰初,有人将这幅画携至沪上,王韬得以重睹,并题诗一首:"梅花今已半枝无,为念梅花展旧图。回首故园悲寂寥,夕阳一抹下平芜。"可惜这幅画毁于太平军战火。

  清代甫里园墅建造风气,稍显寂寞。据旧志所记,有顾炜的藏书旧庐,吴志宁的持敬堂,陈三初的红杏堂,韩士昌的尚友堂,陈吾典的树德堂,汪缙的二耕堂,蔡廷杰的起亭,严禹镶的东园,许名崙的碧存轩,严兴鳌的延秋馆等。略具规模的,大概是严禹沛的西圃草堂，禹沛字扶干，常熟人，寄居甫里，康熙五十四年（1715）进士，曾官山丹知县，所著《西圃草堂诗集》尚存于世。草堂在广济桥东，园中有自适轩、吟云轩、文石、老梅、岩桂等，园主及许名崟、陆贻琛、冯承宗等都有《西圃杂咏》，尽管描写引人入胜，想来也都是溢美之词，当不了真的。

旧时甫里境内寺院不算太多，有保圣寺、白莲寺、碛砂寺、永寿寺、大觉寺、兴福寺、海藏庵、宝华庵、准提庵、鹤山庵及数十处小庵，时废时兴，香火断续，其中保圣、白莲、海藏三处都在镇上。

保圣寺，梁天监二年（503）置，北宋大中祥符六年（1013），赐紫僧维吉重修。今存最早文献是元元统二年（1334）僧明理的《甫里保圣寺法华期忏田记》，称"东庑绀殿岿然，高敞弘丽，奉普贤大愿王为忏悔主"，僧弥远置忏田并修建殿宇，"忏有田，实自远始，远之为人也，能取信于乡党闾里而成就如是，事仆者植之，缺者完之，忏堂禅室庄严，陈设视旧有加，檀烟普薰，净烛炳耀，饮饎时至，有法喜乐与斯盟者，来为法也"云云。元末明初，高启来游，《过保圣寺》云："隔江云雾隐楼台，远逐钟声放艇来。乱后不知僧已去，几堆黄叶寺门开。"据归有光《保圣寺安隐堂记》记载，弘治二年（1489），僧世琔重修，"凡为殿堂七，廊庑六十。初坏殿时，梁栱间有板，识绍兴、宝祐之年，故知以前修创盖不一，而无文字可考也。寺之西北有安隐堂，异时僧每房以堂为别，如安隐比者，无虑数十房"。僧寮以房以堂为别，安隐堂外，还有林公房、爱日堂等。爱日堂庭中有古梅一株，许廷钰《保圣爱日山房老梅记》说："康熙甲子上元后五日，许子与各往清风亭拜谒鲁望先生遗像，过爱日山房时，老梅烂开，吟赏移日，恍见疏影横斜、暗香浮动之韵。今春惊蛰特蚤，花意易酣，才一举援，片片欲向骚人舞袖。"每当花时，人们往来寺中，对这株古梅都吟赏不已。

　　大殿外有一片古松，至道光时尚存，王韬《漫游随录·保圣听松》说："寺殿之外，地极宽广，列植长松数十株，虬枝偃蹇，老干纷披，龙鳞怒作之而势若攫拿，经霜弥觉苍翠。群鸦数百，作巢其上，每至朝旭未升，夕阳将落，鸦声喳呀，盘天几黑，西风一起，涛声作矣。时余随先君子馆于施氏书塾，下榻于宅后三椽，距寺不咫尺耳。每于枕上听之，奔腾澎湃，彻夜不息，虽晴亦恍若风雨飒沓之音，几疑十八公提兵与封家姨角战空中，有如千军万马声，又若千山叶落，万壑泉流。起坐静聆，惝恍迷离，不禁悲形骸之无著，觉身世之皆空。使入于旅人之耳，必增离乡之思，而叹独客之难为也。"至咸丰年间，古松"或枯或僵，尽为寺僧摧斫为薪，无遗株矣。惜哉"。

　　保圣寺之所以名闻遐迩，缘的还是大殿中的塑像。康熙《吴郡甫里志·寺院》说："大雄宝殿供奉释迦牟尼像，旁列罗汉十八尊，为圣手杨惠之所摹，神光闪耀，形貌如生，真得塑中三昧者，江南北诸郡莫能及。"

　　杨惠之的籍里，史无所记，《苏州府志》、《吴县志》都将他采入"技艺"类，说他是吴县香山人。关于他的事迹，刘道醇《五代名画补遗·塑作门第六》说："唐开元中，与吴道子同师张僧繇笔迹，号为画友，巧艺并著，而道子声光独显，惠之遂都焚笔砚，毅然发愤，专肆塑作，能夺僧繇画相，乃与道子争衡。时人语曰：'道子画，惠之塑，夺得僧繇神笔路。'其为人称叹也如此。""且惠之之塑，抑合相术，故为今古绝技。惠之尝于京兆府塑倡优人留杯亭，像成之日，惠之亦手装染之，遂于市会中面墙而置之，京兆人视其背，皆曰：

保圣寺罗汉　摄于 1926 年

'此留杯亭也。'其神巧多此类。"相传千手观音之制亦其所创，陈继儒《太平清话》卷下说："杨惠之以塑工妙天下，为八万四千手眼观音，不可措手，故作千手眼。今之作者皆祖惠之。"他的作品很多，大都散布在今西安、开封、洛阳一带，昆山慧聚寺诸像相传亦其所塑，淳祐《玉峰志·寺观》说："慧聚寺大佛殿像，及西偏小殿毗沙门天王像，并左右侍立十馀神，皆凛凛有生气，塑工妙绝，相传为杨惠之所作，又云张爱儿所作也。"

最早提到保圣寺罗汉系杨惠之塑，是晚明时里人许自昌，康熙《吴郡甫里志·杂记》引《樗斋录馀》："保圣寺十八尊罗汉像，位置错纵古雅，形模如生，乃唐朝杨惠之所作。惠之初与吴道子同师学画,见道子艺高,为天下第一手,更为塑工,亦为天下第一手,徐稚山侍郎谓其得塑中三昧。昆山慧聚寺毗沙门天王像,亦是惠之所作,后为俗工修治,遂失初意。吾里罗汉像,虽历朝粉饰,渐异原本,然古致犹存,为别处所无。"此事或前已有传闻,惜未见文献记载。前人于这堂罗汉都赞赏不已,奚士柱《保圣寺罗汉歌》云:"鳌掷鲸跳海水立,奔涛骇浪排天黑。只履昙摩解踏芦,走入空山僵面壁。应真五百自天台,苦忆于思老衲呆。遣教寻取少林道,瓶钵随身得得来。伊昔昆山海口揭,豕峰触浪舟沉没。沧桑变定白莲开,环绕莲台行脚歇。埏土流传凭巧匠,搅扰支那匪一状。擎拳踏步诧风魔,屈伸坐立纷相向。一僧咒钵起龙珠,一僧飞锡扰於菟。独撑赤掌擒山鬼,更或青旰睇雁奴。亭亭鹿女衔花荐,猎猎鸟巢风扑面。鹅听讲时贝叶宣,猿惊定处松阴转。半疑身悟辟支禅,又似心皈净土莲。羯来震旦空厮乱,说是灵山十八贤。色空空色原无相,游戏神通何跌宕。瞿昙冷坐笑拈花,笑杀空门此亦障。圆顶岐嶷白足嘉,群状挂搭会龙华。精灵蜕去遗躯在,拥护梵云帝释家。甫里千秋镇名迹,吴中少此奇拧填。低眉努目互庄严,雷斧风斤谁肖得。肖得形骸并性灵,伐毛洗髓真宁馨。写生不数三毫颊,谛视如开十幅屏。肖像传闻罗汉度,神镂鬼刻当年塑。徘徊展拜炙芳徽,皈心谩向天台路。"

至道光年间,保圣寺虽已颇为荒凉,香火寥落,但十八尊罗汉依然完好,王韬《漫游随录·保圣听松》说:"甫里保圣禅院,六朝时所敕建,殿宇崇宏,楼阁壮丽,为吴中巨擘。后渐荒圮,然前后寺基尚广百馀亩。相传中殿十八罗汉像,为名手所塑,欢喜愁苦之状,无一不肖。殿后两旁皆禅房,当时驻锡者,多苦行高僧。"后来,王韬在光绪年间三次回乡,保圣寺更其圮败了,"余自壬午、乙酉、丁亥三年三度还乡，辄往禅院一游，徘徊不忍去。两旁禅房悉倾圮为瓦砾场，无一椽存，亦无有心人过而问焉者"。王韬是甫里人，也没说寺中罗汉是杨惠之所塑。

1918 年，保圣寺古塑被顾颉刚偶然发现。1922 年，顾颉刚陪陈万里到用直来，见大殿已坍了一部分，当时见到四尊完好的罗汉像，已倒坏了两尊，就让陈万里摄影了那里的情状，随即给北京大学研究所国学门主任沈兼士写信，并附寄照片两份，呼吁保护。至 1923 年，顾颉刚得知保圣寺大殿坍塌愈甚，担心古塑完全遭毁，又写了《记杨惠之罗汉像——为一千年前的美术品呼救》，发表于《努力周刊》第五十九期，引起蔡元培、胡适、高梦旦、任鸿隽及地方人士的关注，但由于筹款困难，只能暂且将较为完整的九尊罗汉像拆下，安置在寺旁的甫里祠内。1924 年，《小说月报》第一号发表了顾颉刚的两篇《杨惠之的塑像》，第二号又发表了保圣寺罗汉现状的照片，更引起反响，金家凤、高梦旦、任鸿隽等一再向江苏省当局请求保存，吴稚晖、叶恭绰等也特地来用直考察，认为确有保存的必要。还有一位陈彬龢，他将这两册《小说月报》寄给日本东京美术学校教授大村西崖。大村西崖以撰写《中国美术史》著名，得到这个消息后，专程来到用直，花五天时间，饱看罗汉，拍摄照片二十八幅，归国以后，编写了一本《吴郡奇迹：塑壁残影》，书印出后，畅销日本，中文本也很快由陈彬龢译出，扩大了保圣寺古塑在国内外的影响，促使当局采取保护措施。

1929 年，教育部保存唐塑委员会成立，聘请蔡元培、叶恭绰、陈去病、金家凤、马叙伦、陈剑修等十九人为委员，募集经费，建造保圣寺古物馆，聘范文照设计建筑，江小鹣、滑田友补壁，除保存九尊塑像外，寺内的古代建筑遗物，也都置放在馆内。古物馆 1929 年春动工，两年后落成，1932 年 11 月 12 日，举行了保圣寺古物馆开幕典礼，《旅行杂志》主编赵君豪写了一篇《甪直罗汉观光记》，其中说："于此予将一述寺内之规模，庭院作方形，中植丛树，并置唐代经幢。至古物馆作方形，屋作寺殿式，参以西法，门窗均为铁制。屋顶等髹以深浅之绿，颇有洁无纤尘之概。寺两旁陈列石碑及旧寺卸下之砖瓦绿琉璃斗拱等件，中壁塑罗汉九尊，或坐，或趺坐山间。五尊较完备，四尊微损。形态各殊，神情生动，筋骨之间，亦各能表现。一代名手，殊非溢誉也。塑壁山石水浪，亦颇雄伟，前护以木栏，恐客毁坏壁像也。栏内并置一玻璃盒，中陈旧寺柱下之古钱，佛像腹中之脏金及经签等件，今已蛀毁。"

叶圣陶离开甪直是 1922 年，保圣寺古塑的保护和古物馆的竣工，未曾经历。五十五年后的 1977 年，叶圣陶重游故地，才看到古物馆保存的塑壁罗汉，《甪直闲吟图题记》说："罗汉陈列馆之前门仿寺院山门式，庭中列花木假山石，罗汉存九尊，或全或残缺，皆向外，不若旧时分居大殿之两侧。旧时殿两侧高且广，塑山崖洞壑为背景，罗汉高下错落处其间。今罗汉位置亦尚高下错落，且保存其贴身之背景，然背景接合处不尽连贯，统观全部，其高与广犹不逮旧时之一壁也。"将两壁相对的罗汉，合并为一壁朝外，自然有点不伦，但也属无可奈何。如果没有一批热心传统文化学者，没有他们的呼吁奔走，这些国之瑰宝恐怕早已湮没无存了。叶圣陶回北京不久，写了一首《题甪直保圣寺罗汉古塑展览馆》，诗云："罗汉昔睹漏雨淋，九尊今看坐碧岑。供奉无复教宗涉，来者惟好古塑深。兼陈文物得其宜，位置树石见匠心。重来愿酬逾半纪，此日盘桓豁胸襟。"赞扬了这次对古塑采取的保护措施。

至于保圣寺罗汉作者是谁，说法很有一些不同。顾颉刚起先认为是杨惠之，后来自己给否定了。在古物馆开幕典礼时，蔡元培致词说："保圣寺之塑造，是否确为杨惠之手造，除志书外，另无确证。然昆山志曾详述玉峰慧聚寺杨惠之塑像之事实，则距离不远之保圣寺，同为惠之所塑，亦属可能之事。"虽然没有肯定为杨惠之所塑，但认为唐塑则不容置疑。1955年，陈从周在《文物参考资料》第八期发表《甪直保圣寺天王殿》，认为塑像并非唐塑，而出于北宋人之手。据此，1961年公布保圣寺罗汉为全国重点文物保护单位时，定为北宋作品。究竟保圣寺罗汉是什么时代的作品，还可以作进一步研究。

白莲寺，在保圣寺西，甫里先生祠东。归有光《保圣寺安隐堂记》称"甫里无两寺，盖白莲，保圣之别院也"，这个说法与事实不符，康熙《吴郡甫里志·凡例》特予纠误："保圣、白莲旧本两刹，历代屡经修建，碑碣无存莫考"；"白莲亦云梁创，则梁武时已有二寺也。今二寺各有疆界，僧寮亦别。"可见白莲寺的历史与保圣寺仿佛，至北宋熙宁六年（1073），僧维吉重建。寺中除大殿庑殿外，曾有佛阁，明初诗人多咏之，如高启《与杜进士登白莲阁对酌》云："远愁高树共离离，风逆潮声上浦迟。海客市中烟起处，江僧阁外雨来时。船归杳然惟闻橹，店隐苍茫不见旗。回首南朝今几寺，可堪重咏牧之诗。"寺中还有溪云堂，为客人歇宿之处，陈淳《秋日宿溪云堂》云："秋到白莲寺，萧森浑可怜。云堂摇烛焰，石壁弛琴弦。澹语三更雨，清心一篆烟。远公知客倦，扫榻赠高眠。"

本来先有白莲寺，陆龟蒙卜居其西，后来建祠亦在其西，但有一个相当长的时期，甫里祠被圈入白莲寺的范围，寺和祠的关系，也就变得复杂起来。前人或咏白莲寺，或咏甫里祠，往往寺祠并见。如高启《白莲寺谒甫里祠》云："古寺回廊见废祠，尘埃枫叶翳幽帷。钓鱼船去云迷浦，斗鸭阑空草满池。僧散谁修芳藻奠，客来自咏白莲诗。当时尚作江湖隐，何况于今属谁离。"又如钱允治《过白莲禅院》云："养鸭池荒草满庭，清风空想旧时亭。经过无限升沉感，吹落江枫院院青。"陆龟蒙一生并不佞佛，死后却置身佛地，与晨钟暮鼓相朝夕，也是佛土儒风的异数。

　　海藏庵，即梅花墅故址，清顺治三年（1646）许自昌子元溥舍建。翌年，吴伟业往游，有诗两首，《过甫里谒愿公因，遇云门具和尚》云："晴湖百顷寺门桥，梵唱鱼龙影动摇。三要宗风标汉月，四明春雪送江潮。高原落木天边断，独夜寒钟句里销。布袜青鞋故山去，扁舟芦荻冷萧萧。"《代具师答赠》云："微言将绝在江南，一杖穿云过石龛。早得此贤开讲席，便图作佛住精蓝。松枝竖义无人会，贝叶翻经好共参。麈尾执来三十载，相逢谁似使君谈。"诗中提到两位僧人，一是愿云，号晦山，即海藏庵的开山和尚；另一位弘礼，号具德，为临济宗大师。吴伟业《灵隐具德和尚塔铭》说："犹记晦山初经薙染，和尚结制于玉峰之海藏，惟时缁素大集，伟业随众礼足，开诱殷勤，自惭钝根，无以追随参学。"吴伟业去时，愿云正是"初经薙染"之时。康熙二十七年（1688）元旦，大殿不戒于火，许廷鏴重建，且旁及僧寮、香积、仓房、浴室等。尤侗《海藏庵碑记并铭》说："庵虽偏僻，其在甫里，隐若丛林，自堂徂基，方员数百丈，有田一顷，蔬圃间之复辟放生池，倏鱼瀺灂，得濠濮间意，四围精舍数椽，如得贤堂、樗斋等，为先贤陈、董诸公燕游之地，题名在焉。善来比丘跏趺于此，一瓶一钵，半诗半偈，皆足乐也。"此外还有秀野堂、击竹轩、秋水亭、莲池诸胜。乾隆初，里人魏斌又募建海藏塔，七级玲珑，夕阳西下，尤见苍凉，即甫里八景中之"浮图夕照"。

至道光年间，海藏庵尚在，王韬《漫游随录·古墅探梅》说："寺今经二百馀年，虽多荒废，规模尚在。入门即一巨池，驾以石桥。池畔旧所称秋水亭者，久已倾圮。樗斋最在寺后，独完善，诗扉八扇犹无恙。读书之暇，辄往静坐，闻当盛时，常宴客于此，曲院丽人，梨园子弟，银筝檀板，各献所长。樗斋之外多隙地，皆当日之楼台亭榭也。叠石引泉，回廊曲折，犹有遗迹可寻。池宽广，遍及寺外。临池一带皆平屋，朱槛碧窗，备极幽静，寺僧赁为民居。池中多种莲花，红白烂熳，引手可摘。花时芬芳远彻，满室清香。余戚串家尝居此。每于日晚，置茶叶于花心，及晨取出，以清泉瀹之，其香沁齿。今四周之屋，尽已摧为薪矣，莲花迥不及昔时之盛。"咸丰十年（1860）毁，惟秀野堂及大殿犹存。同治十三年（1874）里人沈国琛等重修，并建文昌殿，壁置锺惺《梅花墅记》碑。至今则仅存荷池一潭、高墙一截、荒土一丘、小筑数间而已。

陆龟蒙祠墓在白莲寺西。陆龟蒙，唐苏州人，字鲁望，号江湖散人，又号天随子，因晚年居甫里，又自号甫里先生。生年不详，乾符六年（879）五月前卒于甫里。龟蒙生前未入仕，死后二十年的光化三年（900），追赠右补阙，因并无宦迹，《新唐书》仍将他列入《隐逸列传》。相传龟蒙卜居甫里白莲寺西，即就葬在那里，遂庙食焉。至北宋熙宁间，建甫里先生祠，自此以后，龟蒙祠墓就成为当地的骄傲，龚明之《中吴纪闻》卷三"甫里"条说："散人庙食于此，一方之人至今想其高风，常夸示于四方，以为荣焉。"以至白莲寺反而名声不彰，至被呼为甫里庙，《吴郡志·祠庙下》就说："甫里庙，甫里

《甫里先生祠墓图册》 明陆士仁绘

在长洲县东南五十里,乡人祠陆龟蒙于此,至今不废。"嘉定十七年（1224）,钱塘龚时俌于祠东辟地另建。至咸淳间,祠中发生一件事,周密《齐东野语》卷十五"腹笥"条说:"昆山白莲花寺,乃陆鲁望舍宅之所,后有祠堂像设,皆当时物。咸淳中,盛氏子醉游寺中,因仆其像于水,则满腹皆鲁望平生诗文亲稿也。寺僧讼于郡,时太守倪普亦怒之,遂从徒坐,而更塑其像。虽可少雪天随之辱,然无复当时之腹稿矣。"唐宋人造像,都有在像腹中置物的,如画像、经卷、玩器等,故《元史·刑法志三》就规定:"诸为僧窃取佛像腹中装者,以盗论。"将诗文稿藏之像腹,欲其不传,还是欲其传,真不可说。

元至治时,里人陆德原请于平江府总管赵凤仪,在甫里奏建书院。德原字静远,乃龟蒙后裔,家富资财,创甫里书院,署山长,秩满升徽州路学教授。赵凤仪任平江路总管在至治二年（1322）五月至

《甫里先生祠墓图册》　　明文从昌绘

三年八月,故陆德原请立书院,必在这一年多里。甫里书院和龟蒙祠墓连属,或废或存,或圮或葺,命运相连。

元至正间,长洲县尹马玉麟重建龟蒙祠,成廷珪《甫里先生故宅是时马县尹葺其庙》云:"太湖三万六千顷,一代高贤独此翁。故宅有僧茶灶在,荒池无主鸭阑空。松陵唱和知谁再,茆屋襟期与我同。最爱长洲马明府,艰危犹自挹高风。"明正德十二年(1517),里人马经重建,方鹏《重建甫里先生祠记》说:"正德丁丑,劝学使者江右张公下令亟毁淫祠,里人马处士经与弟纶、绅、纬、绚,撤邻祠之无名,取其材而附益之,改筑于寺右隙地,堂宇既邃,门垣亦整,买田若干亩以供祀事,委僧德瑜守焉。"万历三十八年(1610),里人许自昌重修,松江锺薇感梦,重葺遗像。清初沦为营汛地,康熙二十三年(1684)里人请于巡抚汤斌撤防营,重建祠及书院。彭定求《重建甫里书院记》说："自明初而书院故址大半侵入僧庐，沿及鼎革之交，郊垒充斥，汛弁盘踞其中，几筵俎豆之遗杳焉不可问矣。康熙甲子，睢州汤大中丞来抚我吴，德化蒸蒸，隳淫祠，崇正学。于是甫里人士得以谋复书院请，遂奉宪檄撤去防营，恢复故址，祠既鼎新，而书院亦重为兴构，阅庚午乃始告成。"咸丰元年（1851），元和县丞何三锡又修。同治六年（1867）元昆新分防县丞许树椅重修，今"唐贤甫里先生之墓"碣，即许所重立。

光绪十五年（1889），乡绅沈国琛等捐助田四百亩，就其处建造黉舍，重立甫里书院。三十二年（1906），沈伯安改公立甫里两等小学堂，经费来源是甫里书院田租，以及唯亭典铺捐、本镇茶肆捐等。入民国，改吴县第五高等小学堂，即吴嘉锡、叶圣陶、王伯祥、陈逖先等执教处也。今已辟为叶圣陶纪念馆，叶圣陶墓亦在其处。

迟在明万历时，龟蒙祠已有八景之说，马良臣《甫里赋》咏道："陆公祠兮一凫子，小垂虹兮两霓屈，双竹堤兮影扶疏，白莲池兮水洄洌，桂子轩兮馥远闻，杞菊蹊兮荣晚节，光明阁兮四洞然，清风亭兮特高揭，乃白莲之八景，而鲁望之别业也。"至然八景之存废，实亦难究，张大复《重建甫里先生祠引》说："甫里先生祠在甫里白莲寺，今寺所谓清风亭、桂子轩诸胜处，正先生忍饥诵经、朱黄不去手之所。盖甫里因先生而重，自唐于今非一日矣。汉晋琳宫梵刹多高人韵士舍宅为之，而先生数亩之宫独任其流移转徙，渐湮而合为寺，渐显而复建为祠，如今所存之亭之轩之阁之径之蹊之池之桥，时隐时现，屡废屡兴，而故址岿然，若鲁殿灵光不可磨灭。"康熙《吴郡甫里志·祠宇》引清初吴志宁诗序："唐先贤陆鲁望自笠泽小居长洲之甫里，因号甫里先生，其高风遗迹，历载群乘。后人即其故居立祠肖像，春秋俎豆于清风亭中，所有光明阁、菊畦、竹径诸胜迹及祭田若干亩，为邻僧侵没。前明万历丙戌恢复桂子轩，复为僧人久假不归。今仅存虹桥、鸭沼于清风亭畔，屡废屡修而终归于废。"其景虽无，其名尚在，乾隆《吴郡甫里志·古迹》仍列清风亭、光明阁、杞菊畦、双竹堤、桂子轩、斗鸭池、垂虹桥、斗鸭阑八景。

道光后的陆龟蒙祠墓，王韬《漫游随录图记·鸭沼观荷》说："余生甫里，即以唐陆天随而得名。天随子隐居不仕，时与皮日休唱和，自号甫里先生，尝作《江湖散人传》以见志，没后，亮节高风，里人思之不置。以先生在时喜斗鸭，有斗鸭栏，乃凿地为池沼，方塘如鉴，一水潆洄。中央筑一亭，曰清风亭，东西通以小桥，四周环植榆柳桃李。盛夏新绿怒生，碧阴覆檐际，窗棂四敞，凉飙飒然，袭人襟裾。中供天随子像，把卷危坐，须眉如生。相传曾于像腹中得遗稿，即今之《笠泽丛书》也，赖以传于世，显晦信有数哉。去亭百数十武，先生之墓在焉，或云后人葬其衣冠处，将以留古迹而寄遐思者也。亭中楹联颇夥，余师青萝山人一联云：'白酒黄花，九日独高元亮枕；烟蓑雨笠，十年长泛志和船。'特举二君以比拟先生，当矣。池种荷花，红白相半，花时清芳远彻，风晨月夕，烟晚露初，领略尤胜。"今所存者，与王韬当年所记仿佛，惟清风亭、垂虹桥等均为新建。

甪直镇外，河荡众多，大者如千亩潭、五百三十潭等，有的很小，也没有什么人文景观，但水乡风景独绝，让人流连忘返。如三顾里荷花荡就是，周王烈《三顾里荷花荡游记》说："明早从东江村放舟，乱流而至，不二里。土人以种荷为业，庐舍外即水田，鳞次绮错，无非芙蕖菱茨之属，而地僻寂，芦苇蔽之，故罕游者。时日色正午，花尤鲜润，酣红映绿，香闻数里，如西湖六桥，而此更幽；如观天台落霞，而此更艳；如探若耶溪美人，而此红妆翠盖者更众。噫，乐矣。与陆子狂歌浮白，佐以呼卢，皆颓然大醉。忽黑云障天，凫鸭乱鸣，大雨如注，香乘快风，沁人心脾，荡胸拂袖，飘飘欲仙。噫，乐矣醉矣。与陆子下藕船以采莲，击水为戏，不觉堕入波心，几吊屈大夫于下。归而梦魂枕席之间，犹皆有清凉香气也。"夏日游湖，能得如此际遇，真不亦快哉。

甪直镇上，水道纵横，桥梁最多，旧有七十二座半，今存四十一座，绝大部分建于清乾隆前，有的可上溯宋元，大小不一，风格迥异，桥乡景象，蔚然可观。镇东市梢的正阳桥，它不但是甪直最高最大的石拱桥，也是甪直最重要的水口桥。明成化年间，陆惟深于此始建浮桥，称东板桥，甫里旧八景有"竹市浮桥"，即指此处。万历中，陈双萱易木以石，改建为石梁石，先后名为青龙桥、震阳桥。至崇祯九年（1636），许仲谦又重建，始改今名，过了一百多年，正阳桥日渐颓圮，里中士庶又筹资重建，落成于乾隆十四年（1749）七月初六日，全镇百姓欣喜若狂，通宵庆祝。镇上两河交汇处，往往有连成直角的两桥，俗称"三步两桥"，也称"钥匙桥"，如眠牛泾口的三元桥和万安桥，万盛米行南的南昌桥和永福桥，东市头的中美桥和交会桥，西市中的环璧桥和金巷桥等。又有建于宋初的和丰桥，建于明成化间的东美桥，石雕精美，堪称佳构。旧时还有太平桥，石台木梁砖砌三拱，明万历间许自昌建，后改名红木桥，许虎炳有《红木桥》三首云："市廛两岸竞朝昏，架木为梁石作墩。想见当年多甲第，危栏曲曲映朱门。""波心虹影漾朝霞，上下塘听晓市哗。村女趁墟平步去，栏干红映鬓边花。""多少人烟倚彩虹，波心早暮一舟通。里桥卅二闲行遍,短木栏干独此红。"古桥风情,亦可从诗中见得。

钟惺《梅花墅记》起首一段话说得好:"出江行三吴,不复知有江,入舟舍舟,其象大抵皆园也。乌乎园?园于水。水之上下左右,高者为台,深者为室;虚者为亭,曲者为廊;横者为渡,竖者为石;动植者为花鸟,往来者为游人,无非园者。"在用直这样的地方,何必去寻找园中之园,屐痕所在,游目所至,就满眼都是迷人的景色啊。

后记一

  苏州山水的魅力，并不在于崇山峻岭、奇峰异洞、大河急流、深潭悬瀑，它具有自己的性格，山峦蜿蜒，山色青翠，遥遥望之，只是淡淡的一抹，即使是三万六千顷的太湖，似乎也温情脉脉，风烟俱净，水天一色。关西大汉，铜琵琶，铁绰板，唱"大江东去"，固然有它的气魄，但十七八女郎，执红牙板，歌"杨柳岸晓风残月"，也自会让人迷恋沉醉，流连不去。苏州的山水，清秀明丽，幽艳旖旎，但它真正动人心弦之处，便是历史的遗韵和人文的胜迹，它们是苏州山水的生命。因此这本小书对此给予较多的关注，也可以说，它们所演绎的故事或蕴含的意思，引起我的一点想法，也就成为我动意写这本小书的一个原因。

  由于丛书体例的限制，这本小书仅写了二十个题目，远不说巍峙江边的香山，平畴突起的玉峰，"十里青山半入城"的虞山，以及昆承湖、尚湖、淀山湖，即使是苏州古城近郊的山水，也只是写了一部分，像洞庭东西山、香山、横山、阳山、阳澄湖、澹台湖、独墅湖、澄湖等，都未曾涉笔，也就想在以后闲暇的日子里，再写这本书的续集。即使这二十个题目，也是随便行文，想到哪里，就写到哪里，想起什么，也就说什么，并不想将它们写成一篇篇小志，因此这一山或一水，也就不可能是全面的叙述或介绍，有的故意不写，有的知道的人多，也就一笔带过。

本人的学养，实在浅薄得很，况且苏州文化博大精深，苏州学人深藏不露，错误失当之处，还望读者教我。此外，文章引用的书，都是极普通的版本，容易见得，也就不再列出"征引书目"。

起写这本书的时候，还是秋蝉在树的九月，如今已是寒风飕飕的岁末了，真是光阴迅速，不能不让人有一点感慨。

1999 年 12 月 30 日于苏州

后记二

这本《苏州山水》，编入"苏州文化丛书"，于世纪初刊行，一晃二十三年过去，我由年富力强之年，也进入桑榆晚境了。今年春上，苏州大学出版社计划修订这套丛书，再付枣梨，这在我自然是愿意的，也正是我所希望的。因为这本书在当时就留下遗憾，苏州的许多山水都没有写，既写的也牵扯太多，并不全在"山水"主题的观照之下。

此次修订，可谓"大动手脚，伤筋动骨"。第一是将苏州山水的范围，圈定在清代苏州府附郭的吴县、长洲县、元和县境内，即今之姑苏区、吴中区、相城区、虎丘区、工业园区，初版二十篇，部分作了合并，初版所缺之重而要者，一一补写，共得二十八篇，字数由初版的近十九万字，增加至三十八万字。第二是调整了篇目的排列顺序，初版是由东而西，从横塘写起，至光福诸山为止；此次改为由西而东，从太湖写起，至澄湖、甪直收煞，似乎更加合理。第三是删落了与山水关系不大的历史事件、人物事迹介绍，节约了篇幅，突出了主题。第四是核校引文，这本是修订的题中应有之义。第五是梳理行文，无非想遮掩一点早年"赤脚光腚"之态。

二十多年来，我写过《吴中好风景》、《虎丘》，编过《苏州山水名胜历代文钞》、《苏州园林历代文钞》、《吴中文存》、《古新郭文钞》、《古保圣寺》等，既有写作的粗浅尝试，也有文献的微薄积累，因此这本书的修订很顺手，历时四十天就了事了。我自己明白，这个修订版还有许多欠缺，但也不能事无巨细，面面俱到，毕竟这还是一本苏州文化的普及读物。

2023 年 8 月 31 日于城南听橹小筑